마케팅 빅데이터 분석

(사)한국소프트웨어기술인협회, 한국디지털정책학회 저

光文閣
www.kwangmoonkag.co.kr

Preface

    4차 산업혁명의 핵심은 ICBMA로, IoT, Cloud, Big data, Mobile, AI가 각광을 받고 있다. 이 중에서 빅데이터는 핵심적인 역할을 담당하고 있다. 더욱 중요한 것은 이러한 데이터 분석을 통해 엄청난 가치 창출이 가능하다는 것이다. '데이터'의 가공과 분석에 따라 상황 인식, 문제 해결, 미래 전망이 가능해지고 데이터가 경제적 자산과 경쟁력의 척도로 부각된 것이다. 즉 지능화, 개인화 등 스마트 시대 주요 패러다임 선도를 위해서는 빅데이터의 활용이 핵심이며 그 수준이 경쟁력과 성패를 좌우하게 되었다.

    빅데이터의 활용이란 데이터 추출, 데이터 저장, 데이터 분석, 분석 결과의 시각화, 미래 행동의 예측, 결과의 적용으로 이루어진다. 그리고 활용의 결과는 의사결정의 질적 제고를 넘어 경쟁력 우위를 가져다 주게 된다. 이제 경영에서의 빅데이터는 성과 창출과 경쟁력 창출의 핵심 역량으로 인식되기 시작한 것이다. 빅데이터에 관한 관심이 폭증하고 있는 것에 반해 데이터 분석에 관한 전문 인력이 턱없이 부족하여 많은 조직(기업, 정부, 공공기관 등)들이 해결책을 고심하고 있다.

    이에 한국소프트웨어기술인협회 빅데이터전략연구소와 한국디지털정책학회 빅데이터전략연구회는 빅데이터 전문 인력을 양성하여야 할 시대적 소명을 인식하고 한국생산성본부와 마케팅빅데이터관리사 자격 인증을 합의하고 이 자격시험 준비를 위한 수험생들이 반드시 갖추어야 할 전문 지식을 학습하도록 하기 위해 본《마케팅 빅데이터 분석》교재를 집필하게 되었다. 빅데이터는 정의에서도 알 수 있듯이 광대한 데이터, 다양한 데이터, 시시각각으로 축적되고 분석되어 활용되는 데이터이다. 이런 데이터를 분석하고 그 결과를 활용한다는 것은 그에 걸맞은 기술과 기법이 요구되고 전문가도 필요하다. 분석된 결과에 대한 해석과 그로부터 얻는 혜안과 통찰력도 요구된다. 이는 다학제적 접근을 요구한다는 의미이다.

    따라서 본 저서의 집필을 어느 한 전문가의 지식에 의존한다는 것은 매우 위험하다고 판단했다. 이에 한국소프트웨어기술인협회 빅데이터전략연구소와 한국디지털정책학회 빅데이터전략연구회는 각 분야 전문가들의 다학제적 융합 연구가 필요하다

Preface

고 판단, 6개 분야 23개 세부 주제에 대한 각 분야의 전문가로 중심으로 본 저서를 집필하기 시작했다. 이로 인해 집필된 본 교재는 총 6편 18장으로 구성되어져 있다. 제1편 빅데이터의 이해에서는 빅데이터의 개념, 빅데이터의 가치와 영향, 제2편 마케팅 빅데이터에서는 마케팅 이해와 전략, 마케팅 애널리틱스, 소비자 행동의 이해, 제3편 빅데이터 기획에서는 빅데이터 분석 기획의 이해, 빅데이터 분석 및 기획 접근법, 제4편 빅데이터 분석 기법에서는 기초 통계, 고급 통계, 데이터 마이닝, 비정형 데이터 마이닝, 제5편 빅데이터 활용에서는 빅데이터 관리, 빅데이터 비즈니스 모델, 분석적 사고와 분석 프로세스, 제6편 빅데이터 기술에서는 빅데이터 처리 과정과 플랫폼, 빅데이터 분석 도구, 빅데이터 수집 및 저장, 빅데이터 처리 및 인프라이다.

다수의 전문가가 각자 전문 분야에 대한 지식을 기반으로 해당 분야의 장을 집필하다 보니 일관성과 통일성을 기하고 융합적으로 조화롭게 저술된다는 것은 쉽지 않았다. 따라서 편집위원회를 구성하고 편집위원회에서 제시된 기준과 지침에 따라 저술과 수차례의 수정 및 보완을 거친 뒤에야 비로소 초고가 마무리될 수 있었다.

먼저 아까운 시간을 기꺼이 할애하여 집필에 참여해 주신 전문가 여러분의 수고에 감사드린다. 본 저서는 빅데이터 분야의 전문적인 총서로서 빅데이터 분야의 발전에 기여할 것을 확신하면서도 동태적으로 진화 발전하고 있기 때문에 독자, 수험생, 전문가들의 조언과 지적 및 연구 결과를 지속적으로 반영하고자 노력할 것이다.

끝으로 책 출판에 애써주신 광문각출판사 박정태 대표이사님과 임직원들게 감사드린다.

2019. 8
저자 일동

마케팅 빅데이터관리사 자격제도 안내

1. 마케팅 빅데이터관리사란?

경영에서 가장 활발하게 분석 및 활용되고 있는 마케팅 분야에서 빅데이터를 분석 및 활용할 수 있는 전문 인력을 양성하고 검증하기 위한 자격 시험입니다.

2. 민간자격 등록번호

등록번호 : 2019-002389 마케팅빅데이터관리사 1급, 2급

자격종류 : 등록민간자격

3. 자격 특징

1) 전문 자격기관인 한국생산성본부에서 시행하는 자격입니다.

산업발전법에 의거하여 설립된 한국 생산성본부에서 시행합니다. 공정성, 객관성, 신뢰성을 갖춘 공신력 있는 자격 시험입니다.

2) 기업의 마케팅 활성화 및 전략 수립에 사용하는 빅데이터 자격입니다.

빅데이터 활용을 통해 마케팅 전략을 수립하고 기업의 정보 격차를 해소하기 위한 목적의 자격 시험입니다.

3) 취득을 위한 자격이 아닌, '활용을 위한 자격'입니다.

자격 취득 자체를 위한 것이 아니라, 학습과정을 통해 학습자가 4차 산업혁명기의 시대 선도적 역량을 키울 수 있도록 하기 위한 자격입니다.

4. 응시 자격

제한 없음

마케팅 빅데이터관리사 자격제도 안내

5. 시험과목

등급	검정 방법	문항 및 시험 방법	시험시간	S/W Version
1급	필기	총 7개 과목, 35개 문항(선택형)	80분	R
1급	실기	총 1개 과목, 4개 문항(작업형)	80분	R
2급	필기	총 6개 과목, 25개 문항(선택형)	80분	Excel
2급	실기	총 1개 과목, 3개 문항(작업형)	80분	Excel

6. 합격 결정 기준

등급	합격 기준
1급	100점 만점, 필기/실기 평균 70점 이상
2급	100점 만점, 필기/실기 평균 60점 이상

7. 시험 시간

등급	입실 시간	시험 시간	비고
1교시(2급)	08 : 50까지	09 : 00~10 : 20	정기 시험 기준
2교시(1급)	10 : 50까지	11 : 00~12 : 20	정기 시험 기준

※ 정기 시험 기준으로 시험 일정에 따라 변경될 수 있습니다.

8. 시험 출제 기준

1) 마케팅 빅데이터관리사 1급

검정 방법	검정 과목	주요 내용	문항 수	배점
필기	빅데이터 이해	• 빅데이터 개념 • 빅데이터 가치와 영향	3	9점
	빅데이터 기획	• 빅데이터 기획 • 빅데이터 분석 방법론	4	12점
	빅데이터 분석/기법	• 통계 • 고급 통계분석 • 데이터 마이닝(정형, 비정형)	8	24점
	빅데이터 활용	• 빅데이터 관리 • 빅데이터 비즈니스 모델 • 분석적 사고와 분석 프로세스 • 마케팅 빅데이터 활용 사례	5	15점
	마케팅 이해와 전략	• 마케팅 개념 이해 • 마케팅 전략(마케팅 믹스 등) • 브랜드 관리	5	10점
	소비자와 시장분석	• 소비자 행동과 마케팅 전략 • 마케팅 조사	5	15점
	마케팅 빅데이터	• 시장 현황 분석 • 수요예측 • STP(시장 세분화/표적 시장/포지셔닝) 분석 • 제품 속성 및 선호도 분석 • 브랜드 인지도 분석(MDS) • 고객 분류	5	15점
실기	빅데이터 분석과 해석	• 기초 통계의 이해 • 고급 통계 • 빅데이터 수집 및 저장 기술 • 빅데이터 처리 기술 • 빅데이터 분석 도구 • 데이터 시각화 기법과 이해(시각화, 구현, 디자인) • 분석 결과 해석(추론 통계, 가설 검정, 결론 및 시사점)	4	100점

마케팅 빅데이터관리사 자격제도 안내

2) 마케팅 빅데이터관리사 2급

검정 방법	검정 과목	주요 내용	문항 수	배점
필기	빅데이터 이해	• 빅데이터 개념 • 빅데이터 가치와 영향	3	12점
	빅데이터 기획	• 빅데이터 분석 기획의 이해 • 빅데이터 분석 과제 도출	2	8점
	빅데이터 분석/기법	• 통계 • 빅데이터 기술 • 데이터 모델링 기초	5	20점
	빅데이터 활용	• 빅데이터 관리 • 빅데이터 비즈니스 모델 • 분석적 사고와 분석 프로세스 • 마케팅 빅데이터 활용 사례	5	20점
	마케팅 빅데이터	• 마케팅 개념 이해 • 마케팅 전략 • 마케팅 조사 • 마케팅 빅데이터	5	20점
	소비자 행동	• 소비자 행동의 이해 • 소비자 의사결정 과정 • 소비자 정보처리	5	20점
실기	빅데이터 분석과 해석	• 기초 통계의 이해 • 빅데이터 분석 도구 • 분석 결과 해석(기술 통계, 가설검정, 결론 및 시사점)	3	100점

Contents

Contents

Contents

Contents

Contents

01

빅데이터의 이해

CHAPTER 01 >> 빅데이터의 개념

1.1 빅데이터의 시대

1.1.1 빅데이터 등장 배경

구글의 전 CEO인 에릭 슈미트에 의하면, 2003년까지 인류가 쌓아 올린 데이터가 5엑사바이트(EB) 수준인데, 이제는 단 하루 만에 그 정도의 분량을 쏟아내는 시대가 되었다. 2011년 매월 300억 개 콘텐츠가 페이스북에 추가되고, 매일 14억 개의 트윗이 전송되며, 매시간 35시간 비디오가 유튜브에서 업로드된다. 또한, 전 세계적으로 2013년까지 10조 개 규모의 테스트 메시지가 발생될 것이며, 각 기업은 매년 8엑사바이트의 비즈니스 데이터를 생성할 것이다.

인터넷이 일상화된 최근 10년 사이 인류는 디지털 데이터가 폭증하는 데이터 홍수(Data Deluge) 현상에 직면하게 되었다. 2007년부터 전 세계적으로 생성된 디지털 정보량이 사용 가능한 저장 공간을 초과하기 시작하였으며, 정보량이 기하급수적으로 증가하여 2020년에는 관리해야 할 정보량이 현재보다 50배 급증하고 10배 많은 서버가 필요할 것으로 전망된다.

　최근 기술 발전에 따른 데이터 저장 및 처리 비용의 하락, 소셜 네트워크 서비스의 확대 등으로 막대한 데이터 폭발이 진행 중이며 앞으로 도로, 건축물 등에 내장된 임베디드 시스템(embedded system)에서 막대한 데이터가 생성될 것이다. 디지털 정보량의 증가에 따라 대규모 데이터가 중대 이슈로 부각하며 '빅데이터(BigData)'라는 용어가 등장하게 되었다.

1.1.2 빅데이터 시대의 주요 이슈

　'빅데이터'란 기존의 관리 및 분석 체계로는 감당할 수 없을 정도의 거대한 데이터의 집합을 지칭한다. 과거 빅데이터는 천문·항공·우주 정보·인간게놈 정보 등 특수 분야에 한정됐으나 정보통신기술의 발달에 따라 전 분야로 확산하였으며 대규모 데이터와 관계된 기술 및 도구(수집·저장·검색·공유·분석·시각화 등)도 빅데이터 범주에 포함된다.

【표 1-1】 정보사회의 패러다임의 변화와 힘의 이동

구분	PC 시대	인터넷 시대	모바일 시대	스마트 시대
패러다임 변화	디지털화, 전산화	온라인화, 정보화	소셜화, 모바일화	지능화, 개인화, 사물정보화
IT 이슈	PC, PC통신, 데이터베이스	초고속 인터넷, WWW, 웹서버	모바일 인터넷, 스마트폰	빅데이터, 차세대PC, 사물네트워크(M2M)
핵심 분야 (서비스)	PC, OS	포털, 검색엔진, Web2.0	스마트폰, 앱서비스, SNS	미래전망, 상황인식, 개인 맞춤형 서비스
대표 기업	MS, IMB 등	구글, 네이버, 유튜브 등	애플, 페이스북, 트위터 등	?
IT 비전	1인 1PC	클릭 e-Korea	손안의 PC, 소통	IT everywhere, 신(新)가치 창출

IT(Information Technology) 혹은 ICT(Information & Communication Technology)의 일상화가 이루어지는 스마트 시대에는 소셜, 사물, 라이프로그(life-log) 데이터 등이 결합되며 '빅데이터'의 영향력이 증대하게 되었다. 즉 실시간의 연결과 소통의 '스마트 혁명'으로 데이터는 폭증하고, 기존의 데이터 저장·관리·분석 기법은 한계와 도전에 직면하게 되었다. 데이터는 정보사회를 움직이는 핵심 연료인 만큼 '빅데이터'로의 환경 변화는 정보사회의 패러다임을 견인할 정도의 큰 힘을 발휘하게 되었다.

'빅데이터'의 가공과 분석에 따라 상황 인식, 문제 해결, 미래 전망이 가능해지고 데이터가 경제적 자산과 경쟁력의 척도로 부각되었다. 지능화, 개인화 등 스마트 시대 주요 패러다임 선도를 위해서는 빅데이터의 활용이 핵심이며 그 수준이 경쟁력과 성패를 좌우하게 되었다.

빅데이터는 데이터 추출, 데이터 저장, 데이터 분석, 분석 결과의 시각화, 미래 행동의 예측, 결과의 적용으로 이루어진 순환 과정을 거치며 지속적인 향상을 꾀하게 된다. 스마트 시대에는 데이터의 저장-검색-관리-공유-분석-추론의 전체적 과정이 업그레이드되며 정보화 시대와 차별적으로 발전하고 있다.

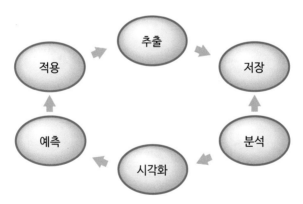

【그림 1-1】 빅데이터 처리의 순환과정

【표 1-2】 정보화 시대 vs 스마트 시대 데이터 관련 이슈 변화

구 분	정보화 시대(1세대)	스마트 시대(2세대)
저장	관계형/정형 데이터베이스, 데이터 웨어하우스	비관계형/비정형 데이터베이스, 가상화, 클라우드 서비스
검색	검색엔진(text), 포털 서비스	자연어/음성·영상/시멘틱 검색 서비스
관리·공유	KWS, Web2.0	플랫폼, 소셜네트워크, 집단지성
분석	경영정보/고객정보/자산정보 분석 (ERP, CRM, 데이터마이닝 등)	빅데이터 분석 (소셜 분석, 고급 분석, BI, 시각화)
추론	-	상황 인식 서비스(미래 전망, 사전 대응, 자동화 서비스), 개인화 서비스

향후 5년 이내 데이터의 폭발적 증가로 인한 혼돈과 잠재적 가능성이 공존하는 명실상부한 '빅데이터 시대'가 도래할 것으로 예측되고 있다. 스마트 단말의 확산, SNS(Social Network Service) 활성화, 사물네트워크(M2M) 확산으로 데이터 폭발이 더욱 가속화되며 점차 빅데이터 기반이 확대되고 있다. 이러한 빅데이터를 위한 고급 분석 등 관련 기술은 현재 기술 발생 단계(Technology Trigger)이며 향후 2~5년 후에 성숙될 것으로 평가되고 있다.

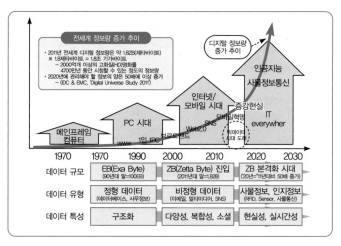

【그림 1-2】 ICT 발전에 따른 데이터의 변화 방향

2012년 개최된 다보스 포럼에서는 새로운 가능성을 내포한 중요한 주제 중의 하나로 빅데이터를 선정해 토의했다. 여기에서는 빅데이터의 활용으로 금융, 교육, 보건, 농업 등의 분야에서 새로운 기회가 창출될 것으로 기대되므로 빅데이터 활용을 위해 민간 부문의 기술 개발, 공공 부문과 민간 부문의 공동 연구, 정부의 활용 촉진 등 다양한 부문의 노력과 협력이 필요하다고 강조했다. 이에 앞서 UN은 2009년 빅데이터를 이용하여 보다 나은 세계로 발전하길 기대하며 이를 위해 글로벌 펄스(Global Pulse)를 출범시켰다.

1.2 빅데이터의 개념

최근 빅데이터(BigData)가 우리 사회의 핵심 키워드로 등장하고 있다. 빅데이터는 새로운 개념이 아니라 1990년 이후 인터넷이 확산되면서 정형화된 정보와 비정형 형태의 정보가 무수히 발생하게 되면서 정보 홍수(information overload)나 정보 폭발(information explosion)이라는 개념으로 논의되었고, 오늘날 '빅데이터'라는 개념으로 이어지게 된다. 그동안 인터넷에서 발생한 수많은 정보는 인터넷 서비스 기업이 보관하거나 일부 상업적으로 이용되기도 하였다. 더불어 모바일 스마트 기기의 확산으로 개인과 관련된 비정형 데이터가 축적되면서 데이터는 더욱 증가하게 된다. 특히 소셜 미디어의 증가는 공적인 정보뿐만 아니라 사적인 정보까지 교류함으로써 빅데이터의 서막을 알리는 계기가 되었다.

빅데이터는 위키피디아(Wikipedia)에서 "기존 데이터베이스 관리 도구의 데이터 수집·저장·관리·분석의 역량을 넘어서는 대량의 정형 또는 비정형 데이터 세트 및 이러한 데이터로부터 가치를 추출하고 결과를 분석하는 기술"로 정의하고 있으며, 국가전략위원회에서는 "대용량 데이터를 활용·분석하여 가치 있는 정보를 추출하고 생성된 지식을 바탕으로 능동적으로 대응하거나 변화를 예측하기 위한 정보화 기술"이라고 정의하고 있다. 또한, 삼성경제연구소는 "빅데이터란 기존의 관리 및 분석 체계로는 감당할 수 없을 정도의 거대한 데이터의 집합으로 대규모 데이터와 관계된 기술 및 도구(수집·저장·검색·공유·분석·시각화 등)를 모두 포함하는 개념"으로 정의하고 있다. 이와 같은 정의를 살펴볼 때 빅데이터란 엄청나게 많은 데이터로 양적인 의미를 벗어나 데이터 분석과 활용을 포괄하는 개념으로 사용하고 있다.

빅데이터의 정의는 데이터 규모와 기술 측면에서 출발했으나 빅데이터의 가치와 활용 효과 측면으로 의미가 확대되는 추세에 있다. 빅데이터는 고객 정보와 같은 정형화된 자산 정보(내부)뿐만 아니라 외부 데이터 및 비정형, 소셜, 실시간 데이터 등이 복합적으로 구성되어 있다.

빅데이터는 정형화(structured)된 데이터, 반정형화(semi-structured) 데이터, 비정형화(unstructured) 데이터로 구분할 수 있다. 정형화된 데이터는 일정한 규칙을 갖고 체계적으로 정리된 데이터를 의미한다. 예를 들어 매년 통계청에서 발표하는 통계자료, 방송통신 실태조사, 각종 과학적 데이터 등이 이에 해당한다. 정형화된 데이터는 그 자체로 의미 해석이 가능하며, 바로 활용할 수 있는 정보를 내포하고 있다. 반정형화된 데이터는 아래아한글이나 마이크로소프트 워드 등으로 작성된 데이터를 의미한다. 대표적인 예가 인쇄 매체의 텍스트라 할 수 있다. 반정형화된 데이터는 표나 그림이 될 수도 있지만 일반적으로 문자로 서술된 정보를 담고 있다. 비정형화된 데이터는 스마트기기 등을 통해서 형성되는 데이터로 페이스북, 트위터, 카카오톡 등으로 상호 교류되는 정보가 이에 해당한다. 비정형화된 데이터는 개인, 집단, 사회, 국가 등과 관련된 주제를 스마트 미디어 이용자들이 상호 의견을 교류함으로써 생산되는 정보들이다. 특히 오늘날 빅데이터는 비정형화된 데이터에 관심을 두고 있다.

이러한 빅데이터는 해당 데이터를 분석하고 처리함으로써 기존의 데이터에서 볼 수 없었던 새로운 의미를 산출할 수 있다. 즉 수많은 데이터를 분석하여 사용자에게 유용한 정보를 제공할 수 있어야 빅데이터는 효용성을 갖는다. 따라서 빅데이터에서 중요한 것은 형식적인 데이터 소스 내에서 외부로 새로운 가치를 창출할 수 있느냐 하는 것이다. 결국, 새로운 가치와 의미를 산출하기 위해서는 축적된 데이터를 갖고 무엇을 분석할 것인가에 대한 문제 제기가 필요하다. 이러한 문제 제기는 데이터마이닝과 연결되는데 빅데이터에서 데이터마이닝은 텍스트마이닝(Text Mining)과 웹마이닝(Web Mining) 그리고 소셜마이닝(Social Mining)을 통해서 현실마이닝(Reality Mining)에 도달해야 한다. 빅데이터의 현실마이닝은 우리가 영화에서나 볼 수 있었던 미래를 예측할 수 있는 데이터들이 산출되어 사후 대책이 아니라 사전 방지 시스템을 작동시킨다.

그러면 빅데이터란 정확히 무엇인가? 초기에는 '빅데이터 솔루션'과 같은 기업들의 다양한 서비스 마케팅으로 다소 혼선이 있었으나 데이터의 사이즈, 대용량 데이터 자체를 의미로 한정 짓게 되면 빅데이터의 본질을 놓치게 된다. 데이터의 크기, 수십 배씩 증가하는 데이터의 증가 속도 등은 컴퓨팅 기술의 발전, 센싱 인프라 확산에 따라 지속적으로 확산되며 빅데이터의 규모도 계속 증가할 것이다.

빅데이터는 저장·관리·분석할 수 있는 범위를 초과하는 규모의 데이터, 이러한 데이터를 저장·관리·분석할 수 있는 하드웨어 및 소프트웨어 기술 그리고 데이터를 유통·활용하는 과정을 의미한다. 다시 말해 빅데이터는 빅데이터를 구성하는 하드웨어, 소프트웨어, 그리고 이를 포괄하는 모든 프로세스를 의미하는 거대 플랫폼이다. 즉 빅데이터는 물리적 하드웨어로부터 시작해서 애플리케이션(application: 응용시스템)과 소프트웨어로 확장되는 플랫폼을 일컫는다.

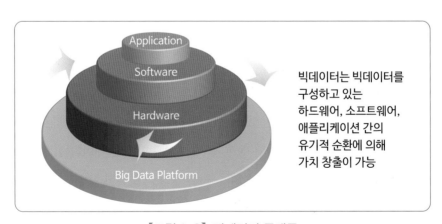

빅데이터는 빅데이터를 구성하고 있는 하드웨어, 소프트웨어, 애플리케이션 간의 유기적 순환에 의해 가치 창출이 가능

【그림 1-3】 빅데이터 플랫폼

빅데이터 의미 파악, 이해 능력, 분석 결과를 서비스화 할 수 있는 애플리케이션 레벨에 주목할 필요가 있다. 빅데이터를 구성하는 요소 중 빅데이터를 분석해 활용하는 애플리케이션 레벨은 실제 빅데이터와 사용자가 만나게 되는 커뮤니케이션 레벨이며 빅데이터를 통한 새로운 비즈니스의 기회, 신규 서비스 적용 등 빅데이터 활용에 해당하며 인프라 및 데이터 처리 기술 분야보다 진입 장벽이 상대적으로 낮다. 모바일, 스마트폰 시장에서 애플리케이션 개발을 통한 '앱 경제'가 활성화되었듯 빅데이터 시장에서도 애플리케이션 분야의 확장과 참여가 기대된다(자세한 내용은 25장 참조).

1.3 빅데이터의 의의

빅데이터의 분석은 일반 자연 언어를 페타바이트에서 제타바이트 용량을 실시간으로 분석함으로써 새로운 흐름을 찾아내는 것이다. 분석 결과를 갖고 국가기관, 민간 등의 분석기획 담당자들이 자유롭게 이용할 수 있어야 한다. 특히 빅데이터 분석을 통해서 나타난 복잡한 정보를 한눈에 볼 수 있도록 도표나 3D 형태의 정보의 시각화가 이루어져야 한다.

빅데이터가 이슈화되는 이유는 크게 3가지 요인으로 볼 수 있다. 첫째, 요인은 스마트폰을 비롯하여 모바일 스마트 기기 보급의 활성화이다. 모바일 스마트 기기에 탑재된 센서, 원격 감지 기술, 소프트웨어, 카메라, RFID 리더 등을 통해서 비정형화된 데이터를 수집할 수 있게 된 것이 데이터 증가의 원인이라고 할 수 있다. 둘째, 클라우드 서비스이다. 클라우드 서비스를 통해서 개인과 조직의 데이터가 한 곳으로 축적되고, 저장된 데이터를 분석하여 활용하고자 하는 요구가 증가하고 있다. 셋째, 소셜 미디어의 활용이 일상화되면서 정보 유통 구조가 새롭게 재편되고 있다. 소셜 미디어의 특성상 쌍방향 커뮤니케이션이 활발하게 이루어지면서 상호작용 데이터의 증가를 가져왔다. 이러한 상호 작용 데이터를 비즈니스 측면에 활용하려는 관심이 높아졌기 때문이다.

IT 패러다임의 변화는 데이터의 양적 팽창을 가져왔으며, 데이터 범람이 새로운 기회와 편익을 창출해내기 시작했다. 빅데이터는 잠재적 가치와 잠재적 위험이 공존하며 사회·경제적으로 성패를 좌우하는 핵심 원천이 될 것으로 평가되고 있다.

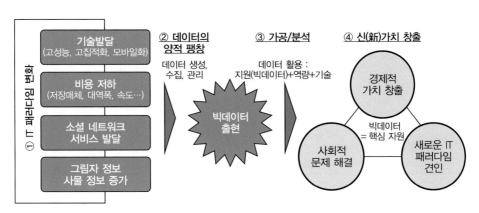

【그림 1-4】 빅데이터의 출현과 신(新)가치 창출의 의미

1.4 빅데이터의 특징

빅데이터는 3V로 대표되는 규모(Volume), 다양성(Variety), 속도(Velocity)의 증가뿐 아니라 복잡성(complexity) 등 4가지 구성 요소를 갖추어야 한다(【표 1-3】참조). 특정 규모(big volume) 이상을 빅데이터로 칭하기보다는 원하는 가치(big value)를 얻을 수 있는 정도로 상대적인 해석이 가능하다. 비즈니스 솔루션 업체인 SAS는 데이터 가치에 중점을 두어 가치를 창출하기 위한

비즈니스 예측 및 최적화 주제를 선정하여 빅데이터에서 어떤 가치 있는 정보를 얻을 것인가에 분석 관점을 가지고 있다.

【표 1-3】 빅데이터의 4가지 구성 요소

구분	주요 내용
규모(Volume) 증가	• 기술적인 발전과 IT의 일상화가 진행되면서 해마다 디지털 정보량이 기하급수적으로 폭증 → 제타바이트(ZB) 시대로 진입
다양성(Variety) 증가	• 로그기록, 소셜, 위치, 소비, 현실 데이터 등 데이터 종류의 증가 • 텍스트 이외의 멀티미디어 등 비정형화된 데이터 유형의 다양화
속도(Velocity) 증가	• 사물 정보(센서, 모니터링), 스트리밍 정보 등 실시간성 정보 증가 • 실시간성으로 인한 데이터 생성, 이동(유통) 속도의 증가 • 대규모 데이터 처리 및 가치 있는 현재 정보(실시간) 활용을 위해 데이터를 처리 및 분석 속도가 중요
복잡성(Complexity) 증가	• 구조화되지 않은 데이터, 데이터 저장 방식의 차이, 중복성 문제 등 • 데이터 종류의 확대, 외부 데이터의 활용으로 관리 대상의 증가 • 데이터 관리 및 처리의 복잡성이 심화되고 새로운 기법 요구

　빅데이터는 미래 사회의 현안 과제를 해결하는 새로운 가치를 창출하는 엔진과 같은 역할을 할 것이다. '롱테일 법칙'으로 유명한 크리스 앤더슨은 데이터 홍수로 인해 기존 과학적 방법이 필요 없어질 것이라고 주장하였다. 앤더슨은 여기서 현실의 복잡도로 인해 일부 데이터로 전체를 예측하는 샘플링 기반의 귀납적 모델링은 극단적인 예외 케이스를 놓치는 문제가 발생할 수 있고 데이터를 수집하고 처리하는 능력이 높아지면 현실 데이터를 기반으로 상관 모델을 구하는 새로운 추론 방법이 도입·보완될 것이라고 하였다. 그 근거로 수많은 번역 데이터를 토대로 통계적인 상관 규칙을 이용한 구글의 번역시스템이 다른 번역 시스템보다 우수하다고 주장하였다.

　기존 데이터의 개념에서 진일보한 빅데이터의 특성과 컴퓨팅 성능의 발달로 빅데이터의 실생활 적용이 빠르게 확산될 전망이다.

【참고문헌】

류한식, 빅데이터 비즈니스 이슈와 전망, Issue & Trend, 2012.

백인수, 빅데이터 시대:에코 시스템을 둘러싼 시장경쟁과 전략분석, IT&Future Strategy, 제18호, 2011.

삼성경제연구소, '빅데이터 분석과 활용', 2011.

송민정, 빅데이터가 만드는 미래지도, 한스미디어, 2012.

송태민, 보건복지 빅데이터 효율적 활용방안, 보건복지포럼, 2012.11.

이지영, '빅데이터 분석이 세상을 바꾼다', www.bloter.net/archives/68798

IBM비즈니스가치연구소, 분석:빅데이터의 현실적인 활용, 2012.

LG경제연구원, 빅데이터 시대의 한국 갈라파고스가 되지 않으려면, 2012.

KT경제경영연구소, BigData, 미래를 여는 비밀열쇄, 2012.

정지선, 신가치 창출 엔진, 빅데이터의 새로운 가능성과 대응전략, IT&Future Strategy, 제18호, 2011.

한국교육학술정보원(KERIS), 스마트 교육환경에서의 빅데이터 동향, 2012.

chris Anderson, 'The End of Theory:The Data Deluge Makes the Scientific Method Obs-olete', WIRED MAGAZINE:16.07, www.wired.com/science/discoveries/magazine/16-07/pb_theoy

Economist, 'The Data Deluge', 2010.

McKinsey Global Institute (2011). BigData:the next frontier for innovation, competition and pro-ductivity. McKinsey & Company.

Gartner, 'Hyper Cycle for Analytic Applications, 2011.

Gartner, 'Hyper Cycle for Emerging Technologies, 2011.

Paul C. Zikopoulos, Chris Eaton, et al, 'Understanding BigData-Analytics for Enterprise Class Hadoop and Streaming Data, Mcgraw Hill, 2012.

Sherri Rose, 'BigData and the future', Wiley Blackwell, Vol.9 No.4, PP.47-48, 2012.

Wikipedia, 2012.

Tyler Bell(2011), 'BigData:An opportunity in search of a metaphor', ra-dar.oreilly.com/2011/02/big-data-metaphor.html

연 습 문 제

01. 다음 중 빅데이터 4가지 구성 요소에 해당되지 않는 것은?

① 규모의 증가

② 속도의 증가

③ 단순성의 증가

④ 복잡성의 증가

⑤ 다양성의 증가

【해설】 빅데이터는 3V로 대표되는 규모(Volume), 나앙성(Variety), 속도(Velocity)의 증가뿐 아니라 복잡성 (complexity) 등 4가지 구성요소를 갖추어야 한다.

02. 다음 중 빅데이터 처리의 순환과정을 바르게 표현한 것은?

① 저장-검색-관리-공유-분석-추론

② 저장-시각화-적용-추출-분석-예측

③ 저장-추출-시각화-분석-예측-적용

④ 추출-분석-예측-저장-시각화-적용

⑤ 추출-저장-분석-시각화-예측-적용

【해설】 빅데이터는 데이터 추출, 데이터 저장, 데이터 분석, 분석결과의 시각화, 미래 행동의 예측, 결과의 적용으로 이루어진 순환 과정을 거치며 지속적인 향상을 꾀한다.

03. 다음 중 빅데이터의 개념이 아닌 것은?

① 많은 데이터로 양적인 의미를 벗어나 데이터 분석과 활용을 포괄하는 개념이다.

② 대량의 정형 또는 비정형 데이터 세트 및 이러한 데이터로부터 가치를 추출하고 결과를 분석하는 기술이다.

③ Goolge이나 Apple 등과 같은 대기업이나 NASA의 연구과학 프로젝트에 분석 하는 대용량의 정형화된 개념이다.

④ 기존의 관리 및 분석 체계로는 감당할 수 없을 정도의 거대한 데이터의 집합으 로 대규모 데이터와 관계된 기술 및 도구를 모두 포함하는 개념이다.

해답　01. ③　　02. ⑤　　03. ③

⑤ 대용량 데이터를 활용·분석하여 가치 있는 정보를 추출하고 생성된 지식을 바탕으로 능동적으로 대응하거나 변화를 예측하기 위한 정보화 기술이다.

【해설】빅데이터는 고객 정보와 같은 정형화된 자산 정보(내부)뿐만 아니라 외부 데이터 및 비정형, 소셜, 실시간 데이터 등이 복합적으로 구성되어 있다.

04. 다음 중 스마트 시대 데이터 관련 이슈 변화 내용에 해당되지 않는 것은?

① 검색 : 검색엔진, 포털 서비스
② 저장 : 비관계형/비정형 데이터베이스, 가상화, 클라우드 서비스
③ 관리·공유 : 플랫폼, 소셜네트워크, 집단지성
④ 분석 : 빅데이터 분석
⑤ 추론 : 상황 인식 서비스

【해설】검색엔진, 포탈 서비스는 정보화 시대 이슈 변화에 해당한다.

05. 다음 중 빅데이터 플랫폼에 해당하는 것은?

① 비즈니스 모델
② 프로그램 플랫폼
③ 비즈니스 전략
④ 스마트폰
⑤ 애플리케이션

【해설】빅데이터 플랫폼은 하드웨어, 소프트웨어, 애플리케이션의 유기적 순환으로 이루어져 있다.

06. 다음 중 비정형화된 데이터에 대한 설명으로 옳지 않은 것은?

① 스마트 기기 등을 통해서 형성되는 데이터이다.
② 오늘날 빅데이터는 비정형화된 데이터에 관심을 두고 있다.
③ 미디어 이용자들이 상호 의견을 교류하여 생산된 정보이다.
④ 일정한 규칙을 갖고 체계적으로 정리된 데이터를 의미한다.

⑤ 페이스북, 트위터, 카카오톡 등으로 상호 교류되는 정보가 비정형화 데이터에 해당한다.

【해설】 비정형화된 데이터는 어떠한 정보를 담고 있으며 표, 그림, 문자, 동영상 등 다양한 형태로 나타난다. 반면 반정형화된 데이터는 한글이나 마이크로소프트 워드 등으로 작성된 데이터를 의미한다. ④는 정형화된 데이터의 설명이다.

07. 다음 중 빅데이터 플랫폼의 애플리케이션 레벨에 해당하지 않는 것은?

① 빅데이터를 저장 및 분석할 수 있는 레벨

② 실제 빅데이터와 사용자가 만나게 되는 커뮤니케이션 레벨

③ 인프라 및 데이터 처리 기술 분야보다 상대적으로 낮은 진입 장벽

④ 빅데이터 의미 파악, 이해 능력, 분석결과를 서비스화 할 수 있는 애플리케이션

⑤ 빅데이터를 통한 새로운 비즈니스의 기회, 신규 서비스 적용 등 빅데이터 활용에 해당

【해설】 ① 빅데이터를 저장할 수 있는 레벨은 하드웨어 레벨이며, 분석할 수 있는 레벨은 소프트웨어 레벨이다.

08. 다음 중 정보사회의 패러다임의 변화와 힘의 이동의 내용에서 스마트 시대에 해당하는 것은?

① 대표 기업을 아직 알 수 없다.

② ICT 비전은 1인 1PC이다.

③ ICT 이슈는 모바일 인터넷, 스마트폰이다.

④ 대표 기업은 애플, 페이스북, 트위터 등이 있다.

⑤ 핵심 분야(서비스)는 포털, 검색엔진, Web2.0이다.

【해설】 ①, ④ 스마트 시대에는 어떤 기업이 대표가 될지 드러나지 않았다. ② ICT 비전은 ICT everywhere, 신(新)가치 창출이다. ③ ICT 이슈는 빅데이터, 차세대 PC, 사물네트워크(M2M)이다. ⑤ 핵심 분야(서비스)는 미래 전망, 상황 인식, 개인 맞춤형 서비스이다.

09. 다음 중 빅데이터의 의의가 아닌 것은?

① 정보의 범람을 막기 위해 데이터를 처리하며 용량을 줄이는 것이다.

② 분석 결과를 갖고 국가기관, 민간 등의 분석기획 담당자들이 자유롭게 이용할 수 있어야 한다.

③ 빅데이터는 잠재적 가치와 잠재적 위험이 공존하며 사회 · 경제적으로 성패를 좌우하는 핵심 원천이 될 것으로 평가되고 있다.

④ 빅데이터 분석을 통해서 나타난 복잡한 정보를 한눈에 볼 수 있도록 도표나 3D 형태의 정보의 시각화가 이루어져야 한다.

⑤ 빅데이터의 분석은 페타바이트에서 제타바이트 용량의 데이터를 실시간으로 분석함으로써 새로운 흐름을 찾아내는 것이다.

【해설】① 빅데이터는 범람하는 정보 속에서 새로운 가치 창출을 하고자 데이터를 저장하고 분석하는 과정이지 범람하는 정보를 처리·삭제하는 과정이 아니다. 또한 대용량 데이터를 보관하기 위한 시스템을 갖추는 것이지 용량을 줄이는 것이 아니다.

10. 빅데이터가 이슈화되는 3가지 요인 중 옳은 것은?

① 휴대전화를 비롯하여 개인 PC 보급의 활성화이다.

② 일방적인 데이터를 비즈니스 측면에 활용하려는 관심이 높아졌다.

③ 클라우드 서비스를 통해서 개인과 조직의 데이터가 분산된 것이 요인이다.

④ 소셜 미디어의 활용이 일상화되며 일방적인 소통이 활발하게 이루어지고 있다.

⑤ 모바일 스마트 기기에 탑재된 센서, 원격 감지 기술, 소프트웨어, 카메라, RFID 리더 등을 통해 비정형화된 데이터를 수집할 수 있게 된 것이 요인이다.

【해설】① 스마트폰을 비롯하여 모바일 스마트 기기 보급의 활성화이다. ② 상호작용 데이터를 비즈니스 측면에서 활용하려는 관심이 높아졌다. ③ 클라우드 서비스를 통해서 개인과 조직의 데이터가 한 곳으로 축적되고, 저장된 데이터를 분석하여 활용하고자 하는 요구가 증가함에 따른다. ④ 소셜 미디어의 활용이 일상화되면서 정보 유통 구조가 새롭게 재편되고 있다. 소셜 미디어의 특성상 쌍방향 커뮤니케이션이 활발하게 이루어지면서 상호작용 데이터의 증가를 가져왔다.

CHAPTER 02 >> 빅데이터의 가치와 영향

2.1 빅데이터의 가치

2.1.1 빅데이터의 투입 가치

처리할 데이터양이 점차 방대해지고 비정형 데이터의 비중이 날로 높아지면서 데이터 처리에 관한 복잡도가 높아지고 있다. 데이터가 엄청난 규모로 축적되면서 이를 저장, 처리 및 관리하기 위한 비용이 급증하고 있다. 반면 이러한 빅데이터 분석을 통한 가치 창출에 대한 기대가 커지면서 가치에 대한 논의도 활발해지고 있다. 주요 연구기관들이 발표한 빅데이터를 통해 얻을 수 있는 경제적 효과는 다음과 같다.

【표 2-1】 빅데이터의 투입 가치

기 관	경제적 가치
Economist (2010)	데이터는 자본이나 노동력과 거의 동등한 레벨의 경제적 투입 자본으로 비즈니스의 새로운 원자재 역할 수행
MIT Sloan (2010)	데이터 분석을 잘 활용하는 조직일수록 차별적 경쟁력을 갖추고 높은 성과를 창출
Gartner (2011)	데이터는 21세기의 원유이며 미래 경쟁 우위를 결정 기업은 다가올 '데이터 경제시대'를 이해하고 정보 고립을 경계해야 생존
McKinsey (2011)	빅데이터는 혁신, 경쟁력, 생산성의 핵심 요소

이들이 제시한 경제적 가치는 빅데이터가 갖는 가능성에 기반을 둔 투입 및 활용 요소로써의 가치를 의미한다. 한편, 달리 빅데이터의 활용으로 인해 나타날 효과로서의 가치에 대한 전망도 나오고 있다.

2.1.2 빅데이터의 활용 가치

기업에서 빅데이터를 활용할 때 발생할 수 있는 가치(Value)는 비용의 절감, 의사결정의 고도화, 고객 성향의 신속한 파악, 미래 예측 정확도 제고, 의미 있는 패턴의 발견 등에서 찾을 수 있다. 최근에는 빅데이터 활용으로부터 얻어지는 경제적 가치를 추출할 수 있도록 디자인된 차세대 기술과 아키텍처로 빅데이터의 의미가 확장되고 있다. 맥킨지에 따르면, 미국 정부는 빅데이터 활용을 통해 보건 분야에서만 연간 3,300억 달러 상당의 가치를 창출하고 있다고 추정하였다. 또한, 의료와 건강, 소매, 제조 분야에서 1%의 추가 생산성 향상을 가져올 것이며 적게는 1,000억 달러에서 많게는 7,000억 달러 규모의 경제적 효과를 창출할 것이라고 전망하였다.

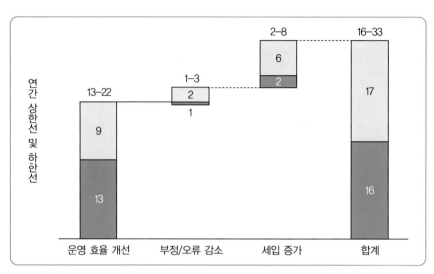

【그림 2-1】 영국 공공 부문에서 빅데이터 경제적 효과(단위:십억 파운드)

또한, OECD는 빅데이터의 경제적 가치 측정을 주요 의제로 채택하였고, 주요 선진국을 중심으로 빅데이터 전략이 추진되고 있는 실정이다.

또한, 영국의 연구기관인 팔러시 익스체인지(Policy Exchange)가 빅데이터의 경제적 가치를 추정한 보고서, '빅데이터의 기회(The BigData Opportunity)'를 발표하였다. 보고서에 따르면, 영국이 공공 부문에서의 빅데이터 활용을 통해 연간 160억 파운드에서 최대 330억 파운드를 절감할 것으로 추정하였다.

팔러시 익스체인지는 세수 관리, 인구 조사 등에 이르기까지 여러 분야에서 빅데이터의 적용과 관련된 아이디어를 제안하였다. 예를 들면, 10년을 주기로 실시하는 인구 조사, 선거인 명부, 건강보험 환자 기록, 국민연금 데이터 등을 결합하여 인구학적 정보를 획득하였으며, 이를 통해 약 5억 파운드의 예산 절감이 가능할 뿐만 아니라, 고품질의 시의성 있는 인구 센서스 정보를 확보하는 것이 가능해 졌다.

또한, 영국 정부가 빅데이터를 효과적으로 활용하기 위한 전제 조건을 제시하였다. 빅데이터 활용을 가로막는 장애 요인들을 제거하고, 공공 부문 인력의 역량 강화를 하였으며, 개인 정보 및 프라이버시 침해 등에 대한 국민 신뢰 확보를 위해 최고 수준의 도덕성을 기반으로 빅데이터 정책을 추진하고자 하였다.

최근의 변화 중 중요한 것은 각국의 지도자들과 기업의 경영자들이 빅데이터를 단순히 업무 중 관련 데이터를 다루는 것이 아니라 이를 통해 얻을 수 있는 가치 및 경쟁 우위의 중요한 원천으로 인식하기 시작했다는 것이다.

이렇듯 빅데이터 분석의 장점을 잘 활용하는 기업들은 승승장구하고 있는 실정이다. 예를 들면, 테스코 클럽카드(Tesco Clubcard:슈퍼마켓 회원카드)를 사용하였거나 구글 검색을 해 본 사람이라면 누구나 빅데이터의 세계에 발을 들여놓은(프라이버시와 관련하여 영향을 받은 셈) 것이나 마찬가지이다. 빅데이터 기술과 이에 따른 사고방식 및 문화에 통달한 기업들은 소비자 및 주주를 위해 새로운 가치 원천을 만들어내고자 빅데이터를 분석하고 있다.

2.1.3 빅데이터의 사회 · 경제적 가치

빅데이터는 정치·사회·경제·문화·과학기술 등 전 영역에 걸쳐서 사회와 인류에게 가치 있는 정보를 제공할 수 있는 가능성을 제시하고 있다. 빅데이터 기술의 발전은 다변화된 현대 사회를 정확하게 예측하여 효율적 작동에 기여한다. 또한, 개인화된 현대 사회 구성원에게 맞춤형 정보를 제공하며 과거에는 불가능했던 분석을 가능하게 한다. 빅데이터의 도입과 활용은 산업 경쟁력 제고, 생산성 향상, 혁신을 위한 새로운 가치를 창출하게 할 전망이다.

맥킨지는 빅데이터의 사회·경제적 가치를 다섯 가지로 제시하고 있다. 산업의 투명성 증대, 소비자 니즈 발견·트렌드 예측·성과 향상을 위한 실험, 소비자 맞춤형 비즈니스를 위한 고객 세분화, 자동 알고리즘을 통한 의사결정 지원과 대행, 비즈니스 모델·상품·서비스 혁신이 바로 그것이다.

【표 2-2】 빅데이터의 사회·경제적 가치

구분	내용
산업의 투명성 증대	빅데이터를 시기적절하게 관련 부문에 제공하도록 하는 것만으로 검색과 처리 시간의 절감 가능
소비자 니즈 발견 트랜드 예측 성과 향상을 위한 실험	기업들이 더 많은 거래 데이터를 디지털 형태로 축적하게 되면서 보다 정확하고 상세한 성과 데이터 수집 가능 자연적으로 일어나거나 통제된 실험에 의해 일어나는 성과의 변동성 분석 및 근본적 원인과 결과 분석에 데이터를 이용 가능
소비자 맞춤형 비즈니스를 위한 고객 세분화	기업들이 매우 구체적인 고객 분류를 통해 고객의 니즈에 맞춘 맞춤형 서비스 제공 가능
자동 알고리즘을 통한 의사결정 지원과 대행	정교한 분석에 의해 의사결정 향상, 위험 최소화, 가치 있는 인사이트 발굴 가능
비즈니스 모델, 상품, 서비스 혁신	기업들이 새로운 상품/서비스 개발, 기존 상품/서비스 향상, 새로운 비즈니스 모델 설계 가능

빅데이터의 사회·경제적 의미는 크게 천연자원, 새로운 재난, 산업적 도구 등 세 가지로 나눠볼 수 있다.

첫째, 천연자원 의미는 데이터에 내포된 가치와 가능성에 대해 주목하고 사회적으로 현안과 위험을 해결할 수 있는 잠재력이 기대되며 이를 새로운 경제적 가치의 원천으로 활용 가능하다는 것이다.

둘째, 새로운 재난 의미는 정보의 범람으로 기회를 파악하기가 모호해지고 규정 준수가 어렵고 늘어나는 데이터로 인해 현 상태를 유지하는데 IT 예산이 사용되어 혁신을 위한 새로운 동력에 투자가 어려워질 수 있으며, 데이터 처리의 낮은 응답 속도가 기업의 생산성 저하로 이어질 우려가 있다는 것이다.

마지막으로 산업적 도구 의미는 데이터 효율적 관리와 분석을 통해 기업의 경쟁우위 확보가 가능하고 데이터를 신속하게 처리해 실시간 의사결정 지원이 가능하며, 데이터 분석 역량이 기업 경쟁력을 좌우하게 될 것이라는 것이다.

【표 2-3】 빅데이터의 사회·경제적 의미

구분	주요내용
천연자원 (Natural Resources)	• 데이터에 내포된 가치와 가능성에 대해 주목 • 사회적으로 현안과 위험을 해결할 수 있는 잠재력에 기대 • 새로운 경제적 가치의 원천으로 활용 • 새로운 원유, 데이터 골드러시, 데이터 금맥 찾기(data mining)
새로운 재난 (Natural Disasters)	• 정보의 범람으로 기회를 파악하기가 모호해지고 규정 준수가 어려움 • 늘어나는 데이터로 인해 현 상태를 유지하는데 IT 예산이 사용되어 혁신을 위한 새로운 동력에 투자가 어려워짐 • 데이터 처리의 낮은 응답 속도가 기업의 생산성 저하로까지 이어질 우려가 있음 • 데이터 토네이도(data tornado), 데이터 홍수(data deluge)
산업적 도구 (Industrial Devices)	• 데이터 효율적인 관리와 분석을 통해 기업의 경쟁 우위 확보 • 데이터를 신속하게 처리해 실시간 의사결정에 지원 • 데이터 분석 역량이 기업 경쟁력을 좌우 • 데이터 산업혁명(Industrial Revolution)

2.2 빅데이터의 가치 측정 이슈

빅데이터를 통해 특정 데이터의 가치를 측정하는 것은 쉽지만은 않다. 왜냐하면, 데이터를 활용하는 방식(재사용 및 재조합, 다목적용 개발), 가치를 창출하는 방식, 분석하는 기술의 발전(발달), 즉 어떠한 방식으로 측정을 하느냐에 따라 가치가 달라질 수밖에 없기 때문이다.

2.2.1 데이터를 활용하는 방식

재사용 및 재조합, 다목적용으로의 데이터 개발 등이 보편화되면서 특정 데이터를 언제, 어디서, 어떻게, 누가 활용하는지를 정확히 예측할 수가 없다. 이로 인해 가치를 산정하는 것

도 어려울 수밖에 없다. 데이터를 재사용하는 것은 과거뿐만이 아니라 현재에도 수시로 일어나고 있다. 예를 들면, 구글은 1분에 200만 번 이상의 검색 결과를 만들어 낼 때마다 클라우드에 저장되어 있는 웹사이트 정보를 매번 불러와 사용한다.

【그림 2-2】 전기자동차 배터리 충전

중요한 것은 한 번 사용한 데이터라고 버리는 것이 아니라 계속 저장을 해놓고 있다는 것이다. 정보는 소비자에게 맞는 서비스를 제공하기 위해 저장된 데이터를 가공 및 분석하고 있지만, 데이터의 풀(data pool)을 구성하는 데이터로서 다른 소비자에게 제공할 서비스를 위해서도 활용될 수도 있다. 따라서 데이터는 본연의 목적 외에 활용되기도 하며, 이를 통해 새로운 가치를 창출할 수가 있게 된다.

전기자동차의 경우를 살펴보면, 일반 가솔린 자동차에 비해 배터리에 대한 정보는 매우 중요하다고 할 수가 있다. 이로 인해 전기자동차에서 가장 중요한 것은 배터리 충전 시간을 알려주기 위해 저장된 데이터를 가공·분석을 하는 것이다. 하지만 전기자동차에 관련된 인프라를 구축해야 하는 기관·기업에서는 이러한 가공된 배터리 정보의 관련된 데이터를 활용하여 충전소 설립의 최적지 선택 정보를 만들어낸다. 이와 같이 데이터는 1차 목적인 충전 시간을 위한 것뿐만이 아니라 2차 목적인 전기충전소 설립 등 다양한 차원의 목적으로도 사용될 수가 있다.

2.2.2 가치를 창출하는 방식

데이터를 창의적으로 조합을 하게 되면 기존의 방식으로는 절대 풀 수 없었던 문제를 해결하는 데 큰 도움을 줄 수가 있다. 예를 들면, 오래전부터 휴대전화의 전자파가 뇌종양을 일으킨다는 주장이 등장을 하였으나, 증명이 되지 못하고 있는 상황이었다. 이러한 문제를 해결하기 위해 덴마크의 암호학회는 1987~1995년 사이에 휴대전화를 보유했었던 36만 명의 관련 데이터와 1990~2007년 동안 중추신경계에 종양이 발생한 사람들의 관련 데이터를 결합하고, 학력·소득·연령 등 조합이 가능한 다양한 정보를 결합하여 휴대전화의 전자파와 종양 간에는 아무런 상관관계가 없음을 증명하였다.

이렇듯 데이터의 가치 측정이 점점 더 어려워지고 있는 이유는 데이터가 점점 다용도로 개발되고 있기 때문이다. 예를 들면, 마트에서 CCTV를 통해 데이터를 수집한다고 가정해 보면, 데이터 수집자는 절도범을 구별해낼 수도 있고 고객이 구매하는 정보도 동시에 얻을 수 있는 곳에 CCTV를 설치할 수 있다. 데이터의 가치는 평소에 상품을 진열하는 방식을 결정하는 데 있어서 가치를 줄 수 있지만, 만약 절도 사건이 발생하게 되면 추가적으로 범인의 체포와 관련된 정보를 제공할 수 있다.

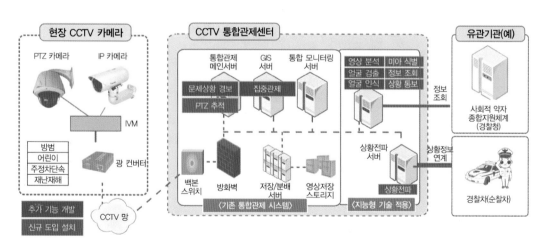

【그림 2-3】 CCTV 관제 서비스

【그림 2-3】은 CCTV를 통해 비명이나 차량 충돌 소리를 감지하고 이를 자동적으로 통합 관제센터에 알려줘 현장에 경찰을 즉시 출동시킬 수 있는 기술에 대한 내용이다. 또한, 관제센터에 알람이 울리면서 사고 상황 화면이 크게 깜빡 거리고 경찰에도 즉시 전파돼 현장 출동이 이뤄지게 된다. 이외에도 미아 실시간 위치 찾기는 미아 사고가 발생하면 해당 지역의 CCTV 영상에서 어린이의 의상·얼굴 등을 감지해 위치를 찾아주는 서비스이다. 이렇듯 기존에는 CCTV를 단순히 감시 및 관리하는 차원을 넘어서서 새로운 가치를 창출하고 제공하는 것이 바로 빅데이터의 힘이라고 할 수 있다.

데이터가 기존에 없던 가치를 새롭게 창출함에 따라 데이터의 가치를 측정하기가 어려워지고 있다. 아마존은 킨들에 쌓이고 있는 전자책 읽기와 관련된 데이터를 가공 및 분석하여 독자들이 좋아하는 부분이 무엇인지, 또한 어떠한 부분에서 호의적인지, 비호의적인지, 또한 독자들이 처음부터 끝까지 계속 독서를 하는지 아니면 특정한 부분만 보는지와 같은 독서에 관련된 독자들의 패턴을 저자(작가)들에게 알려줄 수 있다.

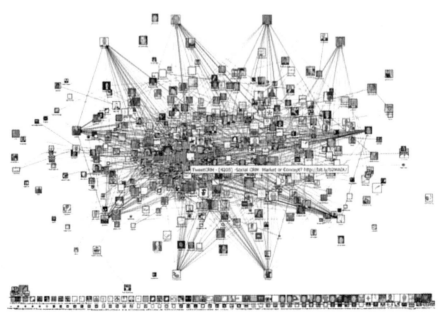

【그림 2-4】 소셜 그래프

이러한 정보를 통해 저자에게는 이전에는 없었던 새로운 가치를 제공하고 있지만, 제공된 정보가 어느 정도의 가치가 있는지는 정확하게 측정을 하기는 매우 어렵다. 그러나 이러한 정보나 데이터는 작가의 추후 저술 활동에 적지 않은 영향을 미칠 수 있기 때문에 제공된 가치가 높다거나 낮다고 볼 수는 없을 것이다.

페이스북은 특정한 사람의 행위에 대한 강력한 예측 변수를 새롭게 발견하였는데, 서로 친구 관계인 사람들의 행동을 분석하는 것이다. 즉 소셜 그래프라고 불리는 새로운 예측변수를 통해 페이스북의 새로운 가치에 대한 평가를 제대로 받기란 상당히 어려운 일 중의 하나이다.

2.2.3 분석 기술의 발전

분석하는 기술의 발전도 데이터의 가치를 측정하고 창출하는 데 있어 영향을 줄 수 있다. 과거에는 데이터를 분석하는 비용이 전반적으로 높아서 분석할 수 없었던 빅데이터들을 지금은 클라우드 분산 컴퓨팅에서 저렴한 비용을 가지고 분석을 할 수 있게 되면서 점점 그 활용도가 증가하고 있는 것이 대표적이라고 할 수가 있다.

페이스북, 마이크로블로그(트위터), 인터넷 게시판의 댓글 등의 비정형화된 데이터들은 이전의 방식에서는 정형화된 데이터와 함께 분석할 수 없었다. 그러나 텍스트마이닝 기법 등이 등장을 하게 되면서 통합적으로 정형 데이터와 비정형데이터를 함께 분석하는 것이 가능해지고 있다. 또한, 과거에는 가치가 없다고 판단한 데이터들도 현재 새로운 데이터 분석 기법들의 등장으로 인해 거대한 가치를 만들어낼 가능성이 높다고 할 수 있다.

2.3 빅데이터 가치 산정 프레임워크

통상적으로 빅데이터를 기존의 전통적인 데이터 처리와 구분하는 특징은 가트너가 제시한 3V(Volume, Variety, Velocity)로 표현할 수가 있으며, 이러한 3V를 어떻게 처리하고 정의하느냐에 따라 빅데이터가 창출할 수 있는 새로운 가치(value)가 결정될 수 있다. 중요한 것은 3V 자체가 새로운 부가가치를 창출하는 것이 아니라, 3V를 어떻게 정의하고 처리하느냐에 따라 새로운 부가가치 창출 여부가 판가름난다는 것을 인식하고 있어야 한다.

일반적으로 다양성(variety)은 통상적으로 부가가치 창출에 있어서는 장애 요인이라고 할 수 있다. PC가 처리해야 할 데이터의 다양성이 높아질수록 일관성이 있는 의미 있는 정보를 분석해내기 어렵기 때문에, 결국에는 새로운 부가가치 창출을 어렵게 만든다.

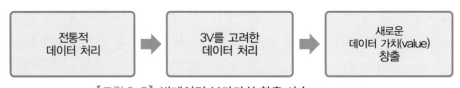

【그림 2-5】 빅데이터 부가가치 창출 사슬(value chain)

빅데이터를 통해 새로운 부가가치 창출을 하기 위해서는 데이터의 다양성에 초점(focus)을 맞추는 것보다는 다양한 데이터를 처리하고 활용할 수 있는 적응성을 확보하는 것이 더 중요하다고 할 수 있다. 즉 빅데이터는 데이터 그 자체에서 가치를 찾는 것이 아니라 데이터 분석을 통한 적응성을 확보함으로써 비로소 가치를 창출하게 된다. 결국, 빅데이터 분석에 초점을 맞추었을 때 가치 창출이 가능해지며 비용 대비 효익이라는 경제적 타당성을 찾을 수 있게 될 것이다.

> Volume(데이터양) 측면의 대용량성 확보
> Variety(다양한 형태) 측면의 적응성 확보
> Velocity(빠른 생성 속도) 측면의 실시간성 확보(데이터 처리 및 확보의 실시간성)

여기서 빅데이터의 특징인 대용량성, 적응성, 실시간성을 벡터(vector)로 표시하면【그림 2-6】에서 볼 수 있듯이 상호 간의 관계를 보다 직관적으로 표현을 할 수가 있다. 즉【그림 2-6】에서 A(대용량성)가 B(적응성)를 높이는 상황이 발생을 한다면, A와 B로 인해 새로운 부가가치인 C의 효율성은 높아질 것이다.

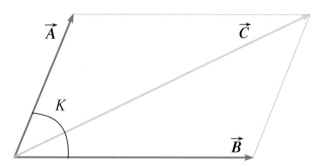

대용량성(A)이 커질수록 적응성(B)도 같이 높아지는 상황에서 빅데이터의 부가가치 효율성(C)이 높아짐(벡터값 K<90˚)

【그림 2-6】부가가치 창출 요소 간 시너지가 발생하는 경우의 예

(출처:오규철, 2013)

2.4 빅데이터의 영향

빅데이터는 가치 창출 방식에 있어 경제 부문, 공공 부문, 사회 부문에 영향을 미치고 있으며, 그 영향은 다양하게 나타날 수 있다. 빅데이터를 통해 창출된 가치는 산업과 기업에게 있어서는 혁신의 원동력을 제공할 수 있고 이를 통해 경쟁력을 향상시킬 수가 있으며, 나아가 생

산성의 향상을 통해 기업 전반의 효율성을 높여주는 역할을 한다. 정부 및 지자체에게는 빅데이터를 통해 국가의 전반적인 환경을 탐색하고 이를 통해 새로운 가치를 분석하여 기존의 방식으로는 해결을 하지 못했던 다양한 문제점들을 쉽고 빠르게 대응할 수 있도록 해준다.

2.4.1 경제 부문

먼저 기업에서는 빅데이터를 활용하여 소비자의 행동 패턴을 분석하고 이를 통해 시장의 동향을 예측하여 기업이 기존에 가지고 있던 비즈니스 프로세스의 문제점을 파악하고 개선 및 수정을 통해 기업의 비즈니스에 도움을 줄 수 있다. 또한, 기존에 기업에서 가지고 있던 ERP[1], SCM[2], MES[3] 등으로부터 생성되는 비즈니스 전반의 데이터 활용으로 원가 절감, 제품 차별화가 가능해졌다. 과거에는 생산 과정에서 발생하는 데이터의 양이 적었을 뿐만 아니라 역량 부족으로 인해 제대로 활용되지 않고 버려지곤 했으나 기술의 발달에 힘입어 손실을 줄이고 생산성을 높이는 데 데이터가 활용될 수 있게 되었다.

---

1) ERP(Enterprise Resource Planning) 시스템은 전사적 자원 관리라고 하여 기업 전체의 자원을 효과적으로 이용하기 위해 생산, 자재, 영업, 인사, 회계 분야의 데이터를 통합하여 최적의 형태로 관리하고 정보 이용자에게 제공하는 시스템으로 경영 전반의 과정들을 자동화하고, 연계하여 최고의 성과 창출을 목표로 한다.

2) SCM(Supply Chain Management)은 공급망 관리라고 한다. 공급망(Supply Chain)이란 원재료 조달, 제품의 제조, 유통, 판매와 서비스에 이르기까지 일관된 공급 체계를 말한다. 따라서 SCM은 고객에게 최상의 제품을 최대한 빠른 시일 내에 최적의 가격과 서비스로 공급하기 위한 공급망의 최적화 실현을 추구한다. ERP가 기업 내의 전사적인 자원의 효율적 활용을 위한 최적의 시스템이라고 한다면, SCM은 이보다 넓은 개념으로 기업과 기업 간의 자원, 정보, 자금 등을 통합 관리하여 이해관계에 있는 모든 기업들의 최적화를 도모하는 데 주목적이 있다.

3) MES(Manufacturing Execution System)는 제조 실행 시스템이라고 한다. 제조업의 공장 관리를 위한 개념이자 구현 도구로서 1990년 초 미국의 매사추세츠주 보스턴시에 소재한 컨설팅회사 AMR(Advanced Manufacturing Research)사에서 최초로 소개하였으며, 제조업의 시스템 계층 구조를 계획-실행-제어의 3계층으로 구분하여 실행의 기능을 MES라고 한다(ACS㈜). 즉 제품의 주문 단계에서부터 완성 단계에 걸친 모든 생산 활동의 최적화를 가능하게 하는 정보 시스템이다.

【그림 2-7】 기후 요소 데이터 수집/분석을 활용한 풍력발전소 부지 선정

세계 1위의 풍력 터빈 제조 및 풍력단지 설비 업체인 베스타스는 빅데이터 분석을 통해 풍력 터빈(바람의 힘을 전기로 변환시키는 핵심 부품)의 에너지 효율성을 높였다. 베스타스는 날씨, 조수 간만의 차, 위성 이미지, 지리 데이터, 날씨 모델링 조사, 산림 및 해상 지도 등 페타바이트 규모의 정형 데이터와 비정형 데이터를 수집한다. 날씨 하나만 보더라도 4년 동안 20페타바이트 이상의 전 세계 날씨 데이터를 집적하고 있다. 베스타스는 실시간으로 변하는 바람의 방향, 높이에 따른 변화, 기후 요소 데이터를 수집 및 분석하여 최적의 풍력 발전소 부지를 선정하고 있다.

또한, 풍력 터빈에 연결된 각각의 날개가 날씨 변화에 어떻게 반응하는지를 분석하고 세계 각 지역에 공급된 풍력 터빈들이 향후 얼마나 더 많은 풍력 에너지를 생산해낼 것인지 전망하며, 기존에 공급한 풍력 터빈의 유지보수 일정을 위한 최적의 시간을 계산하는데 있어서도 빅데이터를 사용한다.

2.4.2 공공 부문

정부의 경우 빅데이터를 활용하기 위해 많은 노력을 경주하고 있다. 그중에서 환경을 탐색하거나 상황에 대한 분석, 사회적인 현안, 미래에 대한 대응 등을 위해 빅데이터를 활용하고 있다. 이를 위해 정부는 공공 데이터인 기상 데이터, 인구 데이터, 각종 통계지표 등을 수집하고 이를 토대로 하여 선반적인 재난 및 재해에 대한 정보를 추출한다. 또한, 수집된 데이터를 바탕으로 시스템 다이내믹스, 복잡계 이론 등과 같은 분석을 통해 정책 개발, 미래 전략 수립 등을 할 수 있다.

일본의 노무라연구소는 5개 정부기관(건설성, 통산성, 운수성, 우정성, 경찰청)과 협력하여 지능형 교통안내 시스템(Intelligent Transport System) 서비스를 제공하고 있다. 일본 전역의 택시 1만 1,000대와 교통정보 제공에 동의한 자동차들의 GPS를 통해 자동차의 주행 스피드를 계산하는 방식으로 실시간 교통정보를 수집하고 이를 통해 운전자들의 스마트폰으로 송신한다. 2011년 이와테현의 대지진이 발생했을 때 일본의 교통안내 시스템은 구조 차량 및 지원 자원 수송 차량은 지진 발생 지역의 교통 체증을 피해 신속하게 현장에 접근할 수 있게 함으로써 지진 피해를 최소화시키는 데 일조했다는 평가를 받고 있다.

2.4.3 사회 부문

빅데이터는 경제 부문과 공공 부문 외에 사회 부문에도 영향을 끼치고 있는데, 그 영향은 매우 크고 흥미롭다고 할 수가 있다. 빅데이터 분석을 통해 사회적 약자를 위한 활동들을 수행하는데 도움을 줄 수 있으며, 다양한 사회적 기회를 창출할 수 있도록 도움을 줄 수가 있다.

바시니는 기브디렉틀리(GiveDirectly)라는 기관과 데이터카인드(DataKind) 프로젝트를 수행하고 있다. 데이터카인드는 모바일을 통해 아프리카의 가난한 가정들에게 무조건적으로 현금 기부를 이끌어내기 위한 프로젝트이다. 또한, 케냐와 우간다 중에서 가장 가난한 마을을 찾아내기 위해 위성의 이미지를 사용하고 있는 바시니는 기브디렉틀리가 체계적으로 데이터를 모으는데 빅데이터를 활용하여 비용과 시간을 절약하고 있다.

바시니는 서부 케냐에서 우간다까지, 집의 지붕 형태로 각 마을의 상대적 빈곤 상태를 파악할 수가 있었으며, 또한 다양한 인터넷 웹사이트들의 스크랩을 통해 식량 가격과 관련된 새로운 데이터를 만들어 내기도 하였다.

2.4.4 기타 부문

아직까지 빅데이터를 활용하는 개인은 드물지만, 유명 정치인이나 연예인의 경우는 빅데이터를 활용하여 성공을 거둔 사례가 종종 있다. 미국의 버락 오바마 대통령의 경우 유권자의 데이터베이스를 확보 및 분석을 통해 대통령 선거에 활용하여 큰 성공을 거두었다. 사회적으로는 빅데이터 분석을 통해 다양한 기회를 창출할 수 있게 해주고 이를 통해 사회 전반에 긍정적인 영향을 미칠 수 있도록 해준다. 물론 아직까지는 활용 사례가 많지 않았지만, 다양한 통찰을 통해 사회의 여러 가지 문제를 해결하는 데 있어 새로운 돌파구를 마련하는 계기가 될 수 있을 것으로 보인다.

【참고문헌】

노규성, 조남재, 경영정보시스템, 사이텍미디어, 2010.

빅데이터 분석을 통한 기업 미래 가치 창출, 삼정 KPMG경제연구원, 2012.10.

빅데이터 시장 현황과 콘텐츠산업 분야에 대한 시사점, 코카포커스, 2013-11호, 한국콘텐츠진흥원, 2014.01.15.

빅데이터로 인한 기회 -보다 빠르고 스마트한 맞춤 정부 만들기-, 크리스유, 동향분석 I-4, 한국정보화진흥원, 2012.07.

오규철, 빅데이터 활용 시 개인정보보호 법률이 미치는 역량의 측정 방법론, 주간기술동향, 2013.07.24.

신가치 창출 엔진, 빅데이터의 새로운 가능성과 대응 전략, 한국정보화진흥원, 2011.12.30.

The BigData Opportunity:Making government faster, smarter and more personal의 번역본, Policy Exchange, 2012.07.03.

Tyler Bell, BigData:An opportunity in search of a metaphor, 2011.

http://www.cctvnews.co.kr/atl/view.asp?a_id=6970

http://www.bdtinsights.com

01. 다음 중 기업에서 빅데이터를 활용할 때 발생할 수 있는 가치(Value)가 아닌 것은?

① 의미 있는 패턴 발견   ② 미래 예측 정확도

③ 비용의 절감   ④ 고객 개인 정보 파악

⑤ 의사결정 고도화

【해설】 비용의 절감, 의사결정의 고도화, 고객 성향의 신속한 파악, 미래 예측 정확도 제고, 의미 있는 패턴의 발견 등이 있음

02. 다음 괄호 안에 들어갈 용어를 순서대로 열거한 것은?

> 데이터는 자본이나 노동력과 거의 동등한 레벨의 (   ) 투입 자본으로
> 비즈니스의 새로운 (   ) 역할을 수행한다.

① 경제적, 원자재   ② 경제적, 비즈니스

③ 원자재, 비즈니스   ④ 차별적, 원자재

⑤ 기본적 이익

【해설】 데이터는 자본이나 노동력과 거의 동등한 레벨의 경제적 투입 자본으로 비즈니스의 새로운 원자재 역할을 수행한다.

03. 빅데이터의 사회·경제적 의미 중 어느 것에 해당하는가?

> • 데이터 효율적인 관리와 분석을 통해 기업의 경쟁 우위 확보
> • 데이터를 신속하게 처리해 실시간 의사결정에 지원
> • 데이터 분석 역량이 기업 경쟁력을 좌우
> • 데이터 산업 혁명(Industrial Revolution)

① 새로운 재난   ② 천연자원

③ 새로운 혁명   ④ 산업적 도구

⑤ 분석 역량

【해설】 위의 내용은 산업적 도구에 대한 설명이다.

연습문제

04. 다음 중 빅데이터의 가치 측정이 어려운 이유에 해당하는 것은?

① 데이터의 과다성

② 가치 창출 방식

③ 분석 기술의 한계

④ 경영 이슈의 난이도

⑤ 데이터 활용 방식의 단순성

【해설】 빅데이터의 가치 측정이 어려운 이유는 데이터 활용 방식의 다양성, 가치 창출 방식의 어려움, 분석 기술의 발전 등이다.

05. 다음 중 새로운 부가가치 창출을 위해 데이터 분석을 통해 무엇을 확보해야 하는가?

① 대용량성

② 직관성

③ 적응성

④ 실시간성

⑤ 적합성

【해설】 데이터의 다양한 형태(variety) 측면의 적응성을 확보해야 한다.

06. 다음 중 빅데이터의 3V(특징 요소) 간에 어떤 상황에서 새로운 부가가치 효율성이 높아지는가?

① 데이터의 실시간성이 확보되는 상황

② 데이터의 대용량성이 실시간성을 높이는 상황

③ 데이터의 대용량성이 적응성을 높이는 상황

④ 데이터의 적응성이 실시간성을 높이는 상황

⑤ 데이터의 실시간성이 대용량성을 높이는 상황

【해설】 빅데이터를 통해 새로운 부가가치 창출을 하기 위해서는 데이터의 다양성에 초점(focus)을 맞추는 것보다는 다양한 데이터를 처리하고 활용할 수 있는 적응성을 확보하는 것이 더 중요하다고 할 수 있다.

연 습 문 제

07. 다음 중 부문별로 빅데이터의 영향이 잘 연결된 것은?

① 공공 부문: 원가의 절감
② 기업 부문: 제품의 차별화
③ 산업 부문: 재난 정보의 도출
④ 사회 부문: 소비자 행동 패턴의 분석
⑤ 기타 부문: 다양한 사회적 기회 창출

【해설】① 원가의 절감은 기업 부문, ③ 재난 정보의 도출은 공공 부문, ④ 소비자 행동 패턴의 분석은 기업 부문, ⑤ 다양한 사회적 기회 창출은 사회 부문의 빅데이터 영향이라 할 수 있다.

08. 다음 중 데이터를 활용하는 방식으로 옳지 않은 것은?

① 재사용 및 재조합, 다목적용으로 데이터 개발 등이 보편화되었다.
② 특정한 데이터를 언제, 어디서, 어떻게 누가 활용하는지를 정확히 예측할 수 없다.
③ 한 번 사용한 데이터는 재사용할 수 없다.
④ 한 번 사용한 데이터라고 버리는 것이 아니라 계속 저장을 해놓고 있다.
⑤ 다른 소비자에게 제공할 서비스를 위해서도 활용될 수 있다.

【해설】한 번 사용한 데이터라고 버리는 것이 아니라 계속 저장 및 활용할 수 있다.

09. 다음 괄호에 들어갈 용어를 순서대로 나열한 것은?

| ( ) 측면의 대용량성 확보 |
| ( ) 측면의 적응성 확보 |
| ( ) 측면의 실시간성 확보 |

① Volume – Velocity – Variety
② Velocity – Variety – Volume
③ Various – Volume – Velocity
④ Variety – Volume – Velocity
⑤ Volume – Variety – Velocity

해 답   07. ②   08. ③   09. ⑤

연 습 문 제

【해설】 빅데이터의 부가가치 창출을 위한 특징은 다음과 같다.
- Volume(데이터양) 측면의 대용량성 확보
- Variety(다양한 형태) 측면의 적응성 확보
- Velocity(빠른 생성 속도) 측면의 실시간성 확보(데이터 처리 및 확보의 실시간성)

10. 다음 괄호 안에 들어갈 용어를 순서대로 나열한 것은?

> 정부의 경우 빅데이터를 활용하기 위해 많은 노력을 경주하고 있다. 정부는
> 공공 데이터인 기상 데이터, 인구 데이터, 각종 통계지표를 활용하여 전반
> 적인 (　　) 및 재해에 대한 정보를 추출할 수 있다. 또한, 시스템 다이내믹
> 스, 복잡계 이론 등을 통해 (　　　)을 예측할 수 있다.

① 재난, 경제적 효익
② 재난, 미래 전략
③ 사회적 현안, 대응 전략
④ 사회적 현안, 경제적 효익
⑤ 경제, 각국 경제

【해설】 정부의 경우, 빅데이터를 활용하기 위해 많은 노력을 경주하고 있다. 정부는 공공 데이터인 기상 데
이터, 인구 데이터, 각종 통계지표를 활용하여 전반적인 재난 및 재해에 대한 정보를 추출할 수 있다.
또한, 시스템 다이내믹스, 복잡계 이론 등을 통해 미래 전략을 예측할 수가 있다.

02
마케팅 빅데이터

CHAPTER 01 >> 마케팅 이해와 전략

1.1 마케팅 개념의 이해

기업은 영리를 목적으로 생산, 마케팅, 인사/조직, 재무/회계, 경영정보시스템(MIS)의 다양한 경영 활동을 수행하며 지속적인 성장과 생존을 하게 된다. 마케팅은 이러한 다양한 기업 활동 중 가장 핵심적인 활동이다.

마케팅의 개념은 그동안 많은 학자들에 따라 다양하게 정의되어 왔지만 가장 일반적인 마케팅의 개념은 2007년 미국마케팅학회(American Marketing Association : AMA)에서 정의한 개념이다[1].

> "마케팅은 고객들, 클라이언트들, 마케터들 및 전체 사회에 유용한 제공물을 창출하고 알리고 전달하며, 교환하기 이한 활동, 일련의 제도 및 프로세스이다"(Marketing is the activity, set of institutions and process for creating, communicating, delivering, and exchanging market offerings that have value for customers, clients, marketers, and society at large)

산업사회에서 정보화 사회로 그 패러다임이 변하면서 시장 참여자, 제품 특성, 프로세스도 새롭게 변화하고 있다. 이에 따라 마케팅 개념도 IT 기술이 접목되어 마케팅의 효과성을 극대화할 수 있는 새로운 접근이 등장하게 되었다. 미래에는 디지털 기술을 마케팅에 접목하여 고객과의 양방향 소통과 상호작용을 실현하여 그들과 지속적인 관계를 유지하고, 발전시키는 새로운 형태의 마케팅이 필요하게 되었다.

이제 마케팅을 효율적으로 수행하기 위해서는 디지털 시대의 변화된 환경을 적절하게 반영하고 기존의 특성을 가상공간에서도 충분히 활용할 수 있는 방식으로 전략적 구성을 하여야 한다. 즉 기존의 마케팅 특성과 시장 상황을 충분히 반영하고 고려하여야 함은 물론, 가상공간에서 발생하는 환경적 요인들을 반영하여 온라인과 오프라인의 적절한 상호 연계를 통해 시너지를 달성하려는 노력이 필요하다.

웜스(Wymbs, 2011)는 그의 논문에서 디지털 마케팅이란 "고객들과의 긴밀한 관계 구축 및 유지에 도움을 주는 통합적이고, 타켓에 표적화되며, 측정이 용이한 커뮤니케이션을 창출하기 위한 디지털 기술의 사용"이라고 명시하였다[2].

디지털 기술을 마케팅에 접목하여 고객과의 양방향 소통과 상호작용을 실현하여 그들과 지속적인 관계를 유지하고, 발전시키는 새로운 형태의 마케팅이 바로 디지털 마케팅이라 하며 조장환, 이희준은 2018년 디지털 마케팅의 개념을 다음과 같이 정의하였다[3].

> "디지털 마케팅이란 디지털 기술을 활용하여 고객의 니즈와 욕구를 충족시키기 위해 맞춤화된 제품 및 서비스를 개발하고, 적절한 시간, 가격, 장소를 통해서 고객과 상호작용하여 소통하고 프로모션하는 일련의 과정으로서, 고객의 경험을 극대화하고 그들과의 지속적인 관계를 유지하는데 그 목적을 둔다."

디지털 시대의 마케팅의 특징은 【표 1-1】에서와 같이 제품, 가격, 유통, 프로모션, 판매의 5가지 측면에서 기존의 전통적 형태의 매스 마케팅과 비교하여 설명하고자 한다[2].

【표 1-1】 전통적 마케팅과 디지털 마케팅의 특징

	전통적 마케팅	디지털 마케팅
제품	소비자 (Consumer)	생산 참여 프로슈머 (Prosumer)
가격	이익 중심 책정 (Profit-focused pricing)	인지된 가격 중심의 창의적 가격 책정 (Creating pricing based on perceived price)
유통	마케터 효율성 중심 (Marketer-focused distribution)	소비자 편익 중심 (Anytime & anyplace consumer-focused convenient buying channel)
포지셔닝	제품 중심 (Product-focused positioning)	소비자 경험 중심 (Consumer experience-focused positioning)
프로모션	일방향성 (One-way promotion)	양방향 참여형, 애드슈머 (Two-way interactive dialogue, adsumer)
판매	소비자 (Consumer)	판매 참여 세일즈슈머 (Salesumr through e-WOM)

자료 : 조창환, 이희준, 「디지털 마케팅 4.0」, 청송미디어, 2018. 3.

제품 측면에서는 소비자가 제품을 기획하고 생산하는 단계에까지 적극적으로 참여하게 되는데 디지털 시대에는 단순한 소비자가 아니라 생산 + 소비자의 역할을 한다는 것이다. 이를 위해 마케터는 소비자의 의견을 개진하며 자사의 제품 개발에 참여하도록 유도한다. 이러한 형태의 소비자를 '프로슈머(Prosumer)'라고 부른다.

가격 측면에서는 디지털 시대 가격 결정 방식은 소비자에 의해 특정 제품이 실제로 인지하거나 기대하는 가치를 통한 결정 방식이 매우 중요한 가격 결정의 기준이 된다. 디지털 시대에는 소비자들은 보다 적극적으로 본인들이 희망하는 가격을 탐색하고 이에 대한 정보를 활용하여 결정하게 된다는 것이다[2].

유통 측면에서는 디지털 시대 유통은 인터넷을 통한 e-커머스, 모바일을 통한 m-커머스, TV를 통한 t-커머스 형태로 소비자에게 직접 유통되는 편리한 유통을 택하게 됨으로써 유통 경로에 대한 선택권이 소비자에게 이전되고 이에 따라 마케팅도 소비자들의 편익 중심으로 이루어지게 된다는 것이다.

포지셔닝(Positioning) 측면에서도 디지털 시대에는 제품 중심(Product-focused positioning)에서 소비자 경험 중심(Consumer experience-focused positioning)으로 이루어진다는 것이다.

프로모션 측면에서도 디지털 시대에는 소비자의 참여를 통한 긍정적인 교감을 형성하는데 중점을 두게 되어 '애드슈머(Adsumer)'라는 개념이 등장한다. 이는 광고(Advertising)와 소비자 (Consumer)의 합성어로 소비자가 기업의 광고 제작에도 참여하여 보다 적극적으로 광고기획과 제작 단계에 참여하게 된다는 것이다.

판매 측면에서도 제품 구매 후 사용한 경험을 소셜네트워크 서비스를 통해 주변의 지인들을 통해 듣고 제품의 구매 여부를 결정하는 경우가 많기 때문에 디지털 마케팅 시대에는 이러한 교류가 가능한 공동체(Community) 구성이 무엇 보다도 중요하게 된다[1].

1.2 빅데이터 시대의 마케팅

유·무선 인터넷 환경 보급으로 과거에는 처리하기 힘들었던 막대한 규모의 데이터와 이를 활용하는 '빅데이터(Big Data)' 기술이 급속히 발전하게 되었다.

이러한 빅데이터 기술은 마케팅에 있어서도 새로운 변화를 가져오게 하였다. 즉 빅데이터 기술이 발전하면서 미시적인 소비자의 행태를 분석하고 보다 정교하고 개인 맞춤형 마케팅을 할 수 있는 시대로 접근하게 되었다.

수많은 채널을 통해서 쏟아져 나오는 소비자와 관련된 정보들 속에서 기업에게 필요한 소비자 통찰(Consumer Insight)를 추출해 내기란 쉽지 않다. 이에 따라 외국 글로벌 기업들은 유통업체를 중심으로 빅데이터 마케팅이 늘어나고 있다. 빅데이터 마케팅이란 빅데이터를 통해 고객의 소비 패턴과 선호도, 정보 등을 분석하여 구매 가능성이 높은 고객에게 맞춤형 혜택을 제공하는 것이다[4].

최근에는 유형의 상품에만 한정된 것이 아니라 금융, 유통, 의료, 통신, 보험 분야 등 무형의 서비스를 대상으로 확대되고 있다. 몇몇 사례들을 살펴보기로 하자. 먼저 이미 잘 알려진 사례로, 세계 최대의 유통업체인 월마트(Walmart)는 온라인 쇼핑 연구 허브인 '월마트 랩(Walmart Labs)'을 통해 월마트 닷컴(Walmart.com)에서 발생하는 거래 데이터를 분석하여 재고 및 필요 공급량을 예측하고 있다. 특히 월마트 닷컴의 검색엔진 '폴라리스(polaris)'는 소비자의 SNS 사용 데이터를 분석하여 의미적(semantic) 검색 결과를 제시해 주는데, 예를 들어 어떤 소비자가 상품 검색어로 'House'를 입력했을 경우, 폴라리스는 'House'라는 단어에 대하여 '집'이 아닌 미국의 TV 드라마 'House'의 DVD 검색 결과를 제시해 주는 것이다. 폴라리스 탑재 이후 월마트 닷컴의 매출은 약 15% 증가한 것으로 알려져 있다[1].

마케팅의 관점에서 바라보는 빅데이터 활용의 증가는 무엇을 의미할까? 바로 고객 관계관리(Customer Relationship Management, CRM) 패러다임의 변화이다. 이와 같은 물리적 서비스의 제공 과정에서 수집된 고객 정보와 구매 동향을 바탕으로 미래의 수요를 예측하고, 그에 맞는 타겟 마케팅을 펼침으로써 고객의 재구매를 유도하는 것이 CRM의 핵심이라고 할 수 있다.

과거의 CRM이 고객을 대상으로 한 설문 내용을 기초로 고객들을 유지하고, 이탈을 방지하는 소극적 방식에 머물렀다면, 지금의 CRM은 자사의 웹사이트를 방문하는 사용자의 로그와 클릭률 등을 분석해 이를 근거로 프로모션을 진행하고, 인기 상품을 공급하는 방식으로 진화하였다. 결국, e-CRM 기술이 발달하게 된 것이다. 모바일 기기의 보급과 SNS 사용자의 확산이 날로 더해가는 현재의 매체 환경에서 과거의 CRM이 발전해 나간다면 결국 빅데이터를 활용하는 단계로까지 나아가는 것이 이미 예견된 현상이다[1].

1.3 디지털 마케팅 STP 분석

디지털 마케팅 STP는 디지털 시장에서의 고객을 세분화(Segmenting)하고, 표적 시장을 선정(Targeting)하여, 이 시장에 부응할 수 있도록 제품이나 서비스를 포지셔닝(Positioning)하는 세부 전략을 수립하는 일련의 과정을 뜻한다.

디지털 마케팅에서의 STP 전략은 기존의 마케팅 STP 전략과 동일하게 먼저 시장을 몇 개의 기준을 이용하여 가치가 있는 다수의 시장으로 분류(Segmenting)한다. 다음 세분화된 여러 시장 중에서 자사의 능력과 경쟁 등을 고려하여 표적 시장을 선택(Targeting)한다. 마지막으로 시장에서 제품 속성이나 다양한 마케팅 믹스 요인을 이용하여 자사 제품을 소비자의 마음속에 심어주는 포지셔닝(Positioning) 과정을 거친다. 포지셔닝 후에는 포지셔닝 성과를 분석하여 재포지셔닝하는 과정도 필요하다[6].

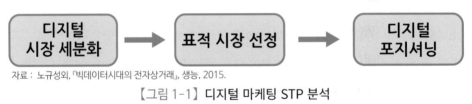

자료 : 노규성외, 『빅데이터시대의 전자상거래』, 생능, 2015.

【그림 1-1】 디지털 마케팅 STP 분석

1.3.1 디지털 시장 세분화(Digital Segmentation)

디지털 시장 세분화란 소비자들의 다양한 욕구, 개성, 행동 등을 기준으로 전체 시장에서 비슷한 욕구를 가지고 있는 소비자를 찾아내어 동질적인 부분 시장을 분류함으로써 차별화된 소비자 욕구 충족과 더불어 마케팅 비용 절감을 이루고자 하는 과정이다. 그러나 소비자의 욕구를 세분화하면 할수록 이를 충족하기 위한 비용이 증가하게 되므로 세분화에 따르는 경제성을 고려해야 한다. 즉 자사의 입장에서 가장 매력적이고 경제성이 있는 세분 시장을 표적시장으로 선정해야 한다.

디지털 시장 세분화는 마케팅 노력을 사용자가 필요로 하는 것에 초점을 맞추기 위하여 마케팅 노력을 합리적으로 적합한 조정을 하기 위한 것이다. 또한, 자사 제품을 차별화하여 시장 기회를 찾고자 할 때, 고객의 동질성에 따라 시장을 확인하고 구분하는 마케팅 활동이다. 즉 시장 세분화의 기본적인 목적은 기업의 투자 효율성을 높이는 것이기도 하지만, 시장의 특정 고객 집단에게 경쟁자들보다 더욱 고객 만족을 제공하기 위한 고객 지향적 마케팅 전략을 수립하는 것이다[6][7].

1) 디지털 시장 세분화 변수

디지털 시장 세분화를 위해서는 인구 통계적 변수, 심리 분석적 변수, 구매 행동 변수, 기술 분석적 변수와 같이 매우 다양한 변수들을 적용할 수 있다. 그러나 이러한 변수들 중 하나만을 시장 세분화 변수로 선택해야 하는 것은 아니며, 몇 개의 기준을 조합한 형태도 사용할 수 있다. 한편, 좋은 세분화 변수가 되기 위해서는 첫째, 인터넷 소비자의 행동을 잘 대표해 줄 수 있는 변수이어야 한다. 둘째, 동일 세분 집단은 최대한 동질적으로, 세부 집단 간은 최대한 이질적으로 구분해 줄 수 있는 변수이어야 하며, 셋째, 측정하기 쉽고 그 특성을 이해하기 쉬워야 한다[6].

- 인구 통계적 변수 : 인구 통계학적 변수는 가장 보편적으로 사용하고 있는 기준으로, 주로 연령, 성별, 소득, 직업, 교육 수준, 가족 구성원 수, 가족 생활 주기, 종교, 인종 등을 기초로 하여 시장을 몇 개의 집단으로 분류하는 것이다. 이는 객관적이고 측정이 쉬운 것이 장점이기는 하지만 갈수록 개별화되고 있는 소비자 행동 간의 차이를 설명하지 못하는 경우가 많다.
- 심리 분석적 변수 : 소비자들의 라이프스타일, 사회 계층, 개성 등을 기준으로 상이한 시장

을 몇 개의 집단으로 분류하는 것이다. 동일한 인구 통계적 집단 내에 속한 사람들은 매우 다른 심리적 특성을 나타내는데, 특히 라이프스타일에 의한 세분화를 사이코 그래픽스라고 한다. 심리적 세분화는 객관적인 측정이 어렵지만, 고객에 대한 깊이 있는 이해가 가능하다.

- 구매 행동 변수: 고객의 행동과 밀접한 관련이 있는 변수로써 사용 기회, 사용 경험, 사용량, 상표 애호도 등이 있다. 이러한 변수는 구매 행동과 밀집한 관련이 있는 변수이므로, 비슷한 욕구를 갖고 있는 고객들을 가려내는 데 효과적이다.

- 기술 분석적 변수: 디지털 마케팅은 정보기술에 바탕을 둔 환경적 특성을 지니기 때문에, 소비자의 행동에 중요한 영향을 미치는 것이 바로 기술에 대한 수용 태도 및 활용 정도이다. 따라서 소비자들이 기술에 대해 갖는 태도, 능력 그리고 동기에 관한 기술 분석적 변수에 의해 시장을 세분화할 수 있다[7].

1.3.2 표적 시장(Targeting)의 선정

표적 시장이란 판매자가 모든 가능한 기업의 자원을 이용하여 특정 노력을 집중시키는 고객 집단을 의미한다. 표적 시장을 선정한다는 것은 시장 세분화 분석을 통해 얻어진 자료에서 목표로 하는 시장, 즉 얼마나 많은 시장 또는 어느 시장을 어떻게 접근할 것인가를 결정하는 전략 과정이다. 따라서 시장 세분화의 목적은 바람직한 표적 고객을 선정하는 데 있다. 시장 세분화가 이루어진 다음, 기업은 몇 개의 세분 시장에 진출할 것인지, 어떤 세부 시장에 중점적으로 접근해갈 것인지를 결정해서 각 세분 시장에 적합한 기업 자원을 집중적으로 투입하게 된다[6].

1) 표적 시장 선정 기준

이질적인 욕구 또는 선호를 가지고 있는 소비자들을 몇 개의 세분 시장으로 나누면 그중에서 어떤 세분 시장을 표적으로 선정하여 공략할 것인가를 결정해야 한다. 또한, 표적 시장의 선정은 시장 현실의 분석을 바탕으로 바람직한 세분 시장의 구성 형태를 구상하는 시장 보완 전략을 수립할 수 있으며, 세분 시장에 따라 주 표적 시장과 부 표적 시장의 선정도 가능하다.

표적 시장을 선정하는 데는 먼저, 객관적으로 보아 매력이 있는 시장이 있어야 한다. 즉 현재의 매출액, 수익률 등의 기준에서 볼 때 시장성이 있어야 하고 기업이 시장에서 성공할 수 있는 기업 고유의 경쟁 우위를 갖추고 있어야 한다. 마지막으로, 그 시장의 경쟁 정도를 고려해야 한다. 이는 기업 간 경쟁뿐 아니라 잠재적인 후발 기업의 위협, 공급자와 구매자의 교섭력 등을 고려해야 한다[6].

2) 마케팅 전략에 따른 표적 시장 선정 전략

세분 시장에 대한 평가가 이루어진 후, 선정된 표적 시장에 대하여 어떤 방식으로 접근하여야 할까? 물론, 특정의 욕구와 유사한 구매 행동을 보이는 집단별로 각각 마케팅 활동을 전개하는 경우가 보다 정교하고 효과적일 것이다. 하지만 전체적인 관점에서 보았을 때, 집단 간의 차별화 방안이 다른 집단의 행위에 어떤 영향을 미치고, 기업의 전체 이익에 어떤 영향을 미치게 될지에 대해서도 분석해야 한다. 이 과정에서 전략적으로 기업에 대한 이익 기여도가 높은 세분 고객 집단에 대한 충분한 고려가 이루어져야 할 것이다.

위와 같은 모든 요인을 고려해 볼 때, 세분 고객을 공략하는 전략은 크게 세 가지로 나누어지는데 비차별적 마케팅 전략, 차별적 마케팅 전략, 집중적 마케팅 전략으로 나누어진다[6].

- 비차별적 마케팅: 고객을 세분화하지 않고, 한 가지의 제품이나 서비스로 전체 시장을 대상으로 마케팅 활동을 전개하는 것이다. 이 접근 방법은 소비자들의 니즈와 욕구에 대해 공통적인 부분에 초점을 맞추는 것이다. 대량생산을 통한 원가 우위 확보, 광고비 절감, 마케팅 비용 절감, 제품 관리비용 절감 등의 장점이 있으나 다양한 소비자 욕구 충족의 외면으로 높은 이익을 상실할 우려가 있다는 단점이 있다.

- 차별적 마케팅: 여러 세분 고객을 표적으로 하여 각 세분 고객마다 차별화된 마케팅 활동을 전개하는 방법이다. 이 전략은 처음에는 한두 개의 세분 시장을 집중 공략하여 경쟁 우위를 확보한 후 유통 및 생산의 공유를 통해 경쟁 기업보다 비교 우위를 지닐 수 있는 세분 시장으로 확장해 나가는 전략이다. 전체적인 소비자의 만족도와 총매출액이 증가하게 되지만 반면 개발, 관리비, 광고비 등의 비용도 상승하게 되는데, 이때 지출 비용의 상승보다 매출액이 커서 전체적인 수익률이 향상될 것으로 기대될 때 적합한 전략이라 할 수 있다.

- 집중적 마케팅: 전략적으로 중요한 세분 고객 집단에 집중적으로 차별적 마케팅 활동을 펼치는 전략이다. 큰 시장에서 낮은 점유율을 차지하기보다는 차라리 규모는 작으나 높은 점유율을 확보하고자 하는 기업에서 주로 적용된다. 주로 자원이 부족하지만 어느 정도의 크기와 높은 이익 확보 가능한 시장에서 활약하기를 원하는 기업에서 많이 채택된다[7].

1.3.3 포지셔닝(Positioning)

포지셔닝이란 세분화된 시장 중에서 표적 시장을 정한 후 표적 고객의 마음속에 경쟁 제품과 다른 차별적인 자사 제품의 특성을 강화시키고 경쟁 우위를 차지하기 위해 기업이 행하는 마케팅 믹스 활동을 말한다. 포지셔닝의 전체적인 개념은 한 제품을 다른 제품과 구별되게 하고 구매를 유발하도록 의미를 부여하는 것이라고 할 수 있다[1][6].

1) 포지셔닝 전략 과정

포지셔닝의 핵심은 경쟁 제품과 차별화되면서 고객들의 마음속에 자사 제품을 포지셔닝시키는 것이다. 그 과정은 다음과 같다. 첫째, 표적 시장 내에서 경쟁 브랜드와 자사 브랜드가 차지하는 기존의 제품 포지셔닝 속성을 평가하여 경쟁 구조를 파악한다. 둘째, 자사 제품이 경쟁사의 제품에 비해 상대적으로 표적 고객의 욕구를 만족시키는지의 정도를 분석하고 파악한다. 셋째, 표적 잠재 고객의 욕구를 파악하여 고객의 욕구 포지션을 파악한다. 넷째, 결정된 제품 포지션에 최적 포지셔닝을 효과적으로 달성하기 위하여 적합한 마케팅 믹스 전략을 설계, 수립 및 실행한다[7].

2) 포지셔닝 전략 유형

- 제품 속성에 의한 포지셔닝 : 기업 자신의 제품 속성이나 특성을 내세우면서 포지셔닝하는 가장 보편적인 방법이다. 예를 들어, 야후(yahoo)는 시장 초기에 진입한 포털사이트의 선도자라고 포지셔닝할 수 있다.

- 제품 사용자에 의한 포지셔닝 : 자사가 제공하는 제품이 특정 사용자 그룹을 표적으로 하여 만들어진 최적의 것임을 강조하며 포지션하는 방법이다. 예를 들어 Dell 컴퓨터 회사는 자사의 컴퓨터가 맞춤화 및 개별화를 원하는 소비자에게 최고라고 포지션하고 있고 AOL은 자사의 통신시설이 최고이며 최초임을 포지션하고 있다.

- 제품 편익을 이용한 포지셔닝 : 소비자들이 웹사이트를 방문하고 콘텐츠를 이용하는 것은 그러한 행동을 통해 얻고자 하는 편익이 있기 때문인데, 편익을 이용한 포지셔닝은 바로 이러한 편익을 강조하는 전략이다. 예를 들어 네이트닷컴의 전신인 라이코스는 코믹한 광고적 요소와 '즐겁지 않으면 인터넷이 아니다'라는 메시지를 전달하면서 엔터테인먼트라는 편익을 강조하였다.

- 경쟁 제품을 이용한 포지셔닝 : 경쟁 사이트나 경쟁 사이트가 제공하는 콘텐츠에 비해 우월한 점을 강조하는 포지셔닝 전략이다. 이러한 포지셔닝 전략을 위해서는 고객들이 가치 있게 느낄 수 있는 요소를 발견하고, 이들 요소를 다른 사이트의 경우 어떻게 대응하고 있는지에 대해 조사해야 한다. 예를 들어 네이버는 2004년 봄, 네이버 카페를 열면서 다음 카페를 겨냥한 비교 광고를 제작했다. 유명 여배우를 모델로 "다음에 잘하겠다는 말 믿지 말랬잖아"라는 카피를 통해 포털사이트 다음의 카페 서비스와 비교함으로써 포지셔닝 전략을 사용하였다.
- 제품 범주에 의한 포지셔닝 : 자사 제품을 대체성이 있는 다른 제품 범주와 연관시켜 포지션함으로써 다른 제품 범주를 사용하는 소비자들의 제품 전환을 유도하는 방법이다. 예를 들어, eBay는 경매 분야의 범주 선도자로 포지션 하였다[7].

1.4 빅데이터 마케팅 : 4P

빅데이터 분석은 페이스북, 트위터, 블로그 등 소셜미디어상에서 소비자들의 생생한 목소리를 자발적으로 기록하여 분석한 것이기에 기존의 조사 방식과 비교해 볼 때 근본적으로 더 정교하고 신뢰성이 높다고 할 수 있다[5]. 디지털 마케팅 시대는 전통적인 마케팅 시대에 활용되는 4p(Product, Price, Place, Promotion)와는 다른 새로운 4P(Performance, Personalization, Prediction, Privacy)가 탄생되었는데 이는 분석과 빅데이터를 결합하였고 디지털 비즈니스에서 아주 강력한 툴로 발전되었다.

데이터 분석은 중소기업이 업계에서 보다 정확한 예측을 하고 행동할 수 있게 하는 데이터베이스(database)를 구축시켜 줄 것이다. 그 뿐만 아니라 이러한 데이터 분석은 기업이 디지털 마켓 시장에서 가장 중요한 키플레이어(key player) 중 하나로 성장할 수 있게 도와줄 것이다. 따라서, 디지털 마케팅과 빅데이터 시대 새로운 4P를 살펴보면 다음과 같다[6].

1.4.1 Performance(성과)

일반적으로 기업은 의사결정 과정에 영향을 미치는 고객의 행동을 보다 정확히 예측하는 방법을 파악하는 데 많은 시간이 걸리고 정확하게 찾는 것이 쉽지 않다. 그러나 빅데이터와 분석 방법의 발전은 마케터들이 더 이상 추측이나 짐작을 하지 않고도 거의 실시간으로 의사 결정을 내리는 데 큰 도움을 주는 필수적이고, 관련성 높으며 유용한 데이터를 뽑아낼 수 있게 도와주고 있다. 디지털 기술을 통해 빅데이터의 수집과 분석이 가능함에 따라 디지털 마케터들은 그들의 비즈니스적 성과를 혁신적으로 끌어올릴 수 있게 도와줄 수 있는 정확한 측정 그리고 통계 자료들을 다루게 되었다[6].

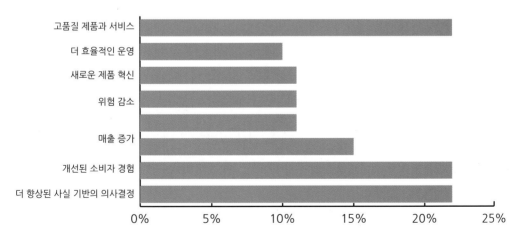

source : NewVantagePart, Big Data Excutive Survey, 2012 [7]
자료 : Jason Bowden, The New 4Ps of Marketing With Big Data, 2014.7.9.에서 재인용
(http://www.socialmediatoday.com/content/new-4ps-marketing-big-data)

【그림 1-2】 빅테이터에 투자하는 이유

【그림 1-2】는 기업들이 빅데이터에 투자를 하는 이유들을 제시하고 있다. 즉 빅데이터를 통해서 더 향상된 사실에 기반 한 의사결정이나 개선된 고객 경험, 매출 증가, 위험 감소 등을 달성하기를 원한다는 것이다[8].

빅데이터는 비즈니스 생산성을 높일 수 있는 실시간 처리 엔진을 기업가들이 사용할 수 있게 도와주기 위해 실시간 정보를 제공해주기도 한다. 이는 기업이 보다 많은 판매 및 전환율을 끌어오기 위해 그들이 활용할 고객의 중요한 특성을 발굴한다는 관점에서 비즈니스 인텔리전스(business intelligence)를 신장 시켜 주는 데 큰 역할을 한다. 기업은 빅데이터 분석 사용으로 보다 가치 있는 정보를 얻는 것이 쉬워졌고, 빅데이터 정보는 소비자의 니즈와 욕구에 반응할 수 있는 비즈니스 성과를 만들 수 있게 한다는 점에서 디지털 마케터가 보다 정교하고 정확한 결정을 내리는 데 영향을 미치게 되어 빅데이터를 통한 성과 도출이 매우 중요하다[6].

1.4.2 Personalization(개인화)와 Preference(선호도)

디지털 마케팅이 가진 4P의 또 다른 측면은 고객과의 관계를 좀 더 개인화하여 비즈니스 성장을 이루는 데 초점을 둔 기술들을 포함한다는 것이다. 비즈니스 서비스의 개인화를 최적화하는 것에 있어서 빅데이터를 더욱 가치 있게 만들어 고객의 취향에 맞게 개인화된 제품을 통해 기업의 고객과 비즈니스 사이에 더욱 친밀한 관계를 형성해 준다는 것이다[5].

개인별 맞춤화된 마케팅이라는 접근 방식은 최근 클라우드 내에서 비즈니스와 쇼핑을 보다 편리하게 만들어 주는 모바일 애플리케이션이나 최신 모바일 디바이스의 등장으로 그 추세가 더해가고 있다.

추천 제품과 같은 큐레이션 서비스로 쇼핑을 더욱 쉽게 만들고 전환율까지 높아지는 등 소비자를 위한 디지털 시장이 조성이 되면서 온라인 비즈니스의 성장이 시작되고 있다. 결국, 빅데이터는 기술과 모바일 마케팅을 활용하여 소비자들과 보다 개별적인 관계를 구축하는 데에 보다 지능적인 접근 방식을 구현해 준다는 장점이 있다[6].

1.4.3 Prediction(예측)

디지털 마케팅과 데이터 개념 측면에서의 예측은 더 나은 비즈니스 서비스를 위해 데이터의 취득, 프로세싱, 분석에 이르는 신속한 과정을 거친다. 즉 디지털 마케팅에서 빅데이터의 출현은 데이터 수집 프로세스에 있어서 적지 않은 허점을 가지고 있었던 전통적인 방식의 데이터 수집을 대체하게 하였다. 최근 들어【그림 1-3】에서와 같이 빅데이터 분석 툴과 함께, 디지털 마케팅의 큰 그림을 볼 수 있는 보다 구조화된 데이터 관리 프로세스를 만들기 위한 데이터 수집과 연관 데이터 프로세스의 자동화가 더욱 쉬워졌다. 이는 기업이 고객의 니즈를 예측하고 그들이 진실로 원하는 것에 대해 반응하여 그에 맞는 서비스를 만드는 것을 도와주는 인텔리전트 데이터 구조의 수집이다. 행동 예측은 마케팅 세상에서 상상하기 힘들었던 데이터와 정보의 상관관계를 알 수 있는 데이터 분석 도구의 척도가 되고 있다[6].

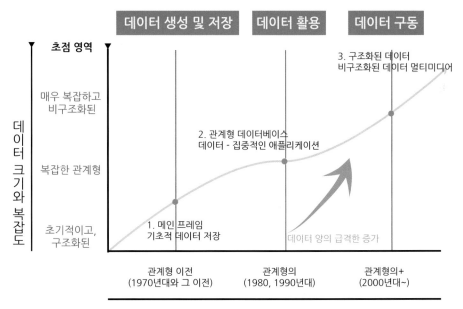

자료 : Jason Bowden, The New 4Ps of Marketing With Big Data, 2014.7.9.에서 재인용
(http://www.socialmediatoday.com/content/new-4ps-marketing-big-data)

【그림 1-3】 빅데이터의 진화

1.4.4 Privacy(개인정보)

디지털 경쟁 시장에서 소비자들은 기업 서비스의 혁신적인 향상에 있어서 환영하지만 또 다른 측면에서는 이러한 과정에서 그들의 개인 정보 유출에 대해서는 매우 꺼려한다. 고객들은 자신들에 대한 데이터나 정보를 기업이 취득하는 기능을 갖는다는 것에 무척 우려를 한다.

고객의 개인정보를 보호하는 데 있어서 기업이 무능력함이나 과욕을 부린다면 소비자들로부터 받는 신뢰도에 상당히 부정적인 영향을 미칠 것이다. 지금까지 4P의 개념 영역은 디지털 마케팅 기술과 빅데이터 분석이 통합되어 가는 데 있어서 개인정보 남용이라는 이슈로 그 분위기가 냉각되는 것을 막기 위해 나온 개념이라 할 수 있다[6].

【그림 1-4】에서와 같이 사생활 보호 측면에서 소비자의 우려는 디지털 마케터가 필요 이상의 정보를 고객들에게 요구한다는 것이다. 이는 기업과 소비자 모두에게 좋지 않은 영향을 미치게 될 것이다. 개인정보에 대한 소비자 우려의 증대는 비즈니스 신뢰도에 심각한 타격을 주기 때문이다.

자료 : Jason Bowden, The New 4Ps of Marketing With Big Data, 2014.7.9.에서 재인용
(http://www.socialmediatoday.com/content/new-4ps-marketing-big-data)

【그림 1-4】 개인정보 보호

디지털 마케터는 개인정보 보안 이슈를 해결하기 위해 빅데이터 분석이 마케팅에 적용되는 데 있어서 소비자의 개인정보가 어떻게 활용되는지 약관 등에 명확히 밝혀야 한다. 한 가지 해결책으로 고객들이 자신의 개인정보의 활용에 있어서 자신이 직접 설정하게끔 하는 제어권을 제공해 주는 방법도 있을 것이다[6].

1.5 e-마케팅 전략 수립

e-마케팅에서 6C 전략은 흔히 접점 이후 마케팅 믹스(Front-Office Marketing Mix), 또는 포털(Portal) 전략이라고 한다. 여기서 말하는 6C에는 지식과 정보 전략(Contents Strategy), 고객 맞춤 전략(Customization Strategy), 공동체 운영 전략(Community Strategy), 의사소통 전략(Communication Strategy), 거래 형성 전략(Commerce Strategy), 관계 확장 전략(Connection Strategy)이 이에 해당된다.

1.5.1 지식과 정보 전략(Contents Strategy)

인터넷에서 콘텐츠란 고객에게 전달하고자 하는 정보 및 내용을 웹 형태의 기술적 요소와 결합시킨 것으로서 모든 텍스트 및 멀티미디어적인 형태가 콘텐츠가 될 수 있으며 따라서 기본적인 콘텐츠의 원형은 '원 소스 멀티 유즈' 형태로 다양하게 게임, 출판, 드라마, 영화, 애니메이션, 캐릭터 등 여러 연관 부가가치 사업으로 확대 재생이 가능하다는 점에서 사업성 측면에서도 매우 중요한 본질적인 요소라 생각한다.

웹사이트에서 콘텐츠는 가장 핵심적인 역할을 한다. 성공적인 사이트는 한결같이 좋은 내용으로 이뤄져 있다. 성공 사이트의 여러 가지 요인(예를 들어 커뮤니티, 콘텐츠, 무료 메일 제공) 중에서 대표적으로 꼽을 수 있는 것이 바로 우수한 콘텐츠를 꼽을 수 있다.

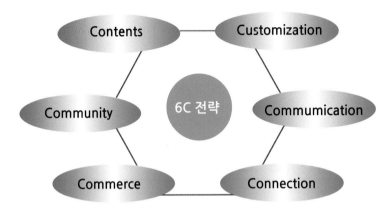

【그림 1-5】 e-마케팅 전략(6C 전략)

콘텐츠를 기술적인 측면과 정보 구성적인 측면에 초점을 맞추면 3가지 요소로 나눌 수 있다. 홈페이지를 제작한다는 말은 디자인적인 측면이 강조된 뉘앙스를 풍기며, 웹 사이트를 구축한다는 말은 기술적인 색채가 강해 보인다. 한편 디자인이나 기술적인 측면 외에도 언어적 측면인 정보의 내용 또한 간과할 수 없다. 즉 '콘텐츠'라 함은, '정보의 내용과 홈페이지의 디자인과 상호작용을 뒷받침해 줄 수 있는 기술로 구성'된다. 이를 조합하여 컨텐츠디자인놀러지(ContentDesignology)라고 하는데, 이것은 좋은 콘텐츠란 이들 3가지 요소를 적절히 조화시켜 구성해야 한다는 것을 의미한다.

이를 도식화하면 【그림 1-6】과 같다.

콘텐츠의 내용적인 측면에서 접근했을 때, 이러한 콘텐츠는 멀티미디어를 기반으로 하며, 인간의 지적 창의성을 반드시 포함하고 있어야 한다. 엄밀하게 이야기하면 콘텐츠는 소프트웨어와 구분할 필요가 있다. 소프트웨어는 인간의 지적 창의성을 지원해 주는 애플리케이션으로서의 성격이 강하며, 이를 통해 창조되는 지적인 창의물을 콘텐츠로 이해하여야 한다. 특히 인터넷 콘텐츠는 '인터랙티브'를 반드시 포함하고 있어야 하는데, 이것은 매스미디어와 인터넷을 구분하는 가장 중요한 경계점이다. 기업은 개별적인 고객과 상호작용을 할 수 있도록 잘 설계된 콘텐츠를 제공함으로써 고객과의 관계를 창출하고 유지할 수 있도록 하여야 한다.

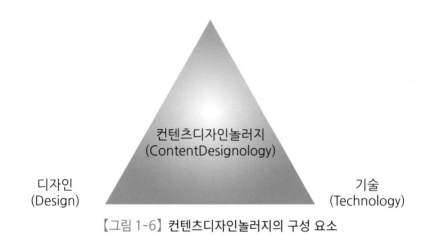

【그림 1-6】 컨텐츠디자인놀러지의 구성 요소

1.5.2 고객 맞춤 전략(Customization Strategy)

고객 맞춤화는 사용자들 개개인에 맞게 사이트가 맞춰지거나 사용자들의 용도에 맞게 맞추어지는 것을 말한다. e-마케팅의 중요한 특성 중 하나는 일대일 관계 마케팅을 형성할 수 있고 로그파일의 기록을 분석하면 시장조사가 자동적으로 이루어지기 때문에 개인 사용자의 요구에 맞추어 업무를 효율적으로 처리하기 위하여 사이트는 사용자나 조직에 의해 디자인될 수 있다. 고객 맞춤화가 사용자에 의해서 디자인되면 개인화(personalization)라 하고, 사이트 운영자에 의해 설계되면 맞춤화(tailoring)라 한다.

- 개인화 : 일부 웹사이트들은 사용자들이 자신의 취향에 따라 콘텐츠를 선택하거나, 개인화된 다양한 툴을 사양으로 선택하도록 하고 있다. 사용자의 개인적인 선호가 사용자에 의

해 입력되고 저장되면, 그 사이트는 사용자의 로그인 등록 정보나 쿠키를 이용하여 고객이 재방문하였을 때 사용자의 등록 정보에 따른 선호도에 맞춰 구성하는 것이 특징이다.

● 맞춤화 : 일부 웹사이트들은 인터페이스 소프트웨어를 통하여 특정 이용자들의 관심이나 습관 및 욕구를 더욱 적절하고 더 잘 파악하기 위해 사이트를 구현하고 있다. 보다 발전된 엔진의 경우, 이용자가 관심을 보이거나 찾을 것 같은 제품 정보 및 콘텐츠를 추천히기도 한다.

결국, e-마케팅에서는 데이터베이스의 분류와 분석을 통하여 회원 개개인의 특성을 파악하고 각 개인에게 특화된 상품 및 서비스의 정보를 제공하는 것이다. 소비자를 성별, 연령, 직업, 학력 등의 인구통계학적인 프로필과 좋아하는 제품, 브랜드, 성격 등의 소비심리학적인 프로필로 세분화한 일대일(One to One) 마케팅이 바로 대표적인 고객화 전략이다.

1.5.3 공동체 운영 전략(Community Strategy)

커뮤니티는 공동체를 뜻하는 것으로 인터넷 커뮤니티는 인터넷 공간에서 활동하는 공동체 전반을 가리킨다. 단순 교제, 매니아, 필요에 의한 모임, 공통의 관심사가 커뮤니티는 형성하는 요인이다. 커뮤니티는 클럽, 매니아 커뮤니티, 카페 등의 형태로 나타난다. 가장 많은 형태는 동호회이다. 커뮤니티에 관련된 멤버는 소속감과 공통 관심사를 가지고 있다.

커뮤니티는 사이트 방문자 증가와 사이트 발전에 중요한 역할을 한다. 인터넷에서는 이런 동질성을 가진 모임은 쉽게 활성화되기 때문이다. 실제로 커뮤니티에 소속된 구성원들은 사이트에 충성도가 매우 높고, 전문적이다. 사이트 내에서 가장 활발하게 활동을 하게 된다. 자체적으로 많은 자료를 만들어 낼 수 있다.

e-마케팅에서 가상 공동체의 형성은 중요한 의미가 있다. 가상 공동체를 통해 기업은 소비자 정보를 수집하거나 신제품에 대한 의견을 수렴할 수 있고 소비자를 기업의 마케팅 과정에

참여시킴으로써 기업 혹은 제품에 대한 충성심을 고취시킬 수 있다.

가상 공동체는 다음과 같은 몇 가지 특성이 있다.

- 네티즌들은 맞춤형 정보를 원하고, 자신에게 맞지 않는 정보나 광고에는 거부감을 보인다. 그러나 한편으로는 관심 영역과 동질적 집단에 대한 소속감과 공유 의식을 느끼고 싶은 욕구를 사이버 공간에서 표출한다. 네티즌들의 개인화 성향은 전자우편을 통해 충족시켜 주고, 커뮤니티 성향은 뉴스그룹, 채팅, 사설 게시판(BBS) 등을 통해 충족시켜 줄 수 있다.

- 가상 공동체는 익명성이 강하고 비대면성이기 때문에 무책임한 루머의 남발, 저질스런 언어 구사, 사이버 폭력 등 심각한 사회문제가 야기되기도 하지만, 가상 공동체에서 신뢰 감이 형성된다면 실제 공동체보다 더 나은 비즈니스 기회를 포착할 수 있다.

- 친목회, 동창회 등 기존의 공동체는 공간적 제약을 받는 동기성(synchronous) 때문에 한 장소에 모여 서로의 관심사에 대해 대화하고 일정한 시간이 지나면 헤어진다. 그러나 가 상 공동체는 동기성과 비동기성을 함께 지니고 있다. 가상 공동체에서 동기성을 지원하 는 도구로는 채팅과 메신저 등이 있고, 비동기성을 지원하는 도구는 웹 게시판, 뉴스그 룹, 전자우편 등이 있다.

1.5.4 의사소통 전략(Communication Strategy)

e-마케팅의 장점은 쌍방향성이 뛰어나다는 것이다. 일방적인 전달이 아니라 한 사람 한 사 람과 개별적인 커뮤니케이션이 가능하다. 개인별 상담과 질문에 대한 응답, 이메일을 통한 답 변 등 방문자 한 사람 한 사람과 커뮤니케이션이 가능하다. 이런 쌍방향성은 방문자가 직접 사이트에 참여할 수 있는 기회를 제공한다.

커뮤니케이션이란 웹 사이트와 이용자들 간의 혹은 이용자들과 기업 간의 대화의 소통뿐 아니라 각종 정보의 교환을 의미한다. 이러한 커뮤니케이션은 기업 대 이용자, 양방향 이용자

대 이용자, 이 두 가지 형태를 취할 수 있다.

- 기업 대 이용자(방송형) : 기업 대 이용자 의사소통은 기업으로부터 이용자에게 일방적으로 전달되는 정보 교환이다. 정보의 이러한 일방적인 의사 전달에는 기업에게 보내는 반응을 위한 메커니즘을 제공히지 않고 있다. 일반적으로 웹사이트와 이용자들 간이 일 대 다수의 관계이다.
- 양방향 이용자 대 이용자(대화형) : 대화형 커뮤니케이션은 전자상거래 대화의 일부로 쓰이는 경우가 많으며 주문 배치, 추적 및 주문 완료에 관한 정보 제공을 정기적으로 취하게 된다. 또 다른 양방향 커뮤니케이션은 이용자 입력 정보가 사이트에 반영될 때, 관심 분야의 주제에 대한 이용자가 작성한 기사와 공급업자들에 대한 평가 및 피드백이 해당된다.

e-마케팅은 정보통신기술을 기반으로 하기 때문에 고객과의 효율적인 커뮤니케이션을 수행하기 위해서는 다양한 기술과 도구를 적절히 활용하는 것이 필요하다. 예를 들어 무료 전자우편 계정, 채팅방, 인스턴트메시징 서비스(ICQ), 검색엔진, 이동통신과 연동 등이다. 특히, 인터넷이 가지는 커뮤니케이션 구조는 1대 다뿐만 아니라 1대1, 다대다 커뮤니케이션을 모두 소화할 수 있다.

1.5.5 거래 형성 전략(Commerce Strategy)

궁극적으로 기업이 e-비즈니스에서 추구하는 것은 수익성이다. e-마케팅에서의 수익성은 일반적으로 상품 판매, 정보 및 서비스 이용료, 회비, 중개수수료, 광고료, 각종 협찬 등에 의해서 얻어지고 있으며 그 외에도 여러 가지 방법들이 사용되고 제기되고 있다. 상업 사이트는 수익을 목적으로 운영되어야 한다. 직접 수익을 내거나 회사의 수익성을 높이는 것이 운영의 목적이다.

수익성을 위해서는 사이트가 수익 모델을 갖추어야 하고 경비를 절감하는 운영이 이뤄져야 한다. 투자에 비해 그 효과가 뚜렷하게 나타나지 않는다는 것이 현재 웹사이트들이 안고 있는 고민이다. 막대한 비용을 쏟아 부어 마케팅을 했지만 수익을 내지 못하는 사이트들이 적지 않다. 수십만, 수백만의 회원도 수익과 연결되지 않는다. e-비즈니스에 대한 회의론도 역시 뚜렷한 수익성을 갖고 있지 않다는 데 있다.

e-마케팅 운영자는 사이트를 통해 수익을 내야 한다는 요구에 직면해 있다. 거래 수익이나 서비스 제공, 부가가치 서비스, 컨설팅 등 수익원을 다양화해야 한다. 광고나 회원 유치에만 의존해서는 안 된다. 실제 거래 등 오프라인과 전통 기업들의 영업 방식이 높은 수익을 내고 있다.

상거래란 인터넷 사이트에서 제품 또는 서비스를 판매하는 것으로 정의된다. 기업의 상거래 역량은 거래 처리의 다양한 측면을 지원할 수 있도록 작성된 고객 인터페이스의 형태를 말한다. 즉 배송 정보와 더불어 전형적인 쇼핑 바구니 사양을 보유해야 한다. 상품의 전체 가격과 부가적 서비스, 세금, 배송 비용 및 총 합계를 요약된 형태로 제시하여야 한다.

사이트가 전자상거래 능력을 갖추기 위해서는 이와 같은 많은 사양들이 존재하여야 한다. 그렇지만 최근 웹상에서의 정보 유출이 심각한 사회적 문제로 대두되고 있으므로 다양한 정보들과 더불어 그에 맞는 정보 보안의 구축도 함께 이루어져야 하겠다. 이러한 기술적인 거래 능력도 중요하지만 기업이 e-비즈니스를 활용하는 궁극적인 목적인 수익 창출을 이루는 것 또한 중요하다. 따라서 인터넷을 기반으로 수익을 창출하는 여러 가지 방법에 대해 고민해 봐야 하는데, 다음과 같은 대표적인 수익 창출 방법이 있다.

- 광고 수입과 직접적 상품 판매 : 다음 커뮤니케이션, 네이버 등은 회원 수 증가를 통한 광고 수입을 올리고 있고, G-마켓, 옥션 등과 다양한 쇼핑몰들은 다양한 상품을 판매하고 있다.
- 콘텐츠 유료화 : 미국의 월스트리트저널은 인터넷의 쌍방향성을 활용한 콘텐츠를 제공함

으로써 많은 유료 회원을 확보하여 유료화 전략의 성공 가능성을 보여주었다.

- 제휴(affiliate) 프로그램 : 자사의 웹 사이트에 제휴 관계를 맺은 다른 사이트나 쇼핑몰을 홍보하고, 자사의 사이트를 통해 구매한 상품에 대한 일정 비율의 소개비를 받는 형태이다.

- 데이터베이스 응용 : 데이터베이스를 활용하는 예로는 온라인 리서치 대행, 사용자 통계분석 데이터 판매, 데이터베이스 대여 등을 들 수 있다. 그러나 이러한 사업을 추진할 때에는 현행법상 데이터베이스에 등재된 개인의 정보를 판매할 수 없다는 것을 고려해서 진행해야 한다.

- 중개를 통한 수수료 확보 : 사이버 증권사 혹은 경매 사이트에서는 거래를 중개해 주고 받는 수수료가 수익의 원천이 된다.

1.5.6 관계 확장 전략(Connection Strategy)

인터넷은 네트워크 즉 연결의 산물이다. 그래서 e-마케팅에서 관계의 중요성은 지대하다. 각종 관계와 연결을 통해 많은 것들이 창조되고 개선된다. 특히 파트너와의 협력 관계는 매우 중요하다. 전략적 제휴가 바로 커넥션 전략의 일환이다. 선진 기업들은 핵심 역량은 사내에 두고 그 외의 기능은 아웃소싱을 하는 추세이다. e-비즈니스 기업에서도 아웃소싱의 중요성은 갈수록 강조되고 있다. 과거에는 혼자 힘으로 시장에서 경쟁했던 것에 비해 이제는 외부의 아웃소싱 파트너들을 어떻게 규합하여 최적의 네트워크를 구성하느냐에 따라 경쟁력이 좌우된다고 할 수 있다.

국내의 대형 사이트조차도 웹사이트의 유지 보수와 운영을 아웃소싱하는 것이 효과적이라고 판단하고 있다. 사이트 유지 보수 등은 프로그래머나 디자이너를 고용하는 것보다는 외부의 전문업체에 의뢰하는 것이 경비를 줄이는 방법이다. 현재 우리 나라는 정보통신 분야의 풍부한 인력으로 외부의 인력을 활용하기 좋은 여건이다.

포털 서비스를 제공하는 기업들은 다양한 서비스나 콘텐츠를 고객에게 제공하기 위해 동종, 혹은 이종 간 협력 관계를 구축하는 경우가 많다. 이것은 결국 기업-소비자-기업 간의 트리플윈(triple-win)을 가능하게 함으로써 모두가 이익을 공유할 수 있도록 세심한 주의를 기울여야 한다.

기업들이 협력 관계를 통해 공동 마케팅을 추진하는 목적은 여러 가지가 있을 수 있다.

- 상거래 등 프로세스의 역량 강화를 통한 시장 확대 및 공동 이익추구: 인터넷 비즈니스가 복잡하고 다양화됨에 따라 기업들은 더욱 전문화된 분야에 그 역량을 집중시키고, 특정 분야에 전문성을 갖춘 기업들에게 상대적으로 부족한 부분을 보완해 줄 협력 업체의 필요성이 증가하고 있다.
- 협력을 통한 노력과 비용 절감 및 경쟁자의 진입 장벽 형성: 각 기업이 특정 분야의 전문화를 지향함에 따라 자신들의 열세인 분야에 타 기업과 연계함으로써 적은 노력으로 많은 효과를 누릴 수 있다. 즉 협력을 통해 신규 사업에 공동 투자함으로써 비용을 절감하고 투자 위험을 분산시킬 수 있다. 그리고 초기에 시장 규모를 확대할 수 있는 협력자를 확보할 수 있다. 한편 기업 간 공동 마케팅을 수행함으로써 새로운 경쟁자의 진입을 억제하는 효과를 얻을 수 있다.
- 자원 공유를 통한 회원 증대 및 표준화 추구: 기업이 보유한 회원과 콘텐츠를 다른 기업과 공유함으로써 회원 확대 및 방문자 증대를 위한 대융합(mega convergence), 대제휴(mega alliance), 대경쟁(mega competition)의 형태로 전개될 것이다. 이를 위해서는 기존 회원 데이터베이스 통합 시도, 기술적 규격 통일, 공동 마케팅 프로모션, 법규와 규제에 대한 공동대응 등의 노력이 결집되어야 한다.

1.6 빅데이터를 활용한 예측 마케팅 전략

예측 마케팅이란 디지털과 오프라인 생활에 인간적 감성을 제공하고 소비자의 개인적 취향을 파악하여 그 사람이 한 일과 할 일을 이해함으로써 개인적 관계를 향상시키는 접근 방식이라고 정의한다.

예측 분석을 이용하여 고객 생애주기 전반에 걸쳐 모든 고객 접점에서 고객과 더 관련성 있고 의미 있는 고객 경험을 제공하고 이를 통해 고객 충성도와 수익을 향상시키는 것을 목적으로 하는 것이다[9].

예측 마케팅을 활용하면, 고객 타깃팅 및 고객 획득 활동이 정밀해지고, 개인화된 경험을 활용하여 고객 평생 가치를 증대시킬 수 있다. 또한, 고객 유지 및 충성도에 대해 더 잘 이해할 수 있게 되어 고객 인게이지먼트를 최적화할 수 있다[9].

1.6.1 예측 마케팅을 시작하기 위한 9가지 손쉬운 전략[9]

"빅데이터를 활용한 예측 마케팅 전략"은 애질원(AgilOne)의 설립자이자 CEO인 외머 아튼 박사와 도미니크 레빈이 쓴 『Predictive Marketing』이라는 책의 번역에 의하면 다음과 같이 9가지 전략을 제시하고 있다[9].

[전략 1] 고객 데이터를 이용하여 마케팅 지출을 최적화하라.
[전략 2] 고객의 페르소나(persona)를 예측하고 마케팅을 다시 고객과 관련성 있게 만들어라.
(※ 페르소나(persona)는 타인에게 비치는 외적 성격을 나타내는 용어이다.)
[전략 3] 생애주기 마케팅을 위해 고객 여정을 예측하라.
[전략 4] 고객 가치를 예측하라.
[전략 5] 고객 등급화를 위해 고객의 구매 또는 참여 가능성을 예측하라.

[전략 6] 각 고객마다 적절한 개인별 추천 사항을 예측하라.

[전략 7] 더 많은 고객 전환을 위해 예측 프로그램을 실행하라.

[전략 8] 고객 가치 증대를 위해 예측 프로그램을 실행하라.

[전략 9] 더 많은 고객 유치를 위해 예측 프로그램을 실행하라.

1.6.2 성공적으로 예측 마케팅하는 방법

예측 모델은 시간이 지남에 따라 크고 작은 회사의 모든 마케터가 쉽게 접근하여 사용할 수 있게 될 것이고, 디지털 세계와 물리적 세계에서 고객과의 실시간 개인 맞춤 커뮤니케이션을 강화해 줄 것이다.

- 고객에게 집중하고 고객을 중심으로 생각을 재구성하라.
- 분석이 아니라 해야 하는 행동에 초점을 맞춰라.
- 오늘 시작하라. 단순함을 유지하면서 반복적으로 실행해야 한다.
- 새로운 것을 자주 시도하고 모든 것을 측정해야 한다.
- 예측 마케팅으로 성과를 얻기 시작하면 바깥세상과 공유하라. 학습은 가속화될 것이다.

성공적인 예측 마케팅을 하기 위해서는 캠페인에서 고객생 애주기 중심으로, 제품에서 고객 중심으로, 각 채널별 접근 방식에서 옴니 채널 접근 방식으로, 획일적인 마케팅 프로그램에서 맥락에 따른 마케팅 접근 방식으로 마인드를 전환해야 한다[9].

1.7   디지털 마케팅 채널

    디지털 마케팅 채널(Channel)을 구분하는 방법은 트리플(Triple) 미디어 혹은 POE(Paid, Owned, Earned) 미디어로 불리는 분류 시스템이다. POE 분류법은 지난 2009년 미국의 IT 사이트인 씨넷(CNET)에 '멀티미디어 2.0(Multi Media 2.0)'이라는 기고문을 통해 소개되어 마케팅 업계에 큰 반향을 불러일으켰다[1].

1.7.1 유료 미디어(Paid Media)

    유료 미디어, 즉 비용을 지급하고 구매하는 매체를 의미한다. 그리고 이러한 매체를 활용한 TV, 신문, 라디오 등의 매스미디어 광고와, 디스플레이 배너 광고, 검색 광고, 스폰서십 등의 광고가 페이드 미디어에 의한 광고이다. 유로 디지털 미디어는 인터넷, 모바일, SNS, 디지털 사이니지, IPTV, 스마트 TV, 태블릿 PC, 스마트폰, 비디오 게임, 디지털 PPL, 개인방송(Multi-Channel Network, MCN) 등을 모두 포함한다. 기업이 비용을 지급하면 언제든지 바로 매체를 구매할 수 있다. 또한, 매체 집행의 규모가 상대적으로 크며, 원하는 메시지를 송출하는 등의 통제가 가능하다[1]. 그러나 유료로 돈을 지급하고 자신의 기업을 광고하기 때문에 소비자 입장에서는 모든 것을 다 신뢰할 수 없다는 문제점이 있다.

1.7.2 소유 미디어(Owned Media)

    소유 미디어는 자사가 이미 보유하고 있는 커뮤니케이션 채널이며 자사의 마케팅 시스템과 연동될 수 있기 때문에 기업의 마케팅 ROI(Return on Investment의 약자로 투자에 대한 회수 가능 이익을 의미)의 측정 장치로써 활용될 경우 비용과 시간적인 면에서 효율적이다.

소유 미디어가 지닌 기본적인 역할은 기존의 고객 및 잠재 고객과의 장기적인 관계를 형성하는 것으로 비용 측면에서 효율적이라는 장점이 있다. 기존의 광고 매체 구매와 비교하면 자사가 보유한 미디어를 통해 소비자와 소통하는 것이 훨씬 더 경제적이다.

그러나 소유 미디어의 문제점으로는 【표 1-2】에서 보는 바와 같이 기업이 발신하는 메시지에 대한 소비자의 신용도가 낮다는 것과, 미디어를 구축하여 효과를 얻기까지 시간이 오래 걸리는 점 등이 있다. 유료 미디어와 달리 메시지 노출에 대한 보장이 없다는 점도 문제가 된다[1].

【표 1-2】 트리플 미디어의 개념과 주요 특징[10]

종류	개념	광고 / 매체의 예	역할	장점	단점
페이드 미디어 (Paid Media)	브랜드를 구매할 수 있는 접점	• 디스플레이 광고 • 검색 광고 • 스폰서십 • 매스미디어 광고 • OOH	• 단기적 수익의 획득 • 온드 미디어로 유도 또는 언드 미디어의 창출	• 필요한 만큼 조달 가능 • 즉효성이 있음 • 컨트롤 가능	• 반응률이 낮다 • 신뢰성이 낮다
온드 미디어 (Owned Media)	브랜드가 보유하고 있는 접점	• 웹/모바일 사이트 • 블로그, 웹진 • 상품 패키지 • 카탈로그 • 매장 POP • 자사의 판매원	• 기존 및 잠재 고객과의 장기적인 관계 구축 • 외부 미디어로의 확산	• 비용 효율성 • 컨트롤 가능 • 장기적이며 연속적임 • 다목적임	• 기업 발신 정보는 신뢰성이 약함 • 제작에 오랜 시간 소요
언드 미디어 (Earned Media)	소비자 및 제3자가 정보를 발신하는 접점	• 뉴스 기사 • 게시판 게시글 • 소비자의 블로그 • 전문가의 평가 • 매스 미디어 보도 • 소비자 입소문 • 판매원의 추천	• 제3자에 의한 신뢰성 구축 • 소비자 주도에 의해 제품의 평판 확산	• 신뢰도가 높음 • 판매에 많은 영향을 줌 • 투명성이 있음 • 장기적 효과	• 컨트롤이 불가 • 대 규 모 전 개 불가 • 측정의 어려움

자료 : 요코야마 류지, 『트리플 미디어 마케팅』, 2011의 내용을 일부 수정

1.7.3 획득 미디어(Earned Media)

획득 미디어는 소비자의 스스로 사용하고 있는 미디어를 빌려 브랜드의 신뢰와 평판을 획득할 수 있는 미디어로 정의할 수 있다. 즉 기업이나 유료 매체가 아닌 소비자 스스로가 채널과 매제가 된다는 것이다. 언드 미디어란 소비자기 소유히고 운영히는 매체(예 : 블로그, 트위터, 페이스북, 인스타그램, 스냅챗 등)이며, 여기에 자발적으로 기업에 관한 긍정적, 혹은 부정적인 정보를 다른 소비자들에게 전달하는 전자 구전(Electronic Word-of-Mouth) 또는 바이럴을 가능하게 하는 미디어를 의미한다.

획득 미디어의 장점은 소비자가 사용하는 미디어이기 때문에 상대적으로 가장 높은 신뢰도를 지니며, 구매에 가장 직접적인 영향을 미치는 매체라는 점이다. 이는 개인을 발신지로 하는 획득 미디어의 정보는 대부분 상업적이지 않고 투명하다는 특징으로부터 기인한다. 또한, 그 효과가 오래 지속될 수 있다는 장점을 꼽을 수 있다.

이러한 장점이 있는 반면에, 획득 미디어로는 화제를 불러 일으키는 것이 쉽지 않고, 자칫 의도와는 다르게 부정적인 구전 효과가 나타날 수도 있다. 즉 사용자의 생생한 후기나 입소문으로 이루어지는 획득 미디어는 신뢰도가 높지만, 통제가 불가능하고 역효과 위험이 있다는 점이다[1].

1.8 미래 디지털 마케팅 기술

앞으로 전개될 디지털 마케팅을 주도할 여러 기술 가운데서 특히 인공지능(Artificial Intelligence, AI)이 디지털 마케팅에 미치게 될 영향에 대해 알아보고자 한다. 현재의 마케팅 지형에 비추어 볼 때, 미래의 디지털 마케팅을 이끌 대표적인 기술은 AI, 챗봇, 머신러닝(Machine Learning), 딥러닝(Deep Learning), 사물인터넷(IoT), 빅데이터, 클라우드, 가상현실(VR), 증강현실(AR), 음성인식 등 여러 가지를 언급할 수 있다. 이들 기술은 모두 새로운 시대에서 마케팅 혁신을 이끌 기술들임이 틀림없다[11].

디지털마케팅연구회가 최근 발표한 '2018년 디지털 마케팅 트렌드 및 10대 키워드 조사' 결과에 따르면 【그림 1-7】에서와 같이 내년 주요하게 활용될 것으로 전망되는 기술로 '인공지능(59%)'과 '음성비서 및 챗봇(40%)'이 크게 존재감을 드러났다[12].

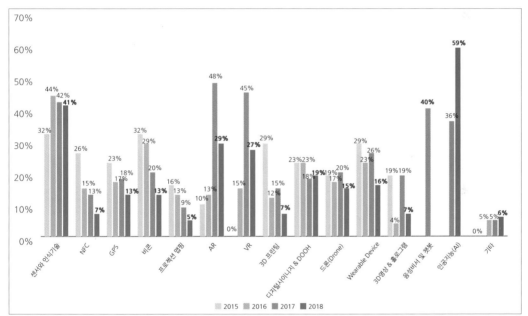

자료 : 디지털마케팅연구회, 2018.

【그림 1-7】 디지털 마케팅이 가장 활용될 것으로 전망되는 기술(2018)

【그림 1-8】에서와 같이 디지털 마케팅을 빠르게 추진하기 위해 갖춰야 할 우선 사항으로는 절반이 넘는 응답자가 '임원진 및 의사결정자의 인식과 이해도 제고(51%)', '조직 내 디지털 마케팅 전문 인력 부족(47%)' 등을 꼽았다[12].

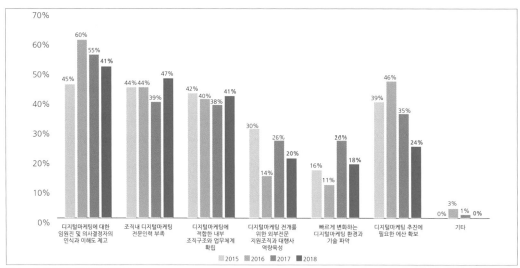

자료 : 디지털마케팅연구회, 2018.

【그림 1-8】 디지털 마케팅 활용을 촉진하기 위한 우선 사항(2018)

한편, 【그림 1-9】의 2018 디지털 마케팅 트렌드 키워드 맵을 살펴볼 때의 특징으로 데이터 주도의 마케팅 자동화 및 지능화, 온·오프라인 고객 경험의 통합적 관리, 인게이지먼트 강화를 위한 콘텐츠 마케팅 활용으로 나타났다.

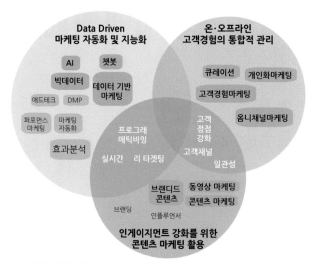

자료 : 디지털마케팅연구회, 2018.

【그림 1-9】 2018 디지털 마케팅 트렌드 키워드 맵

'데이터 주도 마케팅 자동화 및 지능화' 부문에서는 AI와 빅데이터, 데이터 기반 마케팅, 챗봇이 주요 자리를 차지했다. 분야별 키워드를 살펴보면 '데이터 주도 마케팅 자동화 및 지능화' 부문에서는 AI와 빅데이터, 데이터 기반 마케팅, 챗봇이 주요 자리를 차지했다[12].

즉 '온·오프라인 고객 경험의 통합적 관리' 부문에서는 고객 경험 마케팅과 개인화 마케팅, 옴니 채널 마케팅 등이 빈도 높게 언급됐다. '인게이지먼트 강화를 위한 콘텐츠 마케팅 활용' 부문에서는 콘텐츠 마케팅, 브랜디드 콘텐츠, 동영상 마케팅 등이 꼽혔다[12].

【참고문헌】

[1] 이용학, 허남일, 김학윤, 『마케팅』, 무역경영사, 2014.

[2] Wymbs, C., Digital Marketing : The Time for a new "academic major" has arrieved, Journal of Marketing Education, 33(1), 2011.

[3] 조창환, 이희준, 『디지털 마케팅 4.0』, 청송미디어, 2018. 3.

[4] 손상영, 빅데이터 온라인 마케팅과 프라이버시 보호, 정보통신정책연구원 보고서, 2013.

[5] 이승희, 『디지털 마케팅』, 신동아인쇄기획, 2018. 8.

[6] 노규성외, 『빅데이터 시대의 전자상거래』, 생능, 2015.

[7] 유필화, 김용준, 한상만, 『현대마케팅론』, 박영사, 2012.

[8] Jason Bowden, The New 4Ps of Marketing With Big Data, 2014.7.9.
    (http://www.socialmediatoday.com/content/new-4ps-marketing-big-data)

[9] (주)넷스루 전략기획실, 『빅데이터를 활용한 예측마케팅 전략- Predictive Marketing』 번역본 요약, 2018.
    (http://www.nethru.co.kr/bbs/board.php?bo_table=notice&wr_id=80)

[10] 요코야마 류지, 『트리플 미디어 마케팅』, 2011.

[11] 안선혜, "2018 디지털 마케팅… '인공지능·브랜디드 콘텐츠' 관심 압도적", The PR News, 2017. 11. 20.
    (http://www.the-pr.co.kr/news/articleView.html?idxno=26857)

[12] 디지털마케팅연구회, 2018.

01. 다음 중 전통적 마케팅의 특징은?

① 소비자 경험 중심

② 소비자 편익 중심

③ 제품 중심

④ 양방향 참여형

⑤ 생산 참여 프로슈머

【해설】 전통적인 마케팅은 제품 중심의 포지셔닝 특징을 가짐.

02. 다음 중 세분 고객을 공략하는 마케팅 전략은?

① 스포츠 마케팅

② 바이럴 마케팅

③ SNS 마케팅

④ 구전 마케팅

⑤ 집중적 마케팅

【해설】 세분 고객을 공략하는 전략은 비차별적 마케팅, 집중적 마케팅, 차별적 마케팅

03. 다음 중 디지털 시장 세분화 변수가 아닌 것은?

① 인구 통계적 변수

② 구매 행동 변수

③ 제품 성능 변수

④ 기술 분석적 변수

⑤ 심리 분석적 변수

【해설】 시장 세분화 변수는 인구 통계적, 심리 분석적, 구매 행동, 기술 분석적

연습문제

04. 다음 중 전통적인 마케팅 4P에 해당되지 않는 것은?

① Performance

② product

③ promotion

④ place

⑤ price

【해설】 전통적인 마케팅 4p는 promotion, place, price, product

05. 다음 중 e-마케팅에서 6C 전략에 포함되지 않는 것은

① Contents

② compassion

③ Commerce

④ Communication

⑤ Customization

【해설】 6C 전략은 contents, customization, community, communication, commerce, connection.

06. 다음 중 기업 자신의 제품 속성이나 특성을 내세워서 포지셔닝하는 방법은?

① 제품 사용자

② 제품 편익

③ 경쟁 제품

④ 제품 속성

⑤ 제품 범주

【해설】 포지셔닝 전략 유형은 제품 속성, 제품 사용자, 제품 편익, 경쟁 제품, 제품 범주

07. 다음 중 "마음속에 경쟁 제품과 다른 차별적인 자사 제품의 특성을 강화시키고 경쟁 우위를 차지하기 위해 기업이 행하는 마케팅 믹스 활동"은?

① Positioning

② Targeting

③ Segmentation

④ Privacy

⑤ Prediction

【해설】 STP 정의

08. 다음 중 디지털 시장 세분화 변수 중 인구 통계적 변수가 아닌 것은?

① 연령

② 성별

③ 소득

④ 직업

⑤ 개성

【해설】 인구 통계적 변수는 연령, 성별, 소득, 직업, 교육 수준, 가족 구성원 수, 종교, 인종 등이 있다.

CHAPTER 02 >> 마케팅 애널리틱스

2.1 마케팅 애널리틱스 개념

2.1.1 애널리틱스의 정의

빅데이터의 가치를 이야기할 때 뺄 수 없는 단어가 바로 애널리틱스(Analytics)다. 애널리틱스(Analytics)란 많고, 다양하며, 실시간으로 유입되는 데이터를 분석해서 더 나은 결정을 내리게 하는 것을 의미한다.

【그림 2-1】 애널리틱스의 정의
(출처 : Deloitte,『빅데이터 & 애널리틱스』, 딜로이트 애널리틱스, 2013. 5, p. 4)

애널리틱스란 영문을 직역하면 '분석'이다. 그러나 일반적 비즈니스 분석과는 달리 여기서의 애널리틱스는 복잡한 연산을 수학적 최적화나 고도의 알고리즘을 통해 실시간으로 분석해 그 결과를 도출한다는 의미로 통용되고 있다.

애널리틱스는 비즈니스의 당면 이슈를 기업 내·외부 데이터의 통계적·수학적인 분석을 이용하여 분석하는 의사결정 분석 틀이다. 즉 전략적, 전술적, 운영적 비즈니스 의사결정 문제를 데이터 분석 역량인 통계적·수학적, 데이터 프로그램밍, 전문적 지식을 통해 해결하려는 분석 틀, 즉 강력한 해결책이라 할 수 있다. 이러한 애널리틱스는 특정 응용 분야의 분석이라는 관점에서 빅데이터 분석에서도 같은 의미로 사용된다.

2.1.2 애널리틱스의 필요성

애널리틱스는 단순한 지표의 제시가 아니라 내외부 데이터 통합을 통해 직접적인 의사결정과 연계된다는 측면에서 의미를 갖는다. 사실상 기업에게 진정한 비즈니스 가치와 통찰을 부여하는 것은 빅데이터(BigData) 자체가 아니라 빅 애널리틱스(Big Anal-ytics)라고 할 수 있다. 즉 아무리 풍부하고 유익한 자료가 많더라도 이에 대한 명확한 분석 기법이 따르지 않는다면 빅데이터는 별 의미가 없을 것이다. 애널리틱스에 의해 쉽고 빠른 의사결정을 위해서는 분석도 쉽고 빨라져야 한다는 것을 의미한다.

【그림 2-2】의 분석 기법의 발전 단계를 살펴보면, 먼저 초기 사후 판단(hindsight) 단계는 담당 부서별 데이터 취합을 주기적으로 리포팅하는 단계이다. 통찰(insight)의 단계는 통계 기반 지표 간 연관 관계 분석 및 전사적 지표 관리의 단계이다. 마지막 예측(foresight)/행동(action) 단계는 고급 분석 기법을 이용한 예측 및 직접적 의사결정 단계이다.

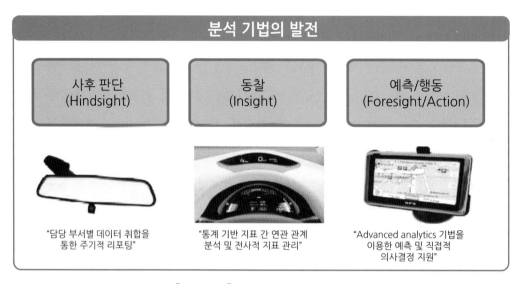

【그림 2-2】 애널리틱스의 필요성

(출처 : Deloitte, 『빅데이터 & 애널리틱스』, 딜로이트 애널리틱스, 2013. 5, p. 7)

2.1.3 데이터 마이닝과 애널리틱스의 차이점

데이터 마이닝(data mining)이란 기존 데이터베이스 관리 도구의 데이터 수집·저장·관리·분석의 역량을 넘어서는 대량의 정형 또는 비정형 데이터 집합 및 이러한 데이터로부터 가치를 추출하고 결과를 분석하는 기술을 말한다. 반면, 애널리틱스는 고급 분석 범주에 있는 미래 예측 기능과 통계 분석, 확률 분석 등을 포함해 최적의 데이터 기반 의사결정을 가능케 하는 것이 차이점으로 들 수 있다.

애널리틱스는 데이터 웨어하우스(Data Warehouse)로부터 데이터를 캐내는(Data Mi-ning) 방식에서 더 나아가 깊은 바다에서 석유를 캐내듯이 데이터 바다에서 필요한 데이터를 캐내어 분석하고 활용하고 예측하는 것이다.

과거 분석 방법인 데이터 마이닝의 경우는 일회성 분석에 그치고 자산화되지 못한다는 점이 있다. 또 포괄성이 없어 의사결정의 일부 참고자료에 그치고 있으며, 대상 주체에 따라 해석이 달라진다는 단점이 있다. 반면, 애널리틱스의 경우는 의사결정 문제를 먼저 정의하고 이후 데이터 수집·결합·분석이 이루어진다는 점에서 데이터 마이닝과 차이를 갖는다.

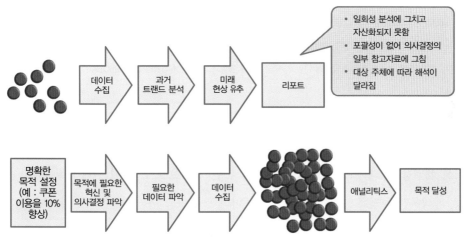

【그림 2-3】 데이터 마이닝과 애널리틱스의 차이점

(출처 : Deloitte, 『빅데이터 & 애널리틱스』, 딜로이트 애널리틱스, 2013. 5, p. 8)

2.1.4 마케팅 효과 측정에 애널리틱스 데이터 활용 정도

2013년 DMC 리포트가 마케팅 효과 측정에 애널리틱스 데이터 활용 정도를 살펴본 결과 애널리틱스 데이터를 활용하는 정도로는 가끔 애널리틱스 데이터로부터 통찰을 얻음(46.0%)이 가장 컸다. 다음은 일상적이고 효율적으로 애널리틱스로부터 통찰을 얻음(37.0%), 통찰을 얻기 위해 애널리틱스 데이터를 거의 활용하지 않음(6.0%), 데이터를 활용하여 실행 가능한 정보를 얻을 수 있는 툴이나 기술이 부족함(3.0%), 애널리틱스 데이터를 활용할 방법이 없음(2.0%) 등으로 나타났다.

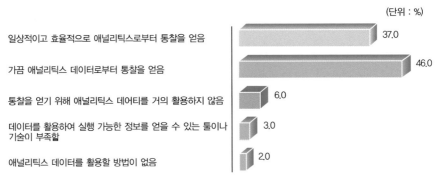

(단위 : %)

일상적이고 효율적으로 애널리틱스로부터 통찰을 얻음 — 37.0

가끔 애널리틱스 데이터로부터 통찰을 얻음 — 46.0

통찰을 얻기 위해 애널리틱스 데어티를 거의 활용하지 않음 — 6.0

데이터를 활용하여 실행 가능한 정보를 얻을 수 있는 툴이나 기술이 부족함 — 3.0

애널리틱스 데이터를 활용할 방법이 없음 — 2.0

【그림 2-4】 마케팅 효과 측정에 애널리틱스 데이터 활용 정도

(출처 : DMC REPORT『마케팅 애널리틱스에 대한 마케터의 활용 현황과 니즈』, DMC REPORT GLOBAL INSIGHTS, 2013. 3, p. 2)

마케팅 애널리틱스는 마케팅 성과 측정이나 개선을 위해 활용할 뿐만 아니라 마케팅 커뮤니케이션 채널을 관리하고, 성과를 측정하기 위한 목적으로도 많이 활용되고 있다. 이메일 마케팅, 검색엔진 최적화, 인터넷 배너 광고, 비디오 동영상 마케팅, 콘텐츠 마케팅 분야에서 마케팅 애널리틱스가 많이 활용되고 있는데, 최근에는 소셜미디어와 모바일 마케팅 분야에서도 활발하게 활용되고 있는 추세이다.

2.2 마케팅 애널리틱스의 필요성

2.2.1 마케팅 애널리틱스 활용 목적

모바일, 소셜미디어 등의 뉴미디어의 확산으로 인한 데이터 환경의 변화는 마케터에게 데이터를 분석하고, 그로부터 인사이트를 발견해 낼 수 있는 새로운 능력을 요구하고 있다.

DMC 리포트가 마케팅 효과 측정에 애널리틱스 데이터 활용 목적을 살펴본 결과 애널리틱스 데이터를 활용하는 목적으로는 마케팅 성과의 증대(56%)가 가장 컸다. 다음은 다양한 원천으로부터 나온 데이터를 결합하여 상관관계의 도출과 예측이었다(39%). 그 외에 채널 간의 속성과 상호작용의 측정(28%), 개별 고객 수준의 데이터 연결(28%), 데이터의 정확도와 품질 개선(27%) 등이다.

【그림 2-5】 마케팅 애널리틱스 관련 활용 목적

(출처 : DMC REPORT 『마케팅 애널리틱스에 대한 마케터의 활용 현황과 니즈』,
DMC REPORT GLOBAL INSIGHTS, 2013. 3, p. 2에서 재인용)

2.2.2 마케팅 애널리틱스의 필요성

마케팅 분야의 빅데이터 활용은 매우 다양하게 활용될 수 있다. 시장조사를 할 때 트렌드를 읽어낼 수 있고, 중장기 전략을 수립할 때 현재 동향과 고객의 감성, 제품 선호도 변화 및 앞으로의 흐름을 알아낼 수 있다. 프로모션을 펼칠 때 소비자가 누구인지, 무엇을 구매했는지, 프로모션에 어떻게 반응했는지 등을 파악해 목표 고객을 설정할 수 있으며 과거 정형화된 정보와 반복적으로 갱신되는 단편적 정보들을 결합해서 소비자가 상점에 있는 동안 실시간 프로모션을 진행할 수도 있다.

빅데이터는 고객 데이터를 활용하여 선행적인 기업 활동으로 연결시킬 수 있다. 기업은 소비자들이 온라인상에서 제품 혹은 서비스와 관련하여 남긴 상호관계 작용 기록들을 보다 적극적으로 분석 활용할 것이다. 이를 통해 고객 마케팅에 있어 보다 진보된 맞춤 서비스를 창조하여 새로운 비즈니스 영역을 만들어 낼 것이다. 이런 마케팅이 가능하려면 데이터 과학자보다 해당 산업 분야의 애널리스트의 역할이 더 중요하다.

빅데이터와 결합해 사용되는 마케팅 분석은 마케팅 실적을 적절히 평가하고, 고객들의 구매 습관, 시장 트렌드와 니즈에 대한 통찰을 얻고, 증거 기반의 마케팅 결정을 내리는 데 도움을 받기 위해 진행된다. 빅데이터를 통해 차별화된 경쟁력을 확보하도록 함으로써 성장을 위한 기반이 된다. 내부 데이터뿐 아니라 다양한 외부 데이터들도 있다. 기업들은 조금만 살펴보면 경쟁 우위를 확보할 수 있는 다양한 마케팅 애널리틱스 플랫폼들을 이용할 수 있다. 빅데이터가 마케팅 최고 경영자들에게 다양한 가치를 제공할 수 있으며, 이는 디지털 인프라에 대한 투자 증대를 기대하게 만든다.

온라인 쇼핑몰의 경우, 웹서버 로그, 언급 소스, 페이지 조회 수, 검색 패턴 등 기본적으로 웹사이트상의 모든 활동이 큰 도움이 될 것이다. 이를 통해 고객들의 관심을 끄는 것이 무엇이고, 무엇이 그들을 떠나게 하는지 파악할 수 있다. 몇몇 상점은 방문자의 지금까지의 브라우징 습관, 검색어 등을 잠재적으로 캐낼 수도 있는데, 이를 통해 방문자들이 이전에 관심을 보였던 물품을 진열하고, 차후 재방문 시 다시 관심을 끌만 한 유사 물품들을 선보일 수 있다.

2.3 마케팅 애널리틱스 유형과 필요 정보

2.3.1 고객 정보관리

기업들은 매출을 올리려고 빅데이터를 쫓고 있다. 그리고 고객들은 자신들의 정보가 기업에 가치가 있을 것으로 생각한다. 그렇지만 자신들의 데이터를 제공할 수는 있지만 개인 프라이버시에 손상을 주지 않고 자신에게 이익이 된다고 생각하면 기꺼이 개인정보를 공개한다.

마케터들은 더 강력한 데이터를 얻고 싶어 한다. 그러나 일반적으로 고객들은 방어적인 태도를 취한다. 여기서 기술이 필요하다. 기업이 너무 많고 자세한 정보를 원하거나 목적과 상관없는 정보를 원하면 소비자들은 거부하게 되어 적절하게 균형 잡힌 데이터를 수집하여 관리해야 한다.

일반적으로 고객 데이터는 업무상(transactional) 데이터, 신체(physical) 데이터, 보안(security) 데이터, 개인 상세(intimate) 데이터가 있다.

업무상 데이터는 웹사이트나 이메일 리스트, 소셜미디어 가입 시에 필요한 소비자들이 통상 공유하는 기초 데이터이다. 생일, 주소, 이메일 주소 등이다. 신체 데이터는 키와 몸무게 등이며, 보안 데이터는 소득 수준, 휴대전화 번호, 신용카드 번호 등이다. 보안 데이터 경우는 얻기가 매우 힘들다. 또한, 개인 상세 데이터는 종교, 정치색, 신조, 성적 기호 등이며 이들 데이터는 더욱 얻기 힘들다.

중요한 점은 기업과 고객 쌍방이 가치를 창출할 수 있고 이익이 된다고 느꼈을 때 빅데이터의 관리가 잘될 수 있다는 것이다. 실시간으로 수집되는 데이터는 모두 고객을 더 깊이 이해할 수 있는 로우 데이터가 된다. 그렇지만 이러한 많은 데이터 중에 진정으로 가치 있고 중요한 것은 데이터 간의 상관관계다.

빅데이터를 활용한 고객 정보관리의 좋은 사례가 카탈리나(Catalina)이다. 카탈리나는 빅데이터를 효율적으로 관리하여 한 번 구매한 고객의 재방문율을 높여 장기 충성 고객으로 확보하였다. 즉 대용량 데이터를 분석하여 응답할 가능성이 높은 목표 고객을 정확하게 예측하여 마케팅에 활용한 것이다. 카탈리나 마케팅의 추진 배경과 목적은 장기간 구매자의 거래 이력이 축적됨에 따라 고객 데이터를 기반으로 타겟 마케팅을 통한 수익 창출이다.

【그림 2-6】 가격 최적화 도입 현황

(출처 : 카탈리나(Catalina) 홈페이지)

이를 위해 미국 내 1억 9,500만 명 소비자의 구매 이력 정보를 가진 거대 기업 카탈리나는 2.5페타바이트(Peta Byte)의 고객 데이터를 분석하여 소비자 맞춤형 마케팅을 제공하였다. 카탈리나는 미국 내 2만 3,000개 이상의 매장과 1만 4,000개 소매 약국, 그리고 전 세계 7,000개 매장에 설치되어 있으며, 매주 2억 5,000만 건 이상의 트랜잭션으로부터 데이터를 수집하였다. 구매자의 구매 행동을 분석하고 예측하여 맞춤형 판매 시점(Point of Sales:POS) 컬러 쿠폰, 광고 및 전국 소매 매장과 약국에 대한 정보지를 제작하였다.

빅데이터를 활용한 카탈리나 마케팅의 특징은 맞춤형 쿠폰 시스템에 있다. 즉 포인트 카드 등으로 고객을 식별하고 판매 시스템과 연동하여 고객의 과거 3년간 구매 이력 데이터를 축적하였다. 이를 통해 고객이 계산대에서 계산을 할 때 고객의 구매 패턴(구매 상품, 구매 수량, 방문 빈도, 구매 액수 등)을 다른 수천만 명의 구매 패턴과 비교 분석하여 가장 관심이 높을 만한 쿠폰을 즉석에서 찾아 발행하였다.

사람들이 쿠폰을 사용하면 카탈리나 마케팅은 그에 대해 더 많은 정보가 생기고 따라서 더욱 정확하게 그를 대상으로 맞춤 마케팅 서비스 제공하였다. 즉 두 명의 소비자가 슈퍼에서 똑같은 물건을 구매하고 계산대로 와서 금액을 지급하면 영수증에 바로 쿠폰이 함께 인쇄돼 나오는데, 고객이 같은 물건을 샀다고 하더라도 두 사람에게 각각 다른 맞춤형 쿠폰을 지급되었다.

2.3.2 가격/프로모션의 결정

B2C(Business to Consumer) 기업에 있어 가장 중요한 의사결정은 가격이며, 애널리틱스 성공 기업은 공통적으로 가격 의사결정에 많은 노력을 투입하고 있다. 빅데이터를 활용하여 효과를 보는 분야가 가격과 프로모션의 의사결정이다. 사례로 68개 미국 소재 소매상 대상으로 한 설문조사 결과 70~80%가 가격 최적화를 향후 전략 방향에 중요한 도구로 인식하고 있었다.

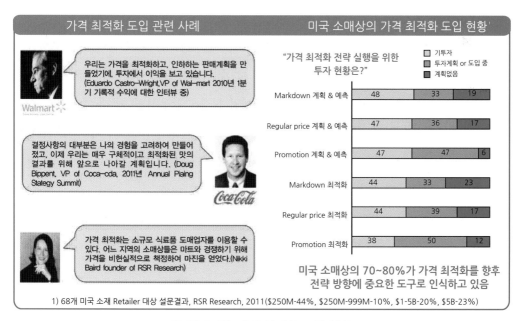

【그림 2-7】 가격 최적화 도입 현황

2.3.3 콘텐츠 분야의 빅데이터 활용

기존의 빅데이터의 활용은 주로 기업의 고객관리, 상품 분석, 가격 최적화와 같은 일반 마케팅 활동에 집중되었으나 게임, 영상, 음악 등의 콘텐츠 분야에서 빅데이터를 개인의 취향과 성향에 맞춤화된 콘텐츠를 제공하거나 사용자에게 더 인기를 얻을 수 있는 매력적인 콘텐츠 기획 및 개발에 활용되는 추세이다.

콘텐츠의 소비 단계뿐만 아니라 기획 및 제작 단계에서도 빅데이터를 이용하면 소비자가 선호하는 콘텐츠를 미리 예측하여 성공 가능성이 높은 콘텐츠를 기획하고 제작할 확률이 높다는 것이다.

세계 최대의 영화/영상 스트리밍 업체 넷플릭스(Netflix)는 '하우스 오브 카드' 제작 과정에서 전문적인 데이터 마이닝 과정을 통해 유명 감독 데이빗 핀치(David Fincher)를 제작에 참여시키고 케빈 스페이시(Kevin Spacey) 등의 배우들을 캐스팅함으로써 큰 성공을 거두었다. 넷플릭스는 빅데이터 분석을 통해 가입자의 콘텐츠 기호를 파악하고 여기에 맞는 영화나 TV 프로그램을 추천하는 서비스를 제공하였다.

게임의 경우에서도 데이터는 일간, 월간 접속 유저, 1회 접속 시 플레이 시간, 1인당 아이템 구매 횟수 및 금액, 아이템 구매 성향과 같은 수많은 데이터를 포함하며, 이들을 분석해 게임의 유료 아이템 판매를 끌어올리고 더 재미있는 게임 설계에 활용하였다.

음악 분야에서도 판도라의 경우 빅데이터 분석을 통해 이용자가 최소한의 정보 입력만으로도 자신의 취향에 맞는 음악을 추천해 주는 기능을 제공함으로써 효과적인 인터넷 라디오 방송 서비스를 구축하였다. 판도라의 경우 효과적인 맞춤형 타겟 광고 서비스를 제공하는데 빅데이터가 상당히 기여하였다.

2.3.4 물류 분야의 빅데이터 활용

DHL, TNT 등 글로벌 물류 업계가 빅데이터 활용을 적극 추진하고 있다. 기존의 분석 체계로는 거대한 데이터를 모아 분석하기 어려워지면서 지금까지와 다른 방식으로 데이터를 관리할 필요성이 커지고 있기 때문이다.

DHL은 2009년에 빅데이터를 도입해 매일 기록되는 배송 도착지, 크기, 무게, 내용물 등 수백만 건의 배송 정보를 통해 소비자의 물류 서비스 이용 흐름을 파악하고 패턴을 분석하는 데 활용하고 있다. 빅데이터를 활용한 성공 사례 중, 회사는 스마트 트럭(SmartTruck)을 꼽는다. 스마트 트럭은 실시간 교통 상황, 수신자의 상황, 지리적·환경적 요소를 고려해 최적화된 배송 경로를 실시간으로 제공하는 배송 차량이다.

스마트 트럭을 도입한 후, 가장 효율적인 경로를 분석해 배송을 진행하고 있으며, 배송 실패율을 제로에 가깝게 만들고 있고 불필요한 연비를 줄일 수 있었다. 또한, 빅데이터를 장·단기 투자 규모 예측에도 활용하였는데 수요 증가를 예측해 허브 시설 확충, 물류 센터 확장, 차량 증편에 대한 투자 규모를 결정하기 때문에 투자 위험 부담을 최소화할 수 있었다.

TNT는 각 부서에 맞는 빅데이터 시스템을 활용하였는데 빅데이터를 분석해 배송 시간을 단축하고, 비용을 절감하여 정시 배송 서비스 개선에 활용하였다. 예를 들어 각 프로세스 단계별 소요 시간, 정시에 배송되는 비율, 각 국가별 처리 화물량 등 다양한 데이터가 배송 서비스 개선에 적극 활용하였다. 또한, 고객 서비스 센터의 경우, 일정 기간 미발송된 화물에 관해 축적된 데이터를 기반으로 배송 관련 사고 또는 배송 지연 등을 미연에 예방하였으며, 마케팅 부서는 소비자의 이탈을 방지하고 소비자 지향적 서비스와 솔루션 상품을 개발하였다.

2.4 마케팅 분야 애널리틱스 성공 사례

미국에서 가장 오래된 동물원인 신시내티 동물원(Cincinnati Zoo)은 매출을 높이기 위해 수많은 마케팅 활동을 추진했으나 짐짐 매출 감소는 물론 정부 보조금 축소에 따른 운영난에 직면하게 되었다. 이 같은 상황은 공공 보조금 감소로 이어졌고, 이를 해결하기 위해 수익 모델을 찾기 위한 방안이 절실히 필요했다.

신시내티 동물원은 수익 구조 개선을 위해 입장객을 대상으로 데이터 분석을 실시하였다. 조사 데이터를 분석한 결과 6개월 동안 동물원을 방문한 1만 3,000명 이상의 관람객이 입장료 이외에는 돈을 쓰지 않는다는 사실 발견하였고, 이러한 결과를 토대로 이전에 시작한 모든 마케팅 활동을 중단하고 식음료와 상품 판매를 늘리는 데 집중하였다.

일례로, 아이스크림 가게 매출이 가장 더운 한낮이 아니라 해질 무렵에 가장 많이 올라간다는 사실을 발견하고 운영 시간을 2시간 연장하는 식의 판매 방법에 변화를 주어 하루 2,000달러의 수익이 창출되었다. 이와 같은 데이터 분석 기반의 새로운 마케팅 방법에 의해 수익 및 고객 만족도를 증가시켰다.

도입 후 3개월 이내 100%의 투자 수익률(ROI)을 달성했으며, 첫 해에는 400% 이상의 ROI를 달성하였다. 즉 성공적이지 못한 프로모션 확인을 통해 연간 14만 달러 이상의 마케팅 투자비용이 절감되었고, 향상된 마케팅을 통해 연간 동물원 관람객도 5만 명 정도 증가하였다. 또한, 여름 시즌 동안 아이스크림 판매 일일 2,000달러 증가 및 식음료와 유통 상품 판매 35% 이상 증가에 기여하게 되었다.

【참고문헌】

김계홍, 김석태, SOMS:Story on marketing and strategy, DBR,
(http://andrew917.blogspot.kr/2012/06/dbr.html)
빅데이터, 글로벌 물류기업, 빅데이터 활용, 2014.
(http://www.bicdata.com/bbs/board.php?bo_table=news_clipping&wr_id=2394)
송민정, "마케팅 잘하려면 빅데이터를 활용하라", 디지털메거진, 2014.
(http://www.ditoday.com/articles/articles_view.html?idno=17603)
신한카드 활용사례(http://v.daum.net/link/54215136, 2014.
장영재, "글로벌 반도체기업 마이크론테크놀로지 '빅데이터' 활용 사례 분석", DBR(동아 비즈니스 리뷰), 2012.
한국 비즈니스 애널리틱스(BA) 소프트웨어 시장 분석 및 전망, 2012-2016:2012년 리뷰(www.idckorea.com)
한국정보화진흥원, 더 나은 미래 분석을 위한 데이터 분석, 빅데이터 전략연구센터, 2014.
Biz & Tech, 2014. 2, http://blog.skcc.com/1643
Deloitte, 『빅데이터 & 애널리틱스』, 딜로이트 애널리틱스, 2013. 5.
DMC REPORT, 『마케팅 애널리틱스에 대한 마케터의 활용 현황과 니즈』, DMC REPORT GLOBAL INSIGHTS, 2013. 3.
GigaOM, At Nethlix, BigData can affect even the littlest things. Retrieved from(http://gigaom.com/2013/07/25/at-netflix-big-data-can-affect-even-the-littlest-things)
Reda Chouffani, 『빅데이터 분석, 마케팅 부서에의 큰 혜택』, CIO, 2012.
SERI, CT 이슈 분석II-콘텐츠 분야에서 빅데이터 기법 활용 사례, 2014.
Thor Olavsrud, 『빅데이터시대의 소셜분석과 마케팅-빅데이터 시대의 마케팅』;더 중요해지는 고객 정보관리, IDG Korea, 2013.

연습문제

01. 다음 중 애널리틱스의 정의에 해당하는 것은?

① 비즈니스의 당면 이슈를 기업 내 · 외부 데이터의 통계적 · 수학적 분석을 이용하여 분석하는 의사결정 분석 틀이다.

② 직관적 · 창의적 비즈니스 기법과 통계적 · 수학적 데이터 프로그래밍, 전문적 지식을 통해 해결하려는 분석 틀이다.

③ 기존의 관리 및 분석 체계로는 감당할 수 없을 정도의 거대한 데이터의 집합이다.

④ 데이터와 관계된 기술 및 도구를 모두 포함하는 개념이다.

⑤ 기존 데이터베이스 관리 도구의 데이터 수집, 저장, 관리, 분석의 역량을 넘어서는 대량의 정형 또는 비정형 데이터 집합에서 가치를 추출하고 결과를 분석하는 기술이다.

【해설】② 전략적, 전술적, 운영적 비즈니스 의사결정 문제를 데이터 분석 역량인 통계적·수학적, 데이터 프로그램밍, 전문적 지식을 통해 해결하려는 분석 틀이다. ③, ⑤ 빅데이터의 개념이다. ④ 데이터 마이닝이다.

02. 다음 중 애널리틱스가 필요한 이유인 것은?

① 풍부하고 유익한 자료가 많아져야 하기 때문이다.

② 쉽고 빠른 의사결정을 위해서 분석도 쉽고 빨라지기 위함이다.

③ 내부 데이터 통합을 위함이다.

④ 간접적인 의사결정과 연계되기 위함이다.

⑤ 단순한 지표의 제시를 위함이다.

【해설】애널리틱스는 단순한 지표의 제시가 아니라 내외부 데이터 통합을 통해 직접적인 의사결정과 연계된다는 측면에서 의미를 갖는다. 사실상 기업에게 진정한 비즈니스 가치와 통찰을 부여하는 것은 빅데이터 자체가 아니라 빅 애널리틱스라고 할 수 있다. 즉 아무리 풍부하고 유익한 자료가 많더라도 이에 대한 명확한 분석 기법이 따르지 않는다면 빅데이터는 별 의미가 없을 것이다. 애널리틱스에 의해 쉽고 빠른 의사결정을 위해서는 분석도 쉽고 빨라져야 한다는 것을 의미한다.

03. 다음 중 애널리틱스(Analytics)의 데이터 분석 역량에 속하지 않는 것은?

① 수학적 역량　　　　　　② 데이터 프로그래밍 역량

③ 전략적 역량　　　　　　④ 전문적 지식 역량

⑤ 통계적 역량

【해설】애널리틱스(Analytics)의 데이터 분석 역량은 수학적/통계적 역량, 데이터 프로그래밍 역량, 전문적
　　　　지식 역량의 3가지가 있다.

04. 다음 중 분석 기법의 발전 단계인 것은?

① 통찰의 단계-예측/행동 단계-사후 판단 단계

② 통찰의 단계-사후 판단 단계-예측/행동 단계

③ 사후 판단 단계-통찰의 단계-예측/행동 단계

④ 예측/행동 단계-통찰의 단계-사후 판단 단계

⑤ 예측/행동 단계-사후 판단 단계-통찰의 단계

【해설】분석 기법의 단계는 사후 판단 단계, 통찰의 단계, 예측/행동 단계로 발전하여 왔다.

05. 분석 기법의 발전 단계 중 통계 기반 지표 간 연관 관계 분석 및 전사적 지표관리
　　의 단계는 다음 중 어느 단계에 속하나?

① 사후 판단 단계

② 성숙 단계

③ 예측/행동 단계

④ 통찰 단계

⑤ 발전 단계

【해설】분석 기법의 발전 단계를 살펴보면, 먼저 초기 사후 판단(hindsight) 단계에서는 담당 부서별 데이
　　　　터 취합을 주기적으로 리포팅하는 단계를 말한다. 통찰(insight) 단계에서는 통계 기반 지표 간 연관
　　　　관계 분석 및 전사적 지표관리의 단계이다. 마지막 발전 단계는 예측(foresight)/행동(action) 단계
　　　　로 고급 분석 기법을 이용한 예측 및 직접적 의사결정의 단계를 말한다.

06. 다음 중 마케팅 애널리틱스의 분석 대상이 아닌 것은?

① 마케팅 실적 평가   ② 고객 구매 습관

③ 시장 트렌드   ④ 고객 니즈

⑤ 생산 시간

【해설】 빅데이터와 결합해 사용되는 마케팅 분석은 마케팅 실적을 적절히 평가하고, 고객들의 구매 습관, 시장 트렌드와 니즈에 대한 통찰을 얻고, 증거 기반의 마케팅 결정을 내리는 데 도움을 받기 위해 진행된다. ② 생산 애널리틱스 분석에 해당한다.

07. 다음 중 마케팅 애널리틱스을 하기 위해 필요한 고객 정보 데이터가 아닌 것은?

① 업무상 데이터

② 신체 데이터

③ 경력 데이터

④ 보안 데이터

⑤ 개인 상세 데이터

【해설】 일반적으로 고객 데이터는 업무상 데이터, 신체 데이터, 보안 데이터, 개인 상세 데이터가 있다. ③ 경력 데이터는 인적자원 데이터에 해당한다.

08. 마케팅 효과 측정에 애널리틱스 데이터 활용 목적에서 가장 큰 경우는?

① 마케팅 성과의 증대

② 데이터 상관관계의 도출과 예측

③ 채널 간의 속성과 상호작용의 측정

④ 개별 고객 수준의 데이터 연결

⑤ 데이터의 정확도 개선

【해설】 마케팅 효과 측정에 애널리틱스 데이터 활용 정도를 살펴본 결과 애널리틱스 데이터를 활용하는 목적으로는 마케팅 성과의 증대(66%)가 가장 컸다. 다음은 다양한 원천으로부터 나온 데이터를 결합하여 상관관계의 도출과 예측이었다(39%). 그 외에 채널 간의 속성과 상호작용의 측정(28%), 개별 고객 수준의 데이터 연결(28%), 데이터의 정확도와 품질 개선(27%) 등이다.

09. 마케팅 애널리틱스의 가격/프로모션의 결정에 대한 설명이 아닌 것은?

① B2C 기업에서 있어 가장 중요한 의사결정은 가격이다.

② 빅데이터를 이용하여 개인의 취향과 성향에 맞춤화된 콘텐츠를 제공하는 것이다.

③ 고객들의 가격 민감도는 상품과 상황에 따라 천차만별로 달라질 수 있다.

④ 애널리틱스 성공 기업은 공통적으로 가격 의사결정에 많은 노력을 투입하고 있다.

⑤ 미국 소재 소매상 대상으로 한 설문조사 결과 70~80%가 가격 최적화를 향후 전략 방향에 중요한 도구로 인식하고 있다.

【해설】B2C 기업에 있어 가장 중요한 의사결정은 가격이며, 애널리틱스 성공 기업은 공통적으로 가격 의사결정에 많은 노력을 투입하고 있다. 빅데이터를 활용하여 효과를 보는 분야가 가격과 프로모션의 의사결정이다. 사례로 68개 미국 소재 소매상 대상으로 한 설문조사 결과 70~80%가 가격 최적화를 향후 전략 방향에 중요한 도구로 인식하고 있었다. 또 하나의 사례로 스타벅스를 예로 생각해 보면, 고객들의 가격 민감도는 상품과 상황에 따라 천차만별로 달라짐을 알 수 있다. ② 콘텐츠 분야의 빅데이터 활용이다.

10. 다음 중 마케팅 애널리틱스 활용 유형에 해당하지 않는 것은?

① 맞춤형 쿠폰 발행   ② 타겟 마케팅 실행

③ 콘텐츠 기획   ④ 최적화 배송 경로 설정

⑤ 최적 생산라인 설정

【해설】마케팅 애널리틱스 활용 유형에는 가격 결정, 프로모션 결정, 콘텐츠 기획 및 개발, 타겟 마케팅 실행, 최적화 배송 경로 설정 등이 있다. 최적 생산라인 설정은 생산 운영 애널리틱스에 해당한다.

해답 09. ②   10. ⑤

CHAPTER
03 >> 소비자 행동의 이해

3.1 소비자 행동의 이해

우리 인간은 태어나서 죽을 때까지 끊임없이 재화와 용역을 구매하고 소비하면서 생활해 가고 있다. 다시 말해서 우리는 누구나 할 것 없이 일상생활에 필요로 하는 제품이나 서비스를 구매하고 소비함으로써 소비자로서의 행동을 수행하고 있다.

최근 기업들 간의 경쟁이 심화, 소비자 욕구의 다양화, 개성화, 복잡화되면서 소비자 행동의 이해는 기업의 생존과 직결되는 문제로 생각하게 되었다. 그러면 과연 소비자 행동이라고 하는 것은 무엇인가? 여기서 이야기하는 소비자는 누구를 말하며, 소비자 행동이란 어디서부터 어디까지를 말하는가? 여기서는 소비자 행동에 대한 여러 학자들의 정의와 개념을 살펴보도록 하겠다[1].

Engel과 Blackwell은 "경제적인 재화와 서비스를 획득하고 사용하는데 직접적으로 관련된 개인의 행동 및 행동을 결정하는데 선행하는 제반 의사결정 과정"이 소비자 행동이라고 하였으며, Shiffman과 Kanuk는 소비자 행동을 "소비자들이 그들의 욕구를 충족 시켜 주리라고 기대하는 제품이나 서비스 혹은 아이디어를 탐색, 구매, 사용 및 평가하면서 보여 주는 행동"이라고 정의하였다[2].

Cohen은 Engel과 Blackwell의 정의를 수정하여 "소비자 행동은 경제적인 재화와 서비스를 획득하고 사용하는데 직접적으로 관련된 의사결정 단위(개인뿐만 아니라 가족도 포함)의 행동과 이러한 행동에 선행하는 의사결정 과정을 포함한다."라고 하였고, Zaltman은 "소비자 행동이란 개인, 집단, 조직이 제품, 서비스 및 그 밖의 자원을 획득하고 사용하며 이로 인한 경험을 통해서 나타내 보이는 행동, 과정 및 사회적 관계"로 정의하고 있다[3].

Walters와 Paul은 소비자 행동을 "개인이 재화와 서비스의 구매여부와 어떤 것을 언제, 어디서, 어떻게, 누구로부터 구매할 것인가를 결정하는 과정"이라고 정의하였으며, Loudon과 Della Bitta는 "개인이 재화와 서비스를 평가하고 구매하며 사용하고 폐기하는 물리적인 행동과 의사결정 과정"이라고 하였다. 이러한 학자들의 정의를 종합해 보면 다음과 같은 점을 알 수가 있다[4].

첫째, 소비자 행동에는 구매 활동 그 자체뿐만 아니라 구매를 전후해서 있게 되는 탐색이나 사용, 평가까지도 포함시키고 있다는 것이다. 그러므로 구매에 앞서 정보를 수집하고 여러 판매점을 돌아다니면서 각 상표들을 서로 비교, 평가해 보는 행위에서 사용한 후에 그 사람이 가지게 되는 인지적 평가 과정까지도 모두 소비자 행동의 범주에 포함된다.

둘째, 여기서 이야기하는 소비자는 의사결정 단위로 보기 때문에 개인은 물론이고 가족과 같은 집단, 기업과 같은 조직체까지도 포함된다고 볼 수 있다. 즉 가족 모두가 필요로 하는 제품을 서로 상의해서 구매할 때 가족이 하나의 의사결정 단위가 되며, 기업과 같은 조직체도 기업의 생산 활동이나 필요에 의해서 각종 제품을 구매하므로 조직체로서 하나의 의사결정 단위가 된다. 물론 본 교과서에서는 개인 소비자의 행동에 초점을 두고 있고 일반적인 소비자 행동의 연구에서도 최종 소비자의 행동이 주된 연구 대상이 되고 있지만 개인 소비자의 행동에 관한 대부분 이론이나 모델이 조직 구매자의 행동에도 원용될 수가 있다.

셋째, 소비자 행동이라고 할 때의 행동이라는 말에는 소비자들의 물리적 활동은 물론이고 심리적 의사결정 과정도 포함되어 있다. 일반적으로 심리학에서 행동이라는 말을 사용할 때는 제3자가 보아서 알 수 있는 밖으로 드러난 것만을 의미하지만, 여기에서는 밖으로 드러난 행동은 물론이고 내부의 심리적 과정도 포함을 한다. 따라서 여러 학자들의 정의를 종합하여 소비자 행동에 대하여 다음과 같이 정의를 정리하고자 한다[1].

> "소비자 행동이란 개인 및 집단이 상품이나 서비스의 구매와 관련하여 행하여지는 모든 행동 및 의사결정 과정을 말한다."

판매 측면에서도 제품 구매 후 사용한 경험을 소셜네트워크 서비스를 통해 주변의 지인들을 통해 듣고 제품의 구매 여부를 결정하는 경우가 많기 때문에 디지털 마케팅 시대에는 이러한 교류가 가능한 공동체(Community) 구성이 무엇보다도 중요하게 된다[1].

3.2 소비자 행동의 특성

이러한 소비자 행동의 특성을 살펴보면 다음의 6가지로 설명할 수 있다[1].

(1) 소비자는 자주적(sovereign)인 사고를 한다.

소비자들은 스스로 판단하여 자신에게 필요한 정보만 선택적으로 기억하며, 부적절하다고 판단되는 것은 무시하거나 망각하게 된다. 즉 소비자는 외부적 마케팅 자극에 의해서만 영향받는 사고 능력이 없는 단순한 로보트가 아니라는 것이다. 이렇게 소비자들이 자주적인 사고를 하고 행동한다는 것이 소비자 행동에 대한 연구를 어렵게 하고 제3자의 행동을 이해하는데 힘이 드는 이유이다.

(2) 소비자 행동은 목표 지향적이다.

소비자 행동은 행위가 이루어지는 순간에 목표를 가장 효율적으로 달성할 수 있다고 판단되는 행동을 추구하게 된다. 판매 및 소비 행위는 외부 관찰자에게는 매우 불합리한 것으로 보일 수도 있으나, 행위자는 여러 가지 제약 조건을 고려한 합리적 행위를 한다. 따라서 일탈행위나 반항적 동기에 의한 행동 등은 일상적인 행동이 아니라 소비자 행동의 특수 형태로 파악하여야 할 것이다.

(3) 소비자 행동은 하나의 과정이다.

소비자 행동은 욕구의 인식→정보의 탐색→대안의 평가→구매→사용이라는 단계를 거쳐서 이루어진다. 즉 욕구를 인식하게 되면 그 욕구를 해결하기 위한 정보를 찾게 되고, 욕구를 해결하기 위한 대체안이 여러 가지 있게 되면 그것들을 평가하여 선택을 하게 되고, 그리하여 구매하고 사용하게 된다. 즉 소비자 행동도 하나의 의사결정 과정으로 보아야 된다는 것이다.

(4) 소비자 동기와 행동은 조사를 통하여 밝혀질 수 있다.

소비자 행동은 일련의 구매 의사결정 과정으로 여기에는 내적인 동기에서부터 외적으로는 각종 사회적 영향 요인에 이르기까지 많은 영향력이 작용하게 된다. 소비자 행동에 영향을 주는 많은 요인은 비록 완전하지는 않지만 조사를 통해 어느 정도 규명될 수 있다. 또한, 적절히 조사 설계함으로써 완벽한 예측은 곤란하지만 마케팅의 실패 위험성을 현저히 낮출 수 있도록 도움을 줄 수 있다.

(5) 소비자 행동은 외적 요소들을 통해 영향을 줄 수 있다.

소비자는 자주적으로 행동하기 때문에 그들의 행동에 영향을 주기란 그리 쉬운 일이 아니다. 그러나 그들의 욕구가 무엇인가를 분명히 알아서 그에 맞추어 제품이나 서비스를 제공한다면 소비자의 동기 및 행동에 영향을 줄 수 있다. 소비자 행동에 영향을 미치는 외적 요소로는 제품과 같은 마케팅 요소와 문화, 사회 계층, 준거 집단과 같은 사회문화적 요소 그리고 경제적, 정치적 요소 등 여러 가지가 있을 수 있다.

(6) 소비자 행동에 대한 영향력 행사는 사회적으로 타당하고 합리적인 것이어야 한다.

소비자들은 제품이나 서비스를 통해 실질적인 혜택을 받기를 원한다. 그러나 기업은 이러한 소비자의 희망과는 관계없이 기업의 의도, 예컨대 기만과 독점력 행사, 여러 형태의 조작 등을 통해서 소비자들의 자유 선택을 저해하는 행위를 할 수 있다. 사회적으로 수용할 수 없는 부적절한 수단을 통해 소비자에게 영향력을 행사할 경우에는 언젠가는 소비자들의 반발이 따르고 이를 방지하기 위한 법률이나 보호 조치가 나오기 때문에 소비자에 대한 영향력 행사는 사회적으로 타당하고 합리적인 것이어야 한다.

3.3 디지털 시대의 소비자

21세기 패러다임의 핵심 키워드는 디지털이다. 디지털 시대의 도래는 정치, 경제, 사회, 문화 등 모든 측면에서 많은 변화를 가져왔다. 디지털 시대에 가장 중요한 것은 디지털화된 정보(information)와 지식(knowledge)이다.

디지털 시대 소비자는 대량의 정보를 쉽게 획득하고, 이 정보를 자신의 필요에 맞게 소비할 수 있게 된다. 즉 디지털 시대의 소비자는 디지털 제품, 사이버 공간, 이미지, 매체의 가치를 알고 활용하는 사람들이다[5].

【그림 3-1】에서 보는 바와 같이 디지털 시대의 소비자는 이제 단순 수동적 구매자로서의 소비자가 아니고 구매자(Buyer)이며, 확산하는 사람(Disseminator), 다른 사람에게 영향을 미치는 사람(Influencer)이자, 판매대리인(Selling agent), 그리고 생산자(Producer)의 역할까지 할 수 있는 적극적 참여형 소비자로 재정의되고 있다[6].

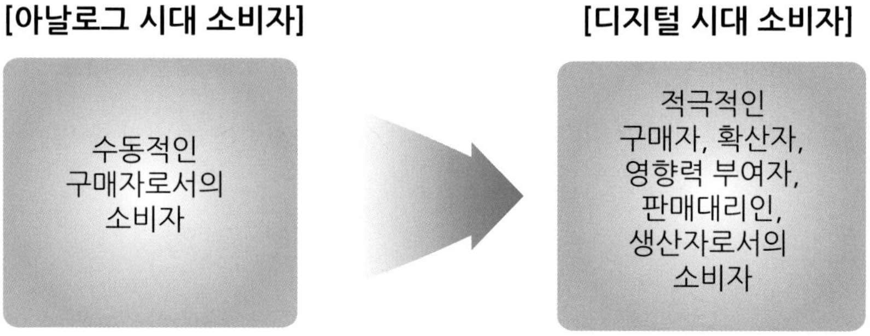

[아날로그 시대 소비자]

수동적인
구매자로서의
소비자

[디지털 시대 소비자]

적극적인
구매자, 확산자,
영향력 부여자,
판매대리인,
생산자로서의
소비자

자료 : 이승희, 「디지털 마케팅」, 신동아인쇄기획, 2018. 8.

【그림 3-1】 디지털 시대의 소비자

이외에도 디지털 시대에 새로 등장한 소비자 집단을 좀 더 세분화해서 구분·설명하면 다음과 같다[7].

● 리드 유저(Lead User) : 리드 유저(lead user)는 제품이나 서비스의 기능 및 품질 개선 필요성을 다른 소비자들보다 먼저 인식하고 스스로 해결책을 찾으며 시장의 트렌드를 선도하는 사용자를 일컫는다. 폰 히펠 교수(Eric Von Hippel, 1988)가 정의한 리드 유저에 따르면, 제품과 서비스 영역에서의 기술 혁신의 대부분은 기업 주도가 아닌 소비자 특히 이들 리드 유저(선도 사용자)들에 의해서 나타난다고 할 수 있다[8].

● 오피니언 리더(Opinion Leader) : 오피니언 리더는 한 사회 집단의 구성원으로 다른 구성원들에게 커뮤니케이션을 통해 정보와 조언을 제공해서 그들의 태도나 행동, 의견에 영향을 미치는 사람을 뜻한다. 오피니언 리더는 과거 TV가 부족했던 시절에 TV의 기사 내용을 다른 사람에게 전달하면서 타인에게 영향을 미치는 사람들을 지칭하기 위해 생겨난 단어이지만, 다양한 미디어가 보편화된 디지털 시대에는 타인에게 영향을 미쳐 특정 의견을 조성할 수 있는 의견 선도자를 지칭하는 단어로 쓰이고 있다[7].

● 혁신적 소비자(Innovation Consumer), 혹은 조기 수용자(Early Adaptor) : 혁신성은 소비자가 시

장에 나타난 새로운 제품이나 서비스를 빨리 수용하려는 경향을 뜻한다. Rogers(2003)가 구분한 혁신성에 따른 소비자의 분류에 따르면, 가장 높은 혁신성을 갖춘 소비자는 혁신자(innovator)라고 불리며, 상위 16% 이상의 혁신성을 보이는 소비자를 일반적으로 조기 수용자(early adaptor)라고 지칭한다[9].

● 시장 전문가(Market Maven): 시장 전문가(market maven)는 시장에 대한 정보를 많이 알고 있는 시장 정보 전문가들이다. Market maven은 다양한 제품, 쇼핑 장소, 시장 정보를 가지고 있으며 이에 대해 다른 소비자와 논의하거나 정보를 제공하는 사람을 의미한다. 이들은 자신이 보유하고 있는 정보를 바탕으로 현명한 구매(smart buying)를 하는 특징이 있으며, 다양한 원천을 통해 정보를 입수할 수 있는 능력을 가지고 있다. 시장 전반에 대해 폭넓은 지식을 지니며 시장 관여도가 높고 다른 소비자에게 중요한 정보원으로 영향을 미치는 소비자를 지칭한다. 또한, 그들은 자신들이 가지고 있는 제품이나 서비스에 관한 정보를 다른 소비자들에게 제공하는 것을 즐기는 사람들이다[7].

● 허브와 중개자(Hub & Broker): 중개자(broker)는 소비자의 집단과 집단을 연결해 주는 소비자들로서, 서로 다른 커뮤니티 간의 연결고리의 역할을 수행한다. 이들은 한 커뮤니티 내의 정보를 다른 커뮤니티에 전달하는 매개체의 역할을 함으로써 오늘날 복잡하게 얽혀 있는 사회적 네트워크에서 정보의 확산을 담당하는 중요한 역할을 수행한다[7].

● 프로슈머(Prosumer): 프로슈머는 생산자(producer)와 소비자(consumer)의 합성어로서 앨빈 토플러가 '제3의 물결'에서 처음 제시한 개념이다. 이들은 단순 구매에 머물지 않고 직접 신제품 개발에 참여하거나 정보를 공유하고, 제품을 사용하는데 있어 직·간접적으로 기업의 생산 과정에 참여하는 소비자로, 수동적인 소비만을 하던 과거의 소비자와 디지털 소비자와의 차이를 가장 직접적으로 나타내는 소비자 유형이다[10].

총괄적으로 디지털 시대의 소비자를 이해하기 위해 과거 아날로그 시대의 소비자와 디지털 시대의 소비자를 비교해서 정리해 보면 다음 【표 4-1】과 같다.

【표 3-1】 아날로그 시대의 소비자 vs 디지털 시대의 소비자

	아날로그 시대의 소비자	디지털 시대의 소비자
디지털 제품에 대한 인식	내가 가진 목적이나 효용을 달성하기 위한 도구 또는 수단일 뿐이다.	단순한 제품이나 서비스가 가지는 효용을 초월하여 애착을 가지고 의미를 부여한다.
사이버 공간에 대한 인식	현실 세계는 진짜이고 가상 세계는 가짜이다. 그럼에도 불구하고 사이버 공간에서 일어나는 일은 현실 세계의 그것과 동일한 의미를 가진다고 여긴다. 즉 게임 속에서의 PK(살인)는 현실 공간에서와 같이 공격성의 표현이라고 생각한다.	경험 자체가 중요한 것이므로 가상 세계에서의 경험도 중요하다. 사이버 공간에서 일어나는 일은 현실과 유사한 모습을 가질 수 있지만, 그 의미가 달라질 수 있다고 생각한다.
이미지에 대한 인식	물리적 실체가 있는 것만이 실재하는 것이기 때문에 이미지는 허상이다. 사이버 공간의 아바타나 아이템에 가치를 부여하거나 현금으로 거래하는 것은 적절치 못하다.	이미지는 경험되는 그 자체로 실제적인 가치를 가진다. 사이버 공간의 캐릭터는 나를 나타내는 이미지이자 분신이다.
매체에 대한 경험	매체의 내용을 그대로 정확하게 파악하는 것이 중요하다. 매체를 통한 경험을 새롭게 해석하기보다는 있는 그대로 수용하고자 한다.	매체의 기능보다는 매체를 통해 스스로 만들 수 있는 이야기가 무엇인지를 찾으려고 한다. 매체를 통해 하게 된 경험을 스스로 구성하고 의미를 부여한다.

자료 : KT경영경제연구소, 『Lifestyle and Core Value of Future Consumer』, 2010와 유필화, 김용준, 한상만, 『현대마케팅론』, 박영사, 2012.

3.4 소비자 행동 모델

소비자 행동론의 전반적인 체계를 이해하기 위해서 전통적인 소비자 행동 모델 중의 하나인 EBK 모델과 일반적인 구매자 행동 모델을 소개해 보기로 한다. 일반적인 소비자 행동모델과 구매자 행동 모델의 프레임하에서 그 내용을 구성하고 있으며 최근 온라인상의 소비자 행동이 일반화되는 추세를 반영하여 디지털 시대 소비자 행동을 추가했다. 우선 EBM이 제시한 소비자 행동 모델을 제시하면 다음 그림과 같다.

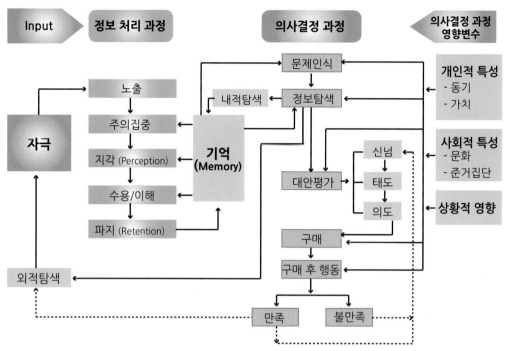

자료 : Engel, J. F., R. D. Blackwell and P. W. Miniard, Consumer Behavior, 8th ed., Forth Worth, TX : The Dryden Press, 1995.

【그림 3-2】EBM 모델

소비자 행동 모형을 구축하는 과정에서 엥겔 등을 연구를 빼놓을 수 없다. 초기의 EKB 모델은 이후 여러 차례 수정을 거쳐 정보처리 부문, 중앙통제단위, 환경적 영향 부문으로 구분하여 그 프로세스를 제시했으며 이후 EBM 모델에서는 구매 후 과정을 만족 및 불만족 행동으로 구분하고 환경적 영향과 개인적 차이를 하나로 묶음으로써 영향 요인을 보다 명확화했다.

그 과정에서 관여도를 저관여와 고관여로 구분하고 각각에 맞은 소비자 행동 모델을 제시하기도 했다. EBM 모델은 여러 분야에서 이미 검증된 변수들을 통합하여 종합적이고 체계적으로 모델화했으며, 일련의 연속 행동 가능성을 고려하고 독창성 소비 문제나 상황에 따른 영향력 크기 및 원천과 영향력의 강도 차이 부분까지 제시함으로써 일반적으로 인용되고 있는 소비자 행동 모델이 되고 있다[11].

다음으로 소비자의 구매 행동을 이해하는데 출발점이 되는 Kotler의 소비자 구매 행동 모델을 제시하면 다음【그림 3-3】과 같다[12].

마케팅 자극	기타 자극		구매자 특성	구매자 의사결정과정		구매자의 의사결정
• 제품 • 가격 • 장소 • 촉진	• 경제적 • 기술적 • 정치적 • 문화적	⇨	• 문화적 • 사회적 • 개인적 • 심리적	• 문제 인식 • 정보 탐색 • 대체안 평가 • 구매 결정 • 구매 후 행동	⇨	• 제품 선택 • 상표 선택 • 점포 선택 • 구매 시기 • 구매 수량

자료: Kotler, Makreting Management, Prentice Hall, 2002,

【그림 3-3】 Kotler의 소비자행동 모델

구매의사 결정 과정이 시작되기 전에 마케팅과 거시 환경을 포함한 다양한 환경 요인이 영향을 미치고 있으며 동시에 구매자의 문화, 사회, 개인, 심리 특성에 따라 최종 제품과 상표 및 점포, 그리고 구매 시기와 구매 수량을 구매하는 패턴이 다르게 나타날 것이다. 최종 구매의사결정이 이루어지기 전의 구매 의사결정 과정 단계는 문제 인식→정보 탐색→대체안 평가→구매→구매 후 행동로 구분되며 각각의 단계에 따른 구체적인 소비자 전략 및 전술들이 일반화되어 있다.

이러한 소비자 행동의 기존 이론 체계를 근간으로 본 교제는 다음【그림 3-4】와 같은 체계로 소비자 행동 이론을 접근하고 있다[1].

소비자들의 의사결정에 영향을 미치는 요인들은 아주 다양하다. 그렇지만 그것들을 묶으면 환경적 요인과 개인적 요인 그리고 심리적 과정으로 나눌 수 있다. 이들에 대한 자세한 언급은 본서의 뒷부분에서 하고 여기서는 간략하게만 다루겠다.

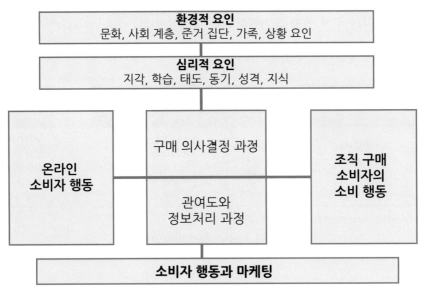

자료 : 김세범, 허남일, 이승희, 박유식, 장형유, 『최신소비자행동론』, 명경사, 2015.

【그림 3-4】 소비자 행동 이론의 구성

3.4.1 환경적 요인

인간은 복잡한 환경 속에서 살아가고 있다. 인간의 행동이나 의사결정에 영향을 미치는 요인은 수없이 많다. 기후, 지형과 같은 자연적 환경도 있고, 그 나라의 정치 제도, 법률과 같은 정치, 법률적인 환경, 소득이나 경기, 금리, 환율 등과 같은 경제적 환경, 관습이나 가치관 등의 사회문화적 환경 등이 있다. 그러나 이 중에서도 소비자의 의사결정에 중요한 영향을 미치는 환경 요인으로 문화, 사회 계층, 준거 집단, 상황 등을 중심으로 살펴보겠다[1].

- 문화(Culture) : 문화는 그 사회의 구성원들이 공유하는 정신적, 물질적인 모든 것들이다. 관습이나 가치관은 물론이고 법률, 제도, 도덕을 포함하여 자동차나 옷과 같은 상품들도 문화적 소산이다. 인간은 어떤 문화적 배경 속에서 성장하고 살아가느냐에 따라 행동에 많은 영향을 받는다.

- 사회 계층(Social Class) : 사회 계층이란 사회의 구성원들을 유사한 가치관이나 관심사, 행동정도에 따라 구분 지어 놓은 것이다. 인간은 그가 속한 사회 계층에 따라 가치관이나 행동에 영향을 받으며 서로 다른 계층의 사람들끼리는 구매 행동도 다르게 나타난다.

- 준거 집단(Reference Group) : 준거 집단이란 소비자의 행동에 직접적 또는 간접적으로 영향을 미치는 모든 집단이다. 사람들은 작게는 가족이란 집단에서부터 학교 친구, 동창, 취미클럽, 직장 동료, 종교 집단, 지역사회에 이르기까지 다양한 집단에 관계되어 있다. 인간은 어떤 집단에 소속되어 생활하느냐에 따라 어떤 문제에 부딪쳤을 때 전혀 다른 의사결정을 할 것이다.

- 가족(Family) : 준거 집단 중에서도 가장 영향력이 강한 집단은 가족이다. 인간이 태어나서 성장하고 살아가면서 가장 많은 시간을 보내는 집단이 가족이다. 가족 구성원 중에서 남편과 부인 또는 자녀들 간의 영향력의 차이에 따라 구매 활동에서 차이가 난다.

- 상황(Situation) : 상황이 바뀌면 인간의 행동도 변화한다. 상황의 변화는 예측 가능할 수도 있지만 때로는 불규칙적이거나 예측 불가능한 경우도 많으며 이러한 경우는 조사에 의해서 어느 정도 예측이 가능하다. 마케터는 상황의 변화를 염두에 둔 마케팅 전략을 구사해야 할 것이다.

3.4.2 개인 · 심리적 요인

인간의 행동이나 의사결정에 영향을 미치는 개인적 요인은 개인의 자원, 지식, 태도, 동기, 지각, 학습, 개성, 가치관, 라이프 스타일 등이다[1].

- 정보처리 과정 : 정보처리 과정은 지각 과정으로서 인간이 외부로부터의 자극을 어떻게 받아서 처리하고 이해하느냐를 말한다. 인간은 외부로부터의 자극을 있는 그대로 전부 받아들이지 않고 선택적으로 받아들이며 자기 나름대로 해석하고 이해한다는데 문제가 있다. 이러한 선택적인 지각 과정으로 인하여 인간의 행동을 이해하고 예측하는 것이 매우 어려운 일이 되고 있다.

- 학습(Learning) : 학습은 인간이 후천적으로 배우고 익혀서 장기간 굳어진 행동이다. 본능적이거나 일시적인 행동은 학습된 행동이 아니다. 마케터들은 소비자들에게 상품에 관한 정보를 제공하여 그 상품의 특성이나 사용법 등을 익히도록 하고 있다.

- 태도(Attitude)와 태도 변화 : 태도는 어떤 대상에 대한 선유경향으로서 좋아하고 싫어하는 감정 상태를 말한다. 소비자들의 행동은 상품이나 상표의 태도에 강한 영향을 받는다. 어떤 대상에 대한 태도는 한 번 형성되면 오래가고 변화하기가 쉽지 않으며 그 사람의 행동을 예측 가능하게 해준다. 그러나 태도는 불변하는 것은 아니며 여러 가지 요인에 의하여 변하기도 한다. 기업은 소비자들이 자기 기업에 대한 부정적 태도가 형성되어 있으면 이것을 긍정적으로 변화시키기 위하여 여러 가지 노력을 한다.

- 성격(Personality), 가치관(Values), 라이프 스타일(Life-sytle) : 인간은 성격이나 가치관, 라이프 스타일에 따라서도 행동이 다르게 나타난다. 따라서 이러한 요인들을 파악하여 상품을 개발하고 광고를 하여야 할 것이다.

- 동기(Motivation) : 동기는 인간이 행동을 하게 하는 근원적인 힘 내지 강한 추진 세력이라고 정의할 수 있다. 소비자의 욕구가 증대하면 긴장이 일어나고 이 긴장을 해소하려는 힘이 바로 동기이다. 마케터는 사람들이 어디에, 어떻게 동기가 발생되는지를 파악하여 대처하여야 할 것이다.

- 지식(knowledge)과 자아 개념 : 지식이란 기억 속에 저장된 정보이다. 인간은 상품의 특성이나 이용에 대한 광범위한 정보를 가지고 있으며, 언제, 어디서, 어떤 상품을 구매하며, 어떻게 사용할 것인지를 알고 있다. 광고나 판매의 중요한 목표 중의 하나가 소비자들에게 상품에 관한 적절한 정보나 지식을 제공하는 것이다. 자아 개념이란 자기 스스로 생각하는 자기 자신이다.

- 개인의 자원 : 모든 사람은 의사결정을 해야 할 상황에서 세 가지를 생각하게 될 것이다. 그것은 시간, 금전, 정보이다. 이 세 가지는 사람에 따라서 가용 정도가 다르며 이것들을 어떻게 배분하느냐에 따라서도 차이가 있다.

3.4.3 소비자 개성

환경적 자극에 대해 비교적 일관성 있고 지속적인 반응을 가져오는 개인의 심리적 특성을 말한다. 즉 소비자는 여러 가지 상황에 대해 다소 일관성 있는 행동으로 반응하고 있으며, 이를 개성이라고 한다. 개성은 외부 환경의 자극에 대하여 상당히 일관되고 지속적인 반응의 패턴을 불러오는 개인의 심리적인 특성을 말하는 것으로써 다품종 소량 생산의 시대에 소비자의 개성에 주목하고 이들 개성을 브랜드에 전이함으로써 기대되는 소비자 편익의 중요성으로 인식한다. 이러한 소비자의 개성을 측정하는 방법에는 정신분석 이론 측정인 동기 조사, 특징이론의 측정, 자아 개념 이론의 측정 세 가지 방법이 있다.

- 정신분석 이론의 측정(동기 조사) : 일반적으로 소비자의 개성을 측정할 때 많이 사용하는 방법이다.

- 특징 이론의 측정 : 인간의 기본적인 욕구, 성격과 동기를 측정하는 방법이다, 특징 이론을

특정하는 방법에는 EPPS, GPP, TTS, MBTI 등의 방법이 있다.

● 자아 개념 이론의 측정(Q 방법론): 인간의 행동, 정신의 창조적 가능성을 측정하기 위한 다양한 연구결과 전통적인 요인 분석을 Q 요인 분석으로 전환할 수 있다고 주장한다. Q 방법론의 의의는 기존의 전통적인 방법론에 의한 소비자 행동 연구가 소비자 주관적 자아를 간과하고 있다는 제한점을 해결할 수 있다는 점이 있다.

【표 3-2】소비자 개성 조사 방법

조사 방법	내용
대규모 설문조사	• 장점: 조사 비용과 기간이 저렴, 구조화된 설문지, 통계 검증 용이, 조사 결과의 일반화가 가능 • 단점: 잠재적인 비즈니스를 발굴하는 데는 한계
FGI 정성조사	• 2시간 동안 6~8명을 대상으로 10~30가지 인터뷰 • 장점: 제품 사용 편이성 등은 확인 • 단점: 소비자의 심층적인 감정을 파악하는 데는 한계
관찰법	• 관찰하고 기록하여 소비자의 내면세계나 잠재의식 및 욕구를 찾아내는 것 • 장점: 무의식적인 동기나 태도를 유추하기는 쉬움 • 단점: 시간이나 비용이 많이 들고 관찰이 불가능한 상황도 있고, 관찰자의 주관이 개입될 가능성이 한계
Shadow Tracking	• 일상생활을 동영상으로 촬영 • 장점: 제품 사용 패턴, 행동 특성을 파악하기에 용이
Peer Shadowing	• 지인들이 선정된 소비자의 행동을 관찰하고 기록 • Shadow Tracking의 단점 보완
Town Watching	• 라이프스타일과 트렌드를 파악하기 위해 소비자들을 만날 수 있는 장소에서 관찰과 인터뷰를 진행
Video Ethnography	• 소비자의 사용 행태를 파악하기 위해 카메라를 고정하여 관찰하고 기록, 식품 매장
Home Visiting	• 집을 방문하여 인터뷰를 통해 가족의 라이프스타일과 제품의 사용 행태를 파악
POP(Point of Purchase)	• 매장 관찰 및 판매원의 인터뷰를 통해 매장 환경을 분석, 고객의 구매 패턴 관찰하여 문제점을 발견
fMRI(기능적 자기공명영상)	• 뇌가 활동을 할 때의 혈류의 산소 수준 신호를 반복적으로 측정하여 뇌가 기능적으로 활성화된 정도를 측정 • 단점: 비용이 많이 듦
fDOT(기능적 확산광학 촬영 기법)	• 대뇌 피질의 1cm 깊이에서 일어나는 신경 활동만 기록

ZMET(Zaltman Metaphor Elicitation Technique: 잘트만식 은유 추출 기법)	• 잘트만식 은유 추출 기법 • 투사법: 소비자들이 타인에게 바람직하게 보이고 싶어하는 욕구 때문에 직설적으로 자신의 의견을 표현하지 않는 경우에 사용 • 투사법과의 차이점: 소비자도 인지하지 못하는 심층의 잠재 니즈를 알아내는 방식 • 즉 인간의 사고는 언어가 아닌 이미지를 기반으로 하며, 대부분의 의사소통은 비언어적이고, 은유는 사고 과정의 중심 • 표본의 크기는 12개로 한정, 브랜드, 제품의 컨셉트 발견, 새로운 위상 정립, 니즈 발굴, 신제품 기회 발굴 등(예: 네슬레 크런치바)

3.5 디지털 소비자의 의사결정과정

디지털 소비자들의 의사결정 과정을 잘 설명할 수 있는 모델이 AISAS 모델이다. 전통적인 AIDA 모델과 AISAS 모델의 가장 큰 차이점은 '노출-관심'의 과정 이후 '검색'의 과정이 들어간다는 점과, 실제 구매를 한 후 자신의 결정에 대한 평가를 다른 사람과 공유한다는 점이다[7].

자료: 유필화, 김용준, 한상만,『현대마케팅론』, 박영사, 2012.

【그림 3-5】AISAS 모델

3.5.1 검색(Search) − 검색 광고(Search Advertising)

소비자들이 구매 의사결정을 할 때 디지털 시대에는 검색을 통해 정보를 습득하는 경우가 점차 증가하면서 기업 또한 이에 능동적으로 대처해야 할 것이다. 이러한 상황에서 기업의 대처할 수 있는 전략이 바로 검색 광고를 활용하는 것이다. 검색 광고는 일반적으로 검색엔진을 통해 소비자가 특정 제품군에 대한 검색을 했을 때, 그에 관련된 검색 결과를 제시하는 방식이다. 우리가 흔히 국내의 대형 포털 사이트나 외국의 검색엔진 서비스를 이용할 때 접할 수 있는 광고 유형으로, 가장 많은 사람이 선택한 결과를 제시해 주는 방식과 키워드와 가장 유사한 성격의 제품군에 대한 추천을 제시해 주는 방식으로 Global Ranking Method 방식이라 한다[7].

3.5.2 구매(Action) — 사용(Trial)

일반적으로 기업은 단순히 정보만을 제공하는 것이 아니라 자사의 제품이나 서비스를 직접 체험하게 하는 '사용(Trial)' 이벤트를 통해 고객들에게 자사의 제품을 알리고 있다. 디지털 방식으로 우리에게 가장 익숙한 방식의 사용은 바로 컴퓨터 프로그램이다. 과거에는 제품을 직접 구매하기 전까지는 그 제품의 특징을 알아낼 수 없다는 단점이 있었으나, 쉐어웨어(shareware)나 데모(demo)를 제공함으로써 소비자들에게 직접 체험할 수 있는 기회를 제공하고 있다[7].

3.5.3 공유(Share) — 입소문(Word of Mouth, or Word of Mouse)

인터넷을 통해 소비자들 정보를 공유, 확산하는 과정이 대중화되면서, 그 어느 때보다 on-line을 통한 정보의 공유와 확산이 중요해지고 있다. 온라인을 통한 입소문은 성별, 연령, 지역의 제약을 받았던 off-line과는 달리 제약이 없이 자유롭게 퍼져나간다. 오늘날 페이스북, 트위터와 같은 모바일 기반으로 한 소셜네트워크 서비스의 확산을 통해, 시간과 장소의 제약이 없이 실시간으로 이루어지고 있으며, 전파력이 높다는 특징을 가지고 있다. 입소문은 디지털 소비자의 유형 중 주로 오피니언 리더(opinion leader)나 혁신적 소비자에 의해 주도적으로 이루어진다고 할 수 있다[7].

● 디지털 경제의 등장

디지털 경제(digital economy)의 등장 과정을 산업 구조의 발전 단계설을 따라 살펴보면, 【그림 3-6】과 같다. 제1단계는 물질에 의존하는 농경사회, 2단계는 에너지에 의존하는 산업사회, 제3단계는 산업사회 이후의 사회 혹은 정보에 의존하는 정보사회, 제4단계는 지식의 가치가 부가가치를 창출하는 지식사회이다[13].

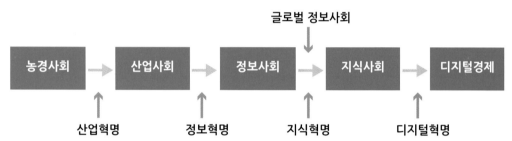

자료 : 노전표, 『디지털마케팅』, 북코리아, 2007.

【그림 3-6】 산업 구조 발달에 따른 사회 변화 과정

디지털 경제는 '데이터-정보-지식'이라는 일련의 지식 창출 및 순환 과정이 효과를 발휘하면서 나타난 것이며, 디지털 경제는 디지털 지식 기반 사회를 주도하게 될 것이다. 이러한 디지털 경제의 특징은 다음의 네 가지로 요약해 볼 수 있다[13].

첫째, 소비자와 생산자 사이의 장애물인 지역, 거리, 시간의 차이가 거의 없어진다. 둘째, 서비스 산업, 특히 금융 서비스, 통신, 수송 분야에 글로벌 인프라를 제공한다. 셋째, 정보와 아이디어가 중요시되는 지식 중심의 경제사회이다. 넷째, 전 세계 모든 국가들이 균일한 경제 성장을 이룰 수 있는 기반을 제공한다.

디지털 혁명 이전의 산업 경제와 혁명 이후의 디지털 경제를 경제 원리, 기업 경영, 디지털 경제의 동인은 디지털 기술과 인터넷이며, 생산 요소는 지식과 정보이다. 기업 경영에서도 전자상거래와 일대일 맞춤형 마케팅이 도입되며, 핵심 산업 분야로는 컴퓨터, 정보통신, 콘텐츠 분야가 될 것이다[13].

디지털 시대 패러다임 변화에 대한 산업 구조의 발전에 따른 디지털 경제에 대한 이해가 디지털 시대의 소비자와 마케팅에 대한 주요 내용을 이해하는 데 많은 도움이 될 것이다.

3.6 소비자 행동과 빅데이터

최근 몇 년 동안 빅데이터는 여러 사람의 입에 오르내리며 트렌드의 중심의 있었지만 사실 대부분 구글, 페이스북과 같은 아주 큰 대기업들에게 국한된 트렌드였다. 하지만 현재 머신러닝과 인공지능(AI)의 덕으로 600만 명이 넘는 개발자들이 빅데이터에 공들이고 있고, 규모가 작은 회사들도 빅데이터를 사용할 수 있게 되었다[14].

디지털 마케팅 분야에서도 빅데이터를 기반으로 한 광고 플랫폼이나 마케팅 툴들이 생겨남으로써 잠재 고객의 폭이 넓어지고 있다. 또한, 고객의 대한 빅데이터를 이용해 고객 여정 지도(Customer Journey)와 커스터머 페르소나(Customer Persona)를 만들어 고객을 더욱 이해하고 파악하여 디지털 마케팅의 효율을 높이기 위한 노력을 하고 있다[15].

IBM에서 시행하고 있는 빅데이터 마케팅은 구매 이전부터 잠재적인 고객의 요구와 행동을 미리 분석하고 예측하여 고객이 원하는 맞춤형 제품과 서비스를 제공할 수 있게 스마트한 인사이트를 제공한다. 고객을 확보하기 위해서 우선 고객을 각 개인정보를 파악해야 한다. 조직 내부와 외부의 모든 데이터를 최대한으로 활용하여 고객의 요구사항과 행동을 더욱 스마트하게 예측해야 한다. 기업은 고객을 더욱 확실히 파악함으로써 더 높은 수준의 서비스를 제공하여 고객 유지율을 높이고 고객을 브랜드 지지자로 변화시킬 수 있기 때문이다[16].

3.7 소비자 관여도

특정 대상에 대한 개인의 중요성 지각의 정도 및 관심의 정도이거나 또는 주어진 상황에서 특정 대상에 대한 개인의 관련성 지각의 정도를 의미한다. 관여도가 높은 상황에서 소비자는 제품의 사용과 선택에 있어 자신이 받을 혜택을 극대화하고 위험을 극소화할 의도를 가지고 행동을 하게 되며, 저관여 수준에서는 다양성을 추구하고 습관적인 구매 행동을 보인다. 관여도 수준은 제품과 서비스의 구매와 사용을 위한 의사결정에서 소비자가 위험을 인지하는 정도, 인지된 위험은 관여의 정도에 영향을 미친다. 즉 자신에게 중요하고 관련성이 많은 사항이면 높은 관여를 보이며, 관련성이 적은 사항 실패 시 위험성이 적은 경우 낮은 관여를 보인다.

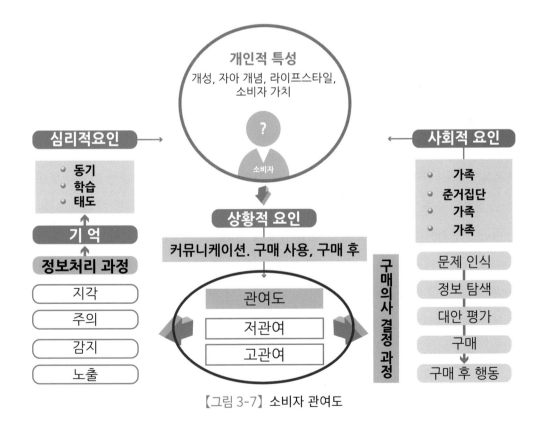

【그림 3-7】 소비자 관여도

● 관여도가 중요한 이유 : 소비자의 정보 탐색, 정보처리, 구매 의사결정 과정, 태도 형성 과정, 촉진 자극의 수용 등 소비자 행동 전반에 걸쳐 관여도가 큰 영향을 미치게 된다.

● 마케팅 관점에서의 관여도 : 제품, 브랜드 목표, 구매 행동과 밀접하게 관련되어 있으며, 관여도와 광고의 관계를 보면 고관여 상황일 때 정보 탐색을 활발히 하고 정보에 대하여 인지적인 반응을 보이게 된다.

● Krugman의 관여도 : 고관여 제품의 경우 제품의 복잡성, 품질 차이, 지각된 위험, 자아 이미지에 대한 영향 등에 기인한 개인적 연관성이 큰 제품이다. 또한, 고관여의 소비자는 브랜드들 간 차이에 주의를 기울이며, 이러한 주의는 광고에 대하여 관심을 증가시키고 많은 양의 정보를 능동적으로 탐색하게 한다. 즉 관여도의 수준은 구매 상황이나 학습 상황에 따라 다르다.

3.7.1 관여도의 대상

● 제품 관여도 : 관여도 대상 중 가장 대표적인 것으로, 일반적으로 소비자는 자신의 필요, 욕구 가치를 충족 시켜 주는 제품에 관여하게 된다. 제품이 주는 혜택과는 무관하게 소비자마다 주관적인 관여의 정도를 갖게 된다. 예를 들면 고관여 제품은 자동차, 주택 등을 들 수 있으며, 저관여 제품은 과자, 음료수를 들 수 있다. 일반적으로 제품 관여도에 대해서 가격이 고가일 때 소비자들이 의사결정 과정에 보다 고관여가 된다고 오해를 가지고 있다. 하지만 가격이 아니더라도 환경이나 건강과 같은 이슈로 인해서 고관여가 될 수 있다.
소비자가 특정 제품의 구매화 사용에 대하여 위험을 인지하게 되면 관여도는 더욱 증가하게 되며, 인지된 위험이란 구매와 사용에서 생겨날 수 있는 잘못된 선택에 대한 불안감을 의미한다. 지각된 위험과 관여도는 다음의 표와 같다.

【표 3-3】 지각된 위험과 관여도

인지된 위험	내용
신체적 위험	제품의 구매와 사용으로 인하여 소비자의 신체에 직접적으로 유해한 상황이 발생할 것에 대한 위험: 약, 화장품 등
성능 위험	특정 제품을 구매한 후 그 제품이 고유의 성능을 발휘하지 못할 것에 대한 위험: 지각, 자동차, 면도기, 세제 등
심리적 위험	특정 제품이 자신이 추구하는 자아상에 부정적인 영향을 미치게 될 것에 대한 위험: 보수적인 성향의 사람이 화려한 색상의 제품을 살 때
사회적 위험	제품 구매가 준거 집단으로부터 부정적 평가를 받게 되는 것에 대하여 갖게 되는 위험: 사회적 위치에 따른 의류 선택 시의 위험 인지
재정적 위험	소비자가 가처분소득 대비 제품 구매에 드는 비용에 대하여 느끼는 위험
시간 손실 위험	바쁜 소비자는 제품을 잘못 구매하게 되면 다시 재구매해야 할 시간을 들이기가 어렵기 때문에 제품 구매 시에 필요한 시간에 대한 위험 지각

● 메시지-반응 관여도: 마케팅 커뮤니케이션을 처리하는 소비자의 관심을 메시지-반응 관여도라고 한다. TV의 경우 재미있는 소구 전략을 통한 저관여 매체이며, 인쇄물의 경우는 상품의 주요한 속성에 대한 정보를 제공하는 고관여 매체라고 할 수 있다.

【표 3-4】 메시지-반응 관여도

	고관여	저관여
정보 탐색	광범위하고 적극적인 정보 탐색	제한된 속성이나 제한된 상표에 대해서만 정보 탐색
인지적 반응	모순된 정보의 배제 자신의 생각을 정당화하기 위한 반론 제기	제한된 반론과 모순된 정보도 수용
정보처리	정보의 흐름이 효과 계층에 따라 처리됨	단순한 인지처리를 하며 효과계층이 생략되거나 바뀜
태도 변화	태동 형성이 어려우며 형성된 태도는 쉽게 변하지 않음	태도 변화가 쉽게 일어나며 변화된 태도는 지속성이 낮음
광고의 반복 효과	소비자 설득 시 광고의 반복보다 메시지가 더 중요	광고반복이 보다 더 효과적임
상표 선호도	상표 선호도에 의해 구매	습관적으로 구매
인지부조화	인지부조화를 크게 느낌	인지부조화를 적게 느낌
타인의 영향	타인의 정보를 활용	타인의 정보가 중요하지 않음

- 구매 상황과 관여도 : 구매의 모든 과정에 미치는 관심의 수준을 말한다. 즉 구매 상황에 따른 관여도는 같은 물건을 다른 환경에서 구매할 때 발생할 수 있는 차이를 의미한다.

【표 3-5】 구매 상황과 관여도

물리적 상황 (Physical Surrounding)	• 점포의 시설과 같이 제품을 구매하는 장소의 물리적 특성을 의미하며 주로 점포의 분위기를 형성하는 요소로 구성
사회적 상황 (Social Surrounding)	• 소비자가 제품을 구매하고 소비하는 과정에서 나타나는 사회적 인식에 대한 지각 상황을 의미
일시적 상황 (Temporal Perspectives)	• 시간이 소비자의 구매 행동에 영향을 미치는 상황적 특성을 의미 • 시간적 여유가 있을 경우, 돌발적인 상황, 긴급상황 등
심리적, 신체적 상태	• 선행 상태(Antecedent states)라고 하며 소비자가 제품을 구매하기 전 또는 사용할 때 일시적으로 갖게 되는 신체적 또는 기분 상태
과업 상태 (Task Definition)	• 과업 상황 관여도는 소비자가 제품을 구매하는 용도에 따라 관여도가 차이가 있다는 것을 말하는 것 • 선물용으로 구매하는가, 아니면 자기가 직접 사용할 것인가에 따라 구매행동이 달라짐

3.7.2 관여도의 유형

관여도는 개인적 요소, 제품 요소, 상황적 요소에 따라서 지속적 관여와 상황적 관여로 나누어진다.

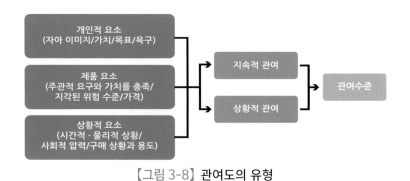

【그림 3-8】 관여도의 유형

● 지속적 관여 : 어떠한 제품군에 대한 관심을 지속적으로 갖게 되는 경우, 제품이 자신이 추구하는 가치나 중요하게 생각하는 것, 또는 자신의 자아와 연관되면 더 높아지게 된다. 제품이나 활동에 대하여 개인적 관련성이 높은 경우에 생겨나는 관여로서 여러 상황에서 활성화되어 인지 과정에 중대한 영향을 미치게 된다. 예를 들면 고급스러운 삶을 살고자 하는 사람은 고가의 승용차나 의류 등에 지속적으로 관여하게 되는 것을 볼 수 있다.

● 상황적 관여 : 소비자가 느끼는 중요성과 가치가 상황적인 환경에 따라 달라진다는데 기인하며, 제품 구매가 특정한 상황에 따라 변화할 수 있다는 의미한다. 예를 들면 계절적, 특별한 날-빼빼로 데이, 발렌타인 데이 등을 들 수 있다.

● 인지적 관여와 감정적 관여 : 소비자가 인지하는 정도나 구매 의사결정 당시의 감정에 따라서 관여의 정도가 달라지게 된다.

【그림 3-9】 소비자 인식 관여도

3.7.3 관여도의 정도

소비자 의사결정에 있어서는 관여도의 정도가 매우 중요한 사항이라고 할 수 있다. 관여도에 영향을 미치는 요소는 개인적 요소, 제품 요소, 상황적 요소가 있다. 개인적 요인은 개인적인 욕구와 동기가 존재하지 않는다면 관여도는 발생하지 않으며, 자신의 가치와 부합되게 되면 관여도는 높아지게 된다. 제품 요인은 욕구와 가치를 높게 만족시켜 주는 제품에서는 높은 관여도가 나타난다. 상황적 요인은 시간이나 상황에 따라 변화, 단기적이고 구매 결과를 얻게 되면 쇠퇴하게 된다.

3.7.4 관여도의 정도와 마케팅 전략

관여 수준이 높고 낮음은 시장 세분화의 근거 자료로써 사용할 수 있는 잠재력을 제공하기도 한다. 또한, 소비자 광고 및 브랜드에 대한 태도를 측정하는 데 있어 조절 변수로서의 역할을 하게 된다.

● FCB 모델: 미국의 유명 광고 대행사인 풋콘 앤 벨딩의 리처드 본이 광고에 관련된 주용 이론들을 토대로 소비자 행동 분석과 상품과의 관련성을 하나의 모델로 만든 것이다. FCB 모델에서는 (1) 고관여와 이성적 제품, (2) 고관여와 감성적 제품, (3) 저관여와 이성적 제품, (4) 저관여와 감성적 제품으로 분류하였다.

【표 3-6】FCB 모델

FCB 모델	내용
(1) 고관여와 이성적 제품	• 기능적이며 많은 정보를 필요로 하는 제품 • 신제품인 경우 이러한 전략이 주요할 수 있음 • 학습-느낌-행위의 3단계를 거치게 됨 　- 사고 중심형 소비자

(2) 고관여와 감성적 제품	• 제품의 감성적 측면이 정보나 태도보다 더 중요하게 인식 • 느낌-학습-행위의 절차 - 명품, 스포츠용품 등
(3) 저관여와 이성적 제품	• 이성적인 제품이긴 하나 단가가 낮기 때문에 소비자의 낮은 관여도를 유발하는 제품 • 행위-학습- 느낌의 절차 - 습관 형성형
(4) 저관여와 감성적 제품	• 기호품이 주종을 이루며, 개인적 취향을 만족시키는 제품으로 구성 • 행위-느낌-학습의 절차 - 자아 만족 유발

【표 3-7】 관여도의 정도

	이성	감성
	정보적(생각하는 소비자)	감성적(느끼는 소비자)

고관여	• 행동 모델
	  - 학습-느낌-행위
	  - 경제학적 이론
	• 제품
	  - TV 등 가전제품
	• 조사
	  - 메시지 상기율 테스트, 진단적, 분석적 조사 기업
	• 매체
	  - 많은 정보, 재확인이 가능한 고관여 매체 활용
	• 크리에이티브
	  - 구체적이고 입증 가능한 광고가 긴 카피나 정보 제공적 광고
		• 행동 모델
		  - 느낌-학습-행위
		  - 심리학적 이론
		• 제품
		  - 보석, 화장품 등 여성용품
		• 조사
		  - 상기율보다는 태도 변화, 충동적 측면을 테스트
		• 매체
		  - 큰 지면, 이미지 전달 매체, 드라마틱한 인쇄 공고, 전달 매체
		• 크리에이티브
		  - 제작물의 직접적 충격력이 중요, 감성적 광고

	습관 형성(행동하는 소비자)	자기만족(반응하는 소비자)

저관여	• 행동 모델
	  - 행위-학습-느낌
	  - 자극 반응 이론
	• 제품
	  - 음식, 세제 등 생활필수품과 의약품
	• 조사
	  - 판매, 매출액의 추이
	• 매체
	  - 작은 사이즈로 빈도를 증대
	• 크리에이티브
	  - 습관 형성적 광고
	  - 제품상기도 제고
		• 행동 모델
		  - 행위-느낌-학습
		  - 사회학적 이론
		• 제품
		  - 스낵, 껌 등 기호식품 맥주 등
		• 조사
		  - 판매조사
		• 매체
		  - TV, POS
		• 크리에이티브
		  - 자아 만족적 광고
		  - 일관성 유지
		  - 주의 환기

【참고문헌】

[1] 김세범, 허남일, 이승희, 박유식, 장형유, 『최신소비자행동론』, 명경사, 2015.

[2] Engel, J. F., R. D. Blackwell and P. W. Miniard, Consumer Behavior, 8th ed., Forth Worth, TX: The Dryden Press, 1995.

[3] Cohen, D., Consumer Behavior, New York: Random House, Inc., 1981.

[4] Walters, C. G. and G. W. Paul, Consumer Behavior: An Integrated Framework, Homewood, Il.: Richard D. Irwin, Inc., 1974.

[5] 이승희, 『디지털 마케팅』, 신동아인쇄기획, 2018. 8.

[6] 조창환, 이희준, 『디지털 마케팅 4.0』, 청송미디어, 2018. 3.

[7] 유필화, 김용준, 한상만, 『현대 마케팅론』, 박영사, 2012.

[8] Urban, G. L., von Hippel, 『Lead User Analyses forthe Development of New Industrial Products』, Management Science, Vol. 34, No. 5, 1988.

[9] Rogers, E. M., Diffusion of innovations (5th ed.), New York: Free Press, 2003.

[10] 앨빈토플러, 『제3의 물결』, 홍신문화사, 2006.

[11] Engel, J. F., R. D. Blackwell and P. W. Miniard, Consumer Behavior, 8th ed., Forth Worth, TX: The Dryden Press, 1995.

[12] Kotler, Makreting Management, Prentice Hall, 2002,

[13] 노전표, 『디지털마케팅』, 북코리아, 2007.

[14] 노규성 외, 『빅데이터 시대의 전자상거래』, 생능, 2015.

[15] twinword, 『마케터라면 알아야 할 2018년 디지털 마케팅 트렌드』, 2018.

[16] IBM, 빅데이터 마케팅: 고객 유치, 확대 및 유지, 2018.
(https://www.ibm.com/analytics/hadoop/big-data-analytics)

01. 다음 중 소비자 행동의 특성이 아닌 것은?

① 소비자 행동은 외적 요소들을 통해 영향을 줄 수 있다.

② 소비자 행동은 하나의 과정이다.

③ 소비자는 자주적인 사고를 한다.

④ 소비자 행동은 목표 지향적이다.

⑤ 소비자 동기와 행동은 조사를 통하여 밝혀질 수 있다.

【해설】소비자들은 스스로 판단하여 자신에게 필요한 정보만 선택적으로 기억하며, 부적절하다고 판단되는 것은 무시하거나 망각한다.

02. 제품이나 서비스의 기능 및 품질 개선 필요성을 다른 소비자보다 먼저 인식해 스스로 해결책을 찾고 시장의 트렌드를 선도하는 사용자를 일컫는 용어는?

① 오피니언 리더

② 리드 유저

③ 시장 전문가

④ 프로슈머

⑤ 허브와 중재자

【해설】대부분 기업 주도가 아닌 소비자에 의해서 나타남.

03. 다음 중 EBM 모델에서 의사결정 과정에 포함되는 것은?

① 노출

② 파지

③ 개인적 특성

④ 문제 인식

⑤ 수용/이해

【해설】의사결정 과정은 문제 인식, 정보 탐색, 대안 평가, 구매, 구매 후 행동

연습문제

04. 다음 중 소비자 의사결정에 영향을 미치는 요인 중 환경적 요인은 무엇인가?

① 문화

② 지식

③ 성격

④ 동기

⑤ 태도

【해설】환경적 요인은 문화, 사회 계층, 준거 집단, 가족, 상황 요인

05. 다음 중 개인·심리적 요인 중 인간이 행동을 하게 하는 근원적인 힘 내지 강한 추
진 세력이라 정의할 수 있는 것은?

① 성격

② 태도

③ 가치관

④ 학습

⑤ 동기

【해설】동기는 인간이 행동을 하게 하는 근원적인 힘 내지 강한 추진 세력

06. 다음 중 소비자 개성 조사 방법 중 일상생활을 동영상으로 촬영하는 방법은?

① 대규모 설문조사

② POP

③ ZMET

④ Shadow tracking

⑤ 관찰법

【해설】Shadow tracking은 제품 사용 패턴, 행동 특성을 파악하기에 용이

해답 04.①   05.⑤   06.④

07. 지각된 위험과 관여도에서 "자신이 추구하는 자아상에 부정적인 영향을 미치게 될 것에 대한 위험"은?

    ① 신체적 위험

    ② 재정적 위험

    ③ 시간 손실 위험

    ④ 사회적 위험

    ⑤ 심리적 위험

    【해설】보수적인 성향의 사람이 화려한 색상의 제품을 살 때 나타날 수 있음.

08. 다음 중 소비자 의사결정 모델인 AISAS 모델에 포함되지 않는 것은?

    ① 흥미

    ② 태도

    ③ 구매

    ④ 태도

    ⑤ 공유

    【해설】AISAS 모델 - 노출, 흥미, 검색, 구매, 공유

03

빅데이터 기획

CHAPTER 01 >> 빅데이터 분석 기획의 이해

1.1 분석의 이해

1.1.1 분석의 중요성

방대한 양의 데이터가 쏟아져 나오면서 빅데이터가 최대 화두가 되었다. 이미 논의된 바와 같이, 빅데이터는 대량의 데이터를 포함하여 다양한 유형의 데이터와 실시간성 데이터를 포함하는 의미이다. 그러나 더 정확한 의미로는 데이터 그 자체뿐 아니라 데이터에 대한 분석을 포함하고 있다. 즉 빅데이터의 부상은 쏟아져 나오는 데이터에 대한 분석을 토대로 의사결정의 질적 수준을 높이고 경영의 생산성이나 공공 부문의 효율성을 제고하는 것이 근원적 이유이다. 결국, 빅데이터의 핵심적 키워드는 분석이라는 것이다. 결국, 지금의 트렌드에서 분석이 중요하게 대두된 이유는 바로 현명한 의사결정을 할 수 있도록 매우 유용한 정보를 제공하기 때문이다. 개인이나 기업, 혹은 국가가 주어진 상황을 타개하거나 소기의 목적을 달성하기 위해서는 합리적이고 과학적인 의사결정을 할 수 있어야 한다. 왜냐하면, 개인의 삶이나 기업의 경영, 혹은 국가의 정책은 결국은 의사결정의 연속이며 의사결정의 성공 혹은 실패가 흥망을 좌우하기 때문이다. 단 한 번의 잘못된 의사결정으로 엄청난 시련을 겪거나 단 한 번의 현명한 결정으로 크게 도약하는 사례를 우리는 현실 속에서 쉽게 찾을 수 있다.

필 사이먼(Phil Simon)에 의하면, 의사결정은 탐색·설계·선택·실행의 과정을 거친다. 이는 문제점을 인식하고 이를 해결하기 위한 대안을 모색한 뒤, 여러 대안들을 평가하여 그중에서 최선을 선택하는 것으로써 그 과정에서 계량적 정보와 비계량적 정보를 모두 고려한다. 여기에서의 비계량적 정보는 문화적·사회적 배경이나 법적·정치적 변수에 의한 영향을 고려하는 것이지만, 투명하고 합리적인 의사결정에서는 계량적 분석 정보가 의사결정에 더욱 중요하다. 특히 불확실성이 높고 의사결정이 초래하는 파급 효과가 큰 의사결정을 위해서는 현재 우리가 갖고 있는 데이터를 잘 분석하고 활용해야 하는 것이다. 그러나 많은 경우 데이터의 중요성이나 분석의 힘을 잘 인식하지 못하고 의사결정에 활용할 줄 모른다. 이는 결과적으로 과학적이지 못한 의사결정으로 이어지고 그로 말미암아 초래되는 비용이나 손실은 계산할 수 없을 정도로 큰 경우가 허다하다.

시야를 개인 수준에서 기업(조직) 수준으로 확대하면 의사결정이 미치는 파급 효과가 훨씬 크므로 분석은 더욱 중요해진다. 오늘날 기업은 치열한 경쟁 속에서 차별화 혹은 원가 우위를 획득, 유지해야만 살아남는 환경을 맞이하고 있다. 이와 같은 환경에서 분석은 기업의 전략 수립과 의사결정에 있어 필수불가결한 도구로 유용하다. 그간 전통적으로 기업에 경쟁 우위를 제공했던 수단들은 이제 일상적인 비즈니스 수단이 되었다. 특히 글로벌 경제가 성숙됨에 따라 지리적 이점이나 정부의 시장 보호 장치는 거의 사라졌다.

따라서 경쟁 우위는 제품이나 서비스의 획기적인 혁신에서 찾아야 하는데 현실에서 획기적인 혁신을 달성하기란 그리 쉬운 일이 아니다. 또한, 독점적 기술 역시 개발하기도 매우 어려울 뿐만 아니라 개발에 성공한다고 하더라도 급속하게 복제되는 것이 현실이다. 이런 상황에서 경쟁 우위를 달성하기 위한 유일한 방법은 경영의 효율성을 높이고 현명한 의사결정을 하는 것이며, 분석은 이런 목적을 달성하는데 안성맞춤의 도구가 된다.

1.1.2 분석의 개념

사전적인 의미의 분석(analysis)은 대상·표상·개념 등을 그것의 부분이나 요소로 분해하는 것이다. 처음에는 어떤 대상이 막연한 전체로 주어지지만, 이것을 분석하여 그 여러 가지 측면이나 요소를 추출하여 그러한 것들의 상호관계를 파악하고 종합하는 것에 의해서 그 대상은 명확하게 인식되는 것이다. 즉 분석은 어떤 현상(문제)에 대해서 관련된 데이터를 수집한 뒤 이를 분해하여 데이터 속에 숨어 있는 의미 있는 패턴을 찾아내서 문제 해결이나 의사결정 등에 활용하는 것을 말한다. 여기에서 현상이란 우리의 연구 대상이 되는 자연이나 사회 속의 모든 것으로서 개인의 행동이나 심리까지도 포함한다. 따라서 분석은 우리가 관심을 갖는 모든 문제를 풀기 위하여 적용할 수 있다.

1.1.3 분석의 유형

사실 분석이란 여기에서 말하는 데이터 분석과 관련되는 것 외에도 다양한 분야에서 널리 사용되어 온 개념이다. 예를 들어 기업의 회계 및 재무 자료를 토대로 하는 분석에는 재무비율(재무비율 분석), 성장성 분석, 생산성 분석, 활동성 분석, 수익성 분석 등 다양한 유형의 분석이 포함된다. 또 증권가에서는 주가 분석, 패턴 분석, 추세 분석, 기술 분석 등의 분석 기법 등을 통해 주식투자 결정의 효과성을 제고하고 있다. 이 외에도 유형 분석, 요구 분석, 시스템 분석, 전략 분석, 상권 분석 등 우리 생활 주변에는 다양한 유형의 분석이 이루어지고 있다.

이는 분석이란 보다 나은 의사결정을 위한 수단임을 보여 주는 개념이라 할 수 있다. 여기에서 분석은 그 분석이 수행되는 목적에 따라 다음과 같은 유형으로 구분해 볼 수 있다. 첫째, 불확실한 상황에서 현명한 의사결정을 하기 위한 데이터 수집·분류·분석·해석·발표의 체계인 통계가 대표적인 분석 기법이다. 둘째, 과거 데이터와 변수 간의 관계를 이용하여 관심이 되는 변수를 추정하는 예측 기법이 있다. 셋째, 많은 데이터 속에 숨겨져 있는 유용한 패턴을 추출하여 분류·군집·순차·연관·분석·변칙 탐지 등의 목적으로 활용하는 데이터 마이닝 기법이 있다. 넷째, 주어진 제한 조건을 만족하면서 어떤 기준(목적함수)을 최대한(혹은 최소화)하는 해법을 구하기 위한 수학적인 기법으로서 최적화 기법이 있다. 이상과 같이 다양한 유형으로 분석을 구분하는 것은 편의상 유용하기는 하지만 분석 기법 측면에서는 유형 간에 상당한 중복이 있다고 할 수 있다. 예를 들어 회귀분석은 통계에서 많이 사용되는 기법이지만 예측이나 데이터 마이닝에서도 중요하게 활용된다. 또한, 시계열 데이터를 다루는 시계열 분석도 통계와 예측에서 흔하게 사용된다. 따라서 분류 유형의 명확성보다는 특정 분석 기법이 어떤 목적으로 사용되는지에 대한 이해가 더욱 중요하다고 할 수 있다.

1.2 분석 역량의 이해

1.2.1 분석 능력

앞으로 빅데이터 시대가 성숙하면 할수록 분석 능력을 갖춘 사람들에 대한 수요는 더욱 증가할 것이다. 빅데이터에 관한 매킨지 보고서에 따르면 미국에서 분석 능력을 갖춘 사람들이 2018년까지 150만 명 정도 부족할 것으로 예상되고 있다. 이런 현상은 우리나라에서도 발생될 것으로 예측되는데, 한국정보화진흥원에 의하면 2013~2017년까지 빅데이터 전문 분야에서 52만 개의 일자리가 창출될 것이다. 이와 같이 데이터 분석 전문 인력 수요가 증대되고 있는 빅데이터 시대에 조직 구성원들에게 요구되는 역량은 구성원 각각이 위치한 자리와 역할에 따라 다르다고 할 수 있다. 기업의 경우 수행하는 직무와 역할에 따라 구성원을 경영층, 분석 전문가, 일반 직원의 세 집단으로 구분할 수 있다.

첫째, 경영층은 분석이 경쟁력의 핵심임을 신봉하고 조직이나 전문 인력 등의 분석 인프라를 갖추기 위해 지속적인 투자를 하면서 분석 지향적인 기업 문화를 조성하려고 노력하는 집단이다. 기업이 분석을 근간으로 경쟁하기 위해서는 분석 지향 문화 정착을 위한 경영층의 신념과 헌신이 매우 중요하다고 할 수 있다.

둘째, 전문가 집단은 기업 내에서 관련 데이터를 수집, 관리하고 다양한 분석과 해석을 통해 경영층에 전략적 조언을 하는 집단이다. 이들은 수학, 통계학, 컴퓨터 공학 등 관련 전문 분야의 학력 소유자이거나 데이터 분석 전문 지식을 습득한 전문가 집단이다.

셋째, 일반 직원은 일반 사원에서 부장에 이르기까지 기업 내의 라인에서 실제로 다양한 기능을 수행하는 집단이다. 이들이 분석을 토대로 과학적이고 합리적인 의사결정을 수행하기 위해 분석적 소양을 갖추어야 하는 것은 당연하다.

1.2.2 분석적 사고

애플의 전 경영자인 스티브 잡스는 천재적인 직관을 가지고 있다고들 한다. 그러나 이는 잘못된 인식이다. 사실 잡스는 직관적 판단 이전에 독보적인 전문 지식을 갖추고 분석적 사고에 능통한 전문가였다. 전문적인 지식은 직관적 사고방식에 의해 획득되기보다는 관계와 맥락을 만들고 문제를 창의적으로 해결하면서 얻어진다. 분석적 사고방식에 의해 현상과 사실을 정확히 분석하고 이를 근거로 해법을 발견하면서 축적되는 것이다. 분석적 사고야말로 전문적인 지식은 물론 창의성과 직관적 판단의 근간인 것이다. 그러면 분석적 사고란 무엇을 말하는가? 로저 마틴은 분석적 사고(Analytical Thinking)를 주어진 전제로부터 특정한 결론을 이끌어내는 추리 과정인 연역적 추리(deductive reasoning)와 개개의 특수한 사실로부터 일반적 결론을 이끌어내는 추리 과정인 귀납적 추리(inductive reasoning)를 이용하여 데이터를 체계적으로 분석하고 방법을 결론내는 것이라고 하였다. 즉 분석적 사고란 개선해야 할 일을 선택하고, 그 일의 수행 방법을 분석적으로 생각하는 관습을 갖도록 하는 개념이다.

분석적 사고를 가진 전문가들은 통상 현상과 사실을 객관적으로 나열하고 이를 연결해 조합하고, 부족한 부분이 있다면 숨겨진 영역에서 다시 현상과 사실을 찾아내 결정할 수 있는 패턴으로 만드는 데 익숙하다. 또 의미 있는 정보와 논리적인 구조를 도출함으로써 조직 내에서 의사소통이 매우 원활하다는 점을 알 수 있다. 결론적으로 분석적 사고방식은 상황을 객관적으로 관찰, 나열한 뒤 상황 간 관계를 연결하고 패턴을 만들어 내는 과정을 거쳐 근본 원인을 찾아 해결하는 방식을 의미한다.

1.3 빅데이터 분석 기획의 개요

일반적으로 계획과 기획이 혼용되는 경향이 있다. 그러나 두 개념 사이에는 분명한 차이가 존재한다. 『기획력』의 저자 다고 아키라[多湖 輝]는 일반적인 경영 활동에서 "계획이란 주어진 문제와 관련된 다수의 요소를 논리적으로 사고하여, 불확실한 요소를 미리 예측해서 과학적인 해결책을 세우는 것"이라고 정의하고 있다. 이에 비해 기획이란 무엇을, 왜 해야 하는지를 명확히 하는 것이다. 이러한 틀 속에서 보면 기획과 계획 사이에 공통된 부분이 있기는 하다. 그러나 다고 아키라는 양자 사이에 분명히 다른 점이 있다고 주장한다. 일반적으로 계획은 주어진 목표 달성을 위한 구체적인 절차를 정한다든지 실행할 때의 순서를 의미한다. 즉 기획이 목표 설정의 역할을 하는 것이라면 계획은 기획한 목표를 실행하기 위한 구체적인 방법을 모색하는 것이다. 이러한 면에서 기획과 계획은 차이가 있다.

다시 말해 '기획'이란 계획을 도모하는 것(planning)이다. 한마디로 기획이란 '왜 할 것인가 (why to do?)'와 '무엇을 할 것인가(what to do?)'를 결정하는 것이다. 이에 비해 계획은 '어떻게 할 것인가(how to do?)'를 결정하는 것이다([그림 1] 참조). 따라서 기획은 '변화하는 환경 속에서 문제를 해결하여 개별 목적을 달성하기 위하여 관련 환경 역량이 극대화되도록 계획을 도모하는 것'이라 정의할 수 있다.

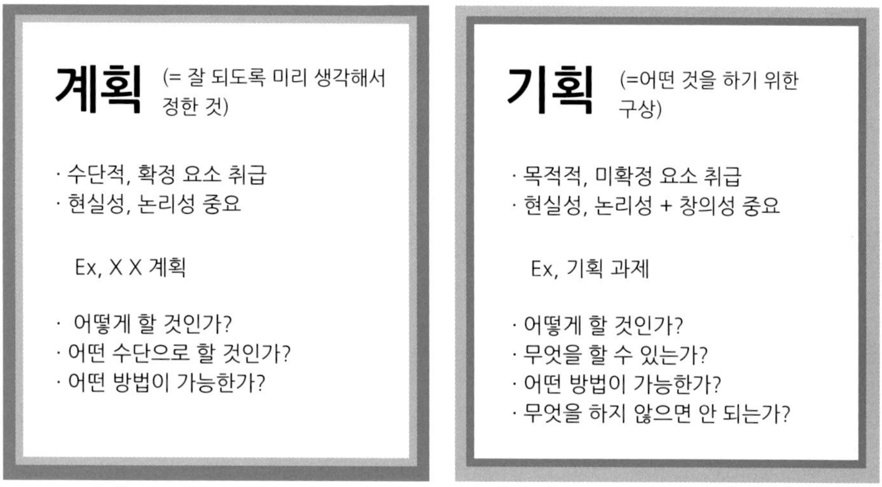

계획 (= 잘 되도록 미리 생각해서 정한 것)

· 수단적, 확정 요소 취급
· 현실성, 논리성 중요

  Ex, X X 계획

· 어떻게 할 것인가?
· 어떤 수단으로 할 것인가?
· 어떤 방법이 가능한가?

기획 (=어떤 것을 하기 위한 구상)

· 목적적, 미확정 요소 취급
· 현실성, 논리성 + 창의성 중요

  Ex, 기획 과제

· 어떻게 할 것인가?
· 무엇을 할 수 있는가?
· 어떤 방법이 가능한가?
· 무엇을 하지 않으면 안 되는가?

【그림 1-1】 계획과 기획의 차이

1.3.1 빅데이터 분석 기획의 배경

토머스 H. 포트(Tomas H. Davenport)는 그의 저서 『분석으로 경쟁하라(Competing on Analytics, Harvard Business Review)』에서 '기업의 마지막 남은 경쟁력은 비즈니스 프로세스 효율의 제고와 최선의 의사결정이며, 이 두 요소 모두 분석(Analytics)으로 실현할 수 있다'고 주장한다. 현재 대부분의 기업들은 유사한 상품들과 기술을 제공하고 있으며, 세계화 추세에 따라 지역적인 이점이 더 이상 존재하지 않는다. 또한, 기존 방식의 프로세스 혁신 및 ICT 투자에 대한 수익률 (ROI)은 한계에 직면해 있다. 특화된 기술들이 쉽게 복제되고 상품과 서비스에서는 획기적인 혁신이 점점 더 어려워지고 있다. 이와 같이 어려워진 비즈니스 환경에서 차별화된 경쟁력을 가질 수 있도록 하는 최선의 경영 혁신 방안은 고성능의 비즈니스 프로세스와 데이터 기반의 최선의 의사결정뿐이다. 이러한 의사결정 환경에서는 경험에 따른 추측에 의존하는 의사결정을 해서는 안 되며, 데이터 분석에 기반한 정보와 통찰력(insight)을 통해 의사결정을 해야 한다. 즉 원하는 성과를 얻기 위해서는 분석을 어떻게 수행하고 왜 분석할 것인지를 명확히 결정하는 데이터 분석 기획 과정이 매우 중요한 것이다. 그러나 이러한 중요성에도 불구하고 아직 대부분의 기업은 데이터 분석 기획을 대수롭지 않게 생각하고 있다.

1.3.2 빅데이터 분석 기획의 정의

빅데이터를 분석하는 많은 기업은 다양한 분석이 가능한 솔루션 도입, 빅데이터 분석 전문가들을 채용함으로써 빅데이터 분석을 통해 비즈니스 통찰력을 증대시키려는 노력을 경주하고 있다. 그러나 아직까지 많은 기업은 빅데이터에 대한 올바른 전략을 수립하고 적절히 활용하고 있지는 못하고 있다. 이는 빅데이터에 대한 인식과 이해 부족 및 적절한 빅데이터 분석 기획에 대한 지식 부족에 기인한다고 할 수 있다. 분석 기획이란 비즈니스 목표 달성 최적화를 위해 의사결정과 실행 과정에 필요한 정보와 인사이트(insight)를 과학적 분석을 통해 제공하도록 하는 분석 계획을 수립하는 것이다. 일반적으로 분석 기획은 의사결정을 위한 분석 기회를 발굴하고 '질문 먼저(Question First)' 방식으로 질문을 구체화하여 필요한 분석과 데이터를 정의하는 접근법이다. 즉 '질문 먼저(Question First)' 방식이란 업무에 필요한 질문이 무엇인지를 찾기 위해 분석 질문을 먼저 정의하고, 이를 분석하기 위해 필요한 데이터가 무엇인지를 정의하는 방식을 말한다. 기업이 가지고 있는 데이터 분석이 성과로 이어지기 위해서는 분석 대상의 발굴 및 구체화, 다양한 데이터 원천의 활용, 분석 운영관리 체계의 정규화, 데이터 기반 의사결정 문화의 정착, 데이터 확보 역량 등 넘어야 할 제약 조건들이 존재한다. 분석 기획의 목적은 이러한 제약 조건을 극복하기 위한 분석 질문, 데이터, 역량, 프로세스, 문화, ICT 거버넌스 등 전반에 걸친 구체화된 방안을 수립하는 것이다.

【참고문헌】

김경순, 「분석적 사고방식과 성공 코드, 그리고 인재 육성」, 전자신문, 2014.4.10.

노규성, 「빅데이터 활용전략 실무(빅데이터 과제연구 사례)」, 구미시, 2014.

유정식, 『문제해결사』, 지형, 2011.

이언 에어즈(안진환 역), 『슈퍼크런처』, 북하우스, 2007.

장택원, 『사회조사방법론』, 커뮤니케이션북스, 2012.

토머스 대이븐포트, 김진호, 『말로만 말고 숫자를 대봐』, 엠지엠티북스, 2013.

한국디지털정책학회 빅데이터전략연구회, 『경영빅데이터 분석』, 광문각, 2015.

한국디지털정책학회 빅데이터전략연구회, 『NCS 기반 경영빅데이터 분석』, 와우패스, 2018.

한국소프트웨어기술인협회 빅데이터전략연구소, 『빅데이터 개론』, 광문각, 2016.

Berry, M & G. Linoff, 『Data Mining Techniques』, 2nd Ed., Wiley, 2004.

Davenport, T., Competing on Analytics, Havard Business School Review, 98-107, Jan. 2006.

Hammer M., The Superefficient Company, Harvard Business Review, September, 2001.

Kalil, Tom, 『Big Data is a Big Deal』. White House. Retrieved 26 September 2012.

Kaplan, R. & D. Norton, Using the Balanced Scorecard as a Strategic Management System, Harvard Business Review, July 2007.

McKinsey Global Institute, Big Data : The next frontier for innovation, competition, and productivity, 2011.

Parise, P, B. Iyer, and D. Vesset, Four Strategies to Capture and Create Value from Big Data, Ivey Business, July, 2012.

Porter, M. & V. Miller, How information gives you competitive advantage, Harvard Business Review, July 1985.

Roger L. Martin, Design of Business : Why Design Thinking Is the Next Competitive Advantage, Harvard Business Press, 2009.

Simmon, Harber A., The New Science of Management Decision, Harper & Row, New York, 1960.

World Economic Forum 1, Big data, big impact : New possibilities for international development, 2012.

World Economic Forum 2, The top 10 emerging technologies for 2012, 2012.

www.naver.com

www.unglobalpulse.org

01. 다음은 기획과 계획에 대한 설명이다. 적합하지 않은 것은 무엇인가?

① 기획은 어떻게 그 일을 할 것인가를 결정하는 것

② 기획은 왜 그 일을 해야 하는가를 정의하는 것

③ 기획은 무엇은 추진할 것인가를 결정하는 것

④ 계획은 목표 달성을 위해 구제석인 설차를 정하는 것

⑤ 계획은 실행할 때의 순서를 의미하는 것

【해설】 어떻게 할 것인가는 계획에 해당된다.

02. 빅데이터 분석 기획에 대해 옳지 않은 것은 무엇인가?

① 분석 단계와 계획 단계로 구분이 가능하다.

② 분석 단계의 최종 단계는 빅데이터 분석 과제의 선택이다.

③ 분석은 문제 발굴로부터 시작된다.

④ 문제가 발굴되면 해결 대안에 대한 설계가 시작된다.

⑤ 과제 선택이 분석 단계의 마지막 단계이다.

【해설】 과제 발굴은 사용자 관점에서 문제가 정의된 후, 해결책에 대한 설계가 시작된다.

03. 타당성 분석과 관련성이 낮은 것은 다음 중 무엇인가?

① 경제적 타당성은 빅데이터 분석에 소요되는 비용과 분석 결과로 추정되는 편익
의 차이이다.

② 데이터 타당성은 필요한 데이터의 존재 여부와 관련이 있다.

③ 정보 보안과 프라이버시는 데이터 타당성과 무관하다.

④ 분석 시스템 환경 타당성은 빅데이터 스토리지와 같은 인프라 요소를 포함한다.

⑤ 운영적 타당성은 조직의 제반 여건을 감안하여 실제 운영 가능한지에 대한 타당
성을 검토한다.

【해설】 정보 보안과 프라이버시는 데이터에 접근 자체를 막을 수 있는 데이터 타당성을 결정짓는 요인이다.

연습문제

04. 빅데이터 분석 예산 수립에 포함되지 않는 것은 다음 중 무엇인가?

① 거래 처리 시스템 개발 비용

② 하드웨어, 소프트웨어 등 시스템 예산

③ 외부 컨설팅 비용

④ 데이터 확보 비용

⑤ 비용 분석 후 소요되는 유지보수 예산

【해설】거래 처리 시스템 개발은 빅데이터 분석과 무관하다.

05. 프로젝트 관리자로서 요구되는 주요 자질이 아닌 것은 다음 중 무엇인가?

① 관리 능력　　　　　② 지휘 능력

③ 기업가적 능력　　　④ 의사소통 능력

⑤ 임기응변 능력

【해설】프로젝트 관리자는 임기응변보다는 일관적인 자세를 견지해야 한다.

06. 다음 중 위험 관리와 거리가 먼 것은?

① 구현상의 어려움에 봉착할 때를 예견하고 관리함.

② 위험 관리는 위험 발생에 대응하여 관리함.

③ 품질 또는 성능이 떨어질 것에 대비하여 관리함.

④ 구현 기간이 길어질 경우를 대비하여 관리함.

⑤ 구현 비용이 길어질 경우를 대비하여 관리함.

【해설】위험 관리는 대응 관리가 아닌, 선행 관리이다.

07. 다음 중 빅데이터 분석 품질 관리 계획과 관련성이 낮은 것은 무엇인가?

① 품질 계획은 산출물 등 결과물에 국한시킴.

② 품질 수준은 프로젝트팀과 사용자가 서로 체결한 계약의 일종임.

연습문제

③ 산출물을 도출하는 과정 자체도 품질 관리의 대상임.

④ 빅데이터 분석의 품질은 창의성이 좌우한다는 관점도 고려에 넣어야 한다.

⑤ 품질 방안과 품질 유지 방안에 대한 계획이 개발돼야 함.

【해설】 결과물뿐만 아니라 과정 그 자체도 품질 관리의 대상으로 인식돼야 한다.

08. 다음 중 분석 단계의 업무 흐름이 적합하게 기술된 것은 무엇인가?

① 문제 발굴 – 과제 목표 정의 – 해결 대안 – 과제 선택

② 문제 발굴 – 요구사항 도출 – 해결 대안 – 타당성 검토 – 과제 선택

③ 문제 정의 – 타당성 검토 – 예산 수립 – 과제 선택

④ 문제 발굴 – 사용자 관점의 문제 정의 – 해결 대안 설계 – 타당성 검토 – 과제 선택

⑤ 타당성 검토 – 문제 정의 – 예산 수립 – 과제 선택

【해설】 분석 단계와 계획 단계를 혼동하지 말아야 한다.

09. 다음 중 프로젝트 실행 관리 계획에 포함될 필요가 없는 것은 무엇인가?

① 진행 상황 파악 방법

② 계획대로 추진하기 위한 통제 방법

③ 관리 목표로서의 계획치

④ 변경 요구에 대한 대응 방법

⑤ 직무수행 권한 및 책임 명시

【해설】 직무수행 권한 및 책임 명시는 프로젝트관리 추진 체계의 구성 및 역할 부여에 해당된다.

10. 과제 추진 요구사항과 관련이 없는 것은 다음 중 무엇인가?

① 필요한 데이터 확보 지원

② 과제 추진 예산 지원

③ 기술적 인프라 지원

④ 분석 모델 요구사항 지원

⑤ 개인정보 보호와 보안 유지 요구 지원

【해설】 예산 지원 요구는 과제 추진 예산안 수립에 포함되는 내용이다.

CHAPTER 02 》》 빅데이터 분석 및 기획 접근법

2.1 빅데이터 분석 접근법

빅데이터 분석의 기초를 이루는 접근 방법으로서 전통적인 하향식 문제 해결 방법은 문제의 구체적 정의가 가능하고, 필요한 데이터가 존재하고, 데이터를 분석할 수 있는 분석 역량을 보유하고 있다는 것을 전제 조건으로 한다. 그러나 만약 이러한 조건을 만족시키지 못한다면 전통적 접근 방법을 통한 데이터 분석은 효과적이지 못하다. 이를 보완하기 위하여 두 가지 새로운 접근법이 제안되었다. 이들을 정리하면 빅데이터 분석의 접근 방법은 다음과 같은 세 가지 유형으로 분류할 수 있다.

① 전통적 문제 해결 기반의 하향식 접근 방식
② 데이터 자체로부터 문제 해결이 주도되는 상향식 접근 방식
③ 빅데이터 환경의 불확실성을 고려한 프로토타이핑 접근 방식

이상의 세 가지 접근법 중 하향식 접근 방식과 상향식 접근 방식은 대립적인 접근 방법으로 인식되고 있다. 먼저 하향식 접근법은 조직의 전략적인 문제 해결을 위한 지식 발견을

위해 필요한 데이터를 수집하여 그 데이터를 분석하는 것을 의미한다. 이에 비해 상향식 접근법은 조직이 현재 보유하고 있는 데이터를 분석하여 데이터에 숨겨진 뜻밖의 관계나 패턴을 찾음으로써 결과적으로 지식을 발견해 예상하지 못한 문제를 발견하고 해결(serendipitous problem solving)하는 접근법이다. 이들에 대해 간략히 정리하면 다음과 같다.

2.1.1 전통적 문제 해결 기반의 하향식 접근 방식

조직은 문제 해결, 업무 프로세스 효율화를 비롯하여 비용 절감, 생산성 향상, 의사결정 최적화 등 다양한 비즈니스상의 이슈나 문제들에 직면해 있다. 하향식 접근 방식은 이와 같은 비즈니스상의 이슈에 대한 해결을 위하여 근본 원인을 파악하고, 이에 대한 가설적 해결 방안을 도출하게 된다. 특히 문제 해결을 위한 근본적 원인을 찾고, 도출된 해결 방안들에 대한 실현 가능성과 우선순위 결정을 위해서, 수집·가공·분석된 내부 및 외부 데이터를 이용하여 분석하는 일련의 접근 방법을 하향식 혹은 수요 기반 분석 과제 도출 방법이라고 한다.

2.1.2 데이터 자체로부터 문제 해결이 주도되는 상향식 접근 방식

전통적으로 비즈니스 운영 과정에서 발생하는 데이터들은 거래 처리 데이터 및 각종 실적 데이터 등과 같은 정형화된 데이터이다. 그런데 최근에는 다양한 멀티미디어 기반의 데이터 및 소셜 데이터, 센서와 위치 기반의 사물인터넷 등의 정형과 비정형 데이터가 폭넓게 생성되고 있다. 이와 같이 보유하고 있는 데이터가 점차 다양해지면서 이와 관련된 분석 기법도 고도화되고 있으며, 새로운 개념의 분석 알고리즘도 등장하고 있다. 또한, 이를 위한 데이터 분석 인프라도 속도, 용량 측면에서 충분한 성능을 보유하고 있어서 다양한 실험적인 시도를 해볼 수가 있다.

이와 같은 상황에서 부각되고 있는 상향식 접근 방법은 조직에서 다양한 목적을 달성하기 위해 생성된 데이터에 대해 목적 없이 분석하여 데이터에 숨겨져 있는 의미를 파악하려는 접근 방법을 말한다. 즉 다양한 원천으로부터의 데이터를 조합, 통합하고, 시각화를 통해 의미 있는 패턴을 파악하고, 이를 비즈니스에 적용했을 때 기존의 업무 수행 방식에 대한 이해를 돕고, 새로운 시각에서 비즈니스 이슈나 문제에 대한 해결이 가능하도록 해주는 일련의 접근 방법을 상향식 방식 또는 데이터 주도 분석 과제 노출 방법이라고 한다.

2.1.3 빅데이터 환경의 불확실성을 고려한 프로토타이핑 접근 방식

프로토타입(prototype)은 '원초적 형태'라는 의미를 담고 있다. 프로토타입은 정보 시스템의 미완성 버전 혹은 중요한 기능들이 포함되어 있는 초기 모델로서 많이 사용되는 용어이다. 빅데이터 분석에서 프로토타이핑(prototyping) 접근법은 사용자가 정보 요구사항이나 데이터를 정확히 규정하기 어렵고, 데이터 원천도 명확히 파악하기 어려운 상황에서 일단 분석을 시도해 보고 그 결과를 확인해 가면서 반복적으로 개선해 원하는 결과를 도출해 가는 방법을 말한다.

하향식 접근 방법은 문제가 정형화되어 있고, 문제 해결을 위한 데이터가 완벽하게 조직에 존재할 경우에 효과적이다. 이와 반하여 프로토타이핑 방법론은 비록 완전하지는 못하다 해도 신속하게 해결책이나 모형을 제시함으로써 이를 바탕으로 문제를 좀 더 명확하게 인식하거나, 필요한 데이터를 식별하고 구체화할 수 있게 하여 비용 효과적으로 빅데이터 분석을 수행하도록 하는 매우 유용한 방법론이다.

2.2 빅데이터 분석 단계

　그러나 일반적인 빅데이터 분석 접근법은 무엇보다 하향식 문제 해결 접근법이기 때문에 여기에서는 이를 기준으로 빅데이터 분석 단계를 설명하고자 한다. 이 접근법에 의하면 빅데이터 분석은【그림 2-1】과 같이 기획 단계와 분석 단계로 나누어 진행된다. 본 절에서는 기획 단계와 분석 단계의 각 세부 단계에서 수행되어야 할 절차와 활동에 대해 간략히 기술한 다음, 이들의 주요 활동 내용을 정리하고자 한다.

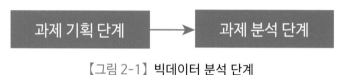

【그림 2-1】 빅데이터 분석 단계

2.2.1 과제 기획 단계

　먼저 과제 기획 단계는 현황 분석을 통해서 또는 인식된 문제점 혹은 전략으로부터 기회나 문제를 탐색하면서 시작된다. 이 과정은 데이터의 가용성 분석, 가설 설정과 샘플 데이터 수집, 가설 검정, 사용자 관점에서의 해결 방안 및 과제(project) 추진 방안 설계, 빅데이터 분석 과제의 타당성 검토, 그리고 빅데이터 분석 과제의 확정 및 분석 계획 수립 과정으로 이어진다. 이와 같은 절차는【그림 2-2】와 같이 표현할 수 있다.

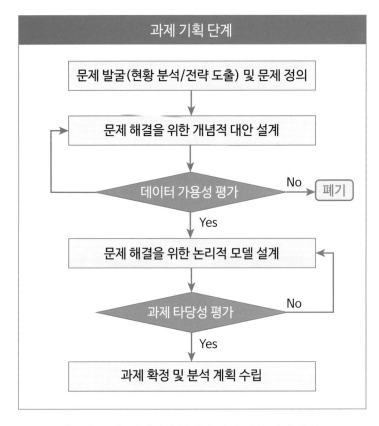

과제 기획 단계

문제 발굴(현황 분석/전략 도출) 및 문제 정의

문제 해결을 위한 개념적 대안 설계

데이터 가용성 평가 — No → 폐기

Yes

문제 해결을 위한 논리적 모델 설계

과제 타당성 평가 — No

Yes

과제 확정 및 분석 계획 수립

【그림 2-2】 빅데이터 분석의 과제 기획 단계 절차

1) 문제 발굴 및 정의

이 단계는 빅데이터 분석을 통해 고객 서비스 및 의사결정 효율성과 효과성 증진을 위한 기회 식별이나, 경영 목표 달성을 위해 해결해야 할 문제를 식별하는 단계이다. 식별된 문제의 예는, 고객 이탈 현상 심화, 공장 기계의 잦은 정지로 납기 지연 및 손실 초래, 환경 악화로 온난화 등 기후 변화 심각 현상 등을 들 수 있다. 이와는 별개로, 다른 조직에서 어떤 문제에 빅데이터를 적용하였는지의 사례 분석도 문제 식별에 유용할 것이다. 식별된 문제들 중 조사 연구 등을 통해 시급히 해결할 문제(기회, 요구)를 사용자 관점에서 정의한다. 문제의 정의 및 해결 요구사항 분석은 분석 결과의 최종 사용자(고객, 실무자, 정책 결정자 등) 관점에서 이루어져야 한다. 발굴된 문제와 이에 대응하는 사용자 요구가 반영된 문제의 예는 【표 2-1】과 같다.

【표 2-1】 식별된 문제에 관한 사용자 관점의 문제 정의

식별된 문제(예시)	사용자 관점의 문제 정의
고객 이탈 현상 심화	고객 이탈의 영향 요인과 그 관련성, 고객 이탈 예측 시그널 파악
공장 기계의 잦은 정지로 납기 지연 및 손실 초래	잦은 고장을 일으키는 기계의 특성, 기계 고장 예측 지표
환경 악화로 인한 온난화 등 기후 변화	온난화가 농업 정책에 미치는 영향

문제가 정의되면 그 문제를 해결하기 위해 여러 가지 시각에서 가설을 설정해 보는 절차도 요구된다. 일반적으로 가설(hypothesis)이란 어떤 사실을 설명하거나 어떤 이론 체계를 검증하기 위하여 설정한 가정을 말한다(네이버백과). 그러나 분석을 위한 가설은 통상 변수들 간의 관계에 대한 잠정적인 믿음이나 주장으로서, 분석을 통하여 실행에 도움이 되는 정보로서의 가치를 얻게 된다. 일반적으로 가설은 '소득 수준이 높으면 문화 소비 비용도 클 것이다'라는 형태로 표현할 수 있다.

2) 문제 해결을 위한 개념적 대안 설계

문제가 사용자 관점에서 정의(혹은 가설 설정)된 다음에는 이 문제 해결에 필요한 개념적 대안이 설계되어야 한다. 이는 도출된 여러 가설 중 분석을 위해 필요한 가설을 추려내는 과정을 통해 이루어진다. 다양한 관점에서의 여러 가설에 대한 검정은 과제 분석 단계의 본격적인 데이터 분석을 위한 사전적인 대안 설계 작업이라 할 수 있다. 필요에 따라 식별된 가설을 검정

하는 데에 필요한 샘플 데이터(sample data)를 수집한다. 샘플 데이터는 실험용 데이터 수집, 설문조사 등을 통해 확보한다. 샘플 데이터 분석을 하여 가설의 채택 여부를 결정한다. 통계적 유효성 등이 확인되어 채택할 경우 데이터의 가용성을 평가하게 된다. 그러나 가설을 기각할 때에는 가설 조정 및 샘플 데이터 보완을 통해 (논리적 모형 설계를 위한)유효한 가설이 도출될 때까지 반복한다.

3) 데이터 가용성 평가

설계된 개념적 대안을 실현할 빅데이터 분석을 하기 위해서는 무엇보다도 데이터가 확보되어야 한다. 따라서 관련 데이터 존재 여부와 데이터 확보 여부를 검토하는 데이터 가용성 평가 단계가 이루어져야 한다. 만약 데이터 가용성이 미비하다고 판단될 경우에는 문제 해결을 위한 개념적 설계를 조정한 다음 또다시 데이터 가용성을 평가하여야 한다. 이러한 과정을 반복하여 가용성 있는 데이터를 확보할 수 있다고 판단될 때 비로소 문제 해결을 위한 논리적 모델을 설계하는 단계로 나아갈 수 있을 것이다. 데이터 가용성이 확보되지 못하면 이 대안은 폐기될 수도 있다.

4) 문제 해결을 위한 논리적 모형 설계

데이터 가용성이 있다고 판단되면 문제 해결을 위한 논리적 모형이 설계되어야 한다. 이 단계에서는 논리적 모형과 필요한 변수를 선정하거나 문제 해결 대안을 수립한다. 즉 발굴된 문제를 해결하기 위한 분석 모형과 필요한 변수들을 선정하고 분석 결과의 제시를 위한 산출물과 시각화 등에 관한 방안 등을 설계한다.

그럼 모형이란 무엇인가를 살펴보자. 우리가 인식한 문제들은 대부분 복잡하므로 단순화해야 해결 대안을 찾기가 쉽다. 즉 많은 변수가 포함된 문제를 그 특성을 잘 대표하는 결정적인 요소(변수)만을 추려서 그것으로 표현하면 분석이 좀 더 쉬워지는 것이다. 이러한 문제(연구대상)를 의도적으로 단순화한 변수들 간의 관계로 정리한 것을 모형(model)이라고 한다. 또한, 변수(variable)란 수로 표현 가능한 측정치들을 통칭한다. 예를 들어 성별, 소득, 몸무게, 선호하는 정도, 좋아하는 음식 등이 수치로 표현 가능하고 측정 가능하면 변수라 할 수 있다(장택원, 2012). 따라서 모형화란 복잡한 현상을 문제의 본질과 관련되는 적은 수의 변수만을 추려서 단순화하는 과정이다.

삽화나 캐리커처(caricature)가 의도적으로 인물의 중요한 특징(머리, 눈, 코, 입 등)을 강조하고 나머지는 무시하는 것과 같이 모형화도 문제와 관련된 주요 변수만을 선택하고 불필요한 것들은 버린다. 만약 지도를 그린다면 거리와 방향이 중요하겠지만, 지하철 노선표는 각 역과 노선별 연결이 더 중요하다. 어떤 변수를 버리고 어떤 변수를 택할 것인가는 그 변수가 문제 해결과 얼마나 직접적으로 관련이 있는가에 달려 있다(토머스 데이브포트·김진호, 2013). 예를 들어 어느 쇼핑몰이 회원들에게 전자 쿠폰 북을 발송하는데 반응률이 낮아 쿠폰 선호 대상을 찾아 쿠폰을 발송하고자 한다고 하자. 이때에는 수많은 회원 데이터 중에서 총구매 금액에 영향을 미치는 요인들을 고려해야 하므로 평균 구매 금액, 사이트 체류 시간, 구매 상품의 다양성 등을 분석 대상 변수로 단순화하면 분석이 한층 쉬워진다.

5) 과제 추진 방안 수립 및 타당성 평가

논리적 모형이 설계되고 나면, 본격적으로 빅데이터 분석 과제(project) 추진 방안을 다양하게 검토하게 된다. 과제 추진을 위한 시스템이 어느 유형의 추진 대안인지를 고려하여야 한다. 즉 기존 정보 시스템의 단순한 보완으로 분석이 가능한지, 엑셀 등의 기존의 간단한 도구로 분석 가능한지, 또는 통계나 데이터 마이닝 도구 등 전문적인 도구에 의해 분석이 가능한지 등에 따라 여러 대안이 도출될 수 있다.

앞에서 제시된 여러 대안에 대한 평가를 하여야 적정 방안을 선정하게 되는데, 이를 위해서는 다음과 같은 타당성 분석이 수행된다. 단, 조직의 요구에 의해 반드시 수행해야 하는 데이터 분석 과제나 이미 예산이나 방향이 설정된 과제의 경우에는 이러한 타당성 분석이 간략하게 이루어지거나 생략될 수 있다.

(1) 경제적 타당성

비용 대비 편익 분석으로 비용 항목은 데이터, 시스템, 인력, 유지보수 등과 같은 분석 비용 등으로 구성된다. 편익으로는 분석 결과를 적용함으로써 추정되는 실질적 비용 절감, 추가적 매출과 수익 등과 같은 경제적 가치로 산출되는 경우가 많다.

(2) 기술적 타당성

효과적인 데이터 분석을 위해서는 비즈니스 지식과 기술적 지식이 동원되어야 하므로 비즈니스 분석가, 데이터 분석가, 시스템 엔지니어 등의 협업이 중요하다. 또는 조직 내부에서 이와 같은 전문성이 갖추어지지 않는다면, 외부 전문기관의 자문을 받을 수도 있을 것이다. 타당성 평가 후 타당성이 있다고 판단되는 과제의 해결 대안이 결정되면 과제를 확정하게 된다. 반면 타당성이 없다고 판단되는 경우에는 모형 및 변수를 수정하고 다른 해결 방안을 검토하는 과정을 거쳐야 하는데, 이는 대안이 선정될 때까지 반복될 수 있다.

6) 과제 확정 및 분석 계획 수립

여러 대안 중에서 평가 과정을 거쳐 가장 우월한 대안이 선택되면 이를 과제(project)화하고 계획 단계의 입력물로 설정한다. 즉 빅데이터 분석 기획 단계에서 최종 선정된 대안으로서 프로젝트를 어떻게 수행하여 소기의 목적을 달성할 수 있도록 할 것인가 하는 계획을 수립하게 된다. 이 단계는 프로젝트의 목표를 명확히 정의하고, 프로젝트 추진 시 필요한 데이터나 기술적 요구사항 등을 파악하고, 프로젝트 수행 예산 수립, 그리고 프로젝트 관리 계획을 수립하는 과정으로 구분된다.

2.2.2 과제 분석 단계

과제가 기획되고 추진 계획이 수립되면 그 계획에 의거 과제 분석을 수행하게 된다. 본 장은 빅데이터 분석 기획을 소개하는 장이므로 과제 분석 단계에 대해서는 참고를 위해 간략히 정리하고자 한다. 과제 분석 프로세스는 【그림 2-3】에서 보는 바와 같이, 크게 관련 데이터 수집, 데이터 전처리와 정제, 분석과 결과 정리 및 결과의 해석과 결과의 제시로 이루어진다.

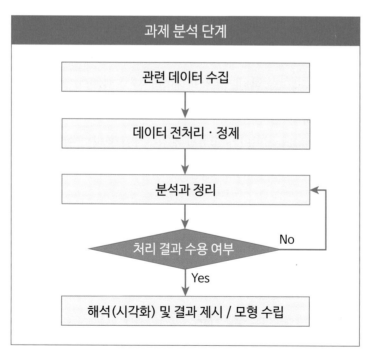

【그림 2-3】 빅데이터 분석의 과제 분석 단계 절차

1) 관련 데이터 수집

선정된 변수에 의해 구성된 분석 모형이나 과제를 해결하기 위해서는 관련 데이터를 수집하고 이를 분석하여야 하므로 데이터 수집이 분석 첫 관문이라 할 수 있다. 데이터를 수집하는 방법은 내부의 데이터 웨어하우스나 데이터베이스 내의 데이터, 조직 외부의 데이티 소스 (sources) 등을 통해 이루어질 것이다. 어떤 데이터를 어떤 방법을 선택하여 수집할 것인가에 대한 판단은 문제의 성격과 측정해야 하는 변수의 특징에 달려 있다.

2) 데이터 전처리와 정제

분석 대상 데이터의 품질이 매우 양호하고 분석 목적에 딱맞는 경우에는 해당 데이터를 바로 분석하면 된다. 그러나 대부분의 경우 데이터를 잘 정리하여야 할 필요가 있다. 즉 다양한 소스로부터 획득한 데이터는 대부분 분석하기에 부적합하거나 수정이 필요한 데이터가 포함되어 전처리나 정제를 필요로 한다. 많은 빅데이터 분석 과제의 경우 데이터의 확보 및 데이터 전처리와 정제 과정이 프로젝트의 90% 이상을 차지한 것으로 조사되었다. 이는 빅데이터 분석 프로젝트에서 데이터 전처리가 얼마나 중요한가를 보이고 있다.

3) 데이터 분석과 정리 및 처리 결과의 수용

분석 대상과 관련되는 데이터가 수집되고 정제되면 이를 분석하는 과정을 거치게 된다. 측정하고 수집된 데이터 그 자체만으로는 아무것도 알 수가 없으므로 분석을 통해 그 속에 내재된 의미를 파악해야 의사결정에 활용 가능해진다. 즉 데이터 분석이란 모아 놓은 데이터에서 변수들 간의 관련성을 파악하는 것이다. 본서에서는 기초적인 통계적 분석에서부터 매우 정교한 데이터 마이닝 기법에 이르기까지 각각의 상황에 필요한 다양한 데이터 분석과 정리 기법이 소개된다.

분석과 정리를 통해 나온 처리 결과는 의사결정에 유의미한 정보로서 수용 가능한지 여부를 판단하여야 한다. 수용하지 못할 경우에는 반복적인 분석과 정리 작업을 통해 모형의 정교함을 행상시키고 결과의 활용성을 제고하는 방향으로 이끌어가야 한다.

4) 해석과 결과 제시

빅데이터 분석의 마지막 단계는 분석 결과의 의미를 해석하고 제시하는 단계이다. 즉 데이터 분석을 통해 변수 간의 관련성이 분석되면 그 결과가 의미하는 바를 명료하게 해석하여 의사 결정자에게 구체적인 조언을 하게 되는 것이다. 단, 빅데이터 분석의 결과물이 또 다른 데이터 분석이나 정보 제공을 위한 새로운 모형일 경우에는 분석 모형 자체가 제시되고, 이의 사용법 등이 제시될 필요가 있다.

한편 주요 분석 결과를 적절한 방법을 통해 간단 명료하게 요약하여 어떤 의사결정이 바람직한지에 대해 제시하는 것이 필요할 것이다. 결과의 제시 방법 중 다양한 차트나 그래프를 활용하여 효과적으로 주의를 끄는 방법이 권고되고 있다. 여기에 시각화 도구가 각광받는 이유가 있는 것이다.

2.3 빅데이터 분석 기획을 위한 전략적 접근법

빅데이터 분석 기획은 분석 과제의 발굴로부터 시작된다. 분석 과제의 도출에 대한 전략적

접근 방법에는 다음 【그림 2-4】와 같이 수요 기반 분석 과제 도출 방법과 데이터 주도 분석
과제 도출 방법으로 나누어질 수 있다. 이는 앞에서 제시된 하향식 접근 방법과 상향식 접근
방법과 일맥 상통한다. 즉 수요 기반 분석 과제 도출 방법은 하향식 접근 방법을 따르며, 데
이터 주도 분석 과제 도출 방법은 상향식 접근 방법을 따른다.

【그림 2-4】 데이터 기반 분석 과제 기획을 위한 전략적 접근 방법

2.3.1 수요 기반 분석 과제 도출

다양한 조직에서는 업무 프로세스 효율화를 비롯하여 비용 절감, 생산성 향상, 의사결정 최
적화 등 다양한 비즈니스상의 이슈나 문제들에 직면해 있다. 이런 비즈니스상의 이슈에 대한
해결을 위하여 근본 원인을 파악하고, 이에 대한 가설적 해결 방안을 도출하게 된다. 특히 이슈
해결에 밀접한 근본적 원인에 대한 근거를 제시하고, 잠재적으로 도출된 해결 방안이 실제적으
로 실현될 수 있는지에 대한 가능성을 관련된 내·외부 데이터의 수집·가공·분석을 통하여 수
행하는 일련의 접근 방법을 '수요 기반 분석 과제 도출(demand-pull approach)'이라고 한다.

비즈니스상의 이슈나 문제들은 결국 해당 부서나 조직의 핵심 성과 지표(Key Performance
Indicators: KPI)의 수준을 바람직한 방향으로 강화시키거나 또는 부정적으로 악화시키는 요인
이다. 따라서 데이터 종류나 분석 기법에 문제 상황을 억지로 끼워 맞추는 것이 아니라 해결

해야 할 이슈나 문제를 먼저 정의하고, 이에 대한 원인 진단-연관된 해결 방안 도출이라는 일련의 시나리오를 수립하는 것이 선행되어야 할 것이다. 즉 선행적으로 문제 해결 시나리오를 먼저 정의하고, 이에 적합한 데이터 및 분석 기법을 찾아서 활용하게 된다. 이때 활용되는 데이터 및 분석 기법은 다양한 비즈니스상의 이슈나 문제에 대한 해결이 가능하도록 해주는 하나의 '실행 동인(enabler)'으로서의 역할을 담당한다.

2.3.2 데이터 주도 분석 과제 도출

전통적으로 비즈니스 운영 과정에서 발생하는 데이터들은 거래 처리 데이터 및 각종 실적 데이터 등과 같은 정형 데이터이다. 최근에는 다양한 멀티미디어 기반의 데이터 및 소셜 기반의 소셜 데이터, 센서와 위치 기반의 사물인터넷 등의 정형·비정형 데이터가 폭넓게 생성되고 있다. 이처럼 데이터의 종류 및 형태가 다양해지면서 이와 관련된 분석 기법도 고도화되고 있으며, 새로운 개념의 분석 알고리즘도 등장하고 있다. 또한, 이를 위한 데이터 분석 인프라도 속도, 용량 측면에서 충분한 성능을 보유하고 있어서 다양한 실험적인 시도를 해볼 수가 있다. 다양한 데이터 원천의 조합 및 통합적·시각화 분석을 통해 의미 있는 패턴을 파악하고, 이를 비즈니스상에 적용·활용했을 때 기존의 업무수행 방식에 대한 이해를 돕고, 새로운 시각에서 비즈니스 이슈나 문제에 대한 해결이 가능하도록 해주는 일련의 접근 방법을 '데이터 주도 분석 과제 도출(data-driven approach)'이라고 한다. 이슈나 문제 정의에서 출발한 데이터 분석은 사전에 정해진 시나리오에 입각한 정형화된 분석이 되지만, 데이터 주도형 분석은 다양한 유형 및 속성 정보를 가진 데이터들 간의 교차 분석 및 상호 연관성 분석 등을 통하여 해당 업무의 전통적인 전문가들이 고려조차 해본 적이 없는 다양한 내재적인 현상 및 파생 정보를 얻어낼 수 있다. 이처럼 특정한 이슈나 문제에 대한 선행적인 정의 없이 보유 중인 내·외부 데이터 및 다양한 분석 기법을 활용하는 방법은 데이터로 하여금 숨어 있는 패턴·정보·통찰을 추출함으로써 데이터가 비즈니스 변화를 리드한다는 점에서 '추진 동인(driver)'의 역할을 담당한다.

2.3.3 수요 기반 분석 과제와 데이터 주도 분석 과제의 관계

비즈니스 차원의 이슈나 문제에 대한 정의를 토대로 적정한 데이터 분석을 통해 해법을 찾아가는 수요 기반 분석 과제가 데이터 주도 분석 과제에 비해 일반적일 것이다. 실제로 비즈니스 현장에서는 당면한 핵심 성과 지표에 대한 모니터링 및 지속적인 달성을 위한 업무수행이 경영 활동의 대부분을 차지하므로 수요 기반 분석 과제에 비중을 두고 접근하는 것이 타당할 것이다. 반면에 대규모의 다양한 속성을 가진 데이터 자체가 보유하고 있는 가치에 대한 분석을 통하여 이를 역으로 업무수행 활동에 접목하도록 하는 데이터가 주도하는 분석 과제에 대한 기획도 병행함으로써 기존의 핵심 성과 지표에 얽매여 있던 제한적인 시각을 확대하는 노력도 필요하다. 결론적으로 분석 과제 기획을 위한 두 가지 측면의 접근 방법은 어느 한 방향으로의 단절적인 활동이 아니라 상호 연결고리를 가지고 있는 이중 순환고리 학습(double-loop learning)으로 조직 내에 자리 잡아야 할 것이다.

【참고문헌】

김경순, 「분석적 사고 방식과 성공 코드, 그리고 인재 육성」, 전자신문, 2014.4.10.

노규성, 「빅데이터 활용전략 실무(빅데이터 과제연구 사례)」, 구미시, 2014.

유정식, 『문제해결사』, 지형, 2011.

이언 에어즈(안진환 역), 『슈퍼크런처』, 북하우스, 2007.

장택원, 『사회조사 방법론』, 커뮤니케이션북스, 2012.

토머스 데이븐포트, 김진호, 『말로만 말고 숫자를 대봐』, 엠지엠티북스, 2013.

한국디지털정책학회 빅데이터전략연구회, 『경영 빅데이터 분석』, 광문각, 2015.

한국디지털정책학회 빅데이터전략연구회, 『NCS 기반 경영 빅데이터 분석』, 와우패스, 2018.

한국소프트웨어기술인협회 빅데이터전략연구소, 『빅데이터 개론』, 광문각, 2016.

Berry, M & G. Linoff, 『Data Mining Techniques』, 2nd Ed., Wiley, 2004.

Davenport, T., Competing on Analytics, Havard Business School Review, 98-107, Jan. 2006.

Hammer M., The Superefficient Company, Harvard Business Review, September, 2001.

Kalil, Tom, 『Big Data is a Big Deal』. White House. Retrieved 26 September 2012.

Kaplan, R. & D. Norton, Using the Balanced Scorecard as a Strategic Management System,
Harvard Business Review, July 2007.

McKinsey Global Institute, Big Data : The next frontier for innovation, competition, and productivity,
2011.

Parise, P, B. Iyer, and D. Vesset, Four Strategies to Capture and Create Value from Big
Data, Ivey Business, July, 2012.

Porter, M. & V. Miller, How information gives you competitive advantage, Harvard Business
Review, July 1985.

Roger L. Martin, Design of Business : Why Design Thinking Is the Next Competitive
Advantage, Harvard Business Press, 2009.

Simmon, Harber A., The New Science of Management Decision, Harper & Row, New York,
1960.

World Economic Forum 1, Big data, big impact : New possibilities for international development,
2012.

World Economic Forum 2, The top 10 emerging technologies for 2012, 2012.

www.naver.com

www.unglobalpulse.org

01. 데이터 분석 과제에 대한 설명 중 적합하지 않은 것은 무엇인가?

① 과제란 해결해야 할 문제나 이슈를 의미한다.

② 분석 과제는 분석 활동의 대상이 된다.

③ 문제는 기대 상태에 현재 상태의 차이라고 정의할 수 있다.

④ 데이터 분석은 기대 상태를 높이는 방향에서 문제를 해결하는 방법이다.

⑤ 문제가 해결된 상태는 문제의 크기가 '0'이 된 상태이다.

【해설】데이터 분석을 통해 기대 상태를 낮추거나 현재 상태를 높이거나, 또는 기대 상태와 현재 상태를 동시에 조절하는 방안에 관한 잠재적 원인 진단, 가설적 해결 방안을 수립하게 된다.

02. 위급 문제에 대한 설명 중 가장 관련성이 낮은 것은 무엇인가?

① 위급 문제는 조기에 해결하지 않으면 막대한 손실이 예상되는 문제이다.

② 위급 문제는 현재 처한 위급성을 빠르게 해소하기 위한 근본적 원인 진단을 먼저 해야 한다.

③ 위급 문제는 위급성이 해소된 상태와 위급성이 해소되지 않은 상태 간의 차이이다.

④ 위급 문제도 상황이 호전된 다음에 차분하게 원인을 규명하는 분석이 수반된다.

⑤ 위급 문제의 해결은 위급성이 해소된 상태와 위급성이 해소되지 않은 상태의 차이를 '0'으로 하는 것이다.

【해설】위급 문제는 어떤 원인으로 발생했는지를 파악하는 것이 의미가 없을 만큼 신속하게 문제 해결이 우선적으로 되어야 하는 특징을 가진 문제이다.

03. 설정형 문제에 대한 설명 중 적절하게 설명된 것은 무엇인가?

① 설정형 문제는 원래의 상태로 돌려놓은 것을 목적으로 한다.

② 설정형 문제는 현재 상태를 악화시킨 근본 원인에 대해 초점을 맞춘다.

③ 설정형 문제는 원래의 모습에서 벗어난 상태의 인지에서 시작된다.

④ 설정형 문제는 어쩔 수 없이 발생한 문제이다.

⑤ 설정형 문제는 의도적으로 설정한 문제이다.

【해설】설정형 문제는 현재 상태가 비교적 만족스러워 별다른 조치가 필요하지 않지만 기대 상태를 더 높게 설정하여 새로운 목표를 지향하도록 하는 목적을 가진다.

04. 수요 기반 분석 과제에 대한 설명 중 관련성이 낮은 것은 무엇인가?

① 선행적으로 문제 해결에 대한 시나리오를 먼저 정의한다.

② 활용되는 데이터는 문제 해결이 가능하도록 해주는 실행 동인으로 해야 할 역할을 한다.

③ 데이터 종류나 분석 기법에 문제 상황을 맞추도록 한다.

④ 비즈니스상의 이슈나 문제들의 해결 방안에 초점을 맞춘다.

⑤ 잠재적으로 도출된 해결 방안이 실제적으로 실현될 수 있는지의 가능성을 관련된 데이터의 수집/가동/분석을 통하여 분석한다.

【해설】수요 기반 분석 과제는 해결해야 할 문제를 먼저 정의하고 이에 적합한 데이터나 분석 기법을 활용하는 것이다.

05. 데이터 주도 분석 과제에 대한 설명 중 관련성이 낮은 것은 무엇인가?

① 특정한 이슈/문제에 대한 선행적인 정의를 토대로 데이터를 활용한다.

② 보유 중인 내/외부 데이터 속에 숨어 있는 패턴을 찾는 방법이다.

③ 데이터가 비즈니스 변화를 리드하는 추진 동인의 역할을 담당한다.

④ 다양한 데이터 원천의 조합 및 통합적/시각화 분석을 실험적으로 시도해 보는 것이다.

⑤ 데이터 분석을 통해 새로운 시각에서 비즈니스 이슈/문제에 대한 해결책이 가능하게 한다.

【해설】데이터 주도 분석 과제는 사전에 문제 정의를 하지 않고, 보유 중인 데이터나 최신의 분석 알고리즘을 통해 숨어 있는 정보를 파악하는 방법이다.

06. 다음 의사결정 과정 중 빅데이터 분석과 가장 관련성이 낮은 단계는 무엇인가?

① 문제 인식 단계   ② 타당성 검토 단계

③ 해결 대안 설계 단계   ④ 문제 정의 단계

⑤ 실행 단계

【해설】문제 인식과 문제 정의는 유사 개념이고, 실행 단계는 선택된 대안을 실제로 적용하는 단계로 빅데이터 분석과는 관계가 없다.

07. 빅데이터 분석 기회 발굴과 관계가 없는 것은 다음 중 무엇인가?

① 조직의 경쟁력을 높일 수 있는 기회를 제공한다.

② 비즈니스 도메인 지식이 필수적이다.

③ 정보 대시보드에도 사용이 가능하다.

④ 운영 데이터가 존재하는 영역에서만 기회 발굴이 가능하다.

⑤ 빅데이터는 조직 가치사슬의 가치를 높일 수 있다.

【해설】반드시 운영 데이터에 의존하여 기회가 발굴되는 것은 아니다.

08. 다음 글 상자의 괄호 안에 알맞은 용어는?

> 분석 과제 기획을 위한 두 가지 측면의 접근 방법은 어느 한 방향으로의 단절적인 활동이 아니라 상호 연결고리를 가지고 있는 (　　　)으로 조직 내에 자리 잡아야 한다.

① 실용 문제 학습   ② 위급 문제 학습

③ 데이터 주도 학습   ④ 수요 기반 학습

⑤ 이중 순환고리 학습

09. 현재 상태를 악화시킨 근본 원인에 대한 초점을 맞추며, 설정형 문제는 미래 지향적 관점에서 더 나은 대안적 해결 방안을 마련하는데 주안점을 두는 문제를 무엇이라고 하는가?

① 회복형 문제　　　　　② 설정형 문제

③ 위급 문제　　　　　　④ 비정형 문제

⑤ 실용 문제

10. 다음 글 상자의 괄호 안에 알맞은 용어는?

> 기대 상태와 현재 상태의 수준을 동일하게 맞추어서 문제의 크기를 (　)으로 만드는 과정으로 볼 수 있다. 즉 기대 상태를 낮추거나 현재 상태를 높여서, 또는 기대 상태와 현재 상태를 동시에 조절하는 방식을 통해서 문제의 크기를 줄일 수 있다.

①0　　　　②1　　　　③2　　　　④3　　　　⑤4

빅데이터분석/기법

CHAPTER 01 》 기초 통계

기초 통계의 이해는 통계 기본 개념의 명확한 설명과 이해를 통해, 어렵게만 보이던 통계를 이해할 수 있는 기초 과정으로 (1) 통계 분석의 이해, (2) 설문조사의 이해, (3) 변수와 측정, (4) 설문조사 및 집계 사례, (5) 평균, 분산 및 상관관계, (6) 회귀 분석 등을 다루고자 한다.

1.1 통계 분석의 이해

1.1.1 통계의 역사

통계(statistics)는 모아서 계산한다는 의미를 지니고 있다. 통계의 어원은 라틴어의 'status'(국가)이다. 따라서 통계는 역사적으로 국가나 정치와 밀접한 관계가 있었음을 알 수 있다. 즉 통계는 국가를 다스리기 위해 필요한 인구 및 경제 자료의 수집과 활동을 의미한다.

실제로 역사상 최초의 통계조사 기록은 기원전 13세기경(구약 민수기 1장) 유대인이 이집트에서 방랑 생활을 하다가 시나이반도에서 타 부족과의 싸움을 위한 전투 요원의 수를 가늠하고자 처음 모세가 유태인에 대한 인구조사를 실시하였다는 기록이 있다. 한반도에서 최초의 통계조사 기록은 고대 전한 시대에 대동강 유역에 자리 잡은 낙랑군이 25현으로 이루어졌고, 호수는 62,812호에 인구는 406,748명이라는 호구조사의 기록이 있다.

오늘날 통계학은 자료를 수집, 정리, 요약 및 분석하여 합리적인 의사결정을 내리는 방법론을 다루는 학문으로 설명되고 있다. 대표적인 통계치로는 GNP, 물가지수, 실업률, 일기예보, 선거 여론조사 결과, 소비자 만족도 등을 들 수 있다.

따라서 과거의 통계는 주로 전투의 승패를 결정하거나 국가를 통치하는 중요한 지표로 활용되었으나, 현재는 개인, 기업 및 국가의 경쟁력 판단하는 중요한 지료로 사용되고 있다. 또한, 통계는 각종 보고서나 논문을 작성하는데도 필수적인 도구로 자리 잡아가고 있다.

1.1.2 통계의 분야

통계학은 크게 기술통계학과 추측통계학으로 분류된다. 여기서 기술통계학(Descr-iptive Statistics)은 자료의 양이 너무 방대할 때 평균, 분산, 비율 등의 형태로 자료를 요약하는 방법을 다루는 학문을 말한다. 반면에 추측통계학(Inferential Stati-stics)은 실제로 관측한 표본을 이용하여 불확실한 모집단의 특성을 추론하는 방법을 다루는 학문을 말한다.

여기서 모집단(Population, Universe)은 연구 대상이 되는 모든 가능한 관측값의 집합을 말하며, 연구 대상의 전체, 우주 등의 의미로도 사용된다. 그리고 표본(Sample)은 모집단에서 추출된 관측값의 집합으로 모집단의 일부를 의미한다.

1.1.3 통계 패키지의 종류

오늘날과 같은 정보화 시대에 개인, 기업, 국가에서 생산되는 통계자료는 그 종류나 규모가 너무 방대하여 사람의 손으로 그 많은 자료를 작업한다는 것을 거의 불가능에 가깝다.

이러한 문제점을 해결하기 위한 수단이 바로 컴퓨터이다. 즉 컴퓨터를 활용하여 방대한 자료를 손쉽게 처리를 할 수 있다. 컴퓨터를 활용하여 방대한 자료를 처리하는 대표적인 통계처리 프로그램은 SAS, SPSS, MINITAB, GAUSS, EXCEL, LISREL, AMOS, Frontier Analyst 등이 있다.

이중에서 일반적으로 많이 사용되는 통계 프로그램은 SAS와 SPSS이다. 참고로 SAS는 범용이나 고가이며, 대규모 프로젝트에서 많이 활용되며, SPSS는 사회과학 분석 전용으로 개발되었으나 상대적으로 저가이다. LISREL, AMOS, Frontier Analyst 등은 보편적인 프로그램이라기보다는 특수 분석용 프로그램이다.

1.2 설문조사의 이해

1.2.1 설문조사의 개념

통계청, 한국은행 등에서 발간되는 대부분의 통계는 설문조사를 통해 자료가 수집된다. 국내 가장 대표적이고도 광범위한 통계조사 중의 하나는 통계청에서 시행되는 5년마다 시행되는 인구 센서스 조사를 들 수 있다.

설문조사는 구조화된 종이 질문지뿐만 아니라 E-Mail, 전화, 인터뷰 등의 방법을 활용하여 다른 사람의 의견이나 감각을 수집하는 방법을 말한다.

설문조사는 학문 영역별로 사회학에서는 사회여론조사, 경영학에서는 시장조사 혹은 마케팅 조사, 경제학에서는 산업조사, 의학에서는 역학조사 등으로 이루어지고 있다.

설문조사를 추진하기 전 체크리스트를 요약하면 다음과 같다.

① 무엇을 조사할 것인가?

② 어떤 내용을 조사할 것인가?

③ 누구에게 조사할 것인가?

④ 몇 명에게 질문할 것인가?

⑤ 언제 조사할 깃인기?

⑥ 어떻게 조사할 것인가?

⑦ 어떻게 정리해서, 누구에게 보고할 것인가?

⑧ 예산은 얼마나 있는가?

설문조사의 추진은 통상적으로 (1) 계획의 입안, (2) 준비와 실시, (3) 집계와 분석, (4) 보고와 활용 순으로 진행된다.

1.2.2 설문지의 종류

설문조사에서 질문지의 종류는 크게 개방형 질문지와 고정형 질문지로 구분된다.

개방형 질문은 자유 응답형 질문으로 응답자가 자유스럽게 생각나는 답변을 하도록 하는 질문하는 방식을 말한다.

【사례】 귀하의 업무 내용을 요약하시오.

고정형 질문은 다시 다지 선다형과 양자 택일형 질문으로 구분된다. 다지 선다형 질문은 응답 대안을 다수 제시하여 그중 한 개 혹은 복수를 선택하도록 하는 질문 방식을 말한다.

【사례】 귀하가 가장 최근에 이용한 주유소는 어느 회사의 주유소입니까?

① GS 칼텍스　　　　　　　② SK 주유소
③ S-Oil　　　　　　　　　④ 오일뱅크
⑤ 기타 (　　)　　　　　　　⑥ 모르겠다.

그리고 양자 택일형 질문은 응답 대안이 두 개만 제시되는 질문 방식을 말한다.

【사례】 A 주유소를 이용하신 이유는 가격이 싸기 때문입니까?

① 예　　　　　　　　　　② 아니오

1.2.3 설문 작성 시 주의사항

통상적으로 설문지를 작성할 때 설문 의뢰자는 많은 질문을 하고 싶은 욕심을 가지게 된다. 그러나 그러한 욕심은 설문조사 실패의 지름길이 될 수 있다. 따라서 설문지를 작성할 때는 반드시 다음과 같은 사항을 고려하여 신중하게 설문을 작성할 필요성이 있다.

질문 항목 결정 시 3대 고려 사항은 다음과 같이 정의할 수 있다.
① 반드시 필요한 내용인가?
② 응답자가 응답할 수 있는 질문인가?
③ 응답자가 그 정보를 제공하여 줄 것인가?

질문 항목 결정 시 3대 고려 사항을 충분히 고민한 다음 최종적으로 설문지를 마무리하기 위한 고려 사항은 다음과 같이 요약할 수 있다.
① 질문은 단순하고 쉬운 내용부터 시작한다.

② 그리고 질문은 응답자의 흥미를 쉽게 유발시킬 수 있는 질문부터 시작한다.

③ 민감한 질문은 설문지의 끝부분에 위치시킨다.

④ 질문은 항목 간의 관계를 고려하여 논리적으로 연결되도록 한다.

⑤ 질문 내용은 범위가 넓은 것에서부터 점차 좁아지도록 배열한다.

⑥ 질문 내용이 바뀔 때는 다음 페이지로 넘긴다.

⑦ 응답에 따라 다음 질문이 달라질 경우에는 이를 명확하게 표시한다.

⑧ 질문에는 명확한 의미의 단어를 선택한다.

⑨ 응답 항목 간 질문이 중복되지 않도록 한다.

⑩ 유도질문을 해서는 안 된다.

1.3 변수와 측정

1.3.1 변수

변수(Variable)는 가변적인 요인이면서 동시에 여러 가지 값으로 변할 수 있는 수를 의미한다.

대표적인 변수의 유형으로는 독립변수와 종속변수를 들 수 있다. 독립변수는 원인이 되는 변수 혹은 영향을 미치는 변수를 말하며, 종속변수는 결과가 되는 변수 혹은 영향을 받는 변수를 말한다.

독립변수와 종속변수를 간단한 방정식으로 설명하면 다음과 같다.

$$Y = a + bX \text{ ·· (1-1)}$$

Y : 종속변수

X : 독립변수

a, b : 모수

(1-1) 식에서 X를 독립변수라 하고, Y를 종속변수라 하며, a와 b를 모수라고 한다.

통계학에서 또 다른 변수의 유형은 이산형 변수와 연속형 변수를 들 수 있다. 이산형 변수는 무한대로 세분화가 불가능한 값을 가진 변수를 말하며, 대표적인 이산형 변수의 예로는 성별, 종교, 지역, 학력 등의 변수를 들 수 있다. 연속형 변수는 무한대로 세분화 가능한 값을 가진 변수를 말하며, 대표적인 연속형 변수 예로는 매출액, 영업이익, 원가, 몸무게, 키, 온도 등의 변수를 들 수 있다.

이외에도 변수의 종류로는 통제변수, 매개변수 등 무수히 다양한 관점에서 구분할 수 있다.

1.3.2 척도

척도(Scale)는 자로 재는 길이의 표준 혹은 평가하거나 측정할 때 의거할 기준을 말한다.

통계학에서 척도의 유형은 (1) 명목척도, (2) 서열척도, (3) 등간측도, (4) 비율척도로 구분된다. 참고로 통계학에서 모든 통계자료는 (1) 명목척도, (2) 서열척도, (3) 등간측도, (4) 비율척도 중에 하나의 척도에 포함된다.

먼저, 명목척도(Nominal Scale)는 상징적인 의미를 숫자로 부여해 분류하는데 사용되는 척도를 말한다. 따라서 명목척도는 0이라는 개념이 없으며, 척도 간에 덧셈과 뺄셈이 불가능하며, 비교도 불가능하다. 대표적인 명목척도의 사례는 성별(1. 남, 2. 여), 지역(1. 수도권, 2. 비수도권) 등을 들 수 있다.

둘째, 서열척도(Ordinal Scale)는 측정 대상들의 우열 관계를 특징짓는 척도를 말한다. 즉 서열척도는 순위만 유지되면 수치를 변환해도 문제가 없다. 따라서 서열척도는 0이라는 개념이 없으며, 척도 간에 덧셈과 뺄셈이 불가능하며, 비교만 가능하다. 대표적인 서열척도의 사례는 학급 석차(1. 1등 99점, 2. 2등 95점…, 60. 60등 6점), 올림픽 메달 순위(1. 금메달, 2. 은메달, 3. 동메달) 등을 들 수 있다.

등간척도(Interval Scale)는 측정치의 차이가 동일한 간격을 가지는 척도를 말한다. 따라서 등간척도는 절대 0의 개념이 없으며, 덧셈과 뺄셈이 가능하고, 평균 계산도 가능하다. 대표적인 등간척도의 사례는 온도(1. 월 23도, 2. 화 24도, 3, 수 25도) 등을 들 수 있다.

비율척도(Ratio Scale)는 비율 분석이 가능한 척도를 말한다. 따라서 비율척도는 절대 0의 개념이 있으며 덧셈, 뺄셈, 곱셈, 나눗셈이 가능하다. 대표적인 비율척도의 사례는 무게, 길이, 나이, 가격, 시장점유율, 매출액, 수출액 등을 들 수 있다.

【표 1-1】 척도의 비교

구분	척도의 유형	동일성 (= ≠)	순서성 (< >)	가법성 (+ -)	등비성 (× ÷)	비고 (예시)
질적 척도	명목척도	O				• 남, 여 • 수도권, 비수도권
	서열척도	O	O			• 1등, 2등, 3등
양적 척도	등간척도	O	O			• 온도
	비율척도	O	O	O	O	• 무게, 길이, 가격

1.4 설문조사 결과의 집계

1.4.1 설문지 및 조사 결과

A 통신사 스마트폰을 이용하는 시민 20명을 대상으로 무작위 설문조사를 실시한 결과 다음과 같은 결과를 얻었다고 가정하자.

【설문지 사례】

【문제 1】 성별은 무엇입니까?

　① 남　　　　　　　　　　② 여

【문제 2】 귀하가 소유하고 있는 스마트폰 색은 무엇입니까?

　① 흰색　　　　　　　　　② 검은색
　③ 붉은색　　　　　　　　④ 청색

【문제 3】 귀하의 연령대는 어떻게 되십니까?

　① 20대　　　　　　　　　② 30대
　③ 40대　　　　　　　　　④ 50대

【문제 4】 스마트폰을 구입하게 된 경로는 무엇입니까?

　① TV 광고　　　　　　　② 지인 추천
　③ 개인 의지　　　　　　　④ 기타

【문제 5】 상품에 대한 만족도는 어느 정도입니까?

　① 매우 만족　　　　　　　② 만족
　③ 보통　　　　　　　　　④ 불만
　⑤ 매우 불만

【설문 결과】

연번	문 1	문 2	문 13	문 4	문 5
1	2	2	1	2	3
2	1	2	2	1	4
3	1	3	1	2	3
4	2	1	3	3	2
5	2	4	2	4	5
6	2	4	1	2	4
7	1	3	3	3	3
8	1	2	4	2	1
9	1	3	3	2	2
10	1	4	1	3	5
11	1	1	1	4	4
12	1	3	2	1	3
13	2	2	1	1	4
14	2	3	4	1	5
15	1	1	3	2	3
16	2	1	1	4	2
17	2	3	3	1	3
18	1	4	2	2	2
19	1	2	1	1	1
20	2	3	1	2	3

1.4.2 집계 결과 및 해석

설문조사 결과 집계 및 해석은 다음과 같이 할 수 있다.

【설문지 사례】

【문제 1】성별

구분	빈도	퍼센트
남자	11	55.0
여자	9	45.0
합계	20	100.0

A 통신사 스마트폰를 사용하는 고객은 남성이 55%, 여성이 45%인 것으로 나타났다.

【설문지 사례】

【문제 2】스마트폰 색

구분	빈도	퍼센트
흰색	4	20.0
검은색	5	25.0
붉은색	7	35.0
청색	4	20.0
합계	20	100.0

A 통신사 스마트폰를 사용하는 고객은 붉은색 스마트폰을 35%로 가장 많이 소유하고, 다음은 검은색이 25%, 흰색과 검은색은 각각 20%씩 소유하고 있는 것으로 나타났다.

【설문지 사례】

【문제 3】연령대

구분	빈도	퍼센트
20대	9	45.0
30대	4	20.0
40대	5	25.0

50대	2	10.0
합계	20	100.0

A 통신사 스마트폰를 사용하는 고객은 20대가 45%로 가장 많으며, 다음은 40대가 25%, 30대가 20%, 50대가 10% 순인 것으로 나타났다.

【설문지 사례】

【문제 4】 스마트폰 구매 경로

구분	빈도	퍼센트
TV 광고	6	30.0
지인 소개	8	40.0
개인 의지	3	15.0
기타	3	15.0
합계	20	100.0

A 통신사 스마트폰 구입 구매 경로는 지인 소개 40%로 가장 많은 비중을 차지하고, 다음은 TV 광고가 30%, 개인 의지 및 기타가 각각 15%씩 차지하는 것으로 나타났다.

【설문지 사례】

【문제 5】 상품 만족도

구분	빈도	퍼센트
매우 만족	2	10.0
만족	4	20.0
보통	7	35.0
불만	4	20.0
매우 불만	3	15.0
합계	20	100.0

A 통신사 스마트폰 사용 만족도는 보통이 35%로 가장 많았고, 다음은 만족과 불만이 각각 20%, 매우 불만이 15%, 매우 만족이 10% 순으로 나타났다.

조사 결과, A 통신사 스마트폰 사용 만족도는 크게 높지 않으며, 판매는 광고보다 지인 소개가 많고, 연령대는 30대가 가장 많이 구매하고 있으며, 색상은 붉은색을 가장 많이 선호하고 성별로는 여성보다 남성이 조금 더 많이 이용하는 것으로 나타났다.

따라서 A 통신사 사장은 스마트폰 판매량을 늘이기 위해서는 30대 남성을 중심으로 지인 소개 방법을 통해 붉은색 스마트폰 판매에 신경을 많이 써야 할 것이다.

결국 단순한 설문을 통해 가장 기초적인 집계라는 통계를 활용했지만 통계는 A 통신사 사장이 기업의 매출이라는 성과를 높이기 위해서 어떤 전략을 세워야 하는지에 대한 가이드라인을 제시하는 중요한 역할을 하고 있음을 시사하고 있다.

1.5 평균, 분산 및 상관관계

1.5.1 평균

평균(mean)은 모집단이 지니고 있는 양적 구조의 특성치인 대표치를 나타낸다. 평균의 계산식은 다음과 같다.

$$\bar{x} = \frac{1}{n}(x_1 + x_2 + \ldots + x_n)$$

$$= \frac{1}{n}\sum_{i=1}^{n} x_i$$

x_i: i번째 관찰치

평균의 성질은 다음과 같다.

① 평균의 크기는 변수의 크기와 빈도 수에 의존한다.

② 평균 개개의 변숫값은 모르더라도 총계와 빈도 수만으로 평균을 계산할 수 있다.

③ 반대로 평균과 빈도 수만 알면 총계를 알 수 있다.

④ 평균은 변수들 중에서 극히 큰 값 혹은 작은 값에 의해 크게 영향을 받는다.

【사례】한국대학교 경영학과 홍길동 군이 중간고사에서 경영학원론 95점, 경영정보학 90점, 영어 85점을 받았을 때, 홍길동 군의 중간고사 평균 성적을 구하라.

【해답】
$$\overline{x} = \frac{1}{n}(x_1 + x_2 + x_3)$$
$$= \frac{1}{3}(95 + 90 + 85)$$
$$= \frac{270}{3}$$
$$= 90$$

1.5.2 분산

분산(Variance)은 평균을 중심으로 흩어진 정도를 말한다. 통상적으로 분산은 적을수록 좋다. 분산을 계산하는 식은 다음과 같다.

$$s^2 = \frac{1}{(n-1)}[(x_1 - \overline{x})^2 + (x_1 - \overline{x})^2 + \ldots + (x_1 - \overline{x})^2]$$
$$= \frac{1}{(n-1)}\sum_{i=1}^{n}(x_i - \overline{x})^2$$

x_i: 관찰치

$\overline{x}$: 평균치

$(n-1)$: 자유도

【사례】한국대학교 경영학과 홍길동 군이 중간고사에서 경영학원론 95점, 경영정보학
90점, 영어 85점을 받았을 때, 홍길동 군의 중간고사 성적의 분산을 구하라.

$$【해답】s^2 = \frac{1}{(3-1)}[(95-90)^2 + (90-90)^2 + (90-85)^2]$$

$$= \frac{1}{(3-1)}(25+0+25)$$

$$= 25$$

1.5.3 상관관계

상관관계는(corelation coefficient)은 두 변수 간에 맺고 있는 관계의 밀접도 또는 두 변수 간의 긴밀도를 말한다. 통상적으로 상관관계는 클수록 좋다. 상관관계를 계산하는 식은 다음과 같다.

$$r = \frac{\sum_{i=1}^{n} x_i y_i}{\sqrt{\sum_{i=1}^{n} x_i \sum_{i=1}^{n} y_i}}$$

$$= \frac{s_x s_y}{s_x^2 s_y^2}$$

$x : x$변수

$y : y$변수

$s_x^2 : x$변수의 분산

$s_y^2 : y$변수의 분산

$s_x s_y : x$변수와 y변수의 공분산

상관계수의 성질은 다음과 같다.

① 상관계수의 범위는 -1= rxy =1이다.

② rxy =0이면, X 와 Y 는 각각 독립이고, 상관관계가 전혀 없다.

③ rxy =1이면, X 와 Y 는 각각 종속이고, 완전한 상관관계에 있다.

【사례】 X =1, 2, 2, 4, 6이고, Y 가 9, 9, 2, 1, 4일 때, X 와 Y 의 두 변수 간 상관계수를 구하라.

【해답】
$$s_x^2 = \frac{1}{(n-1)}[\sum_{i=1}^{n}(x_i - \overline{x})\,]$$
$$= \frac{1}{(5-1)}[(1-3)^2 + (2-3)^2 + (2-3)^2 + (4-3)^2 + (6-3)^2]$$
$$= \frac{1}{(5-1)}[16]$$
$$= 4$$

$$s_y^2 = 14.5$$

$$s_{xy} = \frac{1}{(n-1)}[\sum_{i=1}^{n}(x_i - \overline{x})(y_i - \overline{y})^2]$$
$$= \frac{1}{(5-1)}[(1-3)(9-5) + (2-3)(9-5) + (2-3)(2-5)$$
$$+ (4-3)(1-5) + (6-3)(4-5)]$$
$$= \frac{1}{(5-1)}[-16]$$
$$= -4$$

$$r = \frac{s_x s_y}{s_x^2 s_y^2}$$
$$= \frac{-4}{\sqrt{4 \times 14.5}}$$
$$= -0.525$$

1.6 회귀분석

1.6.1 단순 회귀분석

회귀분석(regression analysis)은 경제경영변수 간의 원인과 결과 간의 인과관계를 설명하는 분석 방법이다. 회귀분석에서 회귀계수의 추정 방법은 통상적으로 최소자승법, 최우도법, 베이지안법, 적률법 등이 있다. 이 중에서 가장 많이 활용되는 회귀계수 추정 방법은 최소자승법이다. 최소자승법은 잔차의 자승합을 최소화하는 방법으로 회귀계수를 추정하는 방법이다.

단순회귀모형은 독립변수가 1개만 존재하는 모형을 말하며, 방정식으로는 다음과 같이 표시할 수 있다.

$$Y_i = a + b\,X_i + u_i$$

Y_i : 종속변수
X_i : 독립변수
a, b : 회귀계수

통상적으로 단순 회귀분석의 목적은 회귀계수 a와 b를 추정하는 데 있다.

【사례】 서울시 강남구 지역 주민 10명을 대상으로 월급, 월 지출, 재산을 설문조사한 결과 다음과 같았다. 월 지출을 종속변수로 하고, 월급을 독립변수로하여 월급이 월지출에 영향을 미치는지를 단순 회귀분석하라.

구분	월지출(만 원)	월급(만 원)	재산(만 원)
1	50	82	1,600
2	53	85	1,620
3	60	88	1,660

4	61	90	1,700
5	65	95	1,750
6	68	98	1,770
7	70	101	1,810
8	72	105	1,820
9	72	108	1,850
10	75	112	1,880

【해답】 회귀분석 결과

모형	비표준화 계수		표준화 계수	t	유의확률
	β	표준오차	베타		
(상수)	-12.986	7.145		-1.817	.107
월급	.805	.074	.968	10.912	.000

a. 종속변수 : 월 지출

회귀분석 결과 추정된 회귀식은 다음과 같이 표시할 수 있다.

$$Y_i = -12.986 + 0.805\,X_i$$
$$(-1.817)(10.912)$$

이와 같이 산정된 회귀모형에 포함된 회귀계수 a 및 b 값을 어느 정도 신뢰할 수 있는지에 대한 확인 절차가 필요하다.

참고로 통계학에서 통계 결과치에 대한 검정은 t-검정, F-검정, x^2 검정 3가지가 있다. 이 중에서 t-검정과 F-검정은 비율척도 자료에 적용되며, x^2 검정은 명목척도 자료에 적용된다. 그리고 t-검정은 2집단 간의 비교에 적용되며, F-검정은 3집단 이상 간의 비교에 적용된다.

따라서 회귀계수 b 에 대한 통계적 검정은 t-검정을 따른다. 즉 회귀분석 결과 추정된 월급에 해당하는 회귀계수 b 에 대한 통계적 검정은 t-검정을 통해 다음과 같은 절차를 통해 확인할 수 있다.

첫째, 가설을 설정하는 것이다. 즉 월급 X_{1i} 독립변수는 월지출 Y_i 종속변수에 영향을 미칠 것이다.

둘째, 가설검정 기준치 t값을 설정하는 것이다. 즉 신뢰수준 95%에서 자유도(n-1)값은 2.262이다.[1]

셋째, 서울시 강남구 지역 주민 10명을 대상으로 월급과 월지출 설문 자료를 토대로 SAS, SPSS 혹은 공개 소프트웨어 R을 활용하여 계산한 t값은 위의 회귀분석 결과표에서와 같이 10.912이다.[2]

넷째, 마지막으로 가설검정 기준치 t값과 산정된 t값을 비교하는 것이다. 즉 산정된 t값 10.912가 기준치 t값 2.262보다 크기 때문에 월급 X_{1i} 독립변수는 월지출 Y_i 종속변수에 영향을 미치는 것으로 해석할 수 있다. 만약 반대로 산정된 t값이 기준치 t값보다 적게 되면 월급 X_{1i} 독립변수는 월 지출 Y_i 종속변수에 영향을 미치지 않는 것으로 해석해야만 한다.

1.6.2 다중 회귀분석

다중 회귀분석(multiple regression analysis)은 2개 이상의 설명변수(독립변수)가 피설명변수(종속변수)에 미치는 영향 관계를 분석하는 기법을 말한다. 2개의 독립변수로 이루어진 다중회귀모형을 방정식으로 나타내면 다음과 같다.

$Y_i = a + b X_{1i} + c X_{2i} + u_i$

Y_i : 종속변수

---

[1] 대부분의 통계학 책은 부록에 t-분포표를 수록하고 있다. 따라서 시중에 유통되는 통계학 책 부록에서 확인할 수 있다.

[2] 산정된 t값 10.912는 컴퓨터를 통해 계산된 값이다.

X_{1i} : 첫 번째 독립변수

X_{2i} : 두 번째 독립변수

a, b, c: 회귀계수

다중 회귀분석의 목적 역시 회귀계수 a, b 및 c를 추정하는 데 있다.

【사례】전국 연도별 15세 이상 생산가능인구, 경제활동인구, 취업자 수 자료를 활용하여 취업자 수를 종속변수로 하고, 독립변수를 15세 이상 인구와 경제활동인구로 하여 독립변수인 15세 이상 인구와 경제활동인구가 취업자 수에 미치는 영향 관계를 다중 회귀분석하라.

구분	취업자(천명)	15세 이상 인구(천명)	경제활동인구(천명)
2002년	22,169	36,963	22,921
2003년	22,139	37,340	22,957
2004년	22,557	37,717	23,417
2005년	22,856	38,300	23,743
2006년	23,151	38,762	23,978
2007년	23,433	39,170	24,216
2008년	23,577	39,598	24,347
2009년	23,506	40,092	24,394

(자료 : 통계청)

【해답】회귀분석 결과

모형	비표준화 계수		표준화 계수	t	유의확률
	β	표준오차	베타		
(상수)	-606.948	1021.456		-.594	.578
15세 이상 인구	-.039	.097	-.075	-.406	.701
경제활동인구	1.055	.181	1.069	5.813	.002

a. 종속변수 : 취업자 수

회귀분석 결과 추정된 회귀식은 다음과 같이 표시할 수 있다.

$$Y_i = -606.948 - 0.039\,X_{1i} + 1.055\,X_{2i}$$
$$(-0.594)\ (-0.406)\quad (5.813)$$

이와 같이 산정된 다중회귀모형에 포함된 회귀계수 a, b 및 c 값이 어느 정도 믿을 수 있는지에 대한 확인 절차가 필요하다.

다중 회귀분석 결과 추정된 상수 a, 15세 이상 인구 회귀계수 b, 경제활동인구 회귀계수 c 중에서 지면 관계상 경제활동인구에 해당하는 회귀계수 c 에 대한 t-검정만 살펴보고자 한다.

재산에 대한 t-검정은 다음과 같은 절차를 통해 확인할 수 있다.

첫째, 가설을 설정하는 것이다. 즉 경제활동인구 x_{2i} 독립변수는 취업자 수 Y_i 종속변수에 영향을 미칠 것이다.

둘째, 가설검정 기준치 t 값을 설정하는 것이다. 즉 신뢰수준 95%에서 자유도$(n-1)$값은 2.365이다.[3]

셋째, 통계청 연도별 전국 15세 이상 인구, 경제활동인구, 취업자 수 자료를 토대로 SAS, SPSS 혹은 공개 소프트웨어 R을 활용하여 계산한 t 값은 위의 회귀분석 결과표에서와 같이 5.813이다.[4]

넷째, 마지막으로 가설검정 기준치 t 값과 산정된 t 값을 비교하는 것이다. 즉 산정된 t 값 5.813은 기준치 t 값 2.365보다 크기 때문에 경제활동인구 x_{2i} 독립변수는 취업자 수 Y_i 종속변수에 영향을 미치는 것으로 해석할 수 있다.

---

3) 대부분의 통계학 책은 부록에 t-분포표를 수록하고 있다. 따라서 시중에 유통되는 통계학 책 부록에서 확인할 수 있다.
4) 산정된 t 값 5.813은 컴퓨터를 통해 계산된 값이다.

【참고문헌】

노형진, 정한열, 『PASW 통계분석입문』, 한올출판사, 2010.
이학식, 임지훈, 『SPSS 14.0 매뉴얼』, 법문사, 2010.

01. 다음 중 기술 통계에 해당하는 것은?

① 평균   ② 추정

③ 가설검정   ④ 회귀분석

⑤ 시계열 분석

【해설】 추정, 가설검정, 회귀분석 등은 추론 통계에 해당한다.

02. 설문 항목 결정 시 주의사항과 거리가 먼 것은?

① 반드시 필요한 내용인가?

② 응답자가 답변할 수 있는 내용인가?

③ 답변자가 그 응답 내용을 제공해 줄 것인가?

④ 질문은 명확한 의미의 단어를 사용했는가?

⑤ 유도질문을 할 수 있는 내용인가?

【해설】 설문에서 유도질문을 해서는 안 된다.

03. 응답의 대안을 다수 제시하여 그중 한 개 혹은 복수를 선택하도록 하는 설문 방식을 무엇이라고 하는가?

① 자유 응답형   ② 다지 선택형

③ 양자 택일형   ④ 개방형 질문

⑤ 대안형 질문

【해설】 다지 선택형은 여러 개의 응답 가능한 항목 중 하나를 택일하는 질문 형태이다.

04. 다음 중 등간척도에 해당하는 자료는?

① 몸무게   ② 불량률

③ 온도   ④ 성적

⑤ 매출액

【해설】 등간척도 자료는 상대적 크기를 나타내는 것으로 절대 영점이 없다.

해답 01. ①   02. ⑤   03. ②   04. ③

05. 다음 중 사칙연산인 곱셈, 뺄셈, 덧셈, 나눗셈이 모두 가능한 척도는?

① 평균척도

② 서열척도

③ 등간척도

④ 비율척도

⑤ 명목척도

【해설】비율척도는 사칙연산이 모두 가능한 척도이다.

06. 분산에 대하여 가장 잘 설명한 것은?

① 최댓값과 최솟값의 차이

② 평균에 대한 변동의 상대석인 산포도를 나타내는 값

③ 관찰값들이 평균으로부터 얼마나 떨어져 있는지를 나타내는 값

④ 관찰값들과 평균의 차의 절댓값 평균

⑤ 관찰치들의 중심값

【해설】분산은 관찰값들이 평균으로부터 얼마나 떨어져 있는지를 나타내는 값이다.

07. 다음 중 상관계수의 성질과 가장 거리가 먼 것은?

① 상관계수의 범위는 $-1 = rxy = 1$ 임

② 상관계수 $rxy = 0$ 이면, X 와 Y 는 각각 독립이고, 상관관계가 전혀 없음

③ 상관계수 $rxy = 1$ 이면, X 와 Y 는 각각 종속이고, 완전한 양의 상관관계에 있음

④ 상관계수 $rxy = -1$ 이면, X 와 Y 는 각각 종속이고, 완전한 음의 상관관계에 있음

⑤ 상관계수 $rxy = -1$ 이면, X 와 Y 는 각각 독립이고, 상관관계가 없음

【해설】상관계수 $rxy = 1$, 혹은 $rxy = -1$ 이면, X 와 Y 는 각각 종속이고, 완전한 상관관계에 있다.

08. 회귀식에 포함된 개별 독립변수의 설명력 여부를 확인하는데 가장 적합한 검정 방법은?

① x^2 − 검정   ② t − 검정

③ F − 검정   ④ 더빈−왓슨 검정

⑤ $H - S$ 검정

【해설】개별 회귀계수의 신뢰도 검정은 t-검정을 따른다.

09. 다음 중 다중회귀분석의 개념을 가장 잘 설명한 것은?

① 단일변수의 독립변수와 단일의 종속변수 간의 관계를 설명하는 회귀식

② 2개 이상의 독립변수와 단일의 종속변수 간의 관계를 설명하는 회귀식

③ 단일변수의 독립변수와 2개 이상의 종속변수 간의 관계를 설명하는 회귀식

④ 2개 이상의 독립변수와 2개 이상의 종속변수 간의 관계를 설명하는 회귀식

⑤ 자기변수의 과거 관찰치로만 구성된 자료

【해설】다중회귀분석은 2개 이상의 독립변수를 포함하는 분석 방법이다.

10. $Y_i = a + bX_i + u_i$ 식에서 b는 다음 중 무엇이라고 부르는가?

① 독립변수   ② 종속변수

③ 회귀계수   ④ 상관계수

⑤ 팽창계수

【해설】회귀모형에서 X_i는 독립변수, Y_i는 종속변수, a, b는 회귀계수라고 한다.

CHAPTER 02 》》 고급 통계

 고급 통계의 이해는 제1장 기초 통계를 이해한 다음, 실무적으로 응용할 수 있는 고급과 정으로 (1) 시계열 분석, (2) 요인 분석, (3) 다차원 척도법, (4) 통계적 검정 등을 학습하고자 한다.

2.1 시계열 분석

 통계학에서 시계열이란 시간의 순서로 배열된 통계 숫자로서 현상의 시간적 변화를 나타내는 관찰자료를 시계열이라고 한다. 시계열 분석의 목적은 통계의 계열을 구성하는 통계의 시간적 변화를 몇 가지 변동 요소로 분해하여 계열 변화의 구조를 이해 및 고찰하는 데 있다. 이러한 시계열의 시간적 변동을 설명하는 요소는 크게 (1) 추세변동, (2) 순환변동, (3) 계절변동, (4) 불규칙변동으로 구분할 수 있다.

 먼저, 추세변동은 장기에 걸친 연속적 규칙적인 변화로써 여러 가지 현상의 구조적인 변동 또는 비교적 장기에 걸친 발전 경향과 관련되는 변동을 말한다.

둘째, 순환변동은 경기변동과 같이 주기가 짧게는 몇 개월에서 길게는 수십 년에 걸친 상하변동을 말한다.

셋째, 계절변동은 주기가 1년, 6개월, 3개월, 1개월 등으로 반복되는 상하변동을 말한다.

넷째, 불규칙변동은 천재지변 등으로 예측하지 못하거나 원인 불명에 의해 일어나는 변동을 말한다. 즉 추세변동, 순환변동, 계절변동에서 설명되지 않는 나머지 변동을 말한다.

시계열의 변동 요소 분석을 위한 이론 모형은 가법모형과 승법모형이 있다.

먼저, 가법모형은 (2-1) 식과 표시할 수 있다.

$$Y = T + C + S + I \quad\text{······························(2-1)}$$

Y: 전체변동, T: 추세변동, C: 순환변동, S: 계절변동, I: 불규칙변동

그리고 승법모형은 (2-2) 식과 같이 표시할 수 있다.

$$Y = T \cdot C \cdot S \cdot I \quad\text{······························(2-2)}$$

(2-1) 식과 (2-2) 식은 모두 추세변동이 근간이 되고, 다른 변동들은 추세변동에 가법적 또는 승법적으로 연계되어져 있다.

여기서는 지면 관계상 시계열 승법모형의 분해에 대해서만 살펴보고자 한다.

【사례】한국철강공장의 2010년부터 2014년까지 분기별 매출액이【표 2−1】의 매출액 다음과 같다고 가정했을 때, 시계열 승법모형에 의거 각종 변동 요인을 분해하라.

【사례】에서 한국철강공장의 분기별 매출액을 승법모형에 의거 각종 변동 요인을 분해한 결과는 다음과 같다.

【표 2-1】 시계열 승법모형에 의한 각종 변동 요인의 분해 결과

연도	분기	매출액(Y)	추세 변동(T)	계절 변동(S)	순환 변동(C)	불규칙 변동(I)	$Y=T \cdot S \cdot C \cdot I$
2010년	1	353.90	385.60	0.9277			
	2	392.60	391.33	1.0134			
	3	397.70	397.06	1.0023	0.9929	1.0065	397.70
	4	430.40	402.79	1.0566	1.0002	1.0111	430.40
2011년	1	391.50	408.52	0.9277	1.0146	1.0182	391.50
	2	427.80	414.25	1.0134	1.0211	0.9980	427.80
	3	421.30	419.98	1.0023	1.0177	0.9835	421.30
	4	454.30	425.71	1.0566	1.0100	1.0000	454.30
2012년	1	404.60	431.44	0.9277	1.0072	1.0036	404.60
	2	448.70	437.17	1.0134	1.0112	1.0016	448.70
	3	450.30	442.90	1.0023	1.0127	1.0017	450.30
	4	474.20	448.63	1.0566	1.0092	0.9912	474.20
2013년	1	419.20	454.36	0.9277	1.0031	0.9915	419.20
	2	461.70	460.09	1.0134	0.9950	0.9952	461.70
	3	469.10	465.82	1.0023	0.9965	1.0083	469.10
	4	495.60	471.55	1.0566	0.9965	0.9981	495.60
2014년	1	432.50	477.28	0.9277	0.9921	0.9846	432.50
	2	483.40	483.01	1.0134	0.9863	1.0012	483.40
	3	483.90	488.74	1.0023	0.9841	1.0038	483.90
	4	507.50	494.47	1.0566	0.9823	0.9889	507.50

(자료 : 품질혁신 e-mail 교육 제98호)

【표 2-1】에서 한국철강공장의 분기별 매출액(Y)은 승법관계로 추세변동(T), 계절변동(S), 순환변동(C), 불규칙변동(I)의 관계로 분해되며, 다시 추세변동(T)×계절변동(S)×순환변동(C)×불규칙변동(I)으로 곱하게 되면, 맨 오른쪽 란인 Y값이 나오고, Y값은 결국 한국철강공장의 분

기별 매출액(Y)과 같은 값이 된다.

여기서 먼저, 추세변동(T)은 최소자승법에 의거 추정한 결과 다음과 같은 식에 의해 산정되었다.

$$T = 379.87 + 5.73 X$$ ·· (2-3)

이와 같이 추정된 추세변동(T)와 매출액(Y)를 그래표로 표현하면 【그림 2-1】과 같다.

둘째, 계절변동(S)은 【표 2-2】와 같이 유도될 수 있다.

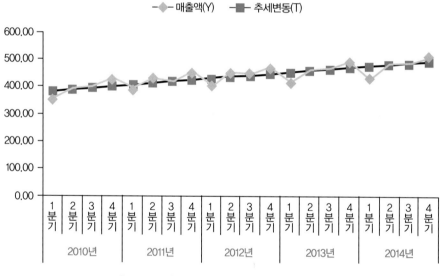

【그림 2-1】 매출액(Y)과 추세변동(T) 추이

【표 2-2】 시계열 승법모형에서 계절변동 지수의 유도 결과

매출액 (r)	4분기 이동 평균	중심 이동평균	특정 계절지수	대표 계절지수	수정된 대표계절지수	계절변동(s)
353.90						0.9277
392.60	393.65					1.0134
397.70	403.05	398.35	0.9984			1.0023
430.40	411.85	407.45	1.0563			1.0566
391.50	417.75	414.80	0.9438	0.9281	0.9277	0.9277
427.80	423.73	420.74	1.0168	1.0139	1.0134	1.0134
421.30	427.00	425.36	0.9904	1.0027	1.0023	1.0023
454.30	432.23	429.61	1.0575	1.0571	1.0566	1.0566
404.60	439.48	435.85	0.9283	4.0018(합계)	4.0000(합계)	0.9277
448.70	444.45	441.96	1.0152			1.0134
450.30	448.10	446.28	1.0090			1.0023
474.20	451.35	449.73	1.0544			1.0566
419.20	456.05	453.70	0.9240			0.9277
461.70	461.40	458.73	1.0065			1.0134
469.10	464.73	463.06	1.0130			1.0023
495.60	470.15	467.44	1.0602			1.0566
432.50	473.85	472.00	0.9163			0.9277
483.40	476.83	475.34	1.0170			1.0134
483.90						1.0023
507.50						1.0566

【표 2-2】에서 먼저, 4분기 이동 평균은 4분기에 해당하는 매출액(r)별 평균값이다.

그리고 중심이동평균은 2개의 4분기별 이동평균의 평균값이다.

그리고 특정계절지수는 매출액을 중심이동 평균으로 나눈 값이다.

그리고 대표계절지수는 특정계절지수를 분기별로 평균한 값이다.

그리고 수정된 대표계절지수는 대표계절지수의 합인 4.0018값을 4.0000값을 일치시킨 것

이다. 마지막으로, 그리고 계절변동(s)은 수정된 대표계절지수를 매년 동일하게 대입한 값이다. 이와 같이 산정된 계절변동(s)을 그래표로 나타내면 【그림 2-2】와 같다.

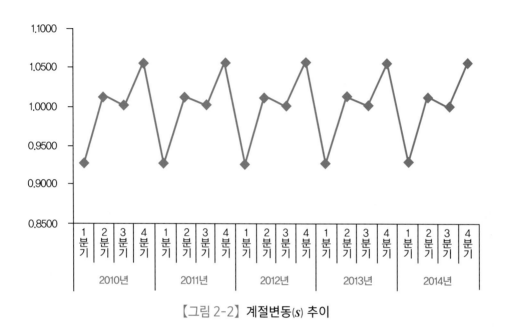

【그림 2-2】 계절변동(s) 추이

셋째, 순환변동(c)은 순환변동(c)와 불규칙변동(I)를 먼저 계산한 다음, 순환변동(c)와 불규칙변동(I)로 구분하는 순서로 산정하였다. 따라서 순환변동(c)과 불규칙변동(I)은 다음과 같이 유도하였다.

$$C \times I = [(Y = T \times S \times C \times I) \times (T \times S)]$$ ·· (2-4)

C: 순환변동, I: 불규칙변동, Y: 전체변동, T: 추세변동, S: 계절변동

(2-4) 식에 의거 순환 및 불규칙변동, 순환변동, 불규칙변동의 유도 결과는 【표 2-3】과 같다.

【표 2-3】 순환 및 불규칙변동, 순환변동, 불규칙변동의 유도 결과

매출액(Y)	추세변동(T)	계절변동(s)	순환 및 불규칙변동 $CI=(Y/T*S)$	순환변동(c)	불규칙변동(I)
353.90	385.60	0.9277	0.9893		
392.60	391.33	1.0134	0.9900		
397.70	397.06	1.0023	0.9993	0.9929	1.0065
430.40	402.79	1.0566	1.0113	1.0002	1.0111
391.50	408.52	0.9277	1.0330	1.0146	1.0182
427.80	414.25	1.0134	1.0190	1.0211	0.9980
421.30	419.98	1.0023	1.0009	1.0177	0.9835
454.30	425.71	1.0566	1.0100	1.0100	1.0000
404.60	431.44	0.9277	1.0109	1.0072	1.0036
448.70	437.17	1.0134	1.0128	1.0112	1.0016
450.30	442.90	1.0023	1.0144	1.0127	1.0017
474.20	448.63	1.0566	1.0003	1.0092	0.9912
419.20	454.36	0.9277	0.9945	1.0031	0.9915
461.70	460.09	1.0134	0.9902	0.9950	0.9952
469.10	465.82	1.0023	1.0048	0.9965	1.0083
495.60	471.55	1.0566	0.9947	0.9965	0.9981
432.50	477.28	0.9277	0.9768	0.9921	0.9846
483.40	483.01	1.0134	0.9876	0.9863	1.0012
483.90	488.74	1.0023	0.9879	0.9841	1.0038
507.50	494.47	1.0566	0.9713	0.9823	0.9889

즉 【표 2-3】에서 순환 및 불규칙변동(CI)는 매출액(Y)를 추세변동(T)와 계절변동(s)를 곱한 값으로 나눈 값이 된다.

다음 순환변동(c)는 순환 및 불규칙변동(CI)의 3분기별 이동 평균값이다. 이와 같이 산정된 순환변동(c)를 그래프로 나타내면 【그림 2-3】과 같다.

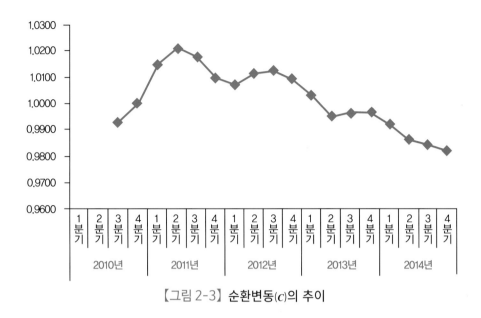

【그림 2-3】 순환변동(c)의 추이

마지막으로 불규칙변동(I)는 순환 및 불규칙변동(CI)를 순환변동(C)로 나눈 값이다. 이와 같이 산정된 불규칙변동(I)를 그래프로 나타내면【그림 2-4】와 같다.

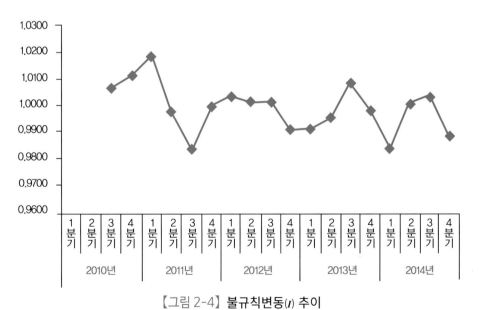

【그림 2-4】 불규칙변동(I) 추이

이상에서 한국철강공장의 분기별 매출액 통계자료를 가지고, 시계열 승법모형에 의거 매출액의 시계열을 구성하는 통계의 시간적 변화를 추세변동, 계절변동, 순환변동 및 불규칙변동의 요소로 분해하여 계열 변화의 구조를 세부적으로 살펴보았다.

2.2 요인 분석

사전적으로 요인의 개념은 사물이나 사건이 성립되는 까닭을 말한다. 통계학에서 요인 분석의 개념은 관찰된 많은 변수를 설명할 수 있는 몇 개의 요인으로 요약하는 방법을 말한다. 즉 변수들 상호 간의 상호의존도를 분석하여 서로 유사한 변수들끼리 묶어주는 방법을 말한다.

이와 같은 요인 분석의 구체적인 목적은 다음과 같다.

첫째, 데이터를 축소하는 데 있다. 즉 복잡한 수많은 변수의 축소를 통해 자료를 간단히 하여 자료의 이해, 해석 및 설명을 용이하게 하는 데 이용된다.

둘째, 자료를 요약하는 데 있다. 즉 여러 개의 변인들을 몇 개의 공통된 집단으로 묶음으로써 자료의 복잡성 줄이고, 정보를 요약하는 데 이용된다.

셋째, 불필요한 자료를 제거하는 데 있다. 즉 변인군으로 묶이지 않은 변인을 제거함으로써 중요하지 않은 변인을 선별하는 데 이용된다.

넷째, 변수의 구조를 파악하는 데 있다. 즉 여러 개의 변인들을 동질적인 몇 개의 요인으로 묶어줌으로써 변인들 내에 존재하는 상호 독립적인 특성을 발견하는 데 이용된다.

다섯째, 측정 도구의 타당성을 평가하는 데 있다. 즉 동일한 개념을 측정한 변인들이 동일한 요인으로 묶이는지 여부 확인함으로써 측정 도구 타당성을 검증하는 데 이용된다.

여섯째, 다중공선성 문제를 해결하는 데 있다. 즉 변수들 간의 다중공선성이 존재하는 경우 이들 변수들을 새로운 하나의 변수로 통합하여 다중공선성 문제를 해결하는 데 이용된다.

요인 분석의 기본 원리는 관찰된 변수들 간의 상관계수행렬로부터 공통 요인을 끄집어내는 것이다. 요인 분석 방법은 크게 (1) 주성분 분석법, (2) 최소제곱요인 추출법, (3) 최대우도 요인 추추법, (4) 주축 요인 추출법, (5) 알파 요인 추출법, (6) 이미지 요인 추출법 등이 있다. 이 중에서 가장 널리 활용되는 요인 분석 방법은 변수가 가지는 공통분산, 고유분산을 분석에 포함시킨 체계적 분산에 기초하여 요인을 추출하는 주성분 분석법이다.

여기서 주성분 분석은 n개의 입력변수들이 가지는 총분산을 n개의 주성분(principal component)으로 다시 나타낸다. 즉 일반적으로 n개의 입력변수들이 가지고 있는 총분산을 모두 설명하기 위해서는 n개의 주성분 분석이 필요하다. 이들 주성분의 요인을 다른 말로 표현하면 요인 분석의 요인에 해당한다. 그러나 일반적으로 변수의 수를 줄이는 것이 요인 분석의 목적이기 때문에, 추출된 주성분 요인을 모두 사용하는 것이 아니라 가장 많은 양의 분산을 설명하는 주성분 요인들만을 요인으로 추출하여 사용하게 된다.

따라서 요인 분석과 주성분 분석의 공통점은 다음과 같다.
첫째, 모두 데이터를 축소한다.
둘째, 같은 이야기이지만 원래 수많은 변수로부터 새로운 소수의 몇 개 변수들을 도출해낸다.

그리고 요인분석과 주성분 분석의 차이점은 다음과 같다.
첫째, 요인 분석에서 요인의 수는 몇 개라고 지정할 수 없지만 주성분 분석에서는 제1주성분과 제2주성분만을 찾는다.
둘째, 요인 분석에서 요인의 이름은 분석자가 적절한 이름을 붙일 수 있는 반면에 주성분 분석에서는 제1주성분과 제2주성분으로만 지칭한다.

셋째, 요인 분석에서 분석된 다수의 요인은 모두 대등한 중요도를 갖는 반면에 주성분 분석에서 가장 중요한 요인은 제1주성분이며, 다음으로 중요한 요인은 제2주성분이다.

【사례】 한국대학교 학생식당 이용자 25명을 대상으로 학생식당에 대한 청결 상태, 음식량, 대기 시간, 음식 맛, 친절도 항목에 대한 7점 척도 설문조사 결과가 다음과 같다고 가정하자. 이때 5개 설문조사 항목에 대해 요인 분석을 시도하라.

【표 2-4】 한국대학교 학생식당 이용자 설문조사 결과표

(단위 : 명)

구분	청결 상태	음식량	대기 시간	음식 맛	친절도
1	6	4	7	6	5
2	5	7	5	6	6
3	5	3	4	5	6
4	3	3	2	3	4
5	4	3	3	3	2
6	2	6	2	4	3
7	1	3	3	3	2
8	3	5	3	4	2
9	7	3	6	5	5
10	6	4	3	4	4
11	6	6	3	6	4
12	3	2	2	4	2
13	5	7	2	5	2
14	6	3	6	5	7
15	3	4	5	3	2
16	2	7	5	5	4
17	3	5	2	7	2
18	6	4	5	5	7

19	7	4	6	3	5
20	5	6	6	3	4
21	2	3	3	4	3
22	3	4	2	3	4
23	3	6	3	5	3
24	6	5	7	5	5
25	7	6	5	4	6

(자료 : 노형진, 정한열, PASW통계분석입문, 한울출판사)

【표 2-4】를 기초로 SAS, SPSS 혹은 공개 소프트웨어 R 등 통계 패키지를 활용하여 요인을 분석하는 순서는 상관계수행렬 계산, 요인 추출, 요인 적재량 산출, 요인 회전, 요인의 해석 순으로 이루어진다. 이를 위한 요인 분석을 위한 통계 결과치는 통상적으로 (1) 상관계수행렬, (2) 공통성, (3) 설명된 총분산, (4) 성분행렬, (5) 회전된 성분행렬 등을 활용한다.

1) 상관계수행렬

요인 분석은 상관계수행렬의 산정으로부터 출발한다. 즉【표 2-4】를 통해 산정된 상관계수 행렬은 다음과 같다.

【표 2-5】 상관계수행렬

구분		청결 상태	음식량	대기 시간	음식 맛	친절도
상관계수	청결 상태	1.0000				
	음식량	0.0505	1.0000			
	대기 시간	0.6289	0.2204	1.0000		
	음식 맛	0.2652	0.3552	0.1831	1.0000	
	친절도	0.6857	0.0088	0.5086	0.2720	1.0000

요인 분석에서 상관관계행렬을 분석할 때 유의할 점은 측정하고 있는 개념과 관련된 변수들끼리 높은 상관관계가 있어야 하며, 관련되지 않은 변수들 끼리 상관관계가 낮거나 없어야한다. 만약 모든 변수에서 상관관계가 높게 나타났다면, 측정하고자 하는 개념의 조작적 정의가 잘못되었거나 측정 오류가 생긴 것으로 판단해야 된다.

【표 2-5】에서 상관계수는 청결 상태와 친절도가 0.6857, 청결 상태와 대기 시간이 0.6289, 대기 시간과 친절도가 0.5086로 높고 나머지 대부분 낮은 편이다. 대각항은 상관계수가 동일한 변수이기 때문에 1이다.

2) 공통성

요인 분석의 2단계는 상관계수행렬로부터 공통성을 추출해 낸다. 즉 【표 2-6】을 통해 산정된 공통성은 다음과 같다.

【표 2-6】 공통성

구분	초기	추출
청결 상태	1	0.8232
음식량	1	0.7721
대기 시간	1	0.6492
음식 맛	1	0.6148
친절	1	0.7499

추출 방법 : 주성분 분석

【표 2-6】 공통성은 변수에 포함된 요인들에 의해서 설명되는 비율을 설명하며, 공통성 산정 시에는 다음과 같이 성분행렬 값을 활용한다.

청결 상태 $0.8232 = 0.8672 + (-0.266)^2$

음식량 $0.7721 = 0.2912 + 0.8292$

대기 시간 $0.6492 = 0.8002 + (-0.097)^2$

음식 맛 $0.6146 = 0.5032 + 0.6022$

친절도 $0.7499 = 0.8172 + (-0.287)^2$

3) 설명된 총분산

요인 분석의 3단계는 주성분 분석을 통해 설명된 총분산을 산정할 수 있다. 즉,【표 2-7】를 통해 산정된 설명된 총분산은 다음과 같다.

【표 2-7】 설명된 총분산

구분	초기 고유 값			추출 제곱합 적재 값			회전 제곱합 적재 값		
성분	전체	% 분산	% 누적	전체	% 분산	% 누적	전체	% 분산	% 누적
1	2.40	47.93	47.93	2.40	47.93	47.93	2.24	44.72	44.72
2	1.21	24.25	72.18	1.21	24.25	72.18	1.37	27.46	72.18
3	0.71	14.29	86.47						
4	0.39	7.90	94.37						
5	0.28	5.63	100.00						

추출 방법 : 주성분 분석

요인 분석의 목적은 변수의 수를 줄이는 데 있다. 따라서 요인 개수 선정 기준은 고유 값이 1 이상인 요인 수를 기준으로 한다. 즉 고유 값이 1보다 클수록 중요한 요인을 의미하게 된다.

여기서 고유 값은 각각의 요인으로 설명할 수 있는 변수들의 분산 총합으로 각 요인별로 모든 변수의 요인 적재 값을 제곱하여 더한 값이다. 즉 변수 속에 담겨진 정보(분산)가 어떤 요인에 의하여 어느 정도 표현될 수 있는가를 말해주는 비율로, 먼저 추출된 요인이 고유 값은 항상 다음에 추출되는 요인의 고유 값보다 크다. 그리고 추출 제곱합의 적재 값은 【표 2-7】에서 성분행렬의 요인별 적재 값의 제곱합이며, 회전 제곱합 적재 값은 【표 2-7】에서 회전된 성분행렬의 요인별 적재 값의 제곱 합을 말한다.

【표 2-7】에서 선정된 요인의 설명력은 72.18%이며, 이는 1요인의 설명력 47.93%와 2요인의 설명력 24.25%를 합한 값이 된다. 따라서 2개 이상 요인을 추가하면 설명력은 약간 더 증가하는 반면에 요인의 수가 상대적으로 더 증가한다는 단점이 발생하게 됨을 알 수 있다.

여기서 요인 1과 요인 2의 설명력 계산은 다음과 같이 산정할 수 있다.

요인 1 : 2.40/5 = 0.4793(47.93%)
요인 2 : 1.21/5 = 0.2425(24.25%)

그리고 요인 1과 요인 2의 고유치 산정 방법은 성분행렬에 나타나 있는 요인 적재량을 활용하여 다음과 같이 산정할 수 있다.

요인 1의 고유치 $2.24 = 0.867^2 + 0.291^2 + 0.800^2 + 0.503^2 + 0.871^2$
요인 2의 고유치 $1.21 = -0.266^2 + 0.829^2 - 0.097^2 + 0.602^2 - 0.287^2$

4) 성분행렬

요인 분석 제4단계는 성분행렬을 산정하는 것이다. 즉, 【표 2-4】를 통해 산정된 성분행렬은 다음과 같다.

【표 2-8】 성분행렬

구분	성분	
	1	2
청결 상태	0.867	-0.266
음식량	0.291	0.829
대기 시간	0.800	-0.097
음식 맛	0.503	0.602
친절도	0.817	-0.287

요인추출 방법 : 주성분 분석

　결국, 성분 1의 공통 특성은 청결 상태, 대기 시간, 친절도로 그룹핑이 되며, 성분 2의 공통 특성은 음식량과 음식 맛으로 그룹핑이 됨을 알 수 있다.

5) 회전된 성분행렬

　요인 분석의 5단계는 공통 요인을 보다 쉽게 해석할 수 있도록 하기 위해 성분행렬을 회전시키는 것이다. 즉【표 2-4】를 통해 산정된 요인의 회전 결과는 다음과 같다. 통상적으로 요인의 회전은 Varimax 방법을 가장 많이 활용한다. 베리멕스 회전을 시키는 요인행렬의 각 열에 1또는 0에 가까운 요인 적재량이 나타나도록 하여 변수와 요인 간의 관계가 명확해지고, 해석하기에 용이하도록 요인행렬의 열을 단순화시키기 위해서이다.

【표 2-9】 회전된 성분행렬

구분	성분	
	1	2
청결 상태	0.904	0.072
음식량	-0.035	0.878

대기 시간	0.779	0.204
음식 맛	0.246	0.745
친절	0.865	0.034

요인추출 방법 : 주성분 분석. 회전 방법 : Kaiser 정규화가 있는 베리멕스

a 3 반복 계산에서 요인회전이 수렴되었습니다.

결국, 요인의 회전의 목적은 요인의 특성이 더 잘 드러나도록 요인의 축을 회전시키는 데 있다. 즉 요인 적재량을 통해 요인 해석을 돕기 위함이다. 결국,【표 2-4】를 통한 요인 분석 결과는 다음과 같이 요약할 수 있다.

- 요인 1: 환경 요인 − 청결 상태, 대기 시간, 친절
- 요인 2 : 음식 요인 − 음식량, 음식 맛

6) 요인 분석 결과 신뢰도 검정

요인 분석의 제6단계는 도출된 요인 분석 결과, 요인 분석이 잘되었는지를 통계적으로 검정하는 단계이다. 즉【표 2-9】의 회전된 성분행렬에서 2가지 요인에 대한 검정은 크론바하 알파 계수 값으로 확인할 수 있다. 크론바하 알파 계수 값은 일반적으로 0.7 이상이면 집중 타당도가 있다고 본다.【표 2-9】에서 요인 1과 요인 2에 대한 크롬바하 알파 값은 모두 0.791 이상으로 나타나 기준치 0.7을 초과하고 있어 요인 분석이 잘된 것으로 검정되었다.

2.3 다차원 척도법

다차원 척도법(multidimensional scaling: MDS)은 브랜드, 기업 등 대상에 대한 응답자들의 평가에 내재되어 있는 주요 차원들을 규명하기 위한 분석 기법들 중 하나이다. MDS는 지각도와 같은 다차원 공간상에서 유사성이 큰 대상들은 가깝게, 유사성이 작은 대상들은 상대적으로 멀게 위치시킨 결과를 얻게 된다.

다차원 척도법의 목적은 (1) 응답자들이 대상을 평가할 때 어떤 차원들을 사용하고 있는지와 (2) 각각의 평가 대상은 응답자들의 지각 속에서 어떤 위치에 자리하고 있는지를 확인하는 데 있다.

이해를 돕기 위해 다음과 같은 예를 고려해 보자. 【표 2-10】은 우리나라 9개 도시의 상대적 거리 데이터이다. 이 데이터는 원태연(2009)을 참고하였다.

【표 2-10】 9개 도시의 상대적 거리

도시명	서울	인천	부산	대구	대전	청주	춘천	광주	전주
서울	0								
인천	28	0							
부산	306	315	0						
대구	213	224	94	0					
대전	128	130	187	104	0				
청주	100	107	208	118	31	0			
춘천	91	119	295	202	158	128	0		
광주	240	232	177	154	126	156	284	0	
전주	173	169	178	118	57	87	215	69	0

만일 각 도시의 좌표(남북 간, 동서 간)를 알고 있다면 2차원 공간에 각 도시를 표현하는 것은 어렵지 않지만, 각 도시의 상대적 거리만 알고 있는 경우에는 다차원 척도법을 이용하여 이를 표현할 수 있다. 이 데이터에 대하여 통계 S/W인 SPSS Version 21의 다차원 척도법 절차를 수행한 결과가【그림 2-5】이다.

【그림 2-5】에서 차원 1의 축을 동과 서, 차원 2의 죽을 남과 북의 축으로 본다면 실제 지도에서의 위치와 거의 유사하다는 것을 알 수 있다. 이와 같이 다차원 척도법은 상대적 거리만 알고 있는 많은 개체들을 저차원의 가시적 공간에 쉽게 표현할 수 있고, 유클리드 거리와 같은 거리 데이터 이외에 심리적인 거리 데이터에 대해서도 사용할 수 있다는 장점이 있다. 심리적인 거리에 근거하여 위치도를 작성할 수 있기 때문에 다차원 척도법은 시장조사에서 시장 세분화에 적용할 수 있으며, 사회조사에서는 심리적 태도에 따라 사람들을 위치화 할 수 있다.

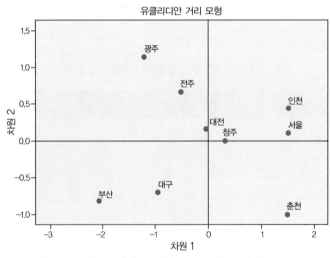

【그림 2-5】상대적 거리에 따른 9개 도시의 위치도

다음은 정치적 성향에 따라 9개 도시의 위치도를 작성하는 예를 살펴보자. 정치적 성향은 남북 관계 전망, 국회의원에 대한 평가, 원하는 권력 구조, 민주주의 이해도 등 모두 22개의 변수를 이용하여 측정하였고, 이 변수들을 사용하여 9개 도시의 정치 성향 거리를【표 2-11】

과 같이 유클리드 거리로 계산하였다.

【표 2-11】 9개 도시의 정치 성향 거리

도시명	서울	인천	부산	대구	대전	청주	춘천	광주	전주
서울	0.000								
인천	8.691	0.000							
부산	7.780	9.164	0.000						
대구	11.980	12.056	4.397	0.000					
대전	14.885	16.029	9.161	8.539	0.000				
청주	15.790	16.789	8.894	5.680	11.203	0.000			
춘천	25.852	26.544	19.277	15.512	15.318	15.449	0.000		
광주	5.400	13.024	12.812	16.977	19.082	19.972	30.251	0.000	
전주	5.267	13.442	11.162	14.949	15.983	18.483	26.632	4.922	0.000

이 데이터 또한 원태연(2009)을 참고하였다. 이 데이터에 대하여 SPSS를 수행한 결과가 【그림 2-6】이다.

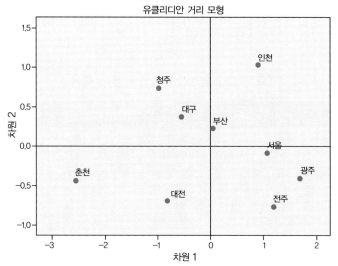

【그림 2-6】 정치적 성향에 따른 9개 도시의 위치도

【그림 2-6】의 위치도는 【그림 2-5】의 위치도와 상이한 결과를 나타낸다. 그 특징을 살펴보면 호남권 2개 도시와 영남권 2개 도시가 서로 가까운 거리에 위치하였고, 강원권의 도시는 영남권 도시와 상대적으로 가깝게 위치했지만 전체적으로 동떨어지기 위치하였다. 수도권의 2개 도시는 영남과 호남의 도시들과 유사한 상대적 거리를 나타내었고, 충청권의 2개 도시가 서로 멀리 위치하는 것은 특이한 점이라고 할 수 있다. 【그림 2-6】의 위지도는 우리나라의 지역별 정치적 성향에 비추어볼 때 충분히 납득할 수 있는 위치도라고 할 수 있다.

2.4 통계적 검정

통계학에서 통계 결과치에 대한 검정은 t-검정, F-검정, x^2 검정 3가지가 있다. 이중에서 t-검정과 F-검정은 비율척도 자료에 적용되며, x^2 검정은 명목척도 자료에 적용된다. 그리고 t-검정은 2집단 간의 비교에 적용되며, F-검정은 3 집단 이상 간의 비교에 적용된다.

【표 2-12】 통계적 검정의 유형 및 적용

통계적 검정	설명	활용되는 곳	비고
t-검정	두 집단 간의 평균 차이를 검정하는 방법을 말한다.	• 두 회사 가전제품 간의 선호도 차이 검정 • 두 회사 다이어트 제품의 효과 차이 검정 등	-
F-검정	3개 이상의 집단들에 대한 평균을 비교하여 한 개 이상 집단 간에 차이가 있는지를 검정하는 방법을 말한다.	• 20대, 30대, 40대, 50대 연령별 생활 만족도 차이 검정 • 대도시, 중도시, 소도시 간의 1인당 노인복지 만족도 차이 검정 등	ANOVA분석이라고도 함
x^2 검정	범주형 변수 간의 차이 혹은 연관성이 있는지를 검정하는 방법을 말한다.	• 서울, 대구, 인천, 부산 지역의 주민 평균소득 차이 검점 • 일본과 한국의 초등학생 IQ 차이 검정 등	-

1) t-검정

　검정이란 사전적인 의미로는 일정한 규정에 따라 자격이나 조건을 검사하여 결정하는 것을 말한다. 통계학에서 검정은 가설검정을 의미하며, 가설검정이란 임의 표본을 사용하여 모집단에 관한 통계적 가설 채택 여부를 결정하는 방법을 뜻한다. 통계학에서 검정(檢定)을 논할 때 주의해야 할 사항은 법관이 자기의 감각으로 어떤 대상의 성질이나 상태 따위를 인식하여 증거를 조사하는 일에 해당하는, 즉 법원이나 수사 기관이 범죄 현장이나 기타 법원 외의 장소에서 실시하는 현장검증 등에 쓰이는 검증(檢證)이라는 용어와는 반드시 구분해야 한다. 통계학에서 검정은 크게 t-검정, F-검정, x^2 검정이 있다.

　t-검정은 모집단의 평균을 알고 있거나, 표본의 평균과 분산을 알고 있을 경우 표본의 평균이 모집단의 평균과 같은지 여부를 검정하는 방법을 말한다.

　t-검정은 크게 (1) 단일 표본 t-검정, (2) 독립 표본 t-검정, (3) 대응 표본 t-검정으로 구분된다.

(1) 단일 표본 t-검정

　단일 표본 t-검정은 표본이 한 가지인 경우에 적용된다. 단일 표본 t-검정이 적용되는 대표적인 사례를 들면 다음과 같다.

【사례】 2000년대 한국의 고등학교 3학년 학생들의 키가 165cm였다고 하자. 최근 2014년도 한국의 고등학교 3학년 학생 200명을 표본으로 키를 측정해 보니 평균이 170cm로 나왔다. 그러면 학생들의 키가 이전보다 크다고 결론을 내릴 수 있는가?

　【사례】와 같은 질문을 일반적인 사람들을 대상으로 묻게 되면 통상적으로 부모님들은 차이가 난다고 말하고, 국회의원은 차이가 나지 않는다고 말하고, 장관은 차이가 난다고 말하고, 교장 선생님은 차이가 나지 않는다고 말하고, 선생님은 차이가 난다고 말하고, 학생은 차

이가 나지 않는다고 말하는 등 바라보는 관점에 따라 서로 다양하게 달리 답변을 할 것이다. 그래서 생산성도 없는 논쟁이 붙으면 끝이 나지 않을 수도 있게 된다.

t-검정은 이러한 문제를 통계학적인 방법으로 논리적이고도 과학적으로 차이가 나거나 차이가 나지 않거나 둘 중의 한 가지 결론으로 매듭을 지어 줄 수 있는 힘을 가지고 있다.

그렇다면 이제 구체적으로 표본이 한 가지인 단일 표본 t-검정의 절차가 어떠한지를 살펴보도록 하자.

【사례】한국철강공장에서 2015년 1월 한 달 동안 생산된 철 제품에 대한 강도를 조사한 결과 모평균 $\mu=12(\text{kg}/\text{m}^2)$였다. 그리고 한 달 후 2월에 새로운 제조법으로 한 달 동안 생산한 16개의 철 제품에 대한 강도를 다시 조사한 결과 kg/m^2당 11, 12, 15, 14, 17, 20, 18, 14, 18, 11, 17, 14, 16, 13, 15, 19로 조사되었다. 모평균 μ는 차이가 있다고 할 수 있는가?

【사례】에 대한 단일 표본 t-검정의 절차는 다음과 같다.

(1) 제1단계: 가설 설정 단계

가설 설정 단계는 한국철강공장에서 생산된 철 제품의 평균 강도가 기존의 생산 방법과 새로운 생산 방법에서 차이가 있는지 혹은 없는지에 대해 다음과 같이 가설을 설정하는 단계이다.

• 귀무가설[1] : $\mu = 12$ 일 것이다
• 대립가설[2] : $\mu \neq 12$ 일 것이다.

---

1) 귀무가설은 영가설이라고도 하며, 처음부터 버릴 것을 예상하는 가설이다. 즉 차이가 없거나 의미 있는 차이가 없는 경우의 가설을 말한다.
2) 대립가설은 연구가설이라고도 하며, 연구자가 입증하고자 하는 가설을 말한다. 즉 차이가 있거나 의미 있는 차이가 있는 경우의 가설을 말한다.

(2) 제2단계: 기준치 *t*값 설정 단계

기준치 *t*값 설정 단계는 시중에 판매되는 통계학 책 부록에 수록되어 있는 *t*-분포표에서 신뢰 수준 95%와 관찰치에 1값을 제외한 자유도$(n-1)$ 값인 15에 해당하는 *t*값을 확인하는 단계이다.

신뢰 수준 95%와 자유도 15에 해당하는 *t*값은 2.13이다.

(3) 제3단계: *t*값 산정 단계

*t*값 산정 단계에서는 SAS, SPSS 혹은 공개 소프트웨어 R 등 컴퓨터를 통해 *t*값을 산정하는 단계이다.

컴퓨터를 통해 산정된 *t*값은 4.69이다.

(4) 제4단계: 기각역 결정 단계

기각역 결정 단계는 한국철강공장에서 생산된 철 제품의 평균 강도가 기존의 생산 방법과 새로운 생산 방법에서 차이가 있는지 혹은 없는지를 결정하는 단계이다.

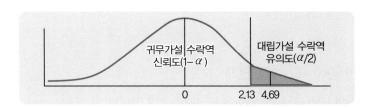

따라서 산정된 *t*값 4.69가 기준치 *t*값 2.13보다 크기 때문에 산정된 *t*값이 대립가설 영역에 포함되어 귀무가설을 기각하고, 대립가설을 수락하고 있다. 즉 기존 철강 생산 방식과 신규 철강 생산 방식에서 제품의 평균 강도는 차이가 있음이 통계적으로 입증되었다.

2) 독립 표본 t-검정

독립 표본 t-검정은 2개의 표본이 독립되어 있는 경우로 2개의 표본을 추출한 후 이 두 개 집단의 평균 및 분산 정보를 이용하여 두 표본의 모집단에 차이가 있는지를 검정하는 방법을 말한다.

【사례】한국철강공장에서 열처리 후 늘어난 18개의 철 제품 길이 22, 19, 16, 17, 19, 16, 26, 24, 18, 19, 13, 16, 22, 18, 19, 22, 19, 26와 서울철강공장에서 열처리 후 늘어난 16개의 철 제품의 길이 22, 20, 28, 24, 22, 28, 22, 19, 25, 21, 23, 24, 23, 23, 29, 23가 차이가 있다고 말할 수 있는가?

【사례】에 대한 독립 표본 t-검정의 절차는 다음과 같다.

(1) 제1단계: 가설 설정 단계
- 귀무가설 : $\mu A = \mu B$ 일 것이다
- 대립가설 : $\mu A \neq \mu B$ 일 것이다.

(2) 제2단계: 기준치 t값 설정 단계
신뢰 수준 95%와 자유도 32에 해당하는 t값은 ± 2.04이다.

(3) 제3단계: t값 산정 단계
컴퓨터를 통해 산정된 t-검정표는 다음과 같다.

【표 2-13】 *t*-검정표

구분	등분산 검정		*t*-검정		
	F	유의확률	t	자유도	유의확률 (양쪽)
등분산	0.936	0.340	-3.601	32	0.001059
이분산			-3.650	31.651	0.000936

주) 독립 표본 t-검정에는 등분산 검정이 추가된다

    t-분포표에서 등분산 F-검정 결과 신뢰 수준 95%에서 유의확률이 0.340으로 기준치 0.050보다 크기 때문에 귀무가설인 등분산의 가정을 수락하고, 대립가설인 이분산의 가정을 기각하고 있다.

    따라서 등분산 가정에 해당하는 산정된 *t*값은 0.001059이다.

(4) 제4단계: 기각역 결정 단계

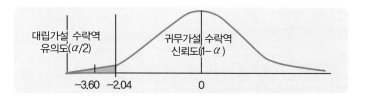

    따라서 산정된 *t*값 -3.60은 기준치 *t*값 -2.04보다 작기 때문에 산정된 *t*값이 대립가설 영역에 포함되어 귀무가설을 기각하고, 대립가설을 수락하고 있다. 즉 한국철강공장에서 열처리 후 늘어난 18개의 철 제품 길이와 서울철강공장에서 열처리 후 늘어난 16개의 철 제품의 길이는 차이가 있다고 말할 수 있음이 통계적으로 입증되었다.

3) 대응 표본 t-검정

대응 표본은 한 개체에게서 2회의 반응 값을 얻은 경우의 표본을 말하며, 여기서 대응은 짝(pair)을 의미한다. 따라서 대응 표본 t-검정은 2개의 대응되는 짝으로 구성된 표본을 추출한 후 이 두 개 집단의 평균과 분산 정보를 이용하여 두 표본의 모집단에 차이가 있는지를 검정하는 방법을 말한다.

【사례】2015년도 한국대학교 경영학과 2학년 12명의 통계학 중간고사와 기말고사 시험 점수가 다음과 같이 나타났다고 가정하자.

【표 2-14】 통계학 시험 점수

성명	A	B	C	D	E	F	G	H	I	J	K	L
중간고사	76	57	72	47	52	76	64	64	66	57	38	58
기말고사	89	60	71	65	60	70	71	69	68	66	50	62

이때 한국대학교 경영학과 2학년 통계학 중간고사와 기말고사 성적 간에 차이가 있다고 말할 수 있는가?

【사례】에 대한 대응 표본 t-검정의 절차는 다음과 같다.

(1) 제1단계: 가설 설정 단계
- 귀무가설 : $\mu A = \mu B$ 일 것이다.
- 대립가설 : $\mu A \neq \mu B$ 일 것이다.

(2) 제2단계: 기준치 *t*값 설정 단계

신뢰 수준 95%와 자유도 11에 해당하는 *t*값은 ±2.20이다.

(3) 제3단계: *t*값 산정 단계

컴퓨터를 통해 산정된 *t*값은 -3.28이다.

(4) 제4단계: 기각역 결정 단계

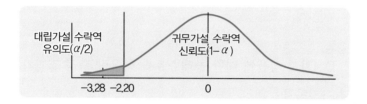

따라서 산정된 *t*값 -3.60은 기준치 *t*값 -2.04보다 작기 때문에 산정된 *t*값이 대립가설 영역에 포함되어 귀무가설을 기각하고, 대립가설을 수락하고 있다. 즉 한국철강공장에서 열처리 후 늘어난 18개의 철 제품 길이와 서울철강공장에서 열처리 후 늘어난 16개의 철 제품의 길이는 차이가 있다고 말할 수 있음이 통계적으로 입증되었다.

2.5 *F*-검정

분산분석은 1920년대 로널드 피셔(R. A. Fisher, 1890~1962)에 의해 제안되었다. *t*-검정은 2개

집단 간의 평균을 비교하지만 F-검정법을 제공하는 분산분석은 집단의 분산 S^2을 활용하여 총변동을 요인별로 분류하여 3개 이상의 모집단 평균을 비교하는 통계적 방법을 말한다. 분산분석의 유형은 독립변수의 수에 따라 (1) 일원배치 분산분석, (2) 이원배치 분산분석, (3) 다원배치 분산분석으로 구분된다. 여기서 일원배치 분산분석은 실험 결과에 영향을 주는 인자가 하나이며, 그 인자가 취할 수 있는 상태가 3가지 이상인 경우를 말한다. 만약 인자가 두 개이면 이원배치 분산분석이 되고, 인자가 3개 이상일 경우 다원배치 분산분석이 된다.

본 장에서는 지면 관계상 통상적으로 가장 많이 활용되는 일원배치 분산분석을 살펴보기로 한다.

【사례】A, B, C, D 4가지 식품에 대한 콜레스토롤 함유량 측정 결과가 다음과 같이 나타났다고 가정하자.

【표 2-15】콜레스토롤 함유량 측정 결과

구분	1	2	3
콜레스트롤 A	3.6	4.1	4.0
콜레스트롤 B	3.1	3.2	3.9
콜레스트롤 C	3.2	3.5	3.5
콜레스트롤 D	3.5	3.8	3.8

이때 4가지 식품에 대한 콜레스토롤 함유량이 차이가 있다고 말할 수 있는가? 참고로 여기서 인자는 식품의 유형이며, 인자가 취할 수 있는 상태는 콜레스토롤 수준을 말한다.

【사례】에 대한 F-검정 절차는 다음과 같다.

(1) 제1단계 : 가설 설정 단계

● 귀무가설 : $\mu A = \mu B = \mu C = \mu D$ 일 것이다.

● 대립가설 : $\mu A, \mu B, \mu C, \mu D$ 중 적어도 하나는 다를 것이다.

(2) 제2단계 : 기준치 F값 설정 단계

신뢰 수준 95%와 분자의 자유도 3과 분모의 자유도 8에 해당하는 F값은 4.07이다.

(3) 제3단계 : F값 산정 단계

컴퓨터를 통해 산정된 F값은 2.25이다.

(4) 제4단계 : 기각역 결정 단계

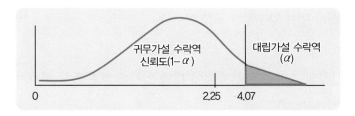

따라서 산정된 F값 2.25는 기준치 F값 4.07보다 작기 때문에 산정된 F값이 귀무가설 영역에 포함되어 귀무가설을 수락하고, 대립가설을 기각하고 있다. 즉 4가지 다이어트 식품의 콜레스트롤 함유량은 같다고 말할 수 있음이 통계적으로 입증되었다.

2.6 x^2 검정

x^2 검정은 t-검정과 F-검정에서와 달리 가감승제가 불가능한 비연속형 변수 간의 통계적 관련성 유무를 평가하는 분석 방법을 말한다. 때로는 가감승제가 가능한 연속형 변수도 비연속형 변수로 변환하여 x^2 검정에 적합한 통계적 가설검정을 실시할 수도 있다. 즉 x^2 검정은 간단히 범주형 자료에서 변수들 간의 독립성 여부를 검정하는 방법이라고 할 수 있다. x^2 검정은 크게 (1) 2×2 분할표, (2) 2×m 분할표, (3) n×m 분할표 검정으로 구분된다.

1) 2×2 분할표

2×2 분할표는 행과 열이 양분성인 표를 말한다.

【사례】 대한통신사의 스마트폰 신제품에 대한 인지율 표본조사 결과가 다음과 같이 나타났다고 가정하자.

【표 2-16】 스마트폰 신제품 인지율 조사 결과

구분	남자	여자	합계
모른다	457	446	903
알고 있다	43	54	97
합계	500	500	1,000

이때 대한통신사의 스마트폰 신제품에 대한 성별 인지율이 차이가 있는지를 검정하라.

【사례】 2×2 분할표에 대한 검정 절차는 다음과 같다.

(1) 제1단계: 가설 설정 단계

● 귀무가설 : 남자와 여자의 인지도는 같을 것이다.

● 대립가설 : 남자와 여자의 인지도는 차이가 있을 것이다.

(2) 제2단계: 기준치 x^2 값의 설정 단계

신뢰 수준 95%와 자유도 1에 해당하는 x^2 값은 3.84이다.

(3) 제3단계: x^2 값 산정 단계

컴퓨터를 통해 산정된 x^2 값은 1.14이다.

(4) 제4단계: 기각역 결정 단계

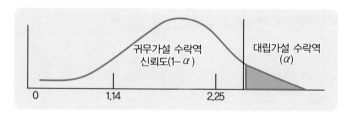

따라서 산정된 x^2 값 1.14는 기준치 x^2 값 3.84보다 작기 때문에 산정된 x^2 값이 귀무가설 영역에 포함되어 대립가설을 기각하고, 귀무가설을 수락하고 있다. 즉 대한통신사 스마트폰에 대한 남자와 여자의 인지도는 차이가 없음이 통계적으로 입증되었다.

2) 2×m 분할표

2×m 분할표는 행 또는 열은 양분성 자료이지만 다른 행 또는 열 자료는 세 가지 이상의 범주로 분류되는 표를 말한다.

【사례】한국대학교 통계학과 1, 2, 3학년 학생들을 대상으로 축제에 참가 여부를 조사한 결과 다음과 같이 나타났다고 가정하자.

【표 2-17】 축제 참가 여부 조사 결과

구분	1학년	2학년	3학년
참석	28(25)	36(40)	11(10)
불참	22(25)	44(40)	9(10)
합계	50	80	20

이때 한국대학교 통계학과 학생들 학년별로 축제 참여율이 차이가 있는지를 검정하라.

【사례】2×3 분할표에 대한 검정 절차는 다음과 같다.

(1) 제1단계: 가설 설정 단계

● 귀무가설 : 학년별로 축제 참석 여부는 차이가 없을 것이다.
● 대립가설 : 학년별로 축체 참석 여부는 차이가 있을 것이다.

(2) 제2단계: 기준치 x^2 값의 설정 단계

신뢰 수준 95%와 자유도 2에 해당하는 x^2 값은 5.99이다.

(3) 제3단계: x^2 값 산정 단계

컴퓨터를 통해 산정된 x^2 값은 1.72이다.

(4) 제4단계: 기각역 결정 단계

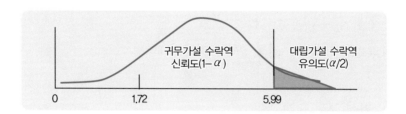

따라서 산정된 x^2 값 1.72는 기준치 x^2 값 5.99보다 작기 때문에 산정된 x^2 값이 귀무가설 영역에 포함되어 대립가설을 기각하고, 귀무가설을 수락하고 있다. 즉 학년별로 축제 참석 여부는 차이가 나지 않는다고 할 수 있음이 통계적으로 입증되었다.

3) n×m 분할표

n×m 분할표는 행과 열 모두 세 가지 이상의 범주로 분류되는 표를 말한다.

【사례】한국대학교 통계학과 1, 2, 3, 4학년 학생들을 대상으로 취미를 조사한 결과 다음과 같이 나타났다고 가정하자.

【표 2-18】 취미 조사 결과

구분	1학년	2학년	3학년	4학년
스포츠	20	6	7	9

독서	6	33	14	7
음악	9	7	29	8
영화	8	8	10	24

이때 한국대학교 통계학과 학생들 학년별로 취미 성향이 차이가 있는지를 검정하라

【사례】 4×4 분할표에 대한 x^2 검정 절차는 다음과 같다.

(1) 제1단계: 가설 설정 단계

● 귀무가설 : 학년별로 취미가 동일할 것이다.

● 대립가설 : 학년별로 취미는 차이가 있을 것이다.

(2) 제2단계: 기준치 x^2 값의 설정 단계

신뢰 수준 95%와 자유도 9에 해당하는 x^2 값은 16.92이다.

(3) 제3단계: x^2 값 산정 단계

컴퓨터를 통해 산정된 x^2 값은 79.45이다.

(4) 제4단계: 기각역 결정 단계

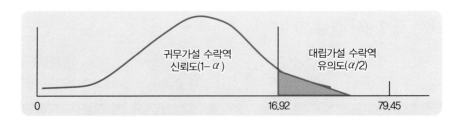

따라서 산정된 x^2 값 79.45는 기준치 x^2 값 16.92보다 작기 때문에 산정된 x^2 값이 대립가설 영역에 포함되어 귀무가설을 기각하고, 대립가설을 수락하고 있다. 즉 학년별로 취미 경향은 차이가 있다고 통계적으로 입증되었다.

2.7 군집분석(Cluster Analytics)

군집분석은 전체 데이터를 군집을 통해 잘 구분하는 것으로 다양한 특징을 가진 관찰 대상으로부터 동일 집단으로 분류하는 데 사용한다. 이는 유사한 특성을 가진 개체를 합쳐 가면서 최종적으로 유사 특성의 군집을 찾아내는 분류 방법으로 구분하려고 하는 각 군집에 대한 아무런 사전 지식이 없는 상태에서 분류하는 것이므로 무감독학습(Uns-upervised Learning)에 해당한다.

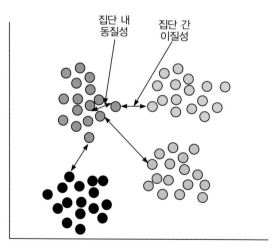

【그림 2-7】 군집분석에서의 군집 특성

즉 개체들에 대한 사전 지식 없이 유사도에 근거하여 군집들을 구분한다. 개체 공간에 주어진 유한 개의 개체들이 서로 가깝게 모여서 무리를 이루고 있는 개체 집합을 군집(cluster)이라 부르며, 군집화하는 과정을 클러스터링(clustering)이라 칭한다. 따라서 군집은 【그림 2-7】에서와 같이 군집 내의 개체들 간에는 유사도가 높으며, 이질적인 집단들 간에는 유사도가 동일 군집 내의 개체들보다 상대적으로 낮다는 특성을 갖는다.

이러한 군집분석의 종류는 대상을 어떻게 분석할지에 따라 계층적 군집분석과 비계층적 군집분석으로 구분할 수 있다.

계층적 군집분석은 개별 대상 간의 거리의 의하여 가장 가까이에 있는 대상들로부터 시작하여 결합해 감으로써 나무 모양의 계층 구조를 형성해 가는 방법이다. 계층적 군집분석은 덴드로그램(Dendrogram)을 그려줌으로써 군집이 형성되는 과정을 정확히 파악할 수 있으나 데이터의 크기가 크면 분석하기가 어렵다는 단점을 갖는다. 또한, 한 개체가 일단 특정 군집에 소속되면 다른 군집으로 이동될 수 없으며, 예외 값(outlier)이 제거되지 않고 반드시 어느 군집에 속하게 된다는 한계점을 갖는다.

비계층적 군집분석은 계층적 군집분석과 달리 군집의 수가 한 개씩 감소하는 것이 아니라 사전에 정해진 군집의 숫자에 따라 대상들이 군집들에 할당되는 것이다. 즉 구하고자 하는 군집의 수를 정한 상태에서 설정된 군집의 중심에 가장 가까운 개체를 하나씩 포함해 가는 방식으로 군집을 형성해 간다. 이 방법은 많은 데이터를 빠르고 쉽게 분류할 수 있으나 군집의 수를 미리 정해 주어야 하고, 군집을 형성하기 위한 초깃값에 따라 군집 결과가 달라지는 단점이 있다.

【참고문헌】

노형진, 정한열, 『PASW 통계분석입문』, 한올출판사, 2010.
이학식, 임지훈, 『SPSS 14.0 매뉴얼』, 법문사, 2010.

연습문제

01. 다음 중 시계열 변동 요인과 가장 거리가 먼 것은?

① 추세변동 ② 계절변동

③ 순환변동 ④ 불규칙변동

⑤ 경기변동

【해설】시계열 변동 요인은 크게 추세변동, 계절변동, 순환변동, 불규칙변동으로 분류할 수 있다.

02. 다음 중 요인 분석의 목적과 가장 거리가 먼 것은?

① 자료를 축소하는 데 있다.

② 불필요한 자료를 제거하는 데 있다.

③ 변수의 구조를 파악하는 데 있다.

④ 모집단을 추정하는 데 있다.

⑤ 측정도구의 타당성을 평가하는 데 있다.

【해설】요인분석의 목적은 자료의 축소, 불필요한 자료의 제거, 변수의 구조 파악, 측정도구의 타당성 평가 등에 있다.

03. 다음 중 요인 분석에서 성분행렬을 회전시키는 가장 큰 목적은 무엇인가?

① 자료의 각도를 측정하기 위해서이다.

② 공통 요인을 보다 쉽게 해석하기 위해서이다.

③ 상관계수를 산정하기 위해서이다.

④ 평균 차이를 검정하기 위해서이다.

⑤ 자료를 수집하기 위해서이다.

【해설】요인분석에서 성분행렬을 회전시키는 목적은 공통 요인을 보다 쉽게 해석할 수 있도록 하기 위해서 이다.

04. 대상에 대한 응답자들의 평가에 내재되어 있는 주요 차원들을 규명하기 위한 분석기법과 가장 가까운 개념은 무엇인가?

① 시계열분석   ② 요인분석

③ 다차원분석   ④ 회귀분석

⑤ 판별분석

【해설】주요 차원들을 규명하기 위한 분석 기법 중의 하나는 다차원 분석을 들 수 있다.

05. 한국대학교 통계학과 3학년 50명 학생의 중간고사 및 기말고사 시험 성적에 차이가 있는지를 확인하기 위한 가장 바람직한 검정 방법은?

① 단일표본 t-검정   ② 독립표본 t-검정

③ 대응표본 t-검정   ④ 일원배치 분산분석

⑤ 해당 사항 없음

【해설】동일 대상으로 조사된 2개의 표본을 대응표본이라고 한다.

06. A, B, C, D 4가지 식품에 대한 콜레스토롤 함유량 측정 결과를 F-검정하고자 한다. 이때 검정 방법은 다음 중 어느 것에 해당하는가?

① 일원배치 분산분석   ② 이원배치 분산분석

③ 다원배치 분산분석   ④ 단일표본 t-검정

⑤ 해당 사항 없음

【해설】인자가 4가지이며, 그 인자가 취할 수 있는 상태가 1가지인 경우는 일원배치 분산분석을 적용할 수 있다.

07. 가감승제가 불가능한 비연속형 변수 간의 통계적 관련성 유무를 평가하는 분석 방법은?

① x^2 검정   ② t-검정

③ F-검정   ④ 자유도

⑤ $H-S$ 검정

【해설】 가감승제가 불가능한 비연속형 변수 간의 통계적 관련성 유무를 확인하는 통계적 검정 방법은 x^2 검정 방법이다.

08. 한국대학교 축제에 경영학부 1학년, 2학년, 3학년 별로 축제에 참석 여부를 조사한 결과, 학년별로 축제 참여율이 동일한지 여부를 x^2 검정하는 분할표의 유형은?

① 2×2 분할표　　　　　　　② 2×m 분할표

③ n×m 분할표　　　　　　　④ n×1 분할표

⑤ n×2 분할표

09. 한국대학교 경영학부 1학년, 2학년, 3학년, 4학년 학년별로 취미를 조사한 결과 스포츠, 음악, 독서, 영화로 나타났다. 이에 한국대학교 경영학부 학년별로 취미의 경향이 같은지의 여부를 검정하기 위한 x^2 검정 분할표의 유형은?

① 2×2 분할표　　　　　　　② 2×m 분할표

③ n×m 분할표　　　　　　　④ n×1 분할표

⑤ n×2 분할표

【해설】 n의 수가 1학년, 2학년, 3학년, 4학년 4가지이고, m의 수가 스포츠, 음악, 독서, 영화 4가지인 경우는 n×m 분할표이다.

10. 관찰된 많은 변수를 몇 개의 요인으로 요약하는 통계적인 분석 방법을 무엇이라고 하는가?

① 요인분석　　　　　　　　② 군집분석

③ 판별분석　　　　　　　　④ 신뢰성분석

⑤ 타당성분석

【해설】 요인분석은 자료를 축소하는 기법이다.

CHAPTER 03 >> 데이터 마이닝

3.1 데이터 마이닝의 이해

3.1.1 데이터 마이닝 개념

데이터 마이닝은 대용량의 데이터로부터 자동 또는 반자동적인 방법을 통하여 의미 있는 패턴, 규칙, 관계를 찾아내는 것이다. 데이터 마이닝은 또한 많은 데이터베이스로부터 지금까지 잘 알려지지 않고 유용하며 활용이 가능한 정보를 추출하는 과정으로 정의되기도 한다. 기업이나 정부는 일반적인 업무 활동을 통해 대용량의 데이터를 축적해 왔다. 그러나 빈번하게 발생되는 많은 양의 데이터들은 수치화가 되지 않았을 뿐만 아니라, 수리적 형태보다는 질적인 형태로 저장이 되어 일반적인 통계 방법에 의해 분석과 활용이 잘 될 수 없었다. 이로 인해 그동안 데이터베이스에 포함되어 있는 많은 정보들이 제대로 활용되지 못했다. 하지만 이러한 데이터에는 미처 발견하지 못한 패턴과 전략에 도움이 될 만한 정보들이 들어 있을 수 있기 때문에 데이터를 정제하고 가공할 필요성이 생겨나게 된 것이다. 이러한 데이터를 분석하여 기업에 필요한 자산으로 만드는 정보기술이 바로 데이터 마이닝이다.

3.1.2 데이터 마이닝의 특징

인터넷과 같은 정보기술의 성장 및 기술 발전에 따라 기업들은 데이터베이스의 필요성이 증가하게 되었다. 그뿐만 아니라, 기업은 업무의 효율적 수행을 위해 데이터베이스를 이용하고, 데이터베이스의 내용 및 결과를 단순히 활용하는 단계를 벗어나, 데이디 자체의 분석을 통해 패턴을 추출해 내고 이 결과를 업무와 생산의 효율성 증대를 위해 이용하는 단계로 넘어서고 있다. 그러나 데이터가 방대해지고 기업의 업무가 복잡해지면서 데이터베이스를 관리하고 자료를 분석하는 전문가의 능력에 한계가 있고, 데이터에 내재된 유용한 지식 추출 작업을 사람이 손으로 직접 하는 것이 불가능하게 되었다. 이와 같은 문제를 해결하고 대량의 데이터에서 유용한 패턴과 지식을 추출하기 위해 데이터 마이닝이 필요하다. 데이터 마이닝은 사용자의 경험이나 편견을 배제하고 전적으로 데이터에 기반하여 지식과 패턴을 추출하기 때문에 영역 전문가가 간과해 버릴 수도 있는 지식과 패턴을 찾아낼 수 있다. 데이터이닝의 활용 분야는 카드사의 사기 발견이나, 금융권의 대출 승인, 투자 분석, 기업의 마케팅 및 판매 데이터 분석, 생산 프로세스 분석, 기타 순수 과학 분야의 자료 분석 등 매우 다양하다.

3.1.3 데이터 마이닝의 중요성

데이터베이스와 이의 활용은 기업의 정보 시스템 설계와 구현에 있어서 가장 핵심적인 구성 요소로서 오늘날 개발되고 있는 대부분의 기업 정보 시스템들의 근간을 이루고 있다. 기업은 업무의 효율적인 수행을 위해 데이터베이스를 단순히 활용하는 단계를 벗어나, 데이터 자체의 분석을 통해 고객 행동 패턴을 추출해내고 그 결과를 업무와 생산의 효율성 증대를 위해 이용하고 있다. 그러나 데이터가 방대해지고 복잡해지면서, 데이터에 내재된 지식의 추출을 해당 분야의 전문가라 하더라도 직접 실행하기에는 불가능하게 되었다. 이러한 문제를 해결하기 위하여 데이터 마이닝의 필요성이 대두되고 있다.

최근 디지털 정보기술의 급속한 발전은 다양한 시장 공간을 창출시키고 있으며, 특히 인터넷 매체의 빠른 확산은 새로운 경제 현상을 만들어낼 뿐만 아니라 기업의 경쟁 전략을 변화시키고 있다. 이러한 시장 환경의 변화 속에서 과거와 달리 제품이나 서비스에 대한 고객들의 욕구 또한 더욱 다양화되어 점차적으로 기업에 대한 자신들의 영향력을 증대시키고 있다. 기업 경쟁력 강화의 중요한 이슈가 되어 버린 개인화/개별화의 실행을 위하여 정보기술을 기반으로 고객의 다양한 정보를 획득함과 동시에 고객과의 밀접한 관계를 유지함으로써 기업의 수익성을 증대시키는 고객관계관리에 대한 관심과 활용에 대한 필요성은 점점 더 높아지고 있다. 고객관계관리의 여러 분야 가운데에서도 제품을 구매한 기존 고객의 정보를 기반으로 고객에게 맞는 새로운 제품이나 서비스를 제안하기 위하여 데이터 마이닝을 이용하여 고객의 구매 패턴을 파악하고 의도를 예측하는 것은 오늘날 실질적인 판매 전략을 수립하는 마케팅 분야에서 상당히 큰 비중을 차지하고 있다. 이와 같이 고객관계관리에서는 효과적인 고객관리 전략을 개발하고 지속적으로 수행하는 능력이 중요하며, 이를 위해서는 고객정보를 분석하는 도구로서 데이터 마이닝의 사용이 요구되고 있다.

3.1.4 데이터 마이닝 기법

데이터 마이닝은 학문적으로 통계, 전산, 경영 등 데이터 분석과 관련된 다양한 학문이 융합되어 탄생된 융합 학문이라고 평가된다. 주요한 데이터 마이닝 기법으로는 정형 데이터 분석을 주로 다루는 연관 관계분석 기법, 의사결정나무 기법, 인공신경망 기법, 사례기반 추론, 군집분석 기법 등이 있으며, 최근에 관심을 받고 있는 비정형 데이터 분석으로 웹 문서, 소셜 데이터를 주로 분석하는 텍스트 마이닝, 웹 마이닝, 오피니언 마이닝, 소셜 네트워크 분석 등이 있다. 또한, 데이터를 시각화해서 보여주는 데이터 시각화 기법 등이 있다.

3.1.5 데이터 마이닝 분석 도구/프로그램

데이터 마이닝 분석에 이용되는 분석 도구로는 통계 분석 도구인 R이 있으며, SAS사에서 제공하는 Enterprise Miner, SPSS사에서 제공하는 Clementine이 많이 알려져 있다. 그 밖에 Weka와 Rapid Miner 등의 다양한 무료 프로그램이 있다. Python은 텍스트 마이닝에 주로 쓰이는 프로그램이며 Google Chart API, Flot, D3, Processing 등의 다양한 데이터 시각화 프로그램들이 있다. 또한, 더욱 많은 데이터 마이닝 관련 업체들이 간편하게 데이터 마이닝 기법을 이용할 수 있게 하는 서비스를 무료 또는 저렴한 가격에 제공하고 있다.

3.2 연관 관계분석

3.2.1 연관 관계분석 개념

연관성 규칙은 상품 혹은 서비스 간의 관계를 살펴보고 이로부터 유용한 규칙을 찾아내고자 할 때 이용될 수 있는 기법이다. 동시 구매될 가능성이 큰 상품들을 찾아내는 기법으로 시장바구니분석과 관련된 문제에 많이 적용되어왔다. 측정의 기본은 얼마나 자주 구매되었는가 하는 빈도를 기본으로 연관 정도를 정량화하기 위해서는 지지도, 신뢰도, 향상도를 계산하여 기준으로 한다.

연관성 규칙의 기본적인 개념은 시장바구니 품목들을 식별하는 것에서부터 시작되었다. 다시 말하면 사건들은 동시 다발적으로 발생하며, 이러한 사건들은 상호 영향을 주면서 결과를 나타나게 되는데 이와 같이 사건 또는 품목 간에 일어나는 연관성을 규명하려는 것이 연관성 규칙이다. 즉 연관성 규칙이란 두 항목 간 그룹 사이에 강한 연관이 존재하는지에 대한 기술을 말한다. 다시 말해 연관 규칙은 "A라는 어떠한 사건이 일어나면 B라는 다른 사건이 일어난다."와 같이 표현한다.

3.2.2 연관 관계분석의 특징

데이터 마이닝을 이용해서 연관성 규칙을 발견하는 것은 대량의 데이터로부터 품목 간의 어떠한 종속 관계가 존재하는지를 찾아내는 작업이다. 이러한 연관성 규칙을 통해 요소 간의 연관성 패턴 분석을 할 수 있다. 이때 연관성 규칙은 비목적성 기법으로 목적 변수 없이 규칙 관계를 설명할 수 있는 특징을 가진다. 이처럼 연관성 규칙은 데이터 마이닝 기법으로 장바구니분석을 통한 상품 추천이나 상품 진열 등에 사용될 수 있다.

연관성 규칙은 상품 또는 서비스 간의 관계를 살펴봄으로써 그들 간의 유용한 관계가 존재하는지 알아보고자 할 때 적합한 방법이라고 할 수 있다. 구체적인 행위를 언급하여 규칙을 도출하기 때문에 이해하기 쉽고 명쾌한 특성을 가지고 있으며, 실질적인 정보를 도출할 수 있는 장점을 가지고 있다. 이러한 이유로 연관성 규칙은 마케팅 문제뿐만 아니라 광범위한 의사결정을 하는 데 널리 사용되고 있다. 이와 같이 연관성 규칙은 동시에 구매될 확률이 높은 상품 간의 관계와 상품을 찾아내기 때문에 장바구니 분석에서 많이 사용된다. 연관성 규칙에 있어 분석의 기초가 되는 것은 얼마나 많이 특정 서비스나 상품이 같이 구매되었는가를 파악하는 것이다.

3.2.3 연관 관계분석 기법

데이터 마이닝 기법 중 하나인 연관성 규칙은 데이터들의 빈도수와 동시 발생 확률을 이용하여 한 항목들의 그룹과 다른 항목들의 그룹 사이에 강한 연관성이 있음을 밝혀주는 기술이다. 다음 【그림 3-1】은 연관성 규칙의 기본 형태를 도식화한 것이다.

> (Item set X)-〉(Item set Y)
> (if X then Y : 만일 X가 일어나면 Y가 일어난다.)

【그림 3-1】 연관성 규칙의 예

대량의 데이터로부터 연관성을 도출하기 위해서는 지지도($Support$), 신뢰도($Confidence$), 향상도($Lift$)로 구성되는 세 가지 기준이 필요하다. 이 세 가지 개념에 대해 설명하면 다음과 같다.

첫 번째, 지지도는 전체 거래 중에서 어떠한 항목과 다른 항목 사이에 동시에 포함하는 거래의 빈도가 어느 정도인가를 나타낸다. 이는 $Support(X)$ 또는 $Support(X, Y)$로 표현할 수 있다. 지지도를 통해 전체적인 구매 의도에 대한 경향을 파악할 수 있다. 지지도는 다음과 같이 확률로 나타낼 수 있다. 아래 식에서 N은 전체의 거래 횟수를 나타내며, $n(X \cap Y)$는 X라는 상품과 Y라는 상품을 동시에 구매한 빈도를 말한다.

$$Support = \frac{n(X \cap Y)}{N}$$

두 번째, 신뢰도는 조건부 확률과 동일한 방식으로 정의된다. $X-〉Y$로 표현되는 연관 규칙에서의 신뢰도는 X가 포함된 트랜잭션 중에서 X와 Y가 동시에 포함된 트랜잭션의 비율로 정의될 수 있다. 이는 $Support(X, Y)/Support(X)$을 의미하며, $Confidence(X=〉Y)$로 표현할 수 있다. 이를 통해 연관성의 정도를 파악할 수 있다. 신뢰도는 연관성 규칙의 강도를 나타내고, 이는 다음의 조건부 확률로 나타낼 수 있다.

$$Confidence = P(Y|X)$$

세 번째, 향상도는 어떠한 X상품을 구매한 경우 그 거래가 다른 Y상품을 포함하는 경우와 Y상품이 X와 상관없이 단독으로 구매된 경우의 비율을 나타낸다. 향상도는 $Support(X, Y)/[Support(X) \times Support(Y)]$로 표현할 수 있다. 향상도는 다음과 같이 나타내며, $P(Y)$는 전체 거래 중 Y상품의 거래가 일어나는 확률을 나타낸다.

$$Lift = \frac{P(Y|X)}{P(Y)} = \frac{P(X \cap Y)}{P(X) \cdot P(Y)}$$

상품 X와 Y간의 $Lift$값이 1이면 상호 독립적이라고 할 수 있으며, $Lift$값이 1보다 크면 양의 상관관계(보완재)이고, $Lift$값이 1보다 작으면 음의 상관관계(대체재)를 나타낸다. 이러한 지지도와 신뢰도 및 향상도는 일정한 특정 기준에 의해 해석과 결정이 되는 것이 아니라 연구자의 경험이나 판단을 중심으로 결정과 활용이 된다.

3.2.4 연관 관계분석 사례

아래 연관관계는 토마토, 감자, 당근, 사과 오렌지 등 여러 가지의 채소와 과일을 판매하는 가게에서 수집한 1,000개의 장바구니 데이터를 연관관계로 분석한 사례이다. 연관 관계분석 기법으로 이 1,000개의 데이터를 분석한 결과물로 산출된 여러 개의 연관관계 룰(Association Rule) 중에서 유의한 연관관계 룰 중 하나는 아래【그림 3-2】와 같다.

> 토마토 -> 상추 [Coverage=0.263, Support=0.111 (111); Strength=0.422; Lift=1.94]

【그림 3-2】연관관계 룰의 예 : 토마토와 상추의 연관관계 룰

위 그림의 연관관계 룰은 토마토와 상추 간의 여러 연관관계 정보를 보여준다. 'Coverage=0.263'은 전체 1,000개의 장바구니 중 263개의 장바구니에서 토마토가 발견된다는 의미이

다. 'Support=0.111'은 전체 1,000개의 장바구니 중 111개의 장바구니에 토마토와 상추가 발견된다는 의미이다. 'Strength=0.422'은 토마토를 산 고객 중 42.2%가 상추도 같이 구매한다는 의미이다. 'Lift=1.94'는 1보다 크기 때문에 토마토와 상추는 보완재임을 알 수 있다.

【그림 3-3】의 연관관계 그래프는 각 채소와 과일들 간의 시각화된 연관관계를 보여주고 있다. 관계가 밀접하고 연관관계가 클수록 관계를 연결하는 선의 굵기가 굵게 나타난다. 이 그림에서 토마토, 상추, 콩은 서로 밀접한 관계가 있음을 알 수 있다. 따라서 이 연관관계 정보는 이 가게 상품 간의 cross selling 마케팅과 연관관계 기반 상품 진열 등에 이용될 수 있다.

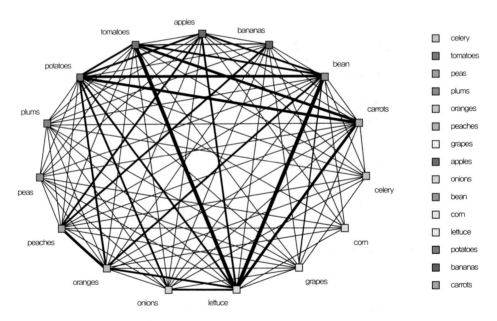

【그림 3-3】 그래프로 보여준 각 채소와 과일 간의 연관관계

3.3 의사결정나무

3.3.1 의사결정나무 개념

의사결정나무는 데이터 마이닝의 주요 기법 중 하나로서 분류 및 예측에 주로 사용이 되는 기법이다. 경영, 경제에 관련된 다양한 분야의 예측에 이용이 되고 있는 이 기법은 사용이 비교적 용이하고 그 결과를 이해하기가 수월하다는 장점을 가지고 있다. 데이터를 분석하여 나온 결과물이 의사결정나무라는 그래프 형식으로 표현이 되기도 하며, 또한 규칙 셋이라는 형식으로도 표현이 되기도 한다. 이러한 그래프와 규칙이라는 다양한 표현 형식은 다양한 다른 기법과 융합적 사용이 용이해 다양한 예측에 사용이 될 수 있다.

의사결정나무는 목표 변수에 대한 의사결정 규칙(Rule)들을 나무 구조로 그래프화하여 분류와 예측을 수행하는 기법으로서 각종 데이터로 부터 규칙을 도출하는 데 매우 유용하게 활용되고 있는 방법이다. 의사결정나무는 다른 통계 기반 기법에 비교하여 분석 결과의 해석이 쉽고, 어떠한 변수들이 분류에 중요한 영향을 미치는지 설명이 가능하며, 변수들 간의 상호작용에 대한 해석이 용이하다. 또한, 모형 구축 시간이 길지 않다. 이와 같은 장점 때문에 의사결정나무는 고객 분류, 기업의 부도 예측, 주가 예측, 환율 예측, 경제 전망 등 다양한 분야에서 활용이 되고 있다.

3.3.2 의사결정나무 기법

의사결정나무 분석은 일반적으로 다음과 같은 단계를 거치게 된다.

- 의사결정나무의 형성 : 분석의 목적과 자료 구조에 따라서 적절한 분리 기준과 정지규칙을 지정하여 의사결정나무를 얻는다.

- 가지치기 : 분류 오류를 크게 할 위험이 높거나 부적절한 추론 규칙을 가지고 있는 가지를 제거한다.
- 타당성 평가 : 이익도표나 위험도표 또는 검증용 자료에 의한 교차 타당성 등을 이용하여 의사결정나무를 평가한다.
- 해석 및 예측 : 의사결정나무를 해석하고 예측 모형을 설정한다.

나무구조 형성의 형태 중 하나는 이진트리 구조를 들 수 있다. 이 구조는 각각의 노드가 두 개의 자식노드를 만들어 yes 또는 no 질문에 답함으로써 터미널노드까지 진행해 나가는 방법이다. 단순한 이진트리 모양만 있는 것이 아니라 혼합된 형태의 모형도 있다. 의사결정나무를 형성하는 단계에서 사용되는 대표적인 알고리즘에는 지니지수(Gini Index) 또는 분산의 감소량을 분리 기준으로 활용하고 이진분리를 수행하는 CART, 엔트로피지수를 분리 기준으로 활용하는 C4.5 알고리즘, 카이제곱-검정 또는 F-검정을 분리 기준으로 활용하고 다지 분리 수행이 가능한 CHAID 등이 있다. 이들은 분리 기준과 정지 규칙, 그리고 가지치기 등에서 서로 다른 차이점을 가지고 있다.

의사결정나무 분석은 예측과 분류를 위해 보편적이고 강력한 툴로서 트리 구조로 규칙을 표현하기 때문에 이해하기가 쉽다. 어떤 적용에서는 얼마나 잘 분류 또는 예측하게 되는 것인지 만이 문제화되기도 한다. 즉 DM 발송회사는 모델이 어떻게 구성되었는지 보다는 얼마나 자신의 메일에 대답을 잘해줄 수 있는 집단을 분류해줄 수 있는지에 관심을 가지고 있다. 하지만 어떤 경우에는 왜 이런 결정을 하게 되었는지 설명하는 것도 중요하며 의사결정나무 분석은 이러한 경우에 유용하다. 예를 들면, 카드 신청자의 카드 발급을 거절해야 하는 경우 그것의 결과를 설명할 수 없는 기존 통계분석 모델보다 이유를 설명해 줄 수 있는 의사결정나무 분석이 더 유용하다.

의사결정나무의 장점은 아래와 같다:
- 주요 변수의 선정이 용이 : 중요한 변수만 선별하여 의사결정나무를 구성한다.

- 교호효과의 해석: 두 개 이상의 변수가 결합하여 목표변수에 어떻게 영향을 주는지 쉽게 알 수 있다.
- 비모수적 모형: 선형성, 정규성, 등분산성 등의 가정이 필요없다.
- 해석의 용이성: 모형의 이해가 쉽고, 새로운 자료의 모형에 적합하며, 어떤 입력변수가 목표변수를 설명하기에 좋은지 쉽게 파악할 수 있다.
- 지식의 추출: 의사결정나무를 룰로 자동 변화가 가능하며, 이 룰은 다양한 활용이 가능하다.

의사결정나무는 반면에 아래의 단점을 갖고 있다:

- 비연속성: 연속형 변수를 비연속적인 값으로 취급하기 때문에 분리의 경계점 근방에서 예측 오류가 클 가능성이 있다.
- 선형성 또는 주 효과의 결여: 선형 또는 주 효과 모형에서와 같은 결과를 얻을 수 없다는 한계점이 있다.
- 비안정성: 분석용 자료에만 의존하기 때문에 새로운 자료의 예측에서는 불안정할 가능성이 높다.

몇몇 의사결정나무 알고리즘이 이진분리를 이용하기 때문에 분리 가지의 수가 너무 많다. 나무 형성 시 컴퓨팅 비용이 많이 든다.

3.3.3 의사결정나무 사례

본 사례는 기업이 미래에 생존할 기업인지 생존하지 못하고 부도가 날 기업인지를 예측하는 모델의 구축과 사용에 관한 내용을 다룬다. 기업의 부실 원인 및 부실 예측 모형 등에 대한 이해를 의사결정나무 분석을 통해 알아보고자 한다.

1) 변수의 선정과 데이터의 추출

본 사례는 선행 연구들에 기초하여 기업 생존/부도에 영향을 미치는 변수로 18개의 재무변수를 선정하였으며 선정된 변수는 다음과 같다.

【표 3-1】예측 입력 변수

유동비율, 당좌비율, 부채비율, 자기자본비율, 총자본 순이익률, 총자본 경상이익률, 매출액 순이익률, 매출액 경상이익률, 매출액 증가율, 순이익 증가율, 이자보상비율, 수정이자보상비율, 총자본 회전율, 총부채 회전율, 금융비용부담률, 순운전 자본비율, 차입금 의존도, 현금비율

표본 기업으로 A업종 중 정상 기업 220개사, 부실기업 220개사의 표본을 적용하였다.

2) 데이터 분석을 통한 의사결정나무의 도출

의사결정나무를 이용한 데이터 분석을 통해 【그림 3-4】의 의사결정나무를 추출하였다. 【그림 3-4】의 의사결정나무는 기업 생존/비생존 예측에 관련된 18개의 변수 중 자기자본비율, 이자보상비율, 금융비용부담률, 차입금 의존도, 총자본 회전율의 5개의 변수가 기업의 생존을 예측하는 가장 중요한 재무적 변수라는 것을 알려주고 있다.

또한, 이 중에서 기업 생존 예측에 가장 중요한 변수는 의사결정나무의 가장 위에 위치한 자기자본비율이라는 것을 알 수 있다. 변수 하나만 고려해 보더라도 어떤 기업의 자기자본비율이 40.263727보다 큰 경우 기업의 미래 생존 확률은 34.1%로 예측된다.

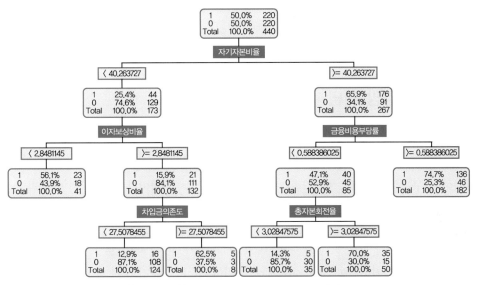

【그림 3-4】 기업 생존에 관한 의사결정나무

　　【그림3-4】에서 보이듯이 미래에 생존 확률이 가장 낮은 기업의 조건은 (0.588386025 <= 금융비용부담률) AND (40.263727 <= 자기자본비율)로서 비생존 확률이 74.7%로 예측된다. 그리고 이 조건에 해당되는 기업은 440개 중 182개이다. 또한, 미래에 가장 생존의 확률이 높은 기업의 조건은 (차입금 의존도 < 27.5078455) AND (2.8481145 <= 이자보상비율) AND (자기자본비율 < 40.263727)로서 이 조건을 만족시키는 기업의 생존 확률은 87.1%이며, 이 조건을 만족시키는 기업의 수는 440개 중 124개이다. 이와 같이 의사결정나무는 특정 기업의 자기자본비율, 이자보상비율, 금융비용부담률, 차입금 의존도, 총자본 회전율을 이용해 그 기업의 미래 생존 또는 비생존의 가능성을 예측할 수 있게 한다.

3.4 인공신경망

3.4.1 인공신경망 개념

　인공신경망은 생물학적 뇌의 작동 원리를 그대로 모방하는 방법으로, 데이터 안의 독특한 패턴이나 구조를 인지하는데 필요한 모델을 구축하는 기법이다. 인공신경망은 간단한 계산 능력을 가진 처리 단위, 뉴런 또는 노드들이 서로 복잡하게 연결된 컴퓨터 시스템으로서 외부에서 주어진 입력에 대하여 반응을 할 수 있다. 이러한 특징은 결국 인공신경망을 구성하고 있는 다수의 뉴런끼리의 상호 연결성에 기인한 것이다. 뉴런은 생체 내의 신경세포와 비슷한 것으로서 가중치화된 상호 연결성으로 서로 연결이 있다. 가장 일반적인 인공신경망 모형은 【그림 3-5】와 같은 다계층 퍼셉트론 모형으로서, 입력층(input layer)에서 은닉층(hidden layer), 은닉층에서 출력층(output layer)으로 각 뉴런이 서로 연결되어 있는 것이 특징이다.

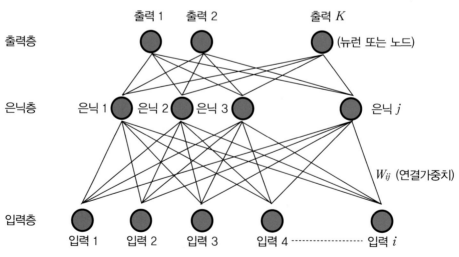

【그림 3-5】 다계층 퍼셉트론 모형의 기본 구조

인경신경망은 인간의 신경학적 뉴런과 비슷한 노드(node)와 층(layer)으로 구성되며 노드는 신경망 모형에서 가장 기본적인 요소를 말한다. 노드는 입력물로 받아들여 작동하는 인간의 뇌와 비슷하다. 학습 패러다임에 근거한 인공신경망은 입력 데이터를 기초로 가중치를 통해서 의사결정을 하게 한다.

인공신경망 모형은 예측 오차를 줄이고 예측 정확성을 증진시키기 위해서 반복적으로 가중치를 수정한다. 이런 반복적인 단계를 훈련이라고 한다. 많은 연구자들은 신경망을 노드와 노드의 연결, 그 연결에 부여된 가중치로 구성되어 있는 체계적 모형인 암흑상자라고 생각한다. 반면에 학습 과정을 통해서 자기 조직화를 찾기 때문에 해(解) 또는 결과를 도출하는 과정에서는 많은 유연성을 갖고 있다.

3.4.2 인공신경망의 특징

인간의 뇌처럼 다양한 뉴런이 서로 연결된 구조를 이용하여 의사결정이 이루어지고 있는 구조를 이용한 것이 인공신경망이다. 인공신경망은 자료의 관련성을 나타내 줄 수 있는 기법으로 뇌의 신경 시스템을 응용하여 예측을 최대화하기 위한 조직화를 찾기 위해 반복적으로 학습하는 원리이다. 인공신경망은 복잡하고 비선형적이며 관계성을 갖는 다변량을 분석할 수 있다. 인공신경망 기법은 회귀분석과 같은 선형 기법과 비교하여 비선형 기법으로서의 예측력이 뛰어나며, 자료에 대한 통계적 분석 없이 결정을 수행할 수 있다. 인공신경망은 통계적 기본 가정이 적고 유연하여 다양하게 활용이 된다. 특히 데이터 사이즈가 작은 경우, 불완전 데이터, 노이즈 데이터가 많은 경우 인공신경망 모델의 성능이 일반적으로 다른 기법과 비교해서 우수하다고 평가된다.

하지만 모델이 제시하는 결과에 대해서 왜 그런 결과가 나오는지에 대한 원인을 명쾌하게 설명할 수 없다는 점과 모델의 학습에 시간이 과도하게 드는 점, 전체적인 관점에서의 최적해가 아닌 지역 내 최적해가 선택될 수 있다 점, 과적합화(overfitting)가 될 수 있다는 점 등이 인공신경망 기법의 단점이라고 할 수 있다.

3.4.3 인공신경망 사례

본 사례는 앞서 의사결정나무에서와 같은 기업 생존/부도 예측 문제를 인공신경망 모델로 구현하여 보았다. 기업 생존/부도 예측변수로는 차입금의존도, 자기자본비율, 이자보상비율, 부채비율, 총자본 경상이익률, 유동비율, 총부채 회전율, 순운전자본비율을 이용했다.

【표 3-2】 신경망모형 분석 결과

- Estimated accuracy: 74.8
- Input Layer: 8 neurons
- Hidden Layer 1: 3 neurons
- Output Layer: 2 neurons

- Relative Importance of Inputs
• 차입금 의존도 0.532354
• 자기자본비율 0.4585
• 이자보상비율 0.386533
• 부채비율 0.29293
• 총자본 경상이익률 0.216319
• 유동비율 0.134382
• 총부채 회전율 0.107228
• 순운전자본비율 0.072239

【표 3-2】는 이 사례가 사용하는 인공신경망의 예측되는 정확도, 인공신경망의 구조, 중요한 예측변수들을 보여주고 있다. 이 인공신경망 모형은 【표 3-2】에서 보여 주는 8개의 변수 각각에 한 개씩 input 노드를 부여하여 8개의 input node가 입력층(input layer)에 있으며, 은닉층(hidden layer)은 3개의 node로 구성되며, 마지막 결과층(output layer)은 2개의 node로 구성이 되어 있다. 또한, 【표 3-2】는 8개의 input 변수 중 차입금 의존도가 기업 생존/부도에 영향을 미치는 가장 중요한 변수임을 보여주고 있다.

【표 3-3】신경망 훈련 결과

부도 여부		정상	부도	전체
정상	Count	**99**	26	125
부도	Count	48	**121**	169
전체	Count	147	147	294

일반적으로 데이터 마이닝 사용 시 데이터를 훈련용 데이터와 모델의 검증을 위한 테스트 데이터로 나눈다. 훈련용 데이터는 모델을 만드는 데에 사용되는 데이터이고, 테스트 데이터는 모델의 정확도, 예측력을 테스트하기 위해서 사용되는 데이터이다.

【표 3-3】은 훈련 자료의 설명도(fitting)가 (99+121)/294=74.8%로 산출되었음을 보여주고 있다. 이는 산출된 인공신경망 모델이 모델을 만드는데 사용된 데이터를 얼마나 잘 설명하고 있는가를 정량화(100% 만점)로 나타낸 것이다.

【표 3-4】의 신경망 테스트 결과는 테스트 자료를 이용한 예측 정확도가 (34+58)/146=63.0%로 결과가 산출되었음을 보여 준다. 따라서 이 인공신경망 모델의 기업 부도/생존 예측의 정확도는 63%/100%라고 할 수 있다.

【표 3-4】신경망 테스트 결과

부도 여부		정상	부도	전체
정상	Count	**34**	15	49
부도	Count	39	**58**	97
전체	Count	73	73	146

【표 3-5】는 인공신경망 기법의 예측 정확도를 다른 모델의 예측 정확도와 비교하여 표로 보여주고 있다. 기업부도 예측분석 기법으로 널리 사용되어지고 있는 판별분석을 이 사례의 기업부도 예측에 적용하였다. 인공신경망 모형의 예측력이 63%로 판별분석 기법의 60.3%보

다 높아 인공신경망 기법이 기업부도 예측에 판별분석 기법보다 우수한 기법임을 보여주고 있다.

【표 3-5】 인공신경망의 판별분석과 예측 정확도 비교표

모 형	훈련 자료	테스트 자료
판별분석	62.2%	60.3%
인공신경망모형	74.8%	63.0%

3.5 　사례 기반 추론

3.5.1 사례 기반 추론 개념

사례 기반 추론이란 과거에 있었던 사례들의 결과를 바탕으로 새로운 사례의 결과를 예측하는 기법이다. 과거에 발생한 문제는 미래에 다시 비슷한 형태의 문제로 발생할 가능성이 높고 새로운 문제를 해결할 수 있는 정답이 과거의 문제를 해결했던 정답과 유사할 것이라는 가정이다. 사례 기반 추론은 과거 사례들을 저장해 둔 사례기반으로부터 해결하고자 하는 새로운 사례와 가장 유사한 사례를 검색한 후, 유사 사례의 해결책을 바탕으로 당면한 문제의 해결책을 제안하는 과정으로 진행된다. 이때 제안된 해결책은 필요에 따라 적절히 수정된 후에 주어진 문제를 풀기 위해 재사용되며, 이렇게 해결된 새로운 사례는 추후 다른 문제 해결에도 도움이 될 수 있도록 새로운 사례로 사례기반에 저장된다.

사례 기반 추론을 이용하기 위해서는 일반적으로 과거의 사례와 사례들 사이의 유사 정도

를 측정하기 위한 유사도 척도가 준비되어야 한다. 유사도 측정도구는 여러 가지 방법이 제안되고 있지만 일반적으로 근접이웃방법론이 가장 많이 이용되고 있다. 근접이웃방법론을 적용하려면 속성의 값들 간 유사성 정도를 측정할 수 있는 속성 유사성 함수를 정의하여야 하고, 이를 이용하여 과거 사례의 속성값들과 해결하고자 하는 문제의 속성값들에 대한 유사성 정도를 측정하고, 이를 속성의 중요도에 따라 가중 합계를 계산하여 사례들 사이의 유사도를 측정하게 된다.

근접이웃방법론으로 입력 문제 T와 사례 S에 대한 유사도를 계산하면 아래 식과 같이 나타낸다. 여기서 T는 입력 문제, S는 학습된 사례, W_i는 T와 S의 각 속성에 대한 가중치로 정의된다.

$$Similarity(T, S) = \sum_{i=1}^{n} fl(T_i, S_i) \times W_i$$

각 속성에 대한 유사도 함수 f는 자료가 수치형 자료인지 또는 범주형 자료인가에 따라서 다음과 같이 계산된다.

- 수치형 속성인 경우 함수 f 계산:

  $f = 1 - |$ (비교 사례의 속성값 $-$ 과거 사례의 속성값)/해당 속성의 최댓값 $|$
- 범주형 속성인 경우 함수 f 계산:

  $f = 1 - |$ 비교 사례의 속성값 $-$ 과거 사례의 속성값 $|$

3.5.2 사례 기반 추론 과정

사례 기반 추론의 이용은 다음의 4단계 과정을 거친다.

1) 검색(Retrieve)

대상 문제가 주어지면, 사례 데이터베이스에서 그것을 풀기에 적절한 사례들을 검색한다. 하나의 사례는 문제와 그 해결 방법 그리고 그 해결 방법이 어떻게 유도되었는지에 대한 설명 등으로 구성된다. 예를 들어 어떤 사람이 블루베리 팬케이크를 만들려고 준비한다고 가정하자. 초보 요리사로서 그가 회상할 수 있는 가장 적절한 경험은 그가 과일이 들어 있지 않은 만들기 쉬운 팬케이크을 성공적으로 만들었던 것이다.

2) 재사용(Reuse)

이전의 사례로부터 대상 문제의 해결 방법을 연결한다. 이것은 새로운 상황에 맞추기 위해 필요한 만큼 해결 방법을 적응시키는 것을 포함한다. 팬케이크 예에서, 그는 그가 검색한 해결 방법에 블루베리를 추가한 것을 포함시켜 적응해야 한다.

3) 수정(Revise)

이전의 해결 방법을 대상의 상황에 연결시킨 후, 그 새로운 해결 방법을 실세계에서 테스트하고, 필요하다면 수정한다. 그가 밀가루 반죽에 블루베리를 첨가하여 팬케이크를 만들었다고 하자. 물에 섞은 후에 그는 그 반죽이 청색으로 바뀌는 바람직하지 않은 결과가 생기는 것을 발견한다. 이것은 다음의 문제 해결 방법을 수정을 하게 만든다. 즉 반죽을 프라이팬에 넣은 후에야 블루베리를 첨가한다는 것이다.

4) 유지(Retain)

해법이 성공적으로 대상 문제에 적용된 후에, 그러한 새로운 경험이 사례 데이터베이스에 새로운 사례로서 저장된다. 따라서 그는 그가 블루베리 팬케익을 만드는 과정에서 새로이 발견한 것을 기록하고, 그럼으로써 축적된 경험이 많아지고, 앞으로 팬케익을 만들 때 더 잘 준비하게 될 것이다.

3.5.3 사례 기반 추론 특징

사례 기반 추론은 다음의 장점을 가지고 있다.

① 사례 기반 추론의 문제 해결 방식은 인간의 문제 해결 방식과 유사하기 때문에 그 결과를 이해하기 쉽다.

② 새로운 사례를 단순히 저장하는 것만으로도 추가적인 작업 없이 학습이 진행된다.

③ 사례 기반 추론 모델은 그 구조가 간단하고 이해가 용이하다.

④ 수치형 변수와 범주형 변수 모두가 사용 가능하다.

⑤ 복잡한 문제를 비교적 적은 정보로 의사결정, 문제 해결이 가능하다.

하지만 사례 기반 추론은 다음과 같이 몇 가지 단점을 갖고 있다.

① 전통적인 사례 기반 추론의 경우, 타 인공지능 기법 또는 데이터 마이닝 기법에 비해 정확도가 상대적으로 크게 떨어진다.

② 사례를 저장하기 위한 공간이 많이 필요하다.

③ 일반화를 위한 학습 과정과 해결이 동시에 일어나기 때문에 많은 시간이 소요된다.

④ 사례를 설명하고 있는 속성이 적절하지 못한 경우 성능이 크게 저하된다.

사례 기반 추론이 최근 적용이 쉽고 간단하다는 장점과 모형의 갱신이 실시간으로 이루어진다는 점 등으로 인해, 온라인 환경에서의 고객관계관리를 위한 도구로 학계와 실무에서 주목을 받고 있다. 경영학 분야에서는 프로젝트 관리, 기업 신용평가, 채권등급평가, 콜센터에서의 자동응답 시스템 등에 사용되고 있다. 사례 기반 추론은 또한 다양한 현실 문제 해결에 적용되고 있으며, 고장 진단 헬프 데스크, 전략 수립 등에 적용이 되고 있다. 최근에 사례 기반 추론은 유비쿼터스 컴퓨팅 시스템의 상황 인식 기능 및 개인화 서비스의 구현에도 적극 활용이 되고 있다.

3.5.4 사례 기반 추론 사례

보험회사인 A사는 청약 프로세스에서 고객들이 보험설계를 마친 후에 프로세스를 종료하지 않고 실제 구매 단계인 청약신청 단계로 유인하기 위해서 개인화된 보험금 지급 사례와 보험통계 정보를 제공하는 온라인보험 판매지원 시스템을 설계하였다. 사례 기반 추론을 이용한 온라인보험 판매지원 시스템을 구성하기 위해서는 일단 온라인보험 설계를 진행하는 고객의 프로파일에 기초해서 질의를 통해 관련 사례들을 추출하였다. 추출된 사례들과 고객과의 유사도를 계산하여 유사도가 가장 높은 사례들을 최종 사례로 선정하여 선정된 사례의 속성 값을 기반으로 사례의 내용과 일치하는 보험통계 정보를 추출하였다. 이렇게 추출된 보험금 지급 사례와 보험통계는 고객이 온라인 보험의 설계를 종료하는 시점에서 청약신청 단계로 유인하기 위한 정보로 활용이 되었다.

보험설계 고객 특성과 보험금 지급 사례의 고객 특성 간에 유사도를 계산하여 고객 유사도를 산출하고, 가장 최근의 사례를 제공하기 위해 사례의 최신도를 곱하여 최종 유사도를 산출하였다.

사례 기반 추론를 이용한 A사의 온라인보험 판매지원 시스템은 개인화된 청약 유인 정보를 제공하여 고객을 청약 신청 단계로 유인하였다. 기존의 다른 추천 시스템을 이용한 경우 구매 의도가 평균 2.83/4.0로 나타난 반면에 사례 기반 추론 시스템을 이용한 경우 구매 의도가 3.17/4.0로 더욱 높게 향상되었다.

3.6 종합

본 장에서는 데이터 마이닝 기법 중에서 널리 쓰이는 연관관계 분석, 의사결정나무, 인공신경망, 사례 기반 추론의 이론과 사례를 소개하였다. 이들 기법은 각각의 응용 분야 또는 활용 분야가 있으며 기법마다 고유의 장점과 단점을 갖고 있다. 연관 규칙의 경우 각 상품, 서비스, 이벤트의 연관성을 쉽게 보여 주며, 의사결정나무는 분석 결과를 명확하고 쉽게 이해할 수 있게 보여준다. 인공신경망은 비선형적인 데이터의 패턴을 잘 설명하는 모델로서 데이터의 사이즈가 작거나 데이터에 결측값이 많거나, 노이즈가 많은 경우 다른 기법보다 예측력이 높은 경향이 있다. 사례 기반 추론은 사용이 쉽고 모델의 설명이 용이하다.

PART 04

【참고문헌】

권오병, 「건설기업 영위기업의 부도예측에 관한 실증적 연구(보증월보 기사)」, 신용보증기금, 2003.

김건우, 「한국기업의 도산원인」, 경영학 연구, v.3, 1999.

김명균, 조윤호, 「경영분석지표와 의사결정나무기법을 이용한 유상증자 예측모형 개발」, v.18 n4, 지능정보연구, 2012.

김명옥, 나정아, 「사례 기반 추론을 이용한 사무지식 추천 시스템」, v.17 n.13, 지능정보연구, 2011.

김선기, 황석화, 김건우, 「기업부실화의 원인·징후 및 예측」, 한국신용평가, 1986.

김영우, 「중소기업의 부실예측모형에 관한 연구(석사학위 논문)」, 영남대 대학원, 2007.

김종우, 이경미, 「인터넷 상점에서 개인화 광고를 위한 장바구니 분석 기법의 활용」, v.17 n.3, 경영과학, 2000.

김진완, 옥석재, 「사례 기반 추론을 이용한 온라인 보험판매지원시스템의 설계」, v.10 n.8, 한국콘텐츠학회논문지, 2010.

김진화, 이상종, 김영란, 「연관성 규칙을 이용한 제품 추천 전략 - 디지털 카메라를 중심으로」, 2008 한국경영정보학회 추계학술대회, 2008.

김한주, 「녹색성장 국가전략과 그린 IT 역할」, 정보과학회지, v.27 n.11, 2009.

남기성, 「데이터 마이닝의 연관성 규칙을 이용한 동시행동 분석」, 사회조사연구, v.17, 2002.

노미정, 김진화, 이재범, 「스마트폰과 서비스 컨버전스에 관한 탐색적 연구」, 한국전자거래 학회지, v.15 n.4, 2010.

민병석, 임태윤, 권기덕, 「모바일 컨버전스의 확산과 대응」, CEO Information, v.497, 2005.

박두순, 「웹 기반 연관규칙을 위한 데이터 마이닝 가시화」, 한국정보기술학회논문지, v.3 n.4, 2005.

백운수, 「기업부실예측」, 금융연수원, 2009.

배재권, 「재무비율을 이용한 기업부도예측모형의 실증적 연구(석사학위 논문)」, 서강대 대학원, 2006.

이재식, 이혁희, 「개별 속성의 선택 및 제거효과 순위를 이용한 사례기반 추론의 속성 선정」 2002 추계 한국지능정보시스템학회 학술대회논문집, 2002.

이희정, 홍태호, 「클러스터링 기반 사례 기반 추론을 이용한 추천시스템 개발」, 2004 춘계 대한산업공학회/한국경영과학회 학술대회논문집, 2004.

장남식, 홍성완, 장재호, 『데이터 마이닝』, 대청, 1999.

최국렬, 『데이터 마이닝 이론과 실습: 보건의료데이터 중심』, 청구문화사, 2001.

최세일, 『최세일의 주식시장 기술적 지표 분석』, 진리탐구, 1999.

허명회, 이용구, 『데이터 마이닝 모델링과 사례』, 한나래, 2008.

Agrawal, T., Imielinski, & Swami A., Mining association rules between sets of items in large databases, Proceedings of the 1993 ACM SIGMOD, International Conference on Management of Data, 1993.

Beaver, W., Financial ratios as predictors of failure, Journal of Accounting Research, v.4, 1966.

Gehrke, J., Ganti, V., Ramakrishnan, R. & Loh, W., BOAT:optimistic decision tree construction, Proceedings of the 1999 ACM SIGMOD International Conference on Management of Data, 1999.

ko.wikipedia.org.

Quinlan, J. R., C4.5:Programs for Machine Learning, Morgan Kaufmann, 1993.

01. 다음 중 소셜 데이터 분석과 관련이 가장 적은 것은 무엇인가?

① 텍스트마이닝 ② 소셜네트워크 분석

③ 웹마이닝 ④ 오피니언마이닝

⑤ 연관관계 분석

【해설】연관관계 분석은 소셜 데이터 분석과 가장 관련이 적다.

02. 다음 중 정형 데이터 분석 기법에 해당하지 않는 것은 무엇인가?

① 텍스트마이닝 ② 연관관계 분석

③ 의사결정나무 ④ 인공신경망(Neural Networks)

⑤ 사례기반추론

【해설】텍스트마이닝 기법은 비정형 데이터 기법에 속한다.

03. 다음 중 데이터마이닝 기법에 해당하지 않는 것은 무엇인가?

① 쿼리(Query)

② 사례기반추론(Case Base Reasoning)

③ 군집분석(Cluster Analysis)

④ 인공신경망(Neural Networks)

⑤ 의사결정나무

【해설】쿼리는 데이터베이스 활용 기법에 해당된다.

04. 다음 중 연관관계 분석에서 연관관계 룰의 신뢰도를 나타내는 것은 무엇인가?

① Confidence ② Support

③ Lift ④ Coverage

⑤ Association

【해설】Confidence가 연관관계 룰의 신뢰도를 나타낸다.

05. 어떠한 두 상품이 음의 상관관계를 가질 경우, 즉 소고기와 돼지고기와 같은 대체재의 경우 해당되는 Lift 값은 아래 무엇인가?

① 3.0   ② 2.0

③ 1.2   ④ 0.2

⑤ 0

【해설】대체재의 경우 Lift 값은 1보다 작은 값을 갖는다.

06. 다음 중 의사결정나무의 장점이 아닌 것은 무엇인가?

① 모델의 이해가 용이하다.

② 중요한 변수의 선정이 용이하다.

③ 정확한 의사결정이 가능하다.

④ 룰로 변환이 가능하다.

⑤ 분석 결과의 이해가 쉽다.

【해설】정확한 의사결정은 의사결정나무의 장점이 아니다.

07. 다음 중 엔트로피지수를 분리 기준으로 하는 의사결정나무 알고리즘은 무엇인가?

① Cluster Algorithm   ② ARIMA

③ CART   ④ CHAID

⑤ C4.5

【해설】엔트로피지수를 분리 기준으로 하는 의사결정나무 알고리즘은 C4.5이다.

08. 다음 중 인공신경망과 관련된 용어가 아닌 것은 무엇인가?

① layer   ② similarity

③ weight   ④ node

⑤ 은닉층(hidden layer)

【해설】similarity는 사례기반추론에서 다루어지는 용어이다.

09. 인공신경망에서 모델의 예측 정확도를 알아보기 위해서 사용되는 데이터를 무엇이라 하는가?

① 테스트 데이터   ② 모델용 데이터

③ 연습용 데이터   ④ 훈련용 데이터

⑤ 무작위 추출 데이터

【해설】 인공신경망에서 모델의 예측 정확도를 알아보기 위해서 사용되는 데이터를 테스트 데이터라고 한다.

10. 다음 중 사례기반추론의 단점이 아닌 것은 무엇인가?

① 공간이 많이 필요하다.

② 시간이 많이 소요된다.

③ 다른 인공지능, 데이터마이닝 기법에 비해 정확도가 떨어진다.

④ 속성이 적합하지 않은 경우 성능이 저하된다.

⑤ 구조가 복잡하다.

【해설】 사례기반추론은 구조가 간단하다는 장점이 있다.

CHAPTER 04 >> 비정형 데이터 마이닝

4.1 비정형 데이터 마이닝

4.1.1 비정형 데이터

비정형 데이터란 글자 그대로 정형화되지 않은 데이터로서, 구체적으로 미리 정의된 데이터 모델을 가지고 있지 않은 데이터를 말한다. 대표적인 비정형 데이터의 예로는 아주 많은 양의 데이터를 가지고 있으면서 구조와 형태가 다르고 정형화되지 않는 문서, 영상, 음성 등을 들 수 있다. 문서의 경우만 살펴봐도 텍스트(Text)가 대부분이나 그 속에는 다른 그림이나 표 등이 들어 있어서 구분하기 힘들게 하는 불규칙성이 있고 의미를 파악하기 애매하기 때문에 기존의 일반적인 프로그램을 적용하기는 어렵다. 게다가 최근 들어 인터넷(Internet)과 스마트폰(Smart Phone)의 대중화에 힘입어 이메일(E-Mail), 블로그(Blog), 트위터(Twitter), 페이스북(Facebook) 등과 같은 인터넷 서비스를 모바일(Mobile) 환경에서도 널리 사용함에 따라 여기서도 새로운 형태의 비정형 데이터가 엄청난 양으로 매일 생성되고 있기 때문에 이들을 활용하기 위한 진화된 방법들이 계속해서 모색되고 있다. 따라서 비정형 데이터의 예로는 책, 저널, 문서, 메타 데이터, 건강 기록, 오디어, 비디오, 아날로그 데이터, 이미지, 파일뿐만 아니라 이메일 메시지나 웹페이지, 워드 프로세서 문서 등의 내용에 해당되는 비정형 텍스트까지도 들수 있다. 그뿐 아니라 약어, 속어, 신조어 등이 포함된 채팅, 이메일, SMS(Short Message Service)용어와 같은 비표준 텍스트까지도 포함시킬 수 있다.

비정형 데이터는 보통 전자문서 속에서 발견되므로 전체 문서를 분류할 수 있는 목차나문서관리 시스템을 그 문서 내에서부터 데이터를 이동하거나 조작하는 것보다 더 자주 사용한다. 따라서 문서 관리를 통하여 수집된 문서들에 대한 연결 구조를 만들어 놓고 이것을 이용하여 정보 검색을 용이하게 하는 수단을 제공받을 수 있다. 검색 엔진은 이러한 데이터, 특히 텍스트에 인덱스(Index)를 붙이고 검색하는 대중적인 도구의 역할을 해왔다.

비정형 데이터는 불규칙 정도에 따라 반정형 데이터로 구분하기도 한다. 반정형 데이터는관계형 데이터베이스나 다른 형태의 데이터 테이블로 조직된 데이터 모델의 정형적 구조를 따르지 않지만 어의적 요소를 분리시키고 데이터 내의 레코드와 필드의 계층 구조가 있게 하는 태그(tag)나 다른 마커를 포함하고 있는 정형 데이터이다. 따라서 스스로 자신의 구조를기술하고 있는 것으로 알려져 있다. 반정형 데이터 속에는 같은 클래스에 속하는 속성들은순서에 상관없이 서로 묶을 수 있고 다른 속성을 포함시킬 수도 있다.

반정형 데이터는 계속적으로 발생되고 있다. 그것은 인터넷의 확산으로 전반적인 텍스트문서와 데이터베이스가 더 이상 고정된 특정 데이터 형식만을 고집하고 있지 않고 오히려 정보를 교환하기 위한 새로운 형태의 매체를 필요로 하고 있기 때문이다. 비교적 최근에 등장한 객체 지향 데이터베이스에서의 데이터는 반정형 데이터가 많다. 그리고 마크업(Markup) 언어, 이메일, EDI(Electronic Data Interchange) 등의 데이터 형태는 모두 반정형 데이터 형식이다. 데이터 구조와 데이터를 스스로 기술하는 수단을 가진 비교적 최근에 나온 마크업 언어로는 XML(eXtensible Markup Language)이 있다. XML은 웹 상에서 공유될 어떤 종류의 데이터를 정의하는 방법에 관한 일련의 구조화된 규칙이다. 이 규칙은 XLM 스키마(schema)로 정의하고 데이터는 스키마의 규칙에 따라 표현할 수 있으므로 데이터베이스에 들어 있는 데이터까지 표현하는 것이 가능하다. XML은 SOAP(Simple Object Access Protocol) 원리를 유용하도록 개발하는 웹서비스(Web Services)에 의해서 대중화되어 왔다.

XML로 기술된 데이터 형식은 관계형 데이터베이스의 테이블과 행과 같은 기능적 수준에서 구조적 엄격함이 못 미치는 인상을 가지게 하므로, 이전에는 비정형 형태로 보았지만, 실제로는 XML 스키마에 의해 강제하고 상업 또는 고객 프로그램 둘 다에 의해 처리되는 데이터베이스 스키마와 같은 엄격함을 가진 것으로 설계될 수 있다. 따라서 내재적으로 반정형 데이터 형태로 보는 XML에 대한 관점은 그것으로 데이터 중심 애플리케이션을 폭넓게 사용하는 데 있어서 장애가 되어 왔지만 실제로 XML은 아주 엄격한 요소 구조와 데이터 형식뿐 아니라 인간 중심 흐름과 계층 구조를 가능하게 하는 '유연성 있는 구조'로 언급될 수도 있다.

4.1.2 비정형 데이터 분석과 마이닝

비정형 데이터 속의 패턴을 발견하거나 비정형 데이터를 번역하기 위해 데이터 마이닝, 텍스트 분석, 비표준 텍스트 분석 등과 같은 기법에 의해 다양한 방법을 제공하게 된다. 텍스트를 정형화하기 위한 일반적인 기법으로는 메타데이터(Meta Data)로 태그를 직접 달거나, 고도의 텍스트 마이닝 기반 정형화를 위해 태그를 텍스트 속의 단어와 스피치(Speech)의 한 부분이 대응되게 붙이는 방법이 있다.

기계로 처리할 수 있는 구조를 만드는 소프트웨어를 이용하여 언어적, 청각적, 시각적 구조가 인간 커뮤니케이션의 모든 형태로 내재되도록 하고, 알고리즘을 이용하여 이러한 내재된 구조를 단어 형태로 검사하는 방법을 적용하여 텍스트나 문장 구문, 그리고 다른 소규모 및 대규모 패턴으로부터 의미를 추론할 수 있다. 그러면 비정형 데이터의 모호함을 잘 발견하는 데 사용되는 타탕성 기반 기법을 보다 잘 식별할 수 있게 하는 것을 향상시키거나 태그를 달 수 있게 할 수 있다. 전달되고 있는 주요 내용이 정의된 구조를 가지고 있지 않지만, 일반적으로는 스스로 구조를 갖고 있는 객체로서 정형 데이터와 비정형 데이터가 섞여 있는 경우, 여전히 비정형 데이터로 참조되는 객체로 본다. 예를 들어 HTML 웹페이지는 태그들로 이루어져 있고 HTML 마크업은 이 태그들이 해석되어 유일하게 표현하는 것을 대표적으로 제공한다. 그것은 그 페이지의 정보 내용을 자동으로 처리하는 것을 지원하는 방식으로 태그된 요소의 의미나 기능 정보까지는 획득하지 못한다.

빅데이터 환경에서 거의 80% 이상이 비정형 데이터이므로 빅데이터에서의 데이터 마이닝은 비정형 데이터 마이닝에 초점이 맞추어져 있다. 일반적으로 빅데이터에서 데이터 마이닝은 통계 기반의 데이터 분석 도구를 사용하거나 OLAP 분석을 통해 데이터를 다양한 각도의 관점으로 조명하여 의미 있는 것으로 해석하는 것에 덧붙여 데이터 사이의 숨겨진 관계와 패턴, 경향 등을 추출하는 것을 말한다. 이것은 비정형 데이터를 일단 정련 과정을 통해 정형 데이터로 만들고 난 다음에 일반적인 데이터 마이닝 작업인 분류, 군집화, 회귀분석, 요약, 이상 감지 등에 적용하여 의미 있는 정보를 발굴해낸다는 것이다.

비정형 데이터 마이닝 과정을 간단히 살펴보면 보통 탐색, 이해, 분석의 과정을 거친다. 탐색 과정에서는 질의, 집합연산, 수정 재검색 및 지속적인 search 등의 작업을 수행한다. 이해 과정에서는 통계, 분배, 특징 선택, 군집화, 분류 편집, 시각화 등의 작업을 수행한다. 그리고 분석 과정에서는 경향, 상관관계, 분류 등의 작업을 수행한다.

정제된 데이터베이스를 기반으로 일정한 기준이 적용된 상식적인 범위에서 부분적인 데이터를 다루는 정형 데이터 마이닝의 한계를 뛰어넘는 대표적인 비정형 데이터 마이닝 기법으로는 텍스트 마이닝, 웹 마이닝, 오피니언 마이닝, 소셜네트워크 분석 등이 있다.

4.2 비정형 데이터 마이닝 기법

4.2.1 텍스트 마이닝

1) 텍스트 마이닝의 이해

인터넷 자료, e-mail, 여러 분야의 논문, 신문 또는 잡지의 기사, 여론조사 보고서 등 우리의 실생활에서 만들어지는 대부분의 자료는 텍스트 형태를 띤다. 텍스트 마이닝은 이러한 인간의 언어로 이루어진 비정형 텍스트 데이터들을 자연어 처리(Natural Language Processing) 방식을 이용하여 대규모 문서에서 정보를 추출하거나, 연계성을 파악하거나, 분류 혹은 군집화, 요약 등 빅데이터에 숨겨진 의미를 발견하는 기법을 말한다. 따라서 텍스트 마이닝은 기존의 통계분석이나 데이터 마이닝을 적용하기에 부적합한 데이터를 다룬다. 이러한 텍스트 마이닝은 텍스트 분석(Text Analytics), 텍스트 데이터베이스로부터 지식 발견(Knowledge Discovery in Textual Database), 문서마이닝(Document Mining) 등으로 불리기도 한다.

텍스트 마이닝은 대규모의 텍스트에서 고품질의 정보를 도출하는 과정을 의미하며, 텍스트 데이터 마이닝 또는 텍스트 분석과 거의 같은 의미로 사용된다. 고품질의 정보는 일반적으로 통계적인 패턴 학습 등의 수단을 통해 패턴과 추세를 파악함으로써 도출된다. 텍스트 마이닝은 일반적으로 입력 텍스트를 정형화한 다음, 정형화 데이터 내에서 패턴을 추출하고 나서 나중에 출력을 평가하고 번역하는 과정을 포함하고 있다. 여기서 정형화는 입력 텍스트를 파싱(Parsing)할 때 추출되는 언어적 특징은 추가시키고, 그 이외의 것들은 제거하면서 데이터베이스와 같은 정형화된 구조 속에 삽입하는 것을 말한다. 그리고 고품질 정보는 보통 새롭고 적절하며 관심을 끄는 데이터들의 집합이라 할 수 있으며, 한마디로 어떤 목적과 관련하여 의미 있는 정보라고 말할 수 있다.

텍스트를 분석하려면 정보 검색, 단어 빈도 분포를 연구하는 어휘 분석, 패턴 인식, 태그 및 주석, 정보 추출, 링크 및 연결 분석을 내포하는 데이터 마이닝, 시각화, 그리고 예측 분석 등이 필요하다. 특히 일련의 키워드를 사용해서 논리적 질의어를 구성하고 이를 통해 검색한 결과에 따라 텍스트 문서를 구별하는 정보 검색과 텍스트 문서에서 다른 데이터나 경향 등을 분석하기 위해 특별한 정보를 뽑아내는 정보 추출 과정은 공통적으로 대규모 텍스트를 다루기 쉬운 크기로 줄이기 위한 요약 처리 과정을 필요로 한다. 여러 텍스트 문서에 포함된 정보에 접근하여 받아들일 만한 크기로 요약했다 하더라도 많은 문서 요약들을 분류하여 다양한 형태로 논리적 배열을 하는 것은 그렇게 간단한 문제가 아니다. 텍스트 정보에 접근하기 위해서는 본질적으로 무엇보다 중요하게 사용해야 하는 것이 바로 자연어 처리 기술이고, 이를 뒷받침해 주기 위해 텍스트 요약과 분류를 위한 도서 분류 체계, 그리고 일반적인 정보 과학 기술 등이 필요하다.

사람이 사용하는 언어를 컴퓨터가 인식해 처리하는 자연어 처리 및 분석 애플리케이션은 특히 비정형 데이터나 반정형 데이터에서 의미 있는 정보를 추출하기 위해서 반드시 필요하다. 대표적인 자연어 처리 애플리케이션은 자연어로 작성된 여러 문서를 살펴나가는 것, 예측 분류 목적을 위한 문서 집합을 모델화하는 것, 정형화 데이터로 만들어 데이터베이스에 넣는 것, 추출된 단어로 인덱스를 찾아내는 것 등이 있다. 따라서 텍스트 마이닝은 한마디로 비정형 텍스트 데이터로부터 자연어 처리 기술에 기반을 두고 의미 있는 정보를 추출하거나 가공하는 정보 발견 기술이라고 해도 과언이 아니다.

텍스트 마이닝 기술을 사용하여 먼저 인간 중심의 비정형 데이터에서 자연어 처리 기술을 적용하여 추출한 텍스트에서 의미 있는 숫자나 단어 인덱스를 추출하고, 텍스트에 포함된 정보를 통계 및 규칙적인 기계 학습과 같은 다양한 데이터 마이닝 알고리즘에 의해 접근할 수 있도록 만들어 의미 있는 정보를 추출한다. 그리고 텍스트 정보에 의해 문서에 포함된 단어를 요약하거나 텍스트 정보 안에 포함된 단어를 기준으로 문서를 요약하기 위해 텍스트 정보를 추출할 수 있으므로 문서 등에 있는 단어나 단어의 군집을 분석할 수도 있고, 여러 문서를 분석하여 문서들 사이의 유사성이나 관련성을 파악할 수도 있다. 따라서 텍스트 마이닝은 웹 마이닝, 오피니언 마이닝, 소셜네트워크 분석 등과 같은 다른 비정형 데이터 마이닝 기법의 근간이 되는 기법이라고 할 수 있다.

2) 텍스트 마이닝의 처리 과정

텍스트 마이닝 처리 과정은 여러 가지 종류의 텍스트 데이터로부터 지식을 발견하는 과정이라 할 수 있다. 지식 발견이라는 측면에서 텍스트 마이닝의 목적은 비정형 데이터나 정형 데이터, 반정형 데이터를 처리하여 의사결정을 위해 필요한 고차원적이고 의미 있는 정보나 지식을 추출하는 것이다. 따라서 텍스트 마이닝 처리 과정의 입력으로는 처리 과정을 위해 텍스트 문서로부터 수집되거나 저장되거나 만들어진 비정형 데이터나 정형 데이터, 반정형 데이터가 해당된다. 그리고 텍스트 마이닝 처리 과정의 출력으로는 의사결정을 위해 사용될 수 있는 텍스트의 패턴이나 관계와 같은 특별한 의미의 지식이 해당된다. 결국, 거시적 측면에서 텍스트 마이닝 처리 과정은 입력·처리·출력이라는 정보 처리의 기본 처리 과정을 따른다고 할 수 있다.

입력과 출력을 제외하고 처리 과정에만 국한하여 미시적으로 살펴보면 텍스트 마이닝 처리 과정은 준비 단계, 전처리 단계, 지식 추출 단계를 밟는다.

준비 단계는 입력되는 여러 가지 텍스트 문서의 데이터들을 문제 범위에 적절한 것으로 확립하는 것이다. 일부 텍스트 분석에서는 진보된 통계 방법을 적용하기도 하지만 대부분은 정보검색이나 텍스트 식별을 말하며, 웹 상에서나 파일 시스템, 데이터베이스, 내용 관리 시스템 등에서 문제 범위에 맞는 일련의 텍스트들을 수집하거나 식별하는 것이다. 이렇게 수집된 텍스트들은 텍스트 파일과 같은 컴퓨터 처리에 적합하게 통일된 형태로 디지털화되고 조직화된다.

전처리 단계는 준비 단계에서 문제 범위에 맞게 조직화된 텍스트들을 정형화된 표현 양식으로 만드는 것이다. 텍스트 문서에서 단어를 찾아 목록을 만들고 단어 목록에서 전문 분야와 연결하여 의미를 갖는 용어를 식별하여 목록을 만든다. 그리고 이들 용어 목록과 텍스트 문서와의 관계를 인덱스로 연결하여 행렬 구조로 만들고 행 기준으로 볼 때 하나의 텍스트 문서가 용어 목록에 의해 어떤 의미를 갖는가를 나타내고, 열 기준으로 볼 때 하나의 용어가 각 텍스트 문서에서 나타나는 빈도가 어느 정도인지를 나타내게 한다. 용어와 텍스트 문서의 행렬이 너무 크게 되면 처리하기 힘들기 때문에 빈도가 지나치게 적은 것과 전문가 입장에서 문제 영역에서 멀다고 생각되는 것을 제거하고 특이값 분해를 통해 행렬의 전반적인 의미 구조가 나타나도록 하여 다루기 쉬운 크기로 줄인다. 즉 전처리 단계의 목적은 준비 단계의 문제 범위에 조직화된 데이터를 의미 구조를 갖으면서도 다루기 쉬운 정형화된 데이터로 변환시키는 것이다.

지식 추출 단계는 문제 범위에 맞게 변환된 정형 데이터에서 의미 있는 패턴이나 관계와 같은 지식을 발견하는 것이다. 여기에는 분류, 클러스터링, 개념 및 개체 추출, 세분화된 분류 체계의 생산, 심리 분석, 문서 요약, 개체 관계 모델링 등이 있다. 여기서 텍스트 분류는 분류 체계를 가지고 텍스트 내용을 보고 주제에 따라 분류하는 방법이며 텍스트 클러스터링(Clustering)은 분류 체계를 모르는 상태에서 성격이 비슷한 것끼리 같은 군집으로 묶어주는 방법이다.

4.2.2 웹 마이닝

웹 마이닝(Web Mining)은 데이터 마이닝 기술의 응용 분야로서 인터넷을 통해 웹 서비스를 이용하면서 웹에서 패턴을 발견하는 것을 말한다. 웹 마이닝은 전통적인 데이터 마이닝의 분석 방법론을 사용하면서도 웹 데이터의 속성이 반정형이거나 비정형이고, 링크(Link) 구조를 가지고 있기 때문에 전통적인 데이터 마이닝 기술에 추가적인 분석 기법이 필요하다. 웹 마이닝은 분석 대상에 따라 웹 사용 마이닝, 웹 콘텐츠 마이닝(Web Content Mining), 웹 구조 마이닝 등으로 구분할 수 있다.

1) 웹 사용 마이닝

웹상에서 사용자가 찾고자 했던 것을 기록하고 있는 웹서버 로그(Web Server Log)에서 유용한 정보를 추출하는 과정을 말한다. 웹 사용 마이닝은 웹 기반 애플리케이션이 필요로 하

는 것을 이해하고 서비스해 주기 위해 웹에서 흥미 있는 사용 패턴을 발견하는 데이터 마이
닝 기술의 응용으로 이것을 이용하여 웹 사용자가 웹사이트에서 사용한 데이터를 통해 나
타난 행위에 따라 그들의 특성과 성향을 뽑아낸다. 웹 사용 마이닝 그 자체는 사용 데이터
의 종류에 보다 의존적인 것으로 분류할 수 있다. 사용 데이터에는 웹서버에 의해 수집되는
IP(Internet Protocol) 주소, 페이지 참조사항, 접근 시간 등과 같은 사용자 로그에 해당되는 웹
서버 데이터, 전자상거래와 관련하여 여러 가지 종류의 이벤트(events)를 추적히고 이것을 애
플리케이션 서버 로그로 기록할 수 있게 하는 중요한 특징에 해당되는 애플리케이션 서버 데
이터, 새로운 종류의 이벤트가 애플리케이션에 정의될 수 있고 이들과 같이 특별히 정의되는
이벤트의 히스토리(History)를 발생시키는 것으로 로그 기록을 변환할 수 있는 애플리케이션
수준 데이터 등이 있다.

2) 웹 구조 마이닝

웹사이트의 노드와 연결 구조를 분석하기 위해 그래프(Graph) 이론을 사용하는 과정을 말
한다. 웹 구조 마이닝은 웹 구조 유형에 따라 웹에서 하이퍼링크로부터 패턴을 추출하는 것
과 문서 구조를 분석하는 것으로 구분할 수 있다. 여기서 하이퍼링크란 다른 웹페이지나 위
치로 연결하는 정보로서 텍스트에 덧붙여 하이퍼텍스트를 만드는 것을 말한다. 그리고 문서
구조는 HTML이나 XML 태그 사용법을 설명하는 페이지 구조와 같은 구조를 말한다. HTML
은 텍스트에 하이퍼링크를 덧붙인 하이퍼텍스트를 구현하여 웹페이지를 만드는 클라이언트
중심의 웹 프로그래밍 언어에 해당된다.

3) 웹 콘텐츠 마이닝

웹페이지에서 유용한 데이터, 정보, 지식을 마이닝하고 추출하고 통합하는 것을 말한다. 웹상에 이전부터 퍼트려진 수많은 정보가 가지고 있는 구조적 결핍과 중복성을 개선하고자 각종 정보수집 도구를 사용하여 자동으로 발견하여 결합하고 인덱스화하여 데이터베이스에 저장해 두고 검색도구를 통해 사용자가 보다 편리하게 검색할 수 있도록 진화되어 왔다. 이것은 대부분의 포털사이트에서 웹페이지를 주제별 또는 키워드별로 자동으로 분류해둔 검색엔진을 운영하는 것을 예로 들 수 있다. 이러한 작업은 전통적인 데이터 마이닝 작업과 유사하다. 그러나 웹페이지에서 특정 기사나 상품이나 서비스에 대한 댓글이나 설명 같은 것에서 유용한 정보를 추출하는 작업은 데이터 마이닝과 다른 부분이다. 대부분 조직적인 정보나 분류체계, 필터, 문서 번역 등의 기능을 제공하지 못하고 최근 들어서야 정보 검색을 위한 지능적인 웹 에이전트와 도구를 개발하고 데이터베이스와 데이터 마이닝 기술을 보다 고차원적인 수준의 정보를 제공하기 위한 수단으로 제공하기 시작하고 있다. 웹 마이닝을 위한 에이전트 기반 방법에는 진화된 인공지능 시스템의 개발이 포함되는데 이것은 웹 기반 정보를 발견하고 조직할 수 있도록 자동 또는 반자동으로 사용자를 지원할 수 있게 한다.

웹 콘텐츠 마이닝은 정보 검색 관점과 데이터베이스 관점과는 차별화된다. 정보 검색 관점에서 보면, 웹 콘텐츠 마이닝은 정형 데이터 이외에도 독립적으로 통계를 기반으로 하여 모은 단어, 또는 특징에 따라 훈련시킨 텍스트에서 발견하는 단어와 같은 비정형 데이터, 그리고 문서 내부에서 HTML 구조를 유용하게 만드는 태그들과 문서들 사이의 관계를 나타내는데 용이한 하이퍼링크 구조와 같은 반정형 데이터 등을 다룬다는 측면이 다른 것과 구별되는 특성이라고 할 수 있다. 데이터베이스 관점에서 말하자면, 웹 콘텐츠 마이닝은 웹상에서 정보 관리와 질의를 보다 더 잘할 수 있도록 하기 위한 데이터베이스로 웹사이트를 변형할 수 있도록 웹사이트 구조를 추론하려고 끊임없이 노력한다는 측면이 또 다른 특성이라고 할 수 있다.

웹 마이닝은 포털(Portal)을 위한 콘텐츠 파이프라인(Content Pipeline)의 중요한 구성요소로서, 데이터 확인과 유효성 검증, 데이터 통합, 분류 체계 구축, 콘텐츠 관리, 콘텐츠 생산, 오피니언 마이닝 등에 사용된다.

4.2.3 오피니언 마이닝

1) 오피니언 마이닝의 이해

오피니언 마이닝(Opinion Mining)은 어떤 사안이나 인물, 이슈, 이벤트 등과 같은 원천 데이터에서 의견이나 평가, 태도, 감정 등과 같은 주관적인 정보를 식별하고 추출하는 것과 관련되므로 오피니언 분석, 평판 분석, 정서 분석이라고도 한다. 일반적으로 말해서 오피니언 분석은 어떤 화제나 문서의 전반적 문맥 특성과 관련된 작성자나 화자의 태도를 파악하는데 도움을 준다. 여기서 태도는 판단이나 평가, 효과적 상태나 의도된 감정적 의사소통 등에 대한 것일 수 있다. 오피니언 분석의 기본적인 작업은 문서, 문장, 특징, 관점 수준에서 표현된 견해가 긍정적인지, 부정적인지, 중립적인지, 진보적인지 주어진 텍스트의 특성을 분류하는 것이다.

오피니언 마이닝에서 주요 분석 대상은 포털 게시판, 블로그, 쇼핑몰과 같은 대규모의 웹 문서이기 때문에 자동화된 분석 방법을 사용하며 분석 내용이 주로 텍스트로 이루어져 있으므로 텍스트 마이닝에서 활용하는 자연어 처리, 텍스트 분석, 컴퓨터 언어학 등의 기술을 사용한다.

오피니언 마이닝은 상품이나 서비스에 대한 시장 규모를 예측하거나 소비자의 반응 및 입소문을 분석하는 데 활용되고 있는데 이를 위해서는 전문가들에 의해 선호도를 나타내는 표현이나 단어 등에 대한 자원을 축적해 두는 것이 필요하다.

2) 오피니언 마이닝 방법

컴퓨터를 통한 기계학습에 포함되는 어의 분석과 같은 기능을 사용하여 텍스트에 대한 자동화된 오피니언 분석을 수행할 수 있으며 오피니언의 소유자와 그 대상을 발견하는 데 보다 세련된 방법을 사용할 있다. 구문에서 의견을 뽑아내서 오피니언이 만들어진 특징을 파악하기 위해서 단어들의 문법적인 관계가 사용되고 문법적 의존 관계는 텍스트에 대한 깊이 있는 문장 분석을 통해서 이루어진다.

오피니언 마이닝은 사람에 의한 수작업 정서 분석과 기계에 의한 자동화된 정서 분석으로 분리할 수 있다. 이들의 가장 두드러진 차이는 시스템의 효율성과 분석의 정확성에서 드러난다. 대부분은 이 두 가지 방법을 조합하여 활용한다.

웹페이지, 온라인 뉴스, 인터넷 토론 그룹, 온라인 평론, 블로그, 소셜미디어 등을 포함하여 대규모 텍스트 집합으로 오피니언 마이닝을 자동으로 수행하는 공개 소프트웨어 도구를 통하여 기계학습, 통계 처리, 자연어 처리 기술 등을 효율적으로 이용할 수 있다. 지식 기반 시스템은 공적으로 이용 가능한 자원이다.

자동화 시스템이 개개의 주석자들이나 플랫폼에 대한 역사적 경향을 분석하지 못하고 표현된 의견을 빈번히 부정확하게 분류하니까 이를 보완하기 위해서 오피니언 마이닝에는 인간 분석 구성 요소가 필요하다.

정서와 주제의 구조가 때때로 상당히 복잡하기 때문에 오피니언 마이닝의 문제도 문장 확장과 불용어 대체와 관련하여 복잡한 양상을 띤다. 이러한 현안을 다루기 위해서 많은 규칙 기반 접근 방법과 이유 기반 접근 방법이 오피니언 마이닝에 적용되어왔다. 또한, 공개 영역 설정 속에서 정서에 대한 관심사를 추출하기 위해 구문 파스 트리(Parse Tree)에 적용한 많은 트리 운행 규칙들이 있다. 오피니언 마이닝 시스템의 정확성은 그것이 얼마나 잘 인간의 판단에 동의했느냐에 달려 있다.

블로그와 소셜네트워크와 같은 소셜미디어의 급성장은 정서 분석에 대한 관심을 더 크게 불어넣어 주고 있다. 평론, 순위, 추천, 여러 가지 다른 온라인 표현 형태 등의 확산으로 온라인 오피니언이 회사의 가상화폐로 변환되어 사업에 사용되고 있으며, 새로운 기회를 발견하고 평판을 관리하는데도 활용되고 있다.

잡음을 걸러내어 대화를 이해하고, 적절한 콘텐츠를 확인하고 그것을 알맞게 조치하는 과정을 자동화하기 위한 많은 것들이 오피니언 마이닝의 분야로 사업 관점에 따라 새롭게 나타나고 있다.

대부분의 오피니언 마이닝 알고리즘이 상품이나 서비스에 대한 정서를 표현하는 데 있어서 단순한 용어를 사용한다는 것이 문제지만, 문화적 요인, 언어학적 뉘앙스, 맥락의 차이 등이 기록된 일련의 텍스트를 단순한 찬성과 반대의 정서로 변화시키는 것을 매우 어렵게 만든다. 이것은 텍스트에 포함된 정서의 동의 여부를 컴퓨터를 통해 올바르게 얻어내는 작업이 얼마나 대단한 일인가를 단적으로 보여주는 것이다.

4.2.4 소셜네트워크 분석

1) 소셜네트워크 분석의 이해

소셜네트워크 서비스는 개인의 생각이나 의견, 비전이나 가치 등을 디지털 콘텐츠 형태로 공유하거나 교환할 수 있도록 사회적 관계를 맺는 쌍방 관계를 갖는 커뮤니티 서비스를 말하며 페이스북, 구글플러스(Google+), 카카오스토리(Kakao Story) 등이 있다. 또한, 일방적 관계를 서로 맺게 되면, 쌍방 관계가 되기 때문에 트위터(마이크로 블로그)도 SNS로 간주하고 있다. 스마트폰의 보급을 계기로 모바일 환경에서까지 널리 사용할 정도로 대중화되었고 SNS를 통한 인맥 관리와 정보 활용 문화가 널리 확산되고 있다. 데이터 마이닝을 통해 판매와 수익성을 개선할 수 있었던 회사들은 고객의 인구통계와 온라인 행위를 포함하는 고객 프로필을 만들었고 최근에는 이러한 SNS 환경에 발맞추어 고객의 관계망을 형성함으로써 이를 통한 성향 분석 및 관계 분석을 통해 마케팅 전략을 수립하고자 하는 욕구가 증대되었다. 대표적인 SNS 라 할 수 있는 페이스북의 경우 관심사와 취미, 위치 정보, 사회적 관계망을 기반으로 맞춤형 광고까지 하기에 이르렀다. 이와 관련하여 개인의 일상 정보가 연결된 사회적 관계망을 분석하는 것이 필요한데 그것이 바로 소셜네트워크 애널리틱스(Social Net-work Analystics) 즉 소셜네트워크 분석이다.

소셜네트워크 분석은 노드와 링크로 구성되는 네트워크 이론에 의해서 사회적 관계를 보여주는 것을 말한다. 이러한 네트워크는 사회적 관계도에서 노드의 경우 점으로, 링크의 경우 선으로 표현된다. 여기서 노드는 행위자를 의미하고 링크는 각 노드들의 관계에 해당된다. 관계는 우정, 연대감, 조직력, 성향 등을 나타낸다. 소셜네트워크 연결 구조 및 연결 강도 등을 바탕으로 노드의 복잡도를 측정하여, 소셜네트워크상에서 연결의 중심 역할을 하는 영향력이 있는 행위자를 파악한다. 이러한 영향력 있는 행위자를 파악하고 관리하는 것이 마케팅 관점에서 매우 중요하다.

소셜네트워크 분석은 현대 사회에서 하나의 핵심 기술로 출현하여 인류학, 생물학, 의사소통 연구, 경제, 지리학, 역사, 정보과학, 조직 연구, 정치, 사회심리학 등 다방면에 걸쳐 중요한 영향을 미치고 있으며 현재 고객 분석 도구로서 널리 이용하고 있다.

2) 소셜네트워크 분석 기법

사회적 관계를 나타내는 네트워크를 모델화하고 시각화하는 것은 네트워크 데이터를 이해하고 분석 결과를 전달하는 데 있어서 중요하다. 그래서 소셜네트워크 분석에 의해 생산된 데이터를 시각화하는 수많은 방법이 제시되었고 많은 분석 소프트웨어들이 네트워크 시각화를 위한 모듈을 가지고 있다. 데이터를 탐색하는 것은 다양한 레이아웃으로 노드와 링크를 표시하고, 색깔과 크기와 다른 진보된 속성 등을 노드에 덧붙임으로써 구별되게 하는 것과 같다. 네트워크의 가시적인 표현은 복잡한 정보를 전달하는 하나의 강력한 방법일 수 있으나 노드와 그래프 성질들을 눈으로 표시되는 것만으로 해석하는 것에 대한 우려가 있다. 그것은 정량적 분석을 통해 더 잘 파악할 수 있는 구조적 성질들을 잘못 표현할 수 있기 때문이다.

소셜네트워크를 모델화하고 시각화하는 도구로는 협동 그래프와 표식 사회적 관계망 그래프가 있다. 협동 그래프는 사람들 사이의 좋은 관계와 나쁜 관계를 나타내는 데 사용될 수 있다. 두 노드들 사이의 긍정 링크는 우정이나 동맹과 같은 긍정적인 관계를 나타내고, 부정 링크는 증오 같은 부정적 관계를 나타낸다.

표식 사회적 관계망 그래프는 그래프의 미래 진화를 예측하는 데 사용될 수 있다. 표식 사회적 관계망에는 균형 사이클과 불균형 사이클 개념이 있는데, 균형 사이클은 모든 표시의 결과가 긍정적인 사이클을 말한다. 균형 그래프는 그룹에서 다른 사람들에 대한 그들의 의견을 바꾸는 것을 좋아하지 않는 사람들의 집단을 나타내고, 불균형 그래프는 다른 사람들에 대한 그들의 의견을 바꾸는 것을 아주 좋아하는 사람들의 집단을 나타낸다.

특히 변화를 촉진시키는 도구로써 소셜네트워크 분석 기법을 사용할 때 참여 네트워크 매핑의 방법이 유용하다. 여기서 참여자와 면담자는 데이터 수집 시기에 그 네트워크에 실질적으로 매핑해 나감으로써 네트워크 데이터를 제공한다.

그 밖에도 소셜네트워크 분석 기법은 데이터 집합, 데이터 마이닝, 네트워크 전파 모델링, 네트워크 모델링 및 샘플링, 사용자 속성 및 행동 분석, 커뮤니티 유지관리 자원 지원, 위치 기반 상호작용 분석, 사회적 공유 및 필터링, 추천자 시스템 개발, 링크 예측 등의 폭넓은 응용 범위를 가지고 널리 사용되고 있다.

【참고문헌】

박대현, 송동현, 「비정형 데이터 활성화의 정치, 경제, 문화적 함의」, 한국인터넷진흥원, 2, 2014.

Scott Spangler and Jeffrey Kreulen, Mining the Talk: Unlocking the Business Value in Unstructured Information, IBM, 2007.

Ronen Feldman and James Sanger, The Text Mining Handbook:Advanced Approaches in Analyzing Unstructured Data, Cambridge University, 2007.

Miner G, Elder J, Hill T, Nisbet R, Delen D, and Fast A, Practical Text Mining and Statistical Analysis for Non-structured Text Data Applications, Elsevier Academic Press, 2012.

Bing Liu, Web Data Mining: Exploring Hyperlinks:Contents and Usage Data, Springer, 2011.

Bing Liu, Sentiment Analysis and Subjectivity, Handbook of Natural Language Processing, 2010.

Guandong Xu, Lin Li, and Yanchun Zhang, Web Mining and Social Networking: Techniques and Applications. Springer, 2011.

Reis Pinheiro and Carlos Andre, Social Network Analysis in Telecommunications. John Wiley & Sons, 2011.

연 습 문 제

01. 다음 중 비정형 데이터와 관계가 먼 것은?

① 일반 텍스트 문서

② 문서를 첨부한 이메일 데이터

③ 사진과 함께 온 문자 메시지

④ 데이터베이스에 저장된 학생 자료

⑤ 고객의 상품 후기 글

【해설】 데이터를 데이터베이스에 저장하려면 정형화해야 한다.

02. 데이터베이스나 다른 형태의 데이터 테이블로 조직된 데이터 모델의 정형적 구조를 따르지 않지만 어의적 요소를 분리시키고 데이터 내의 레코드와 필드의 계층 구조가 있게 하는 태그나 다른 마커를 포함하고 있는 형태의 데이터를 무엇이라 하는가?

① 정형 데이터   ② 비정형 데이터

③ 반정형 데이터   ④ 완전 데이터

⑤ 일반 데이터

【해설】 반정형 데이터에 대한 질문이다.

03. 비정형 데이터마이닝 과정을 간단히 살펴보면 보통 ( ), ( ), ( )의 과정을 거친다. 괄호 안에 들어갈 알맞을 말을 순서대로 나열한 것은?

① 이해-탐색-분석   ② 분석-정의-탐색

③ 이해-탐색-정의   ④ 정의-이해-탐색

⑤ 탐색-이해-분석

【해설】 탐색-이해-분석 과정을 거친다.

04. 다음 중 비정형 데이터가 생성되는 곳이 아닌 것은?

① 인터넷   ② 센서

③ 스마트폰   ④ 블로그

해답   01. ④   02. ③   03. ⑤   04. ⑤

⑤ 상점의 계산대

【해설】상점의 계산대에서는 정형 데이터가 생성된다.

05. 다음 중 텍스트마이닝에 대한 설명으로 가장 관련성이 적은 것은?

① 대규모 문서에서 정보를 추출 등 빅데이터에 숨겨진 의미를 발견하는 기법

② 비정형 텍스트 데이터들을 자연어 처리(Natural Language Processing) 방식

③ 수집된 언어 자원과 감성 분류, 감성사전이 매우 중요한 요소

④ 텍스트 분석(Text Analytics), 문서마이닝(Document Mining) 등으로 불리기도 함

⑤ 대규모 텍스트에서 고품질의 정보를 도출

【해설】③은 평판분석과 관련된 내용이다.

06. 텍스트마이닝 과정을 바르게 나열한 것은?

① 전처리 – 준비– 입력 – 지식 추출 – 출력

② 입력 – 준비 – 전처리 –지식 추출 – 출력

③ 준비 – 입력 – 전처리 – 지식 추출 – 출력

④ 준비 – 입력 – 지식 추출 – 전처리 – 출력

⑤ 전처리 – 입력 – 준비 – 지식 추출 – 출력

【해설】텍스트마이닝 과정은 입력 - 준비 - 전처리 - 지식 추출 - 출력 순서로 이루어진다.

07. 다음 중 소셜네트워크 서비스가 아닌 것은?

① 미투데이   ② 마이크로 블로그

③ 구글   ④ 카카오스토리

⑤ 페이스북

【해설】구글은 소셜네트워크 서비스가 아니다.

연습문제

08. 다음 웹마이닝과 관련 내용 중 옳지 않은 것은?

① 웹 사용 마이닝은 분석 대상에 따른 웹마이닝 분류 중 하나이다.
② 웹 콘텐츠 마이닝 분석 대상에 따른 웹마이닝 분류 중 하나이다.
③ 웹 구조 마이닝 분석 대상에 따른 웹마이닝 분류 중 하나이다.
④ 웹 서비스 마이닝 분석 대상에 따른 웹마이닝 분류 중 하나이다.
⑤ 웹마이닝은 웹에서 패턴을 발견하는 것을 말한다.

【해설】웹 서비스 마이닝은 웹마이닝에 해당되지 않는다.

09. 다음 중 오피니언마이닝이 데이터에서 식별, 추출하고자 하는 것이 아닌 것은 무엇인가?

① 매출   ② 의견
③ 평가   ④ 태도
⑤ 감정

【해설】오피니언마이닝은 데이터에서 의견, 평가, 태도, 감정 등과 같은 정보를 식별, 추출한다.

10. 소셜네트워크 분석은 노드와 링크로 구성되는 네트워크 이론에 의해서 사회적 관계를 보여주는 것을 말한다. 다음 중 링크의 해당되는 것과 거리가 먼 것은?

① 우정   ② 행위자
③ 조직력   ④ 성향
⑤ 연대감

【해설】행위자는 노드에 해당된다.

빅데이터 활용

CHAPTER 01 >> 빅데이터 관리

1.1 데이터 관리의 개념

데이터란 숫자, 영상, 단어 형태의 단위를 뜻한다. Datum이 여러 개 모여 Data를 형성하면 자료가 되며 다양한 자료가 의미 있는 가치를 형성하면 정보(Information)가 된다. 데이타베이스는 데이터의 효율적이고 통합적인 저장을 가리키는 용어이다. 서로 유관한 데이터를 효율적으로 관리하기 위해 수집한 데이터의 집합체이며, 각 데이터는 상호 유기적 관계에 의해 구성되어 있다. 휴대전화의 전화번호부, 개인 컴퓨터의 명함 관리, 엑셀에 정리한 가계부 등이 데이터베이스에 해당된다. 데이터 관리는 전통적으로 파일 관리에서부터 시작하여 그 편리성을 도모하는 방향에서 데이터베이스로 발전되어 왔고 여러 가지 진화하는 과정을 거쳐 왔다.

1.1.1 파일 시스템

컴퓨터 파일에 이름을 붙이고, 저장 및 검색을 위해 논리적으로 그것들을 어디에 위치시켜

PART 05

야 하는지 등을 나타내는 방법이다. 파일의 실제 데이터와 메타데이터(파일의 위치, 크기, 소유자, 허
가권 등)를 유지·저장하는 체계이다.

IBM PC에서 가장 보편적인 파일 시스템은 MS-DOS와 윈도우-95 등에서 사용하는 FAT(File
Allocation Table:파일 할당 테이블)이며, 윈도우NT와 OS/2등의 OS에서는 각각 NTFS(NT File
System), HPFS(High Performance File System)라는 파일 시스템을 사용한다. 도스, 윈도우, OS/2,
매킨토시 및 유닉스 기반의 운영 체계들은 모두, 파일이 계층적인 구조로 위치하는 파일 시
스템에 해당한다. 파일은 계층 구조 내의 바른 위치인 디렉터리(윈도우95 이후에는 폴더) 또는 서
브디렉터리 내에 놓여진다. 파일 시스템들은 파일의 이름을 붙이는 규칙을 가지고 있다. 예를
들어 윈도우의 FAT16·FAT32·NTFS, 리눅스의 ext2·raiserFS·ext3 등이 있다.

1.1.2 데이터베이스

파일은 데이터 관리와 연관하여 여러 문제들을 야기시켰는데 이러한 문제들을 해결하기
위하여 제시된 대안이 데이터베이스이다.

1960년대 말에 처음으로 '데이터베이스'란 용어가 생성되어 '한 조직의 응용 시스템들
을 공용(shared)하기 위해 통합(integrated), 저장(stored)한 운영(operational) 데이타의 집합'이
란 개념으로 정의되었으며, 이어서 데이타베이스를 관리하기 위한 시스템인 DBMS(Database
Management System)가 탄생하였다. 이 당시 IBM과 인텔의 계층형 데이터베이스가 주류를 이
루고 있었으며, 초창기의 데이터베이스는 계층적 데이터 모델과 네트워크 데이터 모델에 기
반을 두었다. 1978년에 최초의 관계형 데이터베이스 제품인 오라클 1이 출현하여 높은 인기
를 끈 바 있다. 1990년대 객체 지향 기술은 소프트웨어 산업에서 가장 중요한 개념 중의 하
나로 자리 잡았으며, 데이터베이스 분야에서도 상용 제품들이 하나둘씩 발표되었다. DOS에
서 윈도우로의 발전, TCP/IP를 중심으로 한 C/S의 발전, 그리고 강력해진 하드웨어와 더불어
DBMS는 모든 프로젝트의 중심이 되었다.

1.2 데이터 관리의 유형

전통적인 정보 시스템에서 데이터 관리는 각 응용 프로그램 또는 응용 시스템(appl-ications)별로 수행되었다. 전통적인 방법에서부터 데이터 관리의 방법이 어떻게 이루어져 왔는지 나열해 본다.

1.2.1 수작업 처리 시스템(manual data processing system)

컴퓨터가 출현하기 전에도 정보 처리 시스템은 존재하였다. 응용 프로그램 역할은 사람이 하였으며, 하드디스크는 문서함이 대신하는 수작업 처리 시스템이었다. 수작업 처리 시스템에도 파일 개념은 존재하였다. 거래가 일어날 때마다 내역을 장부에 기록하여 보관하였으며, 이 장부가 컴퓨터화된 정보 시스템에서 파일로 변하게 된 것이다. 수작업 시스템은 정확성이 떨어지며 신속하지도 못하며 또한 자료당 처리 비용이 많이 들기 때문에 컴퓨터화가 시도되어 파일 처리 시스템이 등장하게 되었다.

1.2.2 파일 처리 시스템

정보화 초기 단계에서는 기업 내의 전반적, 통합적인 문제 해결보다는 단위 부서의 개별적인 자료 처리 요구사항 해결이 중심이었다. 정보관리부서는 사용자부서의 개별적 요청에 따라 급여관리, 자산관리, 재고관리, 구매관리 등의 새로운 프로그램을 제작 제공하였다. 이러한 응용 프로그램은 특정 부서의 요구사항만을 만족시키는 목표로 제작되었으며 데이터 관리가 응용 프로그램별로 수행되었다. 이처럼 단위 업무를 처리하는 응용 시스템별로 데이터 관리를 독립적으로 수행하는 전산자료 처리 시스템을 파일 시스템이라고 한다.

파일 시스템(file system)에서는 전사적인 정보 시스템 계획이나 모델이 존재하지 않는다. 부서별로 관리하는 파일의 정보를 타부서에서 공유할 수가 없었으며, 부서마다 파일을 따로 구축하였기에 자료의 중복이 발생하게 되었으며, 이로 인한 제반 문제로 정보의 품질이 저하되었고, 처리 비용이 증가하게 되었다.

파일 시스템은 부서 간의 정보를 통합적으로 요구하는 관리자의 요구사항에 대하여 대응하지 못하는 구조적 결함을 가지고 있다.

1.2.3 데이터베이스 시스템

데이터베이스(database)란 상호관계가 있는 자료들을 하나의 통합된 저장소에 논리적으로 저장한 것을 의미한다. 데이터베이스는 파일 시스템과는 달리 조직 내 다수의 사용자나 다수의 부서 또는 조직 전체의 정보 요구사항에 부응할 수 있는 자료의 공유와 통합 관리를 목표로 한다. 여러 부서에서 따로 보관하고 있던 여러 개의 자료가 하나만 존재하여도 되므로 자료 중복을 배제할 수 있고, 한 곳에 집중되어 있는 자료를 모든 부서의 사용자가 쉽게 공유할 수 있는 체계를 갖추고 있다. 파일 시스템이나 데이터베이스 시스템은 문맥에 따라 시스템 자체를 뜻하기도 하며, 이들을 이용한 데이터 관리 방법을 의미하기도 한다.

정보 시스템의 사용자가 초기 운영 관리자에서 중간 관리자 이상으로 상향됨에 따라 부서 간의 정보에 대한 통합적 제공 요구가 대두되고, 그 해결책으로 데이터베이스 시스템이 등장하였다. 단일 사용자가 데이터베이스를 만들고, 수정·유지·보수하며, 화면출력 설계와 보고서 작성을 직접 하고 PC 서버에 데이터베이스 시스템을 구성해 놓고 다수의 사용자가 네트워크를 통하여 데이터베이스를 공유하는 형태로 사용하기도 하는 개인용 PC 데이터베이스, 다수의 사용자 측 컴퓨터(client)가 네트워크로 연결되어 데이터베이스 서버에 있는 데이터베이스 정보를 공유하는 형태로 구성되어 있는 클라이언트/서버형 데이터베이스, 여러 지역에 컴퓨터가 분산되어 있으며 이러한 컴퓨터에 위치한 각각의 데이터베이스를 논리적으로 하나의 데이터베이스로 통합하는 분산형 데이터베이스 등이 포함된다. 또한, 전사적인 수준에서 기업의 의사결정에 필요한 모든 데이터를 과거의 데이터까지 포함하여 축적한 대용량의 정보 저장소인 데이터 웨어하우스, 고객관리, 상품관리, 재무/회계 등의 단일 주제별 또는 지역별, 단일 부서 또는 사용자 집단 등 의사결정 그룹별로 구축되는 데이터 마트도 넓은 의미에서 데이터베이스에 포함된다.

1.3 데이터 관리의 방법 및 절차

1.3.1 데이터 관리의 방법

1) 데이터베이스와 데이터 웨어하우스

저장되는 성격에 따라 데이터베이스는 OLTP(On-Line Transaction Proce-ssing) 데이터를 저장하는 자료 저장소이고, 데이터 웨어하우스는 OLAP(On-Line Analytical Processing) 데이터를 저장하는 자료 저장소라고 분류하는 것이 일반적이다. 온라인 거래 처리 데이터인 OLTP 데이터는 주로 비즈니스 업무를 처리하는 과정에서 발생하는 데이터로서 네트워크상의 여러 이용자들이 실시간으로 데이터를 갱신하거나 조회하는 등의 단위 작업을 수행하는 과정에서 발생한다. 예를 들면 은행 창구 업무, 항공사 예약 업무등 일상 업무와 관련되어 발생하는 데이터로 데이터를 발생시키는 이벤트들에 대한 내용을 데이터로 처리하는 것으로 요약된 보고서들을 생성한다. 반면, 온라인 분석 처리 데이터인 OLAP 데이터는 최종 사용자들이 다양한 분석을 하고 의사결정을 하기 위하여 요구하는 다차원 정보들을 활용할 수 있게 하는 OLTP

데이터와 기업 외부의 데이터를 처리하여 발생한다. 산업의 성장률과 제품의 변화 분석 업무 등 사용자들이 요구하는 분석적 질의들을 처리하기 위해 데이터베이스에 존재하는 수많은 데이터 레코드와 테이블 데이터를 집계·요약하여 저장하며 분석 뷰(view)를 제시한다.

2) 데이터 웨어하우스와 데이터 마트

데이터 웨어하우스는 전사적인 수준에서 구축·운영하는 것이 이론적으로 바람직하지만, 현실적으로 방대한 데이터 웨어하우스를 단일 프로젝트로 구축하는 것은 거의 불가능하다. 이 경우 비록 하나의 통합 데이터 웨어하우스가 구축되었다고 하여도, 모든 정보 사용자들이 모두 하나의 데이터 웨어하우스를 이용하는 것이 효율성의 관점에서 볼 때 효과적이지 않을 수 있다. 따라서 데이터 웨어하우스의 구축과 이용이라는 관점에서 볼 때, 이를 소규모로 분할하여 구축·이용하는 것이 보다 효과적일 수 있으며, 이 경우 소규모로 구축된 데이터 웨어하우스를 데이터 마트(data mart)라고 한다.

1.3.2 데이터 웨어하우스의 구조 및 구축

데이터 웨어하우스의 구조는 【그림 1-1】에서 제시된 바와 같다. '소스 부분'은 실제로 운영 중인 소스(source) 데이터를 포함하며, '운영 데이터베이스'에 트랜잭션 처리를 위한 데이터 및 모든 고유 데이터(legacy data)들을 포함 저장한다.

'추출·변환·전송 부분'은 데이터 변환 도구들을 활용하여 소스 데이터로부터 데이터를 받아 데이터 웨어하우스에 적재(Load)하는 과정이며, '데이터 웨어하우스 부분'은 실제 구축된 데이터 웨어하우스이며, '분석 부분'은 데이터 웨어하우스를 실제로 활용하는 단계를 의미하고, 데이터 웨어하우스 도구들을 활용하여 '마케팅', '경영자 정보 시스템(EIS)', '의사결정 지원 시스템(DSS)', '전략 정보 시스템(SIS)' 등의 업무에 접근하도록 하는 것을 의미한다.

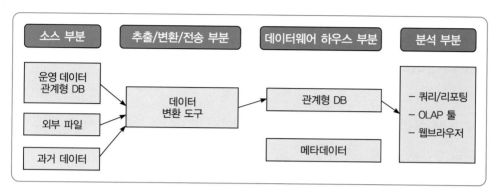

【그림 1-1】 데이터 웨어하우스의 구조

데이터 웨어하우스 구축 방식에는 전사적인 통합적 데이터 웨어하우스를 먼저 구축하고, 이어서 사용자별, 단위별 데이터 마트를 구축하는 방식이 있다. 그리고 단위 업무별 데이터 마트를 먼저 구축한 다음 필요에 따라 데이터 마트를 활용하여 통합적 데이터 웨어하우스를 구축하는 방식이 있다.

데이터 마트를 확장하는 방식은 데이터 마트가 다차원 데이터베이스를 근간으로 하기 때문에 데이터 웨어하우스의 근간이 되는 관계형 데이터베이스와의 호환성이 없으므로 불가능하다. 따라서 데이터 웨어하우스를 구축하기 위해 데이터 마트를 구축한다면, 반드시 관계형 데이터베이스를 사용하여야 한다. 이때 관계형 데이터베이스 설계는 전사적 데이터 웨어하우스로의 확장성을 고려하여 데이터베이스 설계를 해야 할 것이다. 이것이 보장되지 않은 상태에서 데이터 마트를 구축한다면, 운영 시스템으로부터 데이터 추출의 일관성 결여 및 데이터 무결성(integrity) 등을 보장할 수 없으므로, 데이터 웨어하우스를 구축하고자 하는 시점에서 많은 어려움이 발생하게 된다. 또한, 데이터 마트로 확장하거나 재구축할 때에는 관계형 데이터베이스의 설계를 바꾸어야만 하는 문제에 직면하게 된다.

1.4 데이터 관리 방법 및 특징

1.4.1 빅데이터 관리 방법(품질 기준)

빅데이터는 대량의 데이터, 미세하고 정밀한 데이터 및 데이터 소유자 불분명 등의 특성에 따라 관리 방법을 달리해야 한다.

첫째, 수작업으로 수집되기보다는 기계, 프로그램 등에 의해 수집되는 대량의 데이터라는 관점에서 혹시 발생할지 모르는 데이터 사용자의 오류는 무시할 수 있으며 데이터 수집 과정의 타당성을 방해하는 예외 상황을 탐지하는 수준으로 품질 기준을 정의하여야 한다.

둘째, 인터넷 사용자가 웹 서핑을 하는 동안 방문한 사이트 목록인 클릭스트림, 미터 값 등 기계, 센서, 프로그램 등에서 생산되는 데이터로 기존 데이터보다 훨씬 미세한 데이터라는 점에서 개별 데이터에 대한 타당성 검증은 경우에 따라 불필요하며 개별 레코드에 대한 의미보다 데이터 전체가 나타내는 의미를 중심으로 품질 기준을 정의해야 한다.

셋째, 누가 언제 어디서 데이터를 생산한 것인지에 대한 관리·감독이 불가능한 조직 외부의 데이터로서 데이터 소유자가 불분명한 만큼 목적이나 통제 없이 생산된 데이터에 대한 데이터 품질 기준을 정의하기 위한 다른 방법 모색이 필요하다. 한편, 빅데이터는 기존 정형화된 데이터뿐만 아니라 비정형화된 데이터를 포함하고 그 규모 또한 방대하여 기존의 데이터베이스로는 저장 및 관리에 한계가 있어 빅데이터를 저장하고 관리하기 위한 새로운 형태의 저장 및 관리 기술·방법이 등장하고 있다(자세한 내용은 제5부 참조).

1.4.2 빅데이터의 데이터 관리 특징

첫째, 빅데이터는 빠른 의사결정이 상대적으로 덜 요구된다. 대용량 데이터에 기반을 둔 분석 위주로, 장기적·전략적 접근이 필요하다. 따라서 기존의 데이터 처리에서의 즉각적인 의사결정에 대한 요구가 상대적으로 덜 요구된다.

둘째, 빅데이터는 처리 복잡도가 높다. 다양한 데이터 소스, 복잡한 로직, 대용량 데이터 처리 등으로 인해 처리 복잡도가 매우 높으며, 해결을 위해 보통 분산 처리 기술이 필요하다.

셋째, 빅데이터는 비정형 데이터 비중이 높다. 소셜 미디어 데이터, 로그 파일, 클릭스트림 데이터, 콜 센터 로그, 통신 로그 등 비정형 데이터 파일의 비중이 매우 높다.

넷째, 빅데이터는 처리·분석 유연성이 높다. 잘 정의된 데이터 모델, 정해진 처리 절차 등이 없어, 기존 데이터 처리 방법에 비해 처리·분석의 유연성이 높은 편이다. 새롭고 다양한 처리 방법의 수용을 위해, 유연성이 기본적으로 보장되어야 한다.

마지막으로 빅데이터는 동시 처리량이 낮다. 대용량 및 복잡한 처리를 특징으로 하고 있어, 동시에 처리가 필요한 데이터양은 낮다. 따라서 (준)실시간 처리가 보장되어야 하는 데이터 분석에는 적합하지 않다.

PART 05

【참고문헌】

이정대, 「효율적인 의사결정 지원을 위한 데이터 웨어하우스 설계」, 숭실대학교 정보과학대학원(석사), 2008.

이춘열. 이종옥, 『관계형 데이터베이스관리론』, 홍릉과학출판사, 2000.

「빅데이터 시대의 데이터 자원 확보와 품질 관리 방안」, IT&Future Strategy 제5호 2012.5.7.

「빅데이터 기반 개인정보보호 기술수요 분석」, 한국인터넷진흥원 최종연구보고서, KISA-WP -2012-0042, 성신여자대학교 산학협력단, 2012.12.

행정안전부, 『2013 국가정보화 백서』, 2013.

「서비스분야 IT 활용 촉진방안」, 관계부처합동, 2012.11.28.

「빅데이터 관리 및 고급 인-데이터베이스 분석시 가장 고려해야 할 10가지 요소」, Teradata Aster, 2012.03.

「데이터 환경에서의 효과적인 데이터 관리 방안」, 한국인포메티카, 2011.

Spicy Thinker, Contact Info:tspark@dlab.kr, DLAB, 2014.

조성우, 『BigData 시대의 기술』, KT종합기술원, 2011.

조성룡, 「데이터 환경의 변화와 분산 데이터베이스 시스템」, 정보과학회지 30.5(2012):21~28.

01. 정보화 초기 단계에는 기업 내부의 통합적인 문제 해결보다 단위 부서의 개별적인 자료처리 요구사항 해결이 중심이었다. 따라서 이러한 응용 프로그램은 특정 부서의 요구사항만을 만족시키기 위해 제작되었다. 이처럼 단위 업무를 처리하는 응용 시스템별로 데이터 관리를 독립적으로 수행하는 전사자료 시스템을 무엇이라 하는가?

① 파일 시스템

② 폴더 시스템

③ 데이터베이스 시스템

④ 수작업 시스템

⑤ 정보 시스템

【해설】 정보화 초기 단계에는 기업 내부의 통합적인 문제 해결보다 단위 부서의 개별적인 자료처리 요구사항 해결이 중심이었다. 따라서 이러한 응용 프로그램은 특정 부서의 요구사항만을 만족시키기 위해 제작되었다. 이처럼 단위 업무를 처리하는 응용 시스템별로 데이터관리를 독립적으로 수행하는 전사자료 시스템을 파일 시스템이라 한다.

02. (   )란 상호관계가 있는 자료들을 하나의 통합된 저장소에 논리적으로 저장한 것을 의미한다. (   ) 안에 들어갈 것을 적당한 용어는?

① 빅데이터   ② 데이터베이스

③ 파일 시스템   ④ 수작업 처리 시스템

⑤ 데이터 웨어하우스

【해설】 데이터베이스는 파일 시스템과는 달리 조직 내 다수의 사용자나 다수의 부서 또는 조직 전체의 정보 요구사항에 부응할 수 있는 자료의 공유와 통합관리를 목표로 한다.

03. 다음 중 파일 시스템의 데이터 관리상 여러 문제점을 해결하기 위해 제시된 대안은?

① 데이터베이스   ② 계층적 구조 시스템

③ 수작업 처리 시스템   ④ 엑셀 관리

⑤ 데이터 웨어하우스

【해설】 파일의 데이터 관리상 여러 문제점을 해결하기 위해 제시된 대안이 데이터베이스이다.

04. 다음 중 전사적인 차원에서 대규모로 데이터를 구축하는 저장소는?

① 데이터베이스   ② 데이터 마트

③ 인-DB   ④ 대용량 분상 파일 시스템

⑤ 데이터 웨어하우스

【해설】 데이터 웨어하우스는 전사적인 차원에서 구축 운영하는 대규모 데이터 저장소이다.

05. 다음 중 사용자 단위 부서에서 소규모로 구축되는 자료 저장소는?

① 데이터 웨어하우스

② 데이터 마트

③ 인-DB

④ 대용량 분산 파일 시스템

⑤ R-base

【해설】 사용자 단위 부서에서 소규모로 분할하여 구축, 이용하는 자료 저장소는 데이터 마트이다.

06. 다음의 내용에 해당하는 용어로 적당한 것은?

> Ⓐ OLTP 데이터 자료 저장소
>
> Ⓑ OLAP 데이터 자료 저장소

① Ⓐ 데이터마이닝, Ⓑ 데이터베이스

② Ⓐ 데이터 웨어하우스, Ⓑ 데이터베이스

③ Ⓐ 빅데이터, Ⓑ 데이터마이닝

④ Ⓐ 데이터베이스, Ⓑ 데이터 웨어하우스

⑤ Ⓐ 데이터마이닝, Ⓑ 데이터 하우징

【해설】 OLTP는 데이터베이스 자료 저장소로서 비즈니스 업무를 처리하는 과정에서 발생하는 데이터이다.
OLAP는 데이터 웨어하우스 자료 저장소로서 다양한 분석과 의사결정을 하기 위해 요구하는 다차원
정보들을 활용할 수 있게 하는 OLTP 데이터 및 기업 외부 데이터를 처리하여 발생된다.

07. '데이터 웨어하우스의 구조 및 구축'에서 데이터 변환 도구들을 활용하여 소스 데이터로부터 데이터를 받아 웨어하우스에 적재하는 과정은?

① 추출, 변환, 전송 부분
② 분석 부분
③ 데이터 웨어하우스 부분
④ 소스 부분
⑤ 시각화 부분

【해설】 '소스 부분'은 실제로 운영 중인 소스 데이터를 포함하며 '데이터 웨어하우스 부분'은 실제 구축된 데이터의 웨어하우스이고 '분석 부분'은 데이터 웨어하우스를 실제로 활용하는 단계를 의미한다. 데이터 웨어하우스 구조에서 '시각화 부분'은 상대적으로 약한 편이다.

08. 다음 중 데이터 웨어하우스 구조에서 소스 부분에 속하지 않는 데이터 유형은?

① 메타 데이터
② 운영 데이터 RDB
③ 외부 파일
④ 과거 데이터
⑤ 거래 데이터

【해설】 다음 데이터 웨어하우스 구조 중에서 소스 부분에는 운영 데이터 RDB, 외부 파일, 과거 데이터(거래 데이터)가 있다.

09. 빅데이터 처리가 기존 데이터 처리와 다른 점이 아닌 것은?

① 병행 처리량 Throughput이 높다.
② 빠른 의사결정이 상대적으로 덜 요구된다.
③ 비정형 데이터 비중이 높다.
④ 처리 복잡도가 높다.
⑤ 동시 처리량 Throughput이 낮다.

【해설】 동시 처리량 Throughput이 낮다, 빠른 의사결정이 상대적으로 덜 요구된다, 비정형 데이터 비중이 높다. 처리 복잡도가 높다 등이다.

10. 다음 데이터베이스에 관한 내용이 맞지 않는 것은?

① 데이터베이스 관리 시스템은 동시에 트랜잭션을 수행하는 사용자들에게 원하는 특정 결과를 보장해 준다.

② 데이터베이스 관리 시스템으로 어떠한 데이터든 완전 해결하는 것이 가능하게 되었나.

③ 데이터베이스 관리 시스템은 계속 진화하는 과정 속에 있다.

④ 우리나라에서 사용되고 있는 상용 데이터베이스 관리 시스템들은 대부분 관계형 데이터 모델을 채택하고 있다.

⑤ 우리나라에서 현재 널리 사용되고 있는 데이터베이스들은 Altibase, Oracle, DB2, Sybase등이다.

【해설】데이터베이스 관리 시스템은 동시에 트랜잭션을 수행하는 사용자들에게 원하는 특정 결과를 보장해 준다. 그렇다고 데이터베이스 관리 시스템이 어떤 데이터든 완전 해결 가능한 것은 아니다. 데이터베이스 관리 시스템은 완전하지 못하며 계속 진화하는 과정 속에 있다. 우리나라에서 현재 널리 사용되고 있는 Altibase, Oracle, DB2, Sybase 등 상용 데이터베이스 관리 시스템들은 대부분 관계형 데이터 모델을 채택하고 있다.

CHAPTER 02 >> 빅데이터 비즈니스 모델

2.1 빅데이터 비즈니스 모델의 이해

2.1.1 비즈니스 모델의 개념

비즈니스 모델(Business model)이란 기업으로 하여금 수익을 유지하게 하는 일련의 활동, 즉 '수익 모델(revenue model)'로 정의된다. 만약 인터넷을 이용하는 기업이라면, 인터넷을 이용하여 어떻게 수익을 올릴 것인지를 설계하는 인터넷 비즈니스 모델이 있어야 한다. 기업이 가진 비즈니스 모델이 훌륭하다면 이 기업은 이로 말미암아 경쟁 우위를 가지게 되어 많은 수익을 얻을 수 있게 될 것이다.

비즈니스 모델은 기업의 행동이 명시적이든 암묵적이든 다음의 여러 가지 질문에 대한 답변을 할 수 있어야 한다. 즉 고객에게 어떠한 가치를 제공하는가, 어떤 고객에게 가치를 제공하는가, 가치의 가격은 어떻게 책정하는가, 누구에게 비용을 청구할 것인가, 가치를 제공하기 위한 전략은 무엇인가, 어떻게 가치를 제공하는가, 그리고 가치 제공으로부터 얻는 이익을 어떻게 유지하는가가 그것이다. 이러한 질문에 충실한 답변을 할 수 있는 비즈니스 모델이야말

PART 05

로 기업의 이익 창출에 기여할 수 있을 것이다.

어떠한 비즈니스 모델을 개발하여 사업을 전개할 것인가라는 의사결정은 사업 전략과 마케팅 전략과 같은 전통적 경영 의사결정과 마찬가지로 사업 성패에 결정적인 영향을 미친다. e-비즈니스 시스템을 개발하기 위하여 시스템에 어떤 내용이 들어가고, 어떤 구조와 항해 절차를 구비하여야 하는지, 화면 설계는 어떻게 해야 하는지 등을 결정하는 과정에서 비즈니스 모델이 명확하게 구상되어 있다면 경제적, 시간적 낭비를 막을 수 있다.

성공적인 모델 개발을 위해서는 다음과 같은 점을 고려하여야 한다.

첫째, 우리 제품과 서비스를 어떤 고객에게 제공할 것인가에 대한 세밀한 조사가 필요하다.

둘째, 분석된 고객 집단을 대상으로 어떤 제품과 서비스를 제공할 것인가에 대해서도 면밀히 검토되어야 한다.

셋째, 거래 형태이다. 기존의 방문 판매 형태에서 인터넷 등의 다양한 판매 채널을 활용하는 것이 포함된다.

넷째, 현재 고객에 대한 서비스를 어떤 방식으로 변화시켜 고객에게 서비스 차별화를 도모할 것인가의 문제이다.

마지막으로, 지금까지 정의한 네 가지 요소를 어떤 정보통신기술(ICT)을 기반으로 실현할 것인가 검토하여야 할 것이다.

2.1.2 비즈니스의 수익 모델

수익 모델(revenue model)이란 간단히 말해 수익을 창출하는 모델, 즉 돈이나 기타 재산을 벌어들일 수 있도록 하는 경영 방식을 의미한다. 그런 의미에서 비즈니스 모델과 같은 개념으로 쓰이나 비즈니스 모델은 사업의 구성 요소 전반을 다룬 반면, 수익 모델은 돈이나 재산의 흐름에서만 비즈니스를 본다. 수익 모델을 이해하기 위해서는 먼저 수익의 개념을 명확히 해야 한다. 수익(revenue)이란, 일정 기간 동안 사업을 하고 벌어들인 돈(재산)을 말한다. 다시 말해서 상품이나 서비스를 판매(제공)하고 그 대가로 받은 현금이나 기타 자산을 말한다. 예를 들어, 인터넷 쇼핑몰에서 물건을 팔아 고객으로부터 받은 돈이 수익이 된다.

2.1.3 빅데이터 비즈니스 모델의 개념

빅데이터의 비즈니스 모델을 검토하기 위해서는 우선 빅데이터의 산업 구조를 살펴볼 필요가 있다. 빅데이터의 산업 구조는 크게 두 부분으로 나누어 인프라 부분과 서비스 부분으로 나눌 수 있다.

우선 인프라 부분은 빅데이터를 구성하기 위한 데이터의 수집·저장·분석·관리 등의 기능을 담당하는 컴퓨터, 단말(기), 네트워크, 서버, 스토리지 등의 하드웨어와 관리, 분석 툴 등의 소프트웨어로 구분할 수 있다. 또한, 서비스 부분은 교육, 컨설팅, 솔루션(분석, 저장, 관리, 검색, 통합 등), 데이터 및 정보 제공, 데이터 처리 등 다양한 서비스 종류가 있다.

일반적으로 빅데이터 비즈니스 모델이란 이러한 빅데이터 산업에 관련된 모든 비즈니스를 의미하나, 이러한 비즈니스 모델들이 기존에 존재하는 비즈니스 모델과 상당수 중복되고 있으므로 여기서는 빅데이터 비즈니스 모델의 개념을 '빅데이터를 이용하여 경제적 수익을 창출할 수 있는 모든 사업 형태'로 정의하겠다.

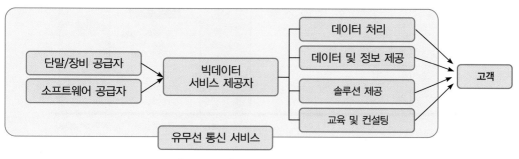

【그림 2-1】 빅데이터 산업 구조

2.2 빅데이터 비즈니스 모델 유형

2.2.1 교육 및 컨설팅 비즈니스 모델

1) 교육 관련 비즈니스 모델

빅데이터의 발전으로 관련 인력에 대한 수요가 폭발적으로 증가하여 미국은 2018년까지 14만~19만 명의 고급 분석 인력과 데이터 관리자가 부족할 것으로 전망하고 있다(McKinsey, 2011). 즉 인력 수요는 44만~49만 명으로 추산되나 공급 인력은 30만 명 정도로 예정되어 있는 실정이다.

우선적으로 빅데이터의 발전을 위해 가장 필요한 인력은 통계, 기계 학습, 경영 등에 전문 지식을 갖춘 데이터 분석가와 빅데이터로부터 제공되는 통찰력을 활용하고 가치를 실현시키기 위한 데이터 관리자 등을 들 수 있다.

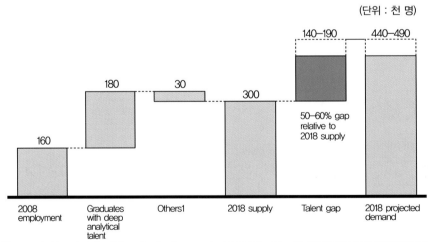

1 Other supply drivers include attrition -, immigration +, and reemploying previously unemployed deep analytical talent +.
SOURCE: US Bureau of Labor Statistics; US Census; Dun & Bradstreet; company interviews; McKinsey Global Institute analysis

【그림 2-2】 2018년까지의 미국 내 고급 분석 인력에 관한 수요 전망
(출처:McKinsey Global Institute, 2011)

전문 기관의 여러 통계에서 볼 수 있듯이 향후 절대적으로 부족한 빅데이터 관련 전문가의 양성은 기존 교육 인프라로 감당할 수 있는 실정이 아니므로 전문가 양성을 위한 교육 비즈니스 모델은 초기 단계의 비즈니스 모델로 전망이 매우 밝다고 할 수 있다.

2) 컨설팅 관련 비즈니스 모델

컨설팅 관련 비즈니스 모델은 크게 두 가지로 기업을 상대로 한 빅데이터 활용 컨설팅과 개인을 상대로 한 컨설팅으로 나누어 생각할 수 있다.

개인을 상대로 하는 컨설팅 비즈니스의 예로는 개인의 신용카드 사용 데이터와 각종 금융 정보(은행, 보험 등) 데이터를 이용한 개인별 종합 금융 컨설팅 또는 건강보험 데이터를 이용한 건강 관리 컨설팅 등 다양한 비즈니스 모델이 가능하다.

또한, 기업 또는 개인 사업자를 대상으로 하는 컨설팅 비즈니스 모델로는 카드사들의 고객 결제정보 및 SNS 데이터를 활용한 상권 분석 컨설팅 또는 고객의 구매 패턴 정보를 활용한 제품 개발 컨설팅 등 다양한 비즈니스 모델이 가능하다. 이러한 컨설팅 비즈니스 모델 역시 아직은 초기 단계의 모델로 전망이 밝다고 할 수 있다.

2.2.2 솔루션 및 도구 공급 관련 비즈니스 모델

솔루션 및 도구 공급 관련 비즈니스 모델은 크게 H/W 부분과 S/W 부분으로 분류할 수 있다.

1) H/W 부분

빅데이터의 수집, 저장, 분석을 위한 하드웨어 장비로 네트워크 장비, 서버, 스토리지 등이 있으며, 기존 IT 분야의 비즈니스 모델과 중복되어 대부분 기존 사업자들이 빅데이터 처리를 위해 기존 하드웨어보다 성능이 우수한 고용량, 고속의 장비들로 대체하는 실정이다.

2) S/W 부분

소프트웨어 부분의 비즈니스 모델 역시 기존 솔루션 사업자들이 새로운 수익 구조 창출을 위해 빅데이터용 수집, 저장, 분석 툴들을 개발하여 공급하고 있는 실정이다.

이러한 솔루션 및 도구 공급 관련 빅데이터 비즈니스 모델은 주로 기존 사업자들의 수익 구조 개선을 위한 모델로 자리 잡아, 이미 성숙 단계의 비즈니스 모델이라 할 수 있다.

또한, 이러한 솔루션 공급은 오픈 소스 진영과 상용 솔루션 진영으로 나뉘어 솔루션을 공급하고 있으며, 요즘은 오픈 소스에 기능성과 관리 도구를 갖추어 상용화 서비스를 하는 비즈니스 모델도 많이 선보이고 있는 실태이다.

【표 2-1】 글로벌 IT 기업의 빅데이터 솔루션 추진 현황

기업명	추진 내용
Oracle	• 세계적인 DB업체 '하이페리온사'를 인수하여 분석 기술 확보 • 오라클 BigData Appiance(CDH 탑재) 제품 출시 • Endeca, Exalytics 등 빅데이터 분석 솔루션 출시
HP	• BI 솔루션 업체 'Vertica'와 기업용 검색엔진 업체 'Autonomy' 인수 • Autonomy에서 제공하는 정보처리 레이어와 버티카의 고성능 실시간 분석 엔진의 조합을 토대로 빅데이터 인프라 서비스 제공
Microsoft	• Hadoop on Window, Hadoop on Azure 출시 예정 • Hortonwork의 Hadoop 탑재

IBM	• 분석용 데이터 저장 관리 업체 'Netezza', 데이터 통합업체 'Ascential Software', 분석 솔루션 업체 'Cognus' 등 비즈니스 분석 관련 업체 인수
SAP	• 'HPA(High Performance Analytics) 기반의 SEMMA 방법론' 제시 • 'IT+분석+비즈니스 종합 플랫폼 구현(SAS 빅데이터 분석 플랫폼 Solu-tion-MAP), 인메모리 컴퓨팅 기반의 어플라이언스 HANA 출시
Palantir	• Enterprise Intelligence Platform 보유 • 미국 정부 및 월가 금융사들 중심의 대형 범죄 분석, 사기 분석, 재난 구조 등의 사업 레퍼런스 확보
Teradata	• 데이터 웨어하우징 및 비즈니스 인텔리전스(BI) 전문 업체 • 비정형 데이터의 고급 분석, 관리 솔루션 업체 인수(eSTER) • 'Ester MapReduce Platform' 제시
EMC	• 데이터 저장, 관리, 분석까지 빅데이터에 관한 모든 것을 제공하기 위한 빅데이터 솔류션 및 데이터 관련 다수 업체 인수

【표 2-2】 국내 IT 기업의 빅데이터 솔루션 추진 현황

기업명	추진현황
모비젠	기업용 빅데이터 DB 솔루션인 '아이리스' 출시
효성인포메이션시스템	스토리지와 솔루션을 결합시킨 빅데이터 어플라이언스 개발
와이즈넛	빅데이터 지원 검색·분석 솔루션 출시 사업관리 및 검색, 텍스트마이닝 기술 개발
티베로	공유 DB 클러스터 기술인 '티베로 액티브 클러스터' 개발
한화 S&C	빅데이터 분석 솔루션 '빅데이터 애널라이저' 출시
다음소프트	SNS 정보 기반 여론 진단 서비스
솔트룩스	비정형 빅데이터 분석 플랫폼(Truestory), 클라우드 기반 시맨틱 검색 플랫폼(N2), 시맨틱 기반 빅데이터 추론 플랫폼(STORM), 빅데이터 분석 서비스 플랫폼(O2)
그루터	빅데이터 플랫폼 구축 및 컨설팅 서비스, 분석 및 데이터 제공 서비스, 빅데이터 분석 플랫폼 제공 서비스
사이람	소셜네트워크 분석 소프트웨어 넷마이너(NetMiner) 및 컨설팅 제공
이씨마이너	분석 솔루션(ECMiner), 모니터링 솔루션(MS), 툴/연관 분석 솔루션(Rule), 이미지마이닝 솔루션(SS) 기반의 패키지 서비스 제공
이투온	분석 솔루션/서비스(SNSpider), 빅데이터 분석 플랫폼(UNNAN) 제공
카다날정보기술	스토리지 분야(Monad Storage), 분석 분야(Monad Integration), 시스템 운영관리 분야(Monad Management) 솔루션 제공
코난테크놀로지	데이터 수집, 검색, 분석 기술 전반의 소셜 모니터링, 분석 서비스 제공
클루닉스	하둡시스템 및 작업관리, 저장 및 처리, 분석 클라우드 구축(RN3D) 솔루션 제공
투이컨설팅	빅데이터 환경의 전략 수립 및 프로세스 최적화 컨설팅 제공

PART 05

야인소프트	인메모리 기반의 데이터 분석/처리 전문
투바소프트	시각화용 RA 기반의 플랫폼 기술 개발
클라우다인	하둡을 비롯한 대용량 데이터 처리를 위한 솔루션 개발
한국키스코	3D 데이터 시각화/인포그래픽스 기술 개발
비투엔컨설팅	데이터 모델링 아키텍처 개발
이노룰스	통계분석 엔진 'R' 관련 기술 개발
아크윈소프트	빅네이터 솔루션 및 SI 구축과 아웃소싱 서비스 제공
센솔로지	소셜 분석 솔루션(Easy-up), 여론 분석 소비스(평닷컴) 제공
엔에프랩	'BI/BA' 빅데이터 통합 플랫폼 제공
위세아이텍	빅데이터 저장/분석 플랫폼(Cloud BI), 데이터 공유/활용 오픈 플랫폼(Smart B), 고객 프로파일링 솔루션 제공
아임클라우드	R기반 기업용 빅데이터 플랫폼 개발

2.2.3 빅데이터(원시, 분석, 가공) 판매 비즈니스 모델

빅데이터 관련 데이터의 판매 비즈니스 모델은 빅데이터의 특성인 다양성, 대용량, 빠른 데이터 생성에 따라 다량의 다양한 데이터가 존재하므로 이러한 데이터들은 서비스의 종류에 따라 필요한 데이터와 불필요한 데이터로 분류될 수 있으며, 이들 데이터들은 원시 데이터 또는 가공한 형태의 데이터로 이를 필요로 하는 서비스 사업자에게 불필요한 데이터를 제외한 필요 부분 데이터만을 별도로 판매가 가능하다.

따라서 이들 데이터를 필요로 하는 사업자를 찾아 데이터를 직접 판매하거나 데이터를 필요로 하는 사업자를 연계시켜 주는 비즈니스 모델이 향후에는 각광을 받을 수 있다.

2.2.4 빅데이터 기반 서비스 비즈니스 모델

빅데이터의 산업 분야별로 서비스 분야가 가장 큰 시장 규모로 빅데이터 서비스 비즈니스 모델이란 실제 빅데이터 시장의 핵심이라 할 수 있는 시장으로 대부분의 빅데이터 비즈니스 모델이라 하면 서비스 비즈니스 모델을 의미한다. 즉 서비스 비즈니스 모델은 빅데이터를 수집·저장하여 이를 필요한 서비스 요건에 맞추어 분석하고, 분석된 데이터를 이용하여 필요한 서비스를 제공하는 것이다.

빅데이터 기반 서비스 비즈니스 모델은 데이터의 활용 시나리오 측면에서 다음과 같이 크게 세 가지로 나누어 살펴볼 수 있다.

1) 이상 현상 감지 시나리오

업무에서 발생한 이벤트 기록을 수집·분석하여 정상 상태, 비정상 상태의 패턴을 파악, 새로운 현상이 발생할 경우 이상 여부를 판단할 수 있어 부정행위 검출, 시스템 사고 예방, 마케팅 전략 수립 등의 다양한 분야에 활용될 수 있다.

부정행위 검출의 활용 사례로서 VISA사는 카드 부정 검지 모델의 설계 처리에 하둡(Hadoop)을 도입하여 부정 검지 이용 패턴의 갱신을 매일, 수회로 실시할 수 있도록 정밀도를 향상시킬 수 있었다.

2) 가까운 미래 예측 시나리오

빅데이터를 통해 수 분 또는 수 시간 후를 예측하는 시스템을 실현함으로써 현상에 대한 조치를 신속하게 실시할 수 있다. 주행 시스템에 활용한 사례로서 미국 포드사는 개발 중인 커넥티드 자동차의 주행 시스템에 빅데이터를 이용하여 내비게이션이 운전자의 주행 이력과 패턴을 분석하여 운전자에게 앞으로 도착해야 할 목적지에 이르는 최단 또는 최적 경로와 연료 배분을 제안하도록 구현하였다.

3) 현 상황 분석 시나리오

빅데이터를 이용하여 지금까지 살펴보지 못했던 사업 측면의 분석이 가능해져 자사의 현황을 보다 명확하게 이해할 수 있다. 회계 시스템에 활용한 사례로서 일본의 니시테츠 스토어(西鉄 Store)는 빅데이터를 이용하여 매일 단일 상품별 원가율과 원가변동 추이를 분석하여 이익률이 높은 상품에 대한 일자별 주력 마케팅 정책 수립에 활용하고 있다.

4) 고객 맞춤 시나리오

고객 프로파일 및 구매 이력 등의 빅데이터 분석을 하면 고객의 욕구에 최적화된 맞춤형 비즈니스를 전개할 수 있다. 고객 맞춤형 활용 사례로서 미국의 카탈리나는 고객의 구매 패턴 등을 분석하여 고객이 가장 관심을 가질 쿠폰을 즉석에서 발행함으로써 한 번 구매한 고객의 재방문율을 높이고 장기 충성고객으로 확보하였다.

【참고문헌】

김범(웨어밸리/2012 DB솔루션 이노베이터 수상자), 「빅데이터 분석 동향」, 2013.

노규성 외, 『스마트시대의 전자상거래』, 생능출판사, 2013.

삼정KPMG, 『빅데이터 분석을 통한 기업 미래 가치 창출』, 2012.

송민정, 『빅데이터(BigData)를 활용한 비즈니스 모델 혁신』, 2013.

이경일, 『빅데이터와 신 가치창출(빅데이터 미래전략 세미나)』, 2012.

한국정보화진흥원, 『2013 국가정보화 백서』, 2012.

한국정보화진흥원, 『더나은 미래를 위한 데이터 분석』, 2013.

한국정보화진흥원, 『빅데이터 기업의 솔루션 및 서비스 추진현황II』, 2012.

한국정보화진흥원, 『빅데이터페어 2013 자료집』, 2013.

01. 다음 중 비즈니스 모델 개념으로 옳은 것은?

① 사업상 채용한 모델 직원

② 기업으로 하여금 수익을 유지하게 하는 일련의 활동

③ 맞춤형 사업 서비스

④ 특허 출원을 위한 기술 모형

⑤ 서비스 차별화 모델

【해설】 비즈니스 모델이란 기업으로 하여금 수익을 유지하게 하는 일련의 활동을 말한다.

02. 다음 중 성공적인 비즈니스 모델 개발을 위한 고려사항으로 해당되지 않는 것은?

① 투자자와 주주

② 제품이나 서비스를 제공할 고객

③ 제품과 서비스의 유형

④ 거래 형태

⑤ 서비스 차별화

【해설】 성공적인 모델 개발을 위해서는 다음과 같은 점을 고려하여야 한다. 첫째, 우리 제품과 서비스를 어떤 고객에게 제공할 것인가에 대한 세밀한 조사가 필요하다. 둘째, 분석된 고객 집단을 대상으로 어떤 제품과 서비스를 제공할 것인가에 대해서도 면밀히 검토되어야 한다. 셋째, 거래 형태이다. 기존의 방문 판매 형태에서 인터넷 등의 판매 채널을 활용하는 것이 포함된다. 넷째, 현재 고객에 대한 서비스를 어떤 방식으로 변화시켜 고객에게 서비스 차별화를 도모할 것인가의 문제이다. 마지막으로, 지금까지 정의한 네 가지 요소를 어떤 정보통신기술(ICT)을 기반으로 실현할 것인가 검토하여야 할 것이다.

03. 다음 중 수익모델과 관련된 내용으로 옳지 않은 것은?

① 수익모델이란 수익을 창출하는 모델을 말한다.

② 수익모델이란 돈이나 재산을 벌어들이는 방식을 의미한다.

③ 인터넷 쇼핑몰의 매출은 수익에 해당한다.

④ 수익모델은 이익을 창출하는 것을 말한다.

⑤ 상품을 판매하고 그 대가로 받은 현금을 말한다.

【해설】 수익모델(revenue model)이란 간단히 말해 수익을 창출하는 모델, 즉 돈이나 기타 재산을 벌어들일 수 있도록 하는 경영 방식을 의미한다. 수익모델을 이해하기 위해서는 먼저 수익의 개념을 명확히 해야 한다. 수익(revenue)이란, 일정 기간 동안 사업을 하고 벌어들인 돈(재산)을 말한다. 다시 말해서 상품이나 서비스를 판매(제공)하고 그 대가로 받은 현금이나 기타 자산을 말한다. 예를 들어, 인터넷 쇼핑몰에서 물건을 팔아 고객으로부터 받은 돈이 수익이 된다.

04. 다음 중 빅데이터 비즈니스 모델 개념으로 옳은 것은?

① 수익을 창출하는 모델

② 기업으로 하여금 수익을 유지하게 하는 일련의 활동

③ 정부와 기업이 협력하는 모델

④ 빅데이터를 이용한 정부 정책 모델

⑤ 빅데이터를 이용하여 경제적 수익을 창출할 수 있는 사업

【해설】 빅데이터 비즈니스 모델이란 빅데이터를 이용하여 경제적 수익을 창출할 수 있는 모든 사업 형태를 말한다.

05. 다음 중 빅데이터 비즈니스 모델을 판별하는 주요 기준은 어떤 것인가?

① 크기 ② 수익성

③ 신뢰성 ④ 신속성

⑤ 활용성

【해설】 빅데이터 비즈니스 모델을 판별하는 주요 기준은 수익성이다.

06. 다음 중 빅데이터와 관련하여 가장 필요로 하는 인력은?

① 프로그래머

② 시스템 설계자

③ 네트워크 관리자

④ 하드웨어 개발자

⑤ 데이터 분석가

【해설】빅데이터의 발전을 위해 가장 필요한 인력은 통계, 기계, 학습, 경영 등에 전문 지식을 갖춘 데이터 분석가와 빅데이터로부터 제공되는 통찰력을 활용하고 가치를 실현시키기 위한 데이터 관리자 등을 들 수 있다.

07. 다음 중 빅데이터 산업 구조가 바르게 연결된 것은?

① 인프라 부분: 교육

② 인프라 부분: 소프트웨어

③ 서비스 부분: 스토리지

④ 서비스 부분: 통신서비스

⑤ 인프라 부분: 컨설팅

【해설】인프라 부분은 빅데이터를 구성하기 위한 데이터의 수집, 저장, 분석, 관리 등의 기능을 담당하는 컴퓨터, 단말, 네트워크, 서버, 스토리지 등의 하드웨어와 관리, 분석 툴 등의 소프트웨어로 구분할 수 있다. 또한, 서비스 부분은 교육, 컨설팅, 솔루션(분석, 저장, 관리, 검색, 통합 등), 데이터 및 정보 제공, 데이터 처리 등 다양한 서비스 종류가 있다.

08. 다음 중 빅데이터 비즈니스 모델로 볼 수 있는 것은?

① 국민건강 주의 예보 시스템

② 심야 전용버스 노선 지원 시스템

③ 맞춤형 여행 컨설팅 서비스

④ 지진 분석을 통한 재난 예방 시뮬레이션 시스템

⑤ 시민의 소리를 분석한 정책 결정 지원 시스템

【해설】①, ②, ④, ⑤번은 수익을 창출하는 모델이라기보다는 공공의 이익을 위한 모델이다.

09. 다음 중 컨설팅 관련 빅데이터 비즈니스 모델로 적합지 않은 것은?

① 개인별 종합 금융 지원 시스템

② 평생 건강관리 지원 시스템

③ 상권 분석 지원 시스템

④ 소셜네트워크 분석 시스템

⑤ 제품 개발 지원 시스템

【해설】컨설팅 관련 비즈니스의 모델은 개인의 신용카드 사용 데이터와 각종 금융 정보(은행, 보험 등) 데이터를 이용한 개인별 종합 금융 컨설팅 또는 건강보험 데이터를 이용한 건강관리 컨설팅과 카드사들의 고객 결제정보 및 SNS 데이터를 활용한 상권 분석 컨설팅 또는 고객의 구매 패턴 정보를 활용한 제품 개발 컨설팅이 있다. ④ 소셜네트워크 분석 시스템은 솔루션 관련 비즈니스 보는 것이 타당하다.

10. 빅데이터 기반 서비스 비즈니스 모델을 위한 데이터의 활용 시나리오에 적합지 않은 것은?

① 이상 현상 감지 시나리오

② 가까운 미래 예측 시나리오

③ 현 상황 분석 시나리오

④ 고객 맞춤 시나리오

⑤ 데이터 수집 시나리오

【해설】빅데이터 기반 서비스 비즈니스 모델을 위한 데이터의 활용 시나리오는 ① 이상 현상 감지 시나리오, ② 가까운 미래 예측 시나리오, ③ 현 상황 분석 시나리오, ④ 고객 맞춤 시나리오 등이다.

CHAPTER 03 >> 분석적 사고와 분석 프로세스

3.1 분석의 이해

3.1.1 분석의 중요성

방대한 양의 데이터가 쏟아져 나오면서 빅데이터가 최대 화두가 되었다. 이미 논의된 바와 같이 빅데이터는 대량의 데이터를 포함하여 다양한 유형의 데이터와 실시간성 데이터를 포함하는 의미이다. 그러나 더 정확한 의미로는 데이터 그 자체뿐 아니라 데이터에 대한 분석을 포함하고 있다. 즉 빅데이터의 부상은 쏟아져 나오는 데이터에 대한 분석을 토대로 의사결정의 질적 수준을 높이고 경영의 생산성이나 공공 부문의 효율성을 재고하는 것이 근원적 이유이다. 결국, 빅데이터의 핵심적 키워드는 분석이라는 것이다.

결국, 지금의 트렌드에서 분석이 중요하게 대두된 이유는 바로 현명한 의사결정을 할 수 있도록 매우 유용한 정보를 제공하기 때문이다. 개인이나 기업, 혹은 국가가 주어진 상황을 타개하거나 소기의 목적을 달성하기 위해서는 합리적이고 과학적인 의사결정을 할 수 있어야 한다. 왜냐하면 개인의 삶이나 기업의 경영, 혹은 국가의 정책은 결국은 의사결정의 연속이며 의사결정의 성공 혹은 실패가 흥망을 좌우하기 때문이다. 단 한 번의 잘못된 의사결정으로 엄청난 시련을 겪거나 단 한 번의 현명한 결정으로 크게 도약하는 사례를 우리는 현실 속에서 쉽게 찾을 수 있다.

사이먼에 의하면, 의사결정은 탐색, 설계, 선택, 실행의 과정을 거친다. 이는 문제점을 인식하고 이를 해결하기 위한 대안을 모색한 뒤, 여러 대안들을 평가하여 그중에서 최선을 선택하는 것으로써 그 과정에서 계량적 정보와 비계량적 정보를 모두 고려한다.

여기에서의 비계량적 정보는 문화적·사회적 배경이나 법적·정치적 변수에 의한 영향을 고려하는 것이지만, 투명하고 합리적인 의사결정에서는 계량적 분석 정보가 의사결정에 더욱 중요하다. 특히 불확실성이 높고 의사결정이 초래하는 파급 효과가 큰 의사결정을 위해서는 현재 우리가 갖고 있는 데이터를 잘 분석하고 활용해야 하는 것이다. 그러나 많은 경우 데이터의 중요성이나 분석의 힘을 잘 인식하지 못하고 의사결정에 활용할 줄 모른다. 이는 결과적으로 과학적이지 못한 의사결정으로 이어지고 그로 말미암아 초래되는 비용이나 손실은 계산할 수 없을 정도로 큰 경우가 허다하다.

시야를 개인 수준에서 기업(조직) 수준으로 확대하면 의사결정이 미치는 파급 효과가 훨씬 크므로 분석은 더욱 중요해진다. 오늘날 기업은 치열한 경쟁 속에서 차별화 혹은 원가 우위를 획득, 유지해야만 살아남는 환경을 맞이하고 있다. 이와 같은 환경에서 분석은 기업의 전략 수립과 의사결정에 있어 필수불가결한 도구로 유용하다. 그간 전통적으로 기업에게 경쟁 우위를 제공했던 수단들은 이제 일상적인 비즈니스 수단이 되었다. 특히 글로벌 경제가 성숙됨에 따라 지리적 이점이나 정부의 시장 보호 장치는 거의 사라졌다. 따라서 경쟁 우위는 제품이나 서비스의 획기적인 혁신에서 찾아야 하는데 현실에서 획기적인 혁신을 달성하기란 그리 쉬운 일이 아니다. 또한, 독점적 기술 역시 개발하기도 매우 어려울 뿐만 아니라 개발에 성공한다고 하더라도 급속하게 복제되는 것이 현실이다. 이런 상황에서 경쟁 우위를 달성하기 위한 유일한 방법은 경영에서의 효율성을 높이고 현명한 의사결정을 하는 것이며, 분석은 이런 목적을 달성하는 데에 안성맞춤의 도구가 된다.

3.1.2 분석의 개념

사전적인 의미의 분석(analysis)은 대상, 표상, 개념 등을 그것의 부분이나 요소로 분해하는 것이다. 처음에는 어떤 대상이 막연한 전체로 주어지지만, 이것을 분석하여 그 여러 가지 측면이나 요소를 추출하여 그러한 것들의 상호관계를 파악하고 종합하는 것에 의해서 그 대상은 명확하게 인식되는 것이다. 즉 분석은 어떤 현상(문제)에 대해서 관련된 데이터를 수집한 뒤 이를 분해하여 데이터 속에 숨어 있는 의미 있는 패턴을 찾아내서 문제 해결이나 의사결정 등에 활용하는 것을 말한다. 여기에서 현상이란 우리의 연구 대상이 되는 자연이나 사회 속의 모든 것으로써 개인의 행동이나 심리까지도 포함한다. 따라서 분석은 우리가 관심을 갖는 모든 문제를 풀기 위하여 적용할 수 있다.

3.1.3 분석의 유형

사실 분석이란 여기에서 말하는 데이터 분석과 관련되는 것 외에도 다양한 분야에서 널리 사용되어 온 개념이다. 예를 들어 기업의 회계 및 재무자료를 토대로 하는 분석에는 재무비율(재무비율 분석), 성장성 분석, 생산성 분석, 활동성 분석, 수익성 분석 등 다양한 유형의 분석이 포함된다. 또 증권가에서는 주가 분석, 패턴 분석, 추세 분석, 기술 분석 등의 분석 기법 등을 통해 주식 투자 결정의 효과성을 제고하고 있다. 이 외에도 유형 분석, 요구 분석, 시스템 분석, 전략 분석, 상권 분석 등 우리 생활 주변에는 다양한 유형의 분석이 이루어지고 있다.

이는 분석이란 보다 나은 의사결정을 위한 수단임을 보여주는 현상이라 할 수 있다. 여기에서 분석 기법은 그 분석이 수행되는 목적에 따라 다음과 같은 유형으로 구분해 볼 수 있다.

첫째, 불확실한 상황에서 현명한 의사결정을 하기 위한 데이터 수집·분류·분석·해석·발표의 체계인 통계가 대표적인 분석 기법이다. 둘째, 과거 데이터와 변수 간의 관계를 이용하여 관심이 되는 변수를 추정하는 예측 기법이 있다. 셋째, 많은 데이터 속에 숨겨져 있는 유용한 패턴을 추출하여 분류, 군집, 순차, 연관, 분석, 변칙 탐지 등의 목적으로 활용하는 데이터마이닝 기법이 있다. 넷째, 주어진 제한 조건을 만족하면서 어떤 기준(목적함수)을 최대한(혹은 최소화)하는 해법을 구하기 위한 수학적인 기법으로서 최적화 기법이 있다.

한편, 통계에서는 빈도 분석(Frequency), 기술통계 분석(Descriptive), 교차 분석(Crosstabs), 상관관계 분석(Correlation Analysis), 요인 분석(Factor Analysis), 회귀 분석(Regression Analysis), T-test 분석, 분산 분석(Analysis of Variance:ANOVA), 판별 분석(Discriminants Analysis), 군집 분석(Cluster Analysis), 다차원척도법(Multidimensional Scaling: MDS) 등 분석 기법을 활용하고 있다. 이에 대해서는 제4부 1장, 2장을 참고하기 바란다.

이상과 같이 다양한 유형으로 분석을 구분하는 것은 편의상 유용하기는 하지만 분석 기법 측면에서는 유형 간에 상당한 중복이 있다고 할 수 있다. 예를 들어 회귀 분석은 통계에서 많이 사용되는 기법이지만 예측이나 데이터마이닝에서도 중요하게 활용된다. 또한, 시계열 데이터를 다루는 시계열 분석도 통계와 예측에서 흔하게 사용된다. 따라서 분류 유형의 명확성보다는 특정 분석 기법이 어떤 목적으로 사용되는지에 대한 이해가 더욱 중요하다 할 수 있다.

3.1.4 분석적 의사결정 유형

전자화와 디지털화 등으로 정형, 비정형 데이터가 기하급수적으로 늘어나고 있다. 그리고 다양한 분석을 가능하게 하는 컴퓨터의 하드웨어와 소프트웨어의 기능이 확장되는 것과 비교해 볼 때 비용의 크게 하락하여 분석을 위한 환경이 크게 개선되고 있다. 이러한 여건 속에서 분석을 전략적으로 활용하려는 추세는 이제 거스를 수 없는 대세가 되고 있다. 즉 빅데이터 시대의 도래로 앞으로 수십 년간 빅데이터를 활용한 분석이 모든 산업과 경영의 기능을 크게 바꾸리라 예상된다.

기업 경영 분야에서는 전통적으로 계량적 분석과 밀접한 마케팅, 생산, 회계, 재무 분야에서뿐만 아니라 인사관리, 연구개발, 인수합병(M&A) 등 기업 내 거의 전 분야에서 운영의 효율을 높이고 현명한 의사결정을 하는 데에 데이터 분석을 활용하고 있다. 【표 3-1】은 분석 기반의 의사결정 유형을 예시하고 있다.

【표 3-1】 경영 분석의 분식기반 의사결정 유형

분 야	분식적 의사결징 유형(예시)	분 아	분서저 이사견정 유형(예시)
마케팅 관리	• 가격 결정 • 상점과 지점의 위치 선정 • 판매촉진 목표 설정 • 맞춤형 웹사이트 구축 • 온라인 미디어 광고 채널 선정	인적자원 관리	• 채용 시기 결정 • 이직 직원 예측 • 직원 보상액 산정 • 직원교육 효과 분석
공급체인 관리	• 적정 재고량 결정 • 물류 창고와 물류센터 위치 선정 • 제품과 차량의 경로 선택 • 트럭 적재량 관리	R&D	• 제품의 고객 선호 특성 파악 • 특정 제품 효과 분석 • 제품의 고객선호 디자인 파악
재무 관리	• 재무성과 동인 파악 • 성과 평가표 효율성 측정 • 다양한 재무 예측		

3.2 분석 역량

3.2.1 분석 능력

앞으로 빅데이터 시대가 성숙하면 할수록 분석 능력을 갖춘 사람들에 대한 수요는 더욱 증가할 것이다. 빅데이터에 관한 매킨지 보고서에 따르면 미국에서 분석 능력을 갖춘 사람들이 2018년까지 150만 명 정도 부족할 것으로 예상되고 있다. 이런 현상은 우리나라에서도 발생할 것으로 예측되는데, 한국정보화진흥원에 의하면 2013~2017년까지 빅데이터 전문 분야에서 52만 개의 일자리가 창출될 것이다.

이와 같이 데이터 분석 전문 인력 수요가 증대되고 있는 빅데이터 시대에 조직 구성원들에게 요구되는 역량은 구성원 각각이 위치한 자리와 역할에 따라 다르다고 할 수 있다. 기업의 경우 수행하는 직무와 역할에 따라 구성원을 분석 기술과 성향에 따라 경영층, 분석 전문가, 일반 직원의 세 집단으로 구분할 수 있다.

먼저, 경영층은 분석이 경쟁력의 핵심임을 신봉하고 조직이나 전문 인력 등의 분석 인프라를 갖추기 위해 지속적인 투자를 하면서 분석 지향적인 기업 문화를 조성하려고 노력하는 집단이다. 기업이 분석을 근간으로 경쟁하기 위해서는 분석 지향 문화 정착을 위한 경영층의 신념과 헌신이 매우 중요하다고 할 수 있다.

둘째, 전문가 집단은 기업 내에서 관련 데이터를 수집, 관리하고 다양한 분석과 해석을 통해 경영층에 전략적 조언을 하는 집단이다. 이들은 수학, 통계학, 컴퓨터공학 등 관련 전문 분야의 학력 소유자이거나 데이터 분석 전문지식을 습득한 전문가 집단이다.

셋째, 일반 직원은 일반 사원에서 부장에 이르기까지 기업 내의 라인에서 실제로 다양한 기능을 수행하는 집단이다. 이들이 분석을 토대로 과학적이고 합리적인 의사결정을 수행하기 위해 분석적 소양을 갖추어야 하는 것은 당연하다.

3.2.2 분석적 사고

애플의 전 경영자인 스티브 잡스는 천재적인 직관을 가지고 있다고들 한다. 그러나 이는 잘못된 인식이다. 사실 잡스는 직관적 판단 이전에 독보적인 전문지식을 갖추고 분석적 사고에 능통한 전문가였다. 전문적인 지식은 직관적 사고방식에 의해 획득되기보다는 관계와 맥락을 만들고 문제를 창의적으로 해결하면서 얻어진다. 분석적 사고방식에 의해 현상과 사실을 정확히 분석하고 이를 근거로 해법을 발견하면서 축적되는 것이다. 분석적 사고야말로 전문적인 지식은 물론 창의성과 직관적 판단의 근간인 것이다.

그러면 분석적 사고란 무엇을 말하는가? 로저 마틴은 분석적 사고(Analytical Thinking)를 주어진 전제로 부터 특정한 결론을 이끌어내는 추리 과정인 연역적 추리(deductive reasoning)와 개개의 특수한 사실로부터 일반적 결론을 이끌어내는 추리 과정인 귀납적 추리(inductive reasoning)를 이용하여 데이터를 체계적으로 분석하고 방법을 결론내는 것이라고 하였다. 즉 분석적 사고란 개선해야 할 일을 선택하고, 그 일의 수행 방법을 분석적으로 생각하는 관습을 갖도록 하는 개념이다.

분석적 사고를 가진 전문가들은 통상 현상과 사실을 객관적으로 나열하고 이를 연결해 조합하고, 부족한 부분이 있다면 숨겨진 영역에서 다시 현상과 사실을 찾아내 결정할 수 있는 패턴으로 만드는데 익숙하다. 또 의미 있는 정보와 논리적인 구조를 도출함으로써 조직 내에서 의사소통이 매우 원활하다는 점을 알 수 있다. 결론적으로 분석적 사고방식은 상황을 객관적으로 관찰, 나열한 뒤 상황 간 관계를 연결하고 패턴을 만들어내는 과정을 거쳐 근본 원인을 찾아 해결하는 방식을 의미한다.

3.3 분석 프로세스의 이해

분석은 새로운 개념이 아니며 이미 오래전부터 여러 영역에서 효과적으로 활용해 왔다. 일반적으로 분석은 단계적으로 진행된다. 예를 들어 매우 분석적인 마케팅 조사의 경우 조사 목적 도출, 조사 설계, 모집단 및 표본 설계, 데이터 수집, 데이터 분석, 결과 제시 등의 단계로 진행된다. 또한, 결함 발생 수를 100만 개당 3.4개 이하로 줄이고자 하는 식스 시그마(6 Sigma) 역시 매우 체계적인 과정으로서 두 가지 분석 방법이 있다. 이 중 DMAIC 방법론이 가장 일반적인 방법론인데, 이는 문제 정의(Define), 측정(Measure), 분석(Analyze), 개선(Improve), 관리(Control)의 5단계를 거쳐 혁신 프로세스를 완료한다. 종합해 볼 때 분석 프로세스는 문제의 인식에서 결과 제시까지 【그림 3-1】과 같은 여섯 단계로 정리할 수 있다.

【그림 3-1】 분석의 6단계

3.3.1 문제 인식

분석의 출발점은 문제를 인식하고 이를 해결하고자 하는 의지라 할 수 있다. 개인이나 기업이 갖고 있는 해결 과제나 현재 직면하고 있는 주요 의사결정 문제는 당연히 분석의 주제이다. 이런 주제가 자신에게 프로젝트로 주어질 수도 있고 아니면 자신이 자발적으로 해결하고자 연구가 될 수도 있다. 문제 인식 단계에서 가장 중요한 것은 문제가 무엇인지, 왜 이 문제를 해결해야 하는지, 문제 해결을 통해 무엇을 달성할 것인지를 명확히 하는 것이다.

분석의 핵심은 인식된 문제에 대해 관련된 데이터를 수집, 분석하여 문제 해결에 필요한 정보를 얻는 것이다. 이때 문제는 가설의 형태로 표현하면 문제가 명확해지며, 분석 과정을 통해 검증이 가능해진다. 일반적으로 가설(hypothesis)이란 어떤 사실을 설명하거나 어떤 이론 체계를 검증하기 위하여 설정한 가정을 말한다. 그러나 분석을 위한 가설은 통상 변수들 간의 관계에 대한 잠정적인 믿음이나 주장으로, 분석을 통하여 실행에 도움이 되는 정보 가치를 얻게 된다. 일반적으로 가설은 '소득 수준이 높으면 문화 소비 비용도 클 것이다'라는 형태로 표현할 수 있다.

3.3.2 관련 연구 조사

문제가 인식되면 다음으로 관련되는 각종 문헌(논문, 책, 보고서, 잡지 등)들을 조사해야 한다. 문제와 관련되는 기존의 연구들과 저서들을 찾아 검토하고 그 내용을 요약, 분류하여 완전히 파악하는 과정을 거치면 해결하고자 하는 문제가 더욱 명확해진다. 그리고 개괄적으로 어떤 요인(변수)들이 중요하게 작용하는지를 파악할 수가 있게 된다.

여기에서 변수는 어떤 관계나 범위 안에서 여러 가지 값으로 변할 수 있는 수를 말한다. '투표 결과가 이번 협상에서 중요한 변수가 될 것이다', '여론이 정책 결정에 변수로 등장하였다'는 등의 예문에서와 같이 사람, 상황, 행위 등의 속성을 나타낸다. 성별, 주소, 학력, 소득 수준, 출신지 등이 그 예이다. 관련된 데이터들을 모두 섭렵하는 것은 분석에서 가장 중요한 부분이며 다음 단계의 모형화(변수 선정)를 위해서 필수적이다.

요즈음 관련 데이터를 찾는 가장 쉬운 방법은 네이버, 다음, 구글과 같은 검색엔진을 활용하는 것이다. 또한, 관련 서적도 검색할 수 있는데, 특히 인터넷 서점을 활용하여 관련되는 서적이나 데이터를 검색하면 크게 도움이 된다. 다양한 데이터와 연구 문헌 등의 검색 외에 전문가들과 해결해야 할 문제에 관해 상담하는 것이 필요하다. 여기에서 전문가들이란 해당 문제에 대한 오랜 경험과 지식을 축적하여 문제의 해결 대안이나 아이디어를 줄 수 있는 사람을 의미한다. 이상의 문제와 관련된 연구 조사 과정을 거쳐 수집된 데이터의 내용들은 다 읽고 정리하면 관련 변수들을 파악할 수 있게 된다.

3.3.3 모형화와 변수 선정

우리가 인식한 문제들은 대부분 복잡하므로 단순화해야 해결 대안을 찾기가 쉽다. 즉 많은 변수가 포함된 문제를 그 특성을 잘 대표하는 결정적인 요소(변수)만을 추려서 그것으로 표현하면 분석이 좀 더 쉬워지는 것이다. 모형화란 복잡한 현상을 문제의 본질과 관련되는 적은 수의 변수만을 추려서 단순화하는 과정이다. 여기에서 모형(model)은 문제(연구 대상)를 의도적으로 단순화한 변수들 간의 관계를 말한다. 또한, 변수(variable)란 수로 표현 가능한 측정치들을 통칭한다. 예를 들어 성별, 소득, 몸무게, 선호하는 정도, 좋아하는 음식 등이 수치로 표현 가능하고 측정 가능하면 변수라 할 수 있다.

삽화나 캐리커처(caricature)가 의도적으로 인물의 중요한 특징(머리, 눈, 코, 입 등)을 강조하고 나머지는 무시하는 것과 같이 모형화도 문제와 관련된 주요 변수만을 선택하고 불필요한 것들은 버린다. 만약 지도를 그린다면 거리와 방향이 중요하겠지만, 지하철 노선표는 각 역과 노선별 연결이 더 중요하다. 어떤 변수를 버리고 어떤 변수를 택할 것인가는 그 변수가 문제 해결과 얼마나 직접적으로 관련이 있는가에 달려 있다. 예를 들어 어느 쇼핑몰이 회원들에게 전자쿠폰북을 발송하는데 반응률이 낮아 쿠폰 선호 대상을 찾아 쿠폰을 발송하고자 한다고 하자. 이때에는 수많은 회원 데이터 중에서 총구매 금액에 영향을 미치는 요인들을 고려해야 하므로 평균 구매 금액, 사이트 체류 시간, 구매 상품의 다양성 등을 분석 대상 변수로 단순화하면 분석이 한층 쉬워진다.

3.3.4 데이터 수집과 변수 측정

선정된 변수에 의해 분석 모형이 구성되면 데이터 수집 과정, 즉 변수 측정 과정을 거치게 된다. 데이터를 수집하는 방법은 통상 2차 데이터 혹은 1차 데이터를 얻는 방법 두 가지에 의해 이루어진다.

먼저 2차 데이터는 다른 목적을 위해 이미 수집, 정리되어 있는 데이터로, 데이터 원천(source)은 매우 다양하다. 예를 들어 기업의 내부 데이터, 통계청 등의 정부 간행물과 통계 데이터, 상업용 데이터, 학술논문과 문헌 등이 2차 데이터라 할 수 있다. 많은 경우 2차 데이터를 구하면 쉽게 분석을 할 수 있지만, 2차 데이터를 통해서 자신이 선정한 변수의 측정치를 구할 수 없는 경우가 많다. 이럴 경우 1차 데이터를 구해야 하는데, 1차 데이터란 조사자가 설문조사, 관찰, 실험 등을 통하여 직접 데이터를 수집한 경우의 데이터를 말한다. 데이터 수집을 위한 두 가지 방법 중 어떤 방법을 선택하여 구체적으로 어떻게 측정할 것인가는 해결해야 하는 문제의 성격과 측정해야 하는 변수의 특징에 달려 있다.

3.3.5 데이터 분석과 정리

분석 대상과 관련되는 변수의 데이터가 수집되면 이를 분석해야 한다. 측정하고 수집된 데이터 그 자체만으로는 아무것도 알 수가 없으므로 분석을 통해 그 속에 내재된 의미를 파악하는 것은 매우 중요한 일이다. 즉 데이터 분석이란 모아 놓은 데이터에서 변수들 간의 관련성을 파악하는 것이다. 예를 들어 유권자들의 출신 지역, 연령, 학력, 소득수준 등에 따라 특정 후보에게 어떠한 투표 행태를 보이는지를 파악하는 것은 유권자의 투표 성향 분석이라는 데이터 분석이라 할 수 있다. 본서에서는 기초적인 통계적 분석에서부터 매우 정교한 데이터마이닝 기법에 이르기까지의 각각의 상황에 필요한 다양한 데이터 분석과 정리 기법이 소개된다.

3.3.6 결과 제시

분석의 마지막 단계는 분석 결과의 의미를 제시하는 단계로, 이 단계가 잘되지 않으면 그동안의 과정이 물거품이 되고 만다. 즉 데이터 분석을 통해 변수 간의 관련성이 분석되면 그 결과가 의미하는 바를 명료하게 해석하여 의사결정자에게 구체적인 조언을 하는 것이 매우 중요하다. 특히 주요 분석 결과를 간단명료하게 요약하여 어떤 의사결정이 바람직하는지에 대한 적절한 방법을 통해 제시하는 것이 필요할 것이다.

결과 제시에는 연구 과정의 개요, 결과 요약, 문제의 해결을 위한 권고 등이 포함되어야 한다. 중요한 의사결정 사안인 경우에는 관계자들이 모인 자리에서 발표와 토론을 하거나 공식적인 보고서를 작성할 수도 있고 학술적인 의의가 있는 연구라면 논문으로 발표할 수도 있다.

결과의 제시 방법 중 표의 형태로 데이터를 제시하는 것은 주의를 끌지 못하게 하는 좋지 않은 방법으로 얘기되고 있다. 많은 경우 다양한 차트나 그래프를 활용하여 효과적으로 주의를 끄는 방법이 권고되고 있다. 특히 호소력을 갖는 방법으로 데이터를 기업의 문제나 목표와 직접적으로 연관된 스토리(story)로 만들어내어 전달하는 방법이 활용되고 있다. 이때에는 청중들이 이해할 수 있는 용어로 분석 결과를 제시하는 것이 권장되고 있는데, 기업의 경우 종종 수익, 비용 절감, 투자 회수율 등의 용어가 전달력을 갖는 것으로 이해되고 있다.

3.4 분석과 스토리텔링

3.4.1 분석과 창의력

분석을 하는 이유는 분석의 결과를 해석하고 의사결정의 근거로 활용하기 위한 것임은 주지의 사실이다. 여기에서 해석과 의사결정에의 활용 능력은 분석 결과에 대한 창의적인 역량에 의해 결정될 수 있다.

그런데 분석적 사고가 창의력을 발현하는 데 방해 요소가 된다고 보는 견해가 있다. 통상 창의력은 탐구적이고, 자유롭게 생각하고, 영감에 바탕을 두고, 그리고 통찰력이 있는 것으로 생각한다. 반면에 분석은 종종 지루하고, 기계적이고, 그리고 숫자에 의한 것이라고 여긴다. 물론 지나친 분석이 창의적인 아이디어를 내는 데에 방해가 될 수도 있다. 그러나 창의력과 분석은 결코 반대되는 것이 아니라 매우 밀접하게 관련되어 있다고 견해가 지배적이다. 오히려 분석을 통한 전문 지식과 역량이 뒷받침되지 않는다면 창의적인 아이디어는 달성할 수 없는 허상에 그칠 수 있다. 특히 분석의 뒷받침이 없는 창의력은 최적의 의사결정을 위한 충분 조건이 되지 못한다.

분석을 가장 성공적으로 활용하면 매우 창의적이 되며, 또한 창의력은 문제를 성공적으로 분석하기 위한 중요한 요소인 것이다. 가장 성공적인 사람이나 조직은 창의력과 분석을 함께 사용한다. 창의력과 분석의 결합은 창의력이 분석의 중요한 요소로 작용하면서 분석의 결과로 창의력이 발휘되는 것을 의미한다.

3.4.2 창의성의 원동력

1) 인문학적 소양

앞에서도 얘기된 바와 같이 분석과 창의성은 동전의 양면이자 상호보완적인 관계를 가지고 있다. 즉 분석은 창의성을 필요로 함과 동시에 분석 결과에 대한 해석은 창의성을 기반으로 하고 있는 것이다. 이러한 창의성은 여러 단계를 거쳐 발현되지만, 그 근저에는 전문적인 지식과 정보가 기반을 이룬다. 특히 오늘날 과학과 기술의 혁명적 진화로 인해 새로운 형태의 창의성은 인문학적 소양을 갈구하고 있다.

인문학(humanities)은 인간의 조건에 관해 탐구하는 학문이다. 자연 과학과 사회 과학이 경험적인 접근을 주로 사용하는 것과는 달리, 분석적이고 비판적이며 사변적인 방법을 폭넓게 사용한다. 인문학 분야로는 크게 언어학, 철학, 사회학, 역사학, 예술학, 문학, 신학 등이 있다.

인문학을 배경으로 인간이 살아온 발자취나 인간이 인간다울 수 있는 철학적, 미적 부분을 설명하고 표현하려는 노력을 하는 학문적 소양이 인문학적 소양이라면, 끊임없이 생각하고 기존과 다른 방향으로 사고하는 방식을 인문학적 사고라 할 수 있다. 결국, 오늘날 인문학과 인문학적 소양이 중시되고 있는 이유는 인문학적 소양이 창의성과 통찰력을 가져다 줄 수 있는 토양이기 때문이다.

2) 직관과 통찰력

직관(intuition)이란 판단·추론 등을 개재시키지 않고, 대상을 직접적으로 인식하는 일을 일컫는 말이다. 즉 직관은 순간 속에서 사태를 전체적으로 파악하나 분석처럼 명확하지 못하다는 한계를 가지고 있기도 하다. 따라서 직관적 사고(intuitive thinking)는 엄밀한 논리적 추리 과정을 거치지 않고 문제의 해답을 생각해 내는 추리작용을 말한다. 즉 직관적 사고란 분석이나 증명의 형식적인 방법으로 매개되지 않은 이해와 인지를 의미하는 것이다.

그래서 많은 경우 오랜 경험이나 전문적 식견을 축적한 사람들이 직관적 사고에 의해 세밀한 논증이나 분석적인 이해 과정에 의존하지 않고 어떤 문제의 해결책이나 결과를 생각해내기도 한다. 따라서 그 결과는 옳은 것일 수도 있고 틀린 것일 수도 있다. 결국, 직관적 사고의 결과가 옳은 것으로 입증되기 위해서는 다시 엄밀한 논리적 추리나 경험적 검증에 의해 확인되어야 할 것이다. 여기에 분석의 필요성이 있는 것이다.

그럼 무엇이 직관적 사고에 영향을 줄 수 있을까? 직관적 사고는 타고난 능력일 수도 있으나 다음과 같은 노력에 의해 배양될 것이다. 먼저, 특정 분야에 대한 경험과 지식의 축적이 직관적 사고의 근간이 된다. 물론 경험과 지식을 쌓았다고 해서 누구나 올바른 직관적 사고를 할 수 있는 것은 아니다. 둘째, 직관적 사고의 습성을 길러 주는 것이 필요하다. 이는 직접 직관적 사고나 추측을 자주 해보는 것을 말한다. 이에는 결과물에 대한 분석적 검증이 따라야 하며, 완전한 지식을 가지고 추측을 하는 것이 요구된다. 셋째, 발견법(heuristic method)의 규칙을 자주 사용하면 직관적 사고를 배양하는데 도움이 된다. 발견법이란 누구의 도움 없이 어떤 문제의 해결 방법과 기술을 스스로 터득해 가는 방법을 말한다.

이러한 직관력과 직관적 사고가 발전하면 통찰력(insight)이 된다고 한다. 통상 직관과 통찰이 모두 사물을 종합적, 전체적, 객관적으로 본다는 의미에서는 같지만, 직관은 있는 그대로 보는 것을 의미하며, 통찰이란 사물을 꿰뚫어 본다는 의미라는 점에서 다소 차이가 있다. 즉 통찰이란 어떤 상황에 직면할 때 그 상황의 내용이나 문제의 본질을 정확히 보는 인간의 능력을 말한다. 일반적으로 분석의 결과에 대한 전문가의 통찰력이 문제를 해결하는 척도가 된다고 보고 있다.

3.4.3 전달 역량으로서의 스토리텔링

원래 스토리텔링은 '스토리(story) + 텔링(telling)'의 합성어로서 말 그대로 '이야기를 말하다'라는 의미를 지닌다. 즉 상대방에게 알리고자 하는 내용을 흥미 있고 보다 생생한 이야기로 설득력 있게 전달하는 행위이다. 과거에는 문학, 영화, 교육학 등에서 전문적으로 활용되었던 것이 오늘날에는 일상생활의 의사소통의 방법으로까지 범용되고 있는 추세이다.

오늘날 우리 일상생활에서 스토리텔링은 여러 가지로 유익하고 설득력 있는 수단으로 이용되고 있다. 인류가 등장한 이래 스토리텔링은 인간끼리의 의사소통에 있어 늘 중심적인 역할을 해왔기 때문이다. 스토리텔링은 매체의 특성에 따라 다양하게 발현되고 하는데, 영화·비디오·애니메이션·만화·게임·광고 등의 원천적인 콘텐츠로 활용되고 있다. 최근 들어 스토리텔링은 현대 조직 사회에서 효과적인 커뮤니케이션 방법으로 활용되기도 한다. 현재 미국에서는 교육, 비즈니스, 대인관계 등 여러 분야에서 응용되고 있다. 이때 이야기는 특정 부류를 타깃(target)으로 하여야 효과가 크며 내용은 듣는 이의 흥미를 자극하며 새로운 것을 이해할 수 있는 계기를 마련해 주어야 한다. 분석과 관련해서 스토리텔링은 문제의 상황 디자인, 해결 과정과 결과의 해석에 대한 전개를 의미한다. 즉 분석은 막연한 상황을 대상으로 하는 것이 아니라 분석할 구체적이고 분명한 대상이 존재하며 이를 해결해야 하는 의사결정자(사용자)가 존재한다. 따라서 분석 대상과 그 결과에 대해 사용자가 명확히 파악하고 이해할 수 있어야 분석의 의미가 사는 것이다. 이는 사용자 언어로 사용자와 원활하게 소통(communication)하기 위한 치밀한 이야기 전개 과정을 필요로 한다. 여기에 분석 과정에서의 스토리텔링의 중요성이 있는 것이다.

특히 데이터 활용 역량을 논할 때의 스토리텔링은 이야기를 전달하고 효과적으로 대화하기 위해 데이터를 활용하는 능력을 말한다. 분석된 데이터는 의미심장한 뜻을 담고 있을 수도 있고 지나칠 수 있는 결과를 내포하고 있을 수도 있다. 이러한 분석 결과를 잘 전달하기 위해서는 이를 체계적이고 설득력 있게 전달할 수 있도록 내용을 담는 능력으로서의 스토리텔링이 필요한 것이다.

【참고문헌】

김경순, 「분석적 사고방식과 성공코드, 그리고 인재 육성」, 전자신문, 2014.4.10.

장택원, 『사회조사방법론』, 커뮤니케이션북스, 2012.

토머스 데이븐포트·김진호, 『말로만 말고 숫자를 대봐』, 엠지엠티북스, 2013.

Roger L. Martin, Design of Business: Why Design Thinking Is the Next Competitive Advantage, Harvard Business Press, 2009.

Kalil, Tom, 『BigData is a Big Deal』. White House. Retrieved 26 September 2012.

McKinsey Global Institute, BigData:The next frontier for innovation, competition, and productivity, 2011.

Simmon, Harber A., The New Science of Management Decision, Harper & Row, New York, 1960.

World Economic Forum 1, BigData, big impact: New possibilities for international development, 2012.

World Economic Forum 2, The top 10 emerging technologies for 2012.

www.naver.com

www.unglobalpulse.org

01. 다음 중 분석에 대한 개념을 옳게 설명한 것은?

① 우리의 연구 대상이 되는 자연이나 사회 속의 모든 것

② 문제 관련 데이터를 수집, 분해하여 패턴을 찾아내어 의사결정에 활용

③ 개선해야 할 일을 선택 및 그 일의 수행 방법을 분석적으로 사고

④ 개인의 행동이나 심리까지도 포함

⑤ 문제 상황에 직면할 때 즉각적으로 처리

【해설】분석이란 현상(문제)에 대해서 관련된 데이터를 수집한 뒤 이를 분해하여 데이터 속에 숨어 있는 의미 있는 패턴을 찾아내서 문제 해결이나 의사결정 등에 활용

02. 수행 목적에 따른 분석의 유형에 해당하지 않는 것은?

① 데이터 수집 기법

② 통계

③ 데이터마이닝

④ 최적화 기법

⑤ 예측 기법

【해설】수행 목적에 따른 분석 유형은 1) 불확실한 상황에서 현명한 의사결정을 하기 위한 데이터 수집·분류·분석·해석·발표의 체계인 통계, 2) 과거 데이터와 변수 간의 관계를 이용하여 관심이 되는 변수를 추정하는 예측 기법, 3) 많은 데이터 속에 숨겨져 있는 유용한 패턴을 추출하여 분류, 군집, 순차, 연관, 분석, 변칙 탐지 등의 목적으로 활용하는 데이터마이닝 기법, 4) 주어진 제한 조건을 만족하면서 어떤 기준(목적함수)을 최대한(혹은 최소화)하는 해법을 구하기 위한 수학적인 기법으로서 최적화 기법 등이 있다.

03. 다음 중 다음 중 분석적 의사결정 유형의 예시로 부적합한 것은?

① 마케팅 관리 : 상점과 지점의 위치 선정

② 공급체인 관리 : 적정 재고량 결정

③ 재무 관리 : 거래처 관리

④ R&D : 제품의 고객 선호 특성 파악

⑤ 인적자원 관리 : 이직 직원 예측

【해설】분석적 의사결정 유형(예시)

분 야	분석적 의사결정 유형(예시)
마케팅 관리	• 가격 결정 • 상점과 지점의 위치 선정 • 판매 촉진 목표 설정 • 맞춤형 웹사이트 구축 • 온라인 미디어 광고 채널 선정
공급체인 관리	• 적정 재고량 결정 • 물류 창고와 물류센터 위치 선정 • 제품과 차량의 경로 선택 • 트럭 적재량 관리
재무 관리	• 재무성과 동인 파악 • 성과평가표 효율성 측정 • 다양한 재무 예측
인적자원 관리	• 채용 시기 결정 • 이직 직원 예측 • 직원 보상액 산정 • 직원 교육 효과 분석
R&D	• 제품의 고객 선호 특성 파악 • 특정 제품 효과 분석 • 제품의 고객 선호 디자인 파악

04. 수행하는 직무와 역할에 따른 구성원별 분석 능력으로 올바르지 않는 것은?

① 경영층 : 분석 지향 문화 정착

② 전문가 집단 : 데이터 분석 전문지식

③ 일반 직원 : 과학적 의사결정을 위한 분석적 소양

④ 경영층 : 분석 조직이나 인프라에 지속적 투자

⑤ 관리층 : 분석가 양성을 위한 분석지식 확보

【해설】경영층은 분석이 경쟁력의 핵심임을 신봉하고 조직이나 전문 인력 등의 분석 인프라를 갖추기 위해 지속적인 투자를 하면서 분석 지향적인 기업 문화를 조성하려고 노력하는 집단이다. 기업이 분석을 근간으로 경쟁하기 위해서는 분석 지향 문화 정착을 위한 경영층의 신념과 헌신이 매우 중요하다고 할 수 있다. 둘째, 전문가 집단은 기업 내에서 관련 데이터를 수집, 관리하고 다양한 분석과 해석을 통해 경영층에 전략적 조언을 하는 집단이다. 이들은 수학, 통계학, 컴퓨터 공학 등 관련 전문 분야의 학력 소유자이거나 데이터 분석 전문지식을 습득한 전문가 집단이다. 셋째, 일반 직원은 일반 사원

에서 부장에 이르기까지 기업 내의 라인에서 실제로 다양한 기능을 수행하는 집단이다. 이들이 분석을 토대로 과학적이고 합리적인 의사결정을 수행하기 위해 분석적 소양을 갖추어야 하는 것은 당연하다.

05. 다음 중 분석적 사고와 관련되어 있지 않는 것은?

① 전문적 지식

② 현상과 사실의 정확한 분석

③ 천재적 직관력

④ 분석적으로 해법의 발견

⑤ 관계와 맥락의 구성

【해설】 전문적인 지식은 직관적 사고방식에 의해 획득되기보다는 관계와 맥락을 만들고 문제를 창의적으로 해결하면서 얻어진다. 분석적 사고방식에 의해 현상과 사실을 정확히 분석하고 이를 근거로 해법을 발견하면서 축적되는 것이다. 분석적 사고야말로 전문적인 지식은 물론 창의성과 직관적 판단의 근간인 것이다.

06. 다음 중 분석 프로세스 과정을 올바르지 표현한 것은?

① 관련 연구조사→문제인식→자료수집→자료분석→모형화→결과 제시

② 관련 연구조사→문제인식→모형화→자료수집→자료분석→결과 제시

③ 모형화→문제인식→관련 연구조사→자료수집→자료분석→결과 제시

④ 문제인식→관련 연구조사→모형화→자료수집→자료분석→결과 제시

⑤ 문제인식→모형화→관련 연구조사→자료수집→자료분석→결과 제시

【해설】 분석의 분석의 6단계는 '문제인식→관련 연구조사→모형화(변수 선정)→자료수집(변수측정)→자료분석→결과 제시' 순으로 진행된다.

07. 다음 중 가설에 대한 설명으로 옳은 것은?

① 현실 세계를 표현하기 위한 모형

② 이론적인 학술적 주장

③ 이론 검증을 위한 분석틀

④ 의사결정을 위한 해법

⑤ 이론 체계를 검증하기 위한 가정

【해설】가설(hypothesis)이란 어떤 사실을 설명하거나 어떤 이론 체계를 검증하기 위하여 설정한 가정을 말한다. 그러나 분석을 위한 가설은 통상 변수들 간의 관계에 대한 잠정적인 믿음이나 주장으로서, 분석을 통하여 실행에 도움이 되는 정보로서의 가치를 얻게 된다. 일반적으로 가설은 '소득 수준이 높으면 문화 소비 비용도 클 것이다.'라는 형태로 표현할 수 있다.

08. 다음 중 모형화에 대한 개념과 관계가 먼 것은?

① 생산부서 조직 도면

② 문제의 의도적 단순화

③ 복잡한 현실의 구조화

④ 연구 대상 변수들 간의 관계

⑤ 연구 대상의 단순화

【해설】모형화란 복잡한 현상을 문제의 본질과 관련되는 적은 수의 변수만을 추려서 단순화하는 과정이다. 여기에서 모형(model)은 문제(연구 대상)를 의도적으로 단순화한 변수들 간의 관계를 말한다.

09. 다음 중 창의성의 원동력에 해당하지 않는 것은?

① 인문학적 소양

② 통계 지식

③ 직관

④ 통찰력

⑤ 인문학적 사고

【해설】창의성의 원동력으로는 인문학적 소양(인문학적 사고), 직관과 통찰력 등을 들 수 있다.

연습문제

10. 다음 중 분석과 관련하여 스토리텔링에 대한 설명으로 올바른 것은?

① 분석할 대상을 구체적이고 분명하게 찾는 것

② 문제에 대한 분석 방안에 대한 도식화

③ 문제의 상황 디자인, 해결 과정과 결과의 해석에 대한 전개

④ 이야기 전개 과정에 대한 상상력

⑤ 시나리오 작성의 근간

【해설】분석과 관련해서 스토리텔링은 문제의 상황 디자인, 해결 과정과 결과의 해석에 대한 전개를 의미한다. 즉 분석은 막연한 상황을 대상으로 하는 것이 아니라 분석할 구체적이고 분명한 대상이 존재하며 이를 해결해야 하는 의사결정자(사용자)가 존재한다. 따라서 분석 대상과 그 결과에 대해 사용자가 명확히 파악하고 이해할 수 있어야 분석의 의미가 사는 것이다. 이는 사용자 언어로 사용자와 원활한 소통(communication)하기 위한 치밀한 이야기 전개 과정을 필요로 한다. 여기에 분석 과정에서의 스토리텔링의 중요성이 있는 것이다.

06

빅데이터 기술

CHAPTER 01 >> 빅데이터 처리 과정과 플랫폼

1.1 빅데이터 분석 프로세스의 개념

빅데이터 분석의 주요 목적은 데이터 분석 전문가가 기존의 전통적인 비즈니스 인텔리전스 프로그램이 시도하지 않았던 웹서버 로그, 인터넷 클릭 정보, 소셜미디어 활동 보고서, 휴대전화 통화 기록, 그리고 센서들이 감지한 정보 등의 새로운 종류의 데이터(data sources)나 많은 양의 트랜잭션 데이터(transaction data)를 분석할 수 있도록 하여 기업이 경영과 관련하여 더 좋은 의사결정을 하도록 도와주는 것이다.

빅데이터를 분석하여 의미 있는 지식을 찾기 위해서는 여러 단계를 포함하는 순환 과정을 거치게 된다. 먼저 발굴하고자 하는 지식과 관련된 다양한 데이터 소스로부터 데이터를 수집하고, 수집한 데이터에서 필요 없는 데이터를 필터링하거나 적절한 형태로 가공하는 등 전처리 단계를 거친다. 그 후에 정보를 체계적으로 저장하고 관리하면서 유용한 지식이나 내재된 지식을 얻기 위한 정보 처리 분석 과정을 통해 의미 있는 지식을 발굴하고 시각화하게 된다. 빅데이터 처리 순환 과정에서 데이터 소스나 지식을 활용하는 서비스 분야가 무엇인지에 따라 일부 단계를 건너뛰거나 반복 수행되기도 한다. 이처럼 빅데이터는 지식을 최종 활용하기까지 데이터 수집, 저장 관리, 처리·분석 및 지식 시각화, 이용, 폐기 등을 통한 여러 단계를 거치고 있다.

PART 06

이 장에서는 빅데이터 분석과 관련되는 데이터 수집으로부터 분석 및 시각화에 이르는 빅데이터 순환 과정을 다루기 때문에 이 과정에서 필요한 기술적 기반, 즉 빅데이터 플랫폼에 대한 간략한 소개를 하며, 상세한 설명은 2장~3장에서 다루기로 한다.

1.2 빅데이터 플랫폼

다양한 데이터 소스에서 수집한 데이터를 분석 처리하여 지식을 추출하고, 이를 기반으로 지능화된 서비스를 제공하는 데 필요한 IT 환경을 빅데이터 플랫폼이라 한다. 빅데이터 플랫폼이 빅데이터 처리에 필요한 전체의 순환 과정을 수행하기 위해서는 확장성 있는 대용량 처리 능력, 이기종 데이터 수집 및 통합 처리 능력, 빠른 데이터 접근 및 처리 능력, 대량의 데이터를 저장 관리할 수 있는 능력, 대량의 이기종 데이터를 원하는 수준으로 분석할 수 있는 능력 등을 갖춰야 한다.

【그림 1-1】 빅데이터 플랫폼 개념도(출처: 황승구 외, 2013)

【그림 1-1】과 같이 다양한 데이터 소스로부터 데이터 수집, 저장 관리, 처리·분석 및 지식 시각화를 통해 지식을 이용하기까지 각 단계를 지원하는 데 필요한 공통 소프트웨어를 빅데이터 처리 플랫폼(BigData analytics platform)이라고 한다.

이러한 빅데이터 처리 플랫폼은 빅데이터 수집, 빅데이터 저장/관리 기술, 빅데이터 처리 기술, 빅데이터 분석 기술 및 지식 시각화 기술 등을 적용하여 구현한다. 빅데이터로부터 지식을 얻어 활용하기까지는 여러 단계가 필요하고, 그 단계마다 수많은 기술이 활용된다. 빅데이터 플랫폼은 데이터를 수집해서 지식을 발굴하는데 필요한 빅데이터 처리 플랫폼 기술과 대용량의 고속 저장 공간 및 고성능의 계산 능력을 갖춘 컴퓨터 등 컴퓨터 기반을 제공하는 빅데이터 컴퓨팅 인프라 기술로 구성된다.

1.3 빅데이터 분석 프로세스 절차

빅데이터 분석 프로세스 절차는 다음과 같은 단계로 나누어진다. 첫 번째 단계는 분석대상이 되는 데이터를 수집하는 단계이고, 다음은 수집된 데이터를 저장하고 관리하는 단계이다. 세 번째 단계에서는 저장된 빅데이터를 처리하는 단계이고, 네 번째는 빅데이터를 분석하는 단계이다. 다섯 번째는 분석된 결과를 시각화하고 의미를 도출하여 이용하는 단계이다. 마지막 단계는 저장된 데이터를 폐기하는 단계이다(【그림 1-2】참조).

【그림 1-2】 빅데이터 분석 처리 프로세스(출처: 황승구 외, 2013)

1.3.1 빅데이터 수집(BigData Collection)

일반적으로 말하는 데이터는 기업이나 조직 내부에 있는 정보 시스템에 저장된 정형화된 데이터로서 데이터 수집에 큰 노력을 기울이지 않아도 수집이 가능하고 수집하고자 하는 데이터의 형식도 개발 단계에서부터 향후에 분석하기에 적합한 형식에 갖춘 정형화된 형식의 로그로 구현하기 때문에 수집 후에 데이터를 가공하는 데에 큰 노력이 들어가지 않는다. 하지만 빅데이터는 내부 조직에 있는 정형화된 데이터뿐만 아니라, 조직 외부에 존재하는 무한한 데이터 중에서 조직이 필요로 하는 데이터를 발견하여, 이를 수집하고 수집된 정보를 분석을 위한 특정 데이터 형식으로 변환하는 과정을 거쳐야 한다. 따라서 빅데이터 수집이란 단순히 데이터를 확보하는 기술이 아니라 데이터를 검색하여 수집하고 변환 과정을 통해 정제된 데이터를 확보하는 과정을 말한다.

빅데이터 수집은 수집 대상 데이터 선정, 수집 세부계획 수립, 데이터 수집 실행의 세 단계로 이루어진다(【그림 1-3】참조).

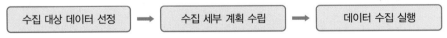

【그림 1-3】 빅데이터 수집의 세부 절차

(출처: 빅데이터 활용 단계별 업무 절차 및 기술 활용 매뉴얼 (Version 1.0))

1) 수집 대상 데이터 선정

빅데이터 수집은 빅데이터 분석이나 서비스를 제공할 때 서비스의 품질을 결정하는 중요한 핵심 단계로 수집 대상 분야에 분석 경험이 많은 전문가의 의견을 반영하여 분석 목적에 맞는 데이터를 선정하여야 한다. 수집 대상을 선정할 때는 대상 데이터가 수집이 가능하고 사용이 가능한지 여부, 이용 목적에 맞는 세부 항목이 포함되어 있는지 여부, 그리고 개인 정보 침해의 여부나 수집 비용을 고려하여야 한다.

2) 수집 세부 계획 수립

이 단계에서는 데이터 소유자를 확인하고 대상 데이터가 내부 데이터인지 외부 데이터인지 또는 수집 대상 데이터의 유형과 데이터 포맷을 확인하여 적정한 수집 기술을 선정하여야 한다(【표 1-1】 참조).

【표 1-1】 데이터 유형에 따른 수집 기술

데이터 유형	데이터 종류	수집 기술
정형 데이터	RDB, 스프레드 시트	ETL, FTP, Open API
반정형 데이터	HTML, XML, JSON, 웹문서, 웹로그, 센서 데이터	Crawling, RSS, Open API, FTP
비정형 데이터	소셜 데이터, 문서(워드, 한글), 이미지, 오디오, 비디오, IoT	Crawling, RSS, Open API, Streaming, FTP

(출처: 빅데이터 활용 단계별 업무 절차 및 기술 활용 매뉴얼(Version 1.0))

수집 기술을 선정할 때는 데이터 소스로부터 다양한 데이터를 수집하기 위하여 확장성, 안정성, 실시간성, 유연성을 갖춘 기술을 선정하여야 한다.

PART 06

3) 데이터 수집 실행

(1) 능동적 데이터 수집과 수동적 데이터 수집

데이터 수집 실행은 위에서 언급한 다양한 기술을 적용하여 수행을 하게 되는데 데이터를 수집하는 주체의 능동성 여부에 따라서 능동적 데이터 수집과 수동적 데이터 수집으로 분류할 수 있다. '능동적 데이터 수집'이란 데이터를 가지고 있는 주체가 데이터 수집을 원하는 주체에게 능동적으로 데이터를 전달하는 것인데, 예를 들어 생산 설비에 있어서 생산 관련된 데이터를 로그로 기록해서 제공하는 로그 데이터(Log Data)나 설문조사 같은 경우가 해당된다. '수동적 데이터 수집'이란 데이터를 소유하는 주체는 웹페이지를 통해 데이터를 공개하고 데이터 수집을 원하는 주체가 웹 로봇(Web robot)이나 웹 크롤러(Web Crawler) 등을 사용하여 웹페이지에 게시되어 있는 정보를 수집하는 경우를 예로 들 수 있다.

(2) 내부 또는 외부 데이터 수집

또한, 데이터 수집은 데이터 소스의 위치에 따라 내부 데이터 수집과 외부 데이터 수집으로 구분할 수 있다. 내부 데이터 수집은 주로 자체적으로 보유한 내부 파일 시스템이나 데이터베이스 관리 시스템, 센서 등에 접근하여 데이터를 수집하는 것을 의미하고, 외부 데이터 수집은 인터넷으로 연결된 외부에서 데이터를 수집하는 것을 의미한다.

대표적인 내부 데이터 수집 방법으로는 ETL(Extraction, Transformation, Loading)이 있다. ETL이란 다양한 소스 시스템으로부터 필요한 데이터를 추출(extract)하여 변환(transformation) 작업을 거쳐 저장하거나 분석을 담당하는 시스템으로 전송 및 적재(loading)하는 모든 과정을 포함하며 이 경우의 데이터 수집은 수집한 데이터를 저장하거나 분석하기 위해 데이터를 변환하거나 통합하는 작업을 포함하기도 한다.

대표적인 외부 데이터 수집 방법으로는 크롤링 엔진(Crawling Engine)을 통한 수집이 있다. 이 방법에서는 (소프트웨어)로봇이 인터넷 사이트를 방문하여 모든 페이지의 복사본을 생성함으로써 데이터를 수집을 한다. 이 방법은 인터넷상에서 소셜네트워크 서비스, 사용자 생성 콘텐츠(User Created Contents:UCC), 온라인 쇼핑, 검색 등의 사용자들의 다양한 활동과 관련된 많은 양의 데이터를 수집하는 데에 적용할 수 있다.

4) 빅데이터 변환/통합

위에서 설명한 바와 같이 데이터 수집은 수집한 데이터를 저장하거나 분석하기에 적당한 형태로 데이터를 변환하거나 통합하는([표 1-2] 참조) 과정을 포함하며 이 과정은 빅데이터 저장(1.3.2 참조)에서 실행할 수도 있다. 빅데이터의 변환은 데이터를 수집하는 과정에서 컴퓨터가 바로 처리할 수 없는 비정형 데이터를 구조적 형태로 전환하여 저장하는 것을 말한다. 또한, 빅데이터 변환은 빅데이터 정제(cleansing)를 포함한다. 이것은 비정형 데이터(unstructured data)를 정제하거나 또는 정형적 데이터(structured data)에서 측정값이 빠져 있다거나, 형식이 다르다거나, 내용 자체가 틀린 데이터를 고쳐주는 과정을 말한다.

【표 1-2】 빅데이터 수집을 위한 변환 및 통합

ETL (Extraction, Transformation, Load)	메인 프레임, ERP, CRM, Flat file, Excel 파일 등으로부터 데이터를 추출하여 목표하는 저장소의 데이터 형태로 변형한 후 목표 저장소(DW)에 저장
비정형 -> 정형	비정형 데이터는 비구조적 데이터 저장소에 저장하거나 어느 정도 구조적인 형태로 변형하여 저장 ex) Scribe, Flume, chuckwa 등 오픈 소스 솔루션
레거시 데이터와 비정형 데이터 간의 통합	데이터를 분석하기 위해서는 수집된 정형의 레거시 데이터와 비정형 데이터 간의 통합이 필요 Sqoop : RDBMS와 HDFS 간의 데이터를 연결해 주는 기능으로 SQL 데이터를 Hadoop 으로 로드하는 도구

(출처 : 김재수, 2012)

데이터의 통합은 빅데이터를 효과적으로 분석하기 위하여 레거시(legacy) 데이터 간 통합을 하고 비정형 데이터를 수집하는 과정에서 구조적 형태로 전환되어 저장하고 수집한 비정형 데이터와 레거시 데이터 간의 통합하는 것을 말한다.

1.3.2 빅데이터 저장(관리) (BigData Storage)

데이터 수집 과정을 통해 확보한 빅데이터로부터 유용한 정보를 추출하려면 빅데이터를 효과적으로 저장 관리하여야 한다. 빅데이터 저장이란 검색 수집한 데이터를 분석에 사용하기에 적합한 방식으로 안전하게 영구적인 방법으로 보관하는 것으로서 대용량의 다양한 형식의 데이터를 고성능으로 저장하고 필요한 경우 데이터를 검색하여 수정, 삭제 또는 원하는 내용을 읽어오는 방법을 제공하는 것을 포함한다. 빅데이터 저장은 다시 빅데이터 전/후 처리와 빅데이터 저장으로 나누어진다.

1) 빅데이터 전처리(pre-processing)

앞에서 설명한 것처럼 빅데이터 수집은 데이터 검색 수집과 변환의 과정을 거치게 되는데 수집과 변환 과정에서 빅데이터 저장소에 적재하기 위하여 수집한 데이터를 필터링(filtering)하거나 유형 변환(transformation), 정제 등을 거치게 되는데 이 과정을 빅데이터 전처리라고 부른다.

- 필터링: 데이터 활용 목적에 맞지 않는 정보는 필터링으로 제거하여 분석 시간을 단축하고 저장 공간을 효율적으로 활용하도록 하며 비정형 데이터는 데이터마이닝을 통해 오류나 중복을 제거하여 저품질 데이터를 개선 처리하는 과정을 말한다. 이때에 자연어 처리 및 기계학습과 같은 기술을 적용할 수 있다.
- 유형 변환: 데이터의 유형을 변환하여 분석이 용이한 형태로 변환하는 과정을 말한다.
- 정제: 수집된 데이터의 불일치성을 교정하기 위한 과정으로 빠진 값(missing value)을 처리하고 데이터 속에 있는 노이즈(noise)를 제거하는 과정을 말한다.

2) 빅데이터 후처리(post-processing)

저장된 빅데이터를 분석하기 전에 분석에 용이하도록 가공하는 작업으로 변환, 통합 (integration), 축소(reduction) 등의 과정을 거치게 되는데 이 과정을 빅데이터 후처리라고 한다.

변환은 다양한 형식으로 수집된 데이터를 분석에 용이하도록 일관성 있는 형식으로 변환하는 것을 말하며 평활화(smoothing), 집계(aggregation), 일반화(generalization), 정규화(normalization), 속성 생성(attribute/feature construction) 등을 거치게 된다.

데이터 통합은 출처는 다르지만 상호 연관성이 있는 데이터들을 하나로 결합하는 기술로 데이터 통합 시 동일한 데이터가 입력될 수 있으므로 연관관계 분석 등을 통해 중복 데이터를 검출하거나 표현 단위(파운드와 kg, inch와 cm, 시간 등)가 다른 것을 표현을 일치하도로 변환하는 것을 말한다.

축소는 분석에 불필요한 데이터를 축소하여 고유한 특성은 손상되지 않도록 하고 분석에 대한 효율성을 높이는 과정을 말한다.

3) 빅데이터 저장(BigData Storage)

빅데이터 저장 단계는 저장할 데이터의 포맷 등의 유형을 검토하고 데이터 저장 관리에 유리한 저장 방식을 RDB, NoSQL, 분산 파일 시스템 등으로 선정하여 저장하는 과정을 말한다. 다음의 【표 1-3】에서는 대용량 데이터를 저장하기 위한 다양한 접근 방식을 보여주고 있다.

빅데이터 저장에서는 저장 전에 빅데이터 수집 과정에서 변환 과정을 거친 데이터(전처리)를 저장하고 더욱 정제된 데이터를 생산하기 위하여 다시 변환 과정을 반복하여(후처리) 저장하는 과정을 거치면서 데이터 처리의 흐름이 양 방향으로 이루어질 수 있다. 이와 같이 변환 과정과 저장 과정을 반복하는 이유는 빅데이터의 데이터 소스가 외부 조직에서 가져오는 비정형 데이터가 주를 이루기 때문에 이러한 데이터에서 필요한 부분만을 선별하고 비교하여 재조합할 필요가 있기 때문이다(【그림 1-4】 참조).

마찬가지로 빅데이터 분석 단계에서도 빅데이터 저장 기술로 저장된 데이터를 이용하여 분석하고, 분석된 결과를 다시 저장하여 2차 분석을 위한 기초 자료로 활용하는 피드백 구조를 가질 수 있다.

【표 1-3】 데이터 저장 방식의 분류

구분	특징	비고
RDB	• 관계형 데이터를 저장하거나, 수정하고 관리할 수 있게 해주는 데이터베이스 • SQL 문장을 통하여 데이터베이스의 생성, 수정 및 검색 등 서비스를 제공	oracle, mssql, mySQL, sybase, MPP DB
NoSQL	• Not-Only SQL의 약자이며, 비관계형 데이터 저장소로, 기존의 전통적인 방식의 관계형 데이터베이스와는 다르게 설계된 데이터베이스 • 테이블 스키마(Table Schema)가 고정되지 않고, 테이블 간 조인(Join) 연산을 지원하지 않으며, 수평적 확장(Horizontal Scalability)이 용이 • key-value, Document key-value, column 기반의 NoSQL이 주로 활용 중	MongoDB, Cassandra, HBase, Redis
분산 파일시스템	• 분산된 서버의 로컬 디스크에 파일을 저장하고 파일의 읽기, 쓰기 등과 같은 연산을 운영체제가 아닌 API를 제공하여 처리하는 파일 시스템 • 파일 읽기/쓰기 같은 단순연산을 지원하는 대규모 데이터 저장소 • 범용 x86서버의 CPU, RAM 등을 사용하므로 장비 증가에 따른 성능 향상 용이 • 수 TB~수백 PB 이상의 데이터 저장 지원 용이	HDFS

(출처: 빅데이터 활용 단계별 업무절차 및 기술 활용 매뉴얼(Version 1.0))

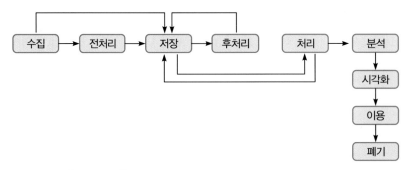

【그림 1-4】 빅데이터 분석 프로세스의 데이터 흐름도
(출처:이미영 외, 재구성)

1.3.3 빅데이터 처리(BigData Processing)

빅데이터 처리는 빅데이터에서 유용한 정보와 의미 있는 지식을 찾아내기 위한 데이터 가공이나 데이터 분석 과정을 지원하는 과정으로서 지속적으로 발생하는 스트림 데이터나 기존의 저장소에 저장된 대규모 저장 데이터의 적시 처리를 지원한다. 그러므로 빅데이터 처리 과정은 빅데이터 저장 과정에서 저장된 데이터를 분석할 수 있도록 빅데이터의 속성인 데이터 규모, 데이터 생성/처리 속도, 데이터 다양성을 고려하여야 하며 대규모 데이터 처리를 위한 확장성, 데이터 생성 및 처리 속도를 해결하기 위한 처리 시간 단축 및 실시간 처리 지원, 그리고 비정형 데이터 처리 지원을 제공하여야 한다.

IT 시장 조사 기관 가트너가 발간한 보고서 빅데이터 분석에서는 빅데이터 처리와 기존의 데이터 처리 방식과의 차이를 설명하면서 다음과 같이 요약하였다.

첫째, 빅데이터 처리는 기존의 데이터 처리와는 다르게 의사결정의 즉시성이 덜 요구된다.

둘째, 대용량의 데이터에 기반을 둔 분석 위주로서 장기적이고 전략적이며 때때로 일회성 거래 처리나 행동 분석을 지원하여야 한다.

셋째, 단순한 프로세싱 모델이 아닌 다양한 데이터 소스, 복잡한 로직 처리, 대용량 데이터 처리 등을 위해 처리의 복잡도가 높고 통상적으로 분산 처리 기술을 필요로 한다.

넷째, 또한 빅데이터는 처리해야 할 데이터양이 방대하고 대용량 처리와 복잡한 처리를 특징으로 하고 있어 실시간 또는 준실시간 처리가 보장돼야 하는 데이터 분석에는 약간 적합하지 않을 수 있다

따라서 이러한 특성을 갖는 데이터를 처리해야 하는 빅데이터 처리 과정에서는 분산 파일 시스템과 병렬 분산 처리를 이용하여 빅데이터 처리를 수행한다. 빅데이터 처리는 두 가지로 구분할 수 있는데 '빅데이터 일괄 처리'와 '빅데이터 실시간 처리'이다([표 1-4] 참조).

1) 빅데이터 일괄 처리

일괄 처리 기술은 쌓인 빅데이터를 여러 서버로 분산해 각 서버에서 나눠서 처리하고, 이를 다시 모아서 결과를 정리하는 분산, 병렬 기술 방식을 사용한다. 대표적인 기술로는 하둡의 맵리듀스, 그리고 마이크로소프트의 드라이애드(Dryad)가 있다.

2) 빅데이터 실시간 처리

게시판처럼 글, 사진, 동영상 등이 분리되어 관리되는 정형 데이터 처리와는 달리 페이스북이나 블로그 같이 글, 사진, 동영상 등이 통합된 데이터가 엄청난 속도로 생성되는 비정형 데이터 처리를 동시에 효율적으로 처리하기 위해서는 실시간 처리를 하여야 한다. 실시간 처리 과정은 생성되는 데이터를 곧바로 처리하는데 사람들의 어떠한 행위나 기타 작용에 의해 끊임없이 생성되는 이벤트와 관련된 데이터를 실시간으로 처리를 하며 '이벤트 기반 실시간 처리 기술' 또는 '스트림 처리 기술'이라고 한다. '스트림 처리 기술'은 끊임없이 입력되는 스트림 데이터를 적정 구간으로 나누어 처리하여 최신 데이터를 기반으로 결과를 실시간으로 얻거나 또는 전체 데이터가 처리되기 전의 중간 처리 결과를 먼저 제공할 수 있는 장점이 있다.

【표 1-4】 빅데이터 처리 관련 기술 분류

대분류	소분류	관련 기술
실시간 처리	In-Memory Computing	In-memory 플랫폼, In-memory 메시징, In-memory 데이터 관리(DBMS, Data Grid)
	데이터 스트림 처리	DBMS, Storm, ESPER, S4, Hstreaming CEP(Complex event Processing)
분산 처리	Cloud computing	클라우드 컴퓨팅, 분산 처리
	Hadoop	HDFS, MapReduce

(출처: 김방룡 외, 재구성)

이외에도 발생량이 대용량이고 많은 계산 능력을 필요로 하는 비정형 데이터들의 경우에 데이터를 여러 노드로 분산하여 병렬로 처리하는 '분산 스트림 처리' 기술을 사용하여 데이터의 처리 지연을 최소화하거나 데이터베이스 내에 분석을 직접 수행할 수 있는 기능이 포함된 인-데이터베이스 처리(In-Database processing)를 사용하여 데이터베이스와 분석 소프트웨어를 분리하여 데이터의 처리와 프로세스를 여러 단계를 거쳐야 하는 문제점을 줄여서 신속하게 처리할 수 있는 처리 방법도 있다.

1.3.4 빅데이터 분석

빅데이터로부터 의미 있는 지식을 얻고 이것을 효율적인 의사결정에 활용하려면 빅데이터를 효과적으로 분석할 수 있는 방법과 다양한 인프라가 필요하다. 빅데이터 분석은 분석 계획 수립, 분석 시스템 구축, 분석 실행의 세 단계로 구성된다.

1) 분석 계획 수립

분석 계획 수립에서는 분석을 통하여 해결하고자 하는 목적(문제)을 명확히 정의하고 분석 절차와 분석 기법에 대해서 세부 시나리오를 작성을 한다. 또한, 분석 환경에 대해서도 분석을 하여야 하는데 분석 환경은 분석에 필요한 인프라(시스템과 운영 환경)를 자체적으로 기관 내에 구축하는 방안, 또는 외부의 분석 서비스에 위탁을 주고 활용하는 방안 또는 자체 인프라와 외부 분석 서비스를 연계하여 활용할 것인지를 결정하여야 한다.

2) 분석 시스템 구축

이 단계에서는 빅데이터의 용량이나 분석 작업이 요구하는 부하를 감안하여 수집 데이터 저장 서버, 데이터 처리 서버(하둡 기반 분석, 정형 데이터 DW 등)를 포함하는 분석 시스템의 하드웨어 인프라를 구축하여야 한다. 또한, 소프트웨어는 분석에 필요한 수집, 관리, 분석, 이용자 환경 분석 등 관련 소프트웨어를 구축하여야 하며 필요한 소프트웨어를 【표 1-5】에 예시하였다.

【표 1-5】 빅데이터 분석 소프트웨어 예시

기능	구성요소(예)	주요 내용
빅데이터 수집	Flume, Sqoop, 크롤러, Open API	외부 데이터 추출, 변환, 적재
분산 파일 관리	분산 파일 시스템(HDFS 등)	MapReduce 지원 가능 분산 파일 시스템
빅데이터 분석	MapReduce	대용량 로그 파일 처리 프레임워크
	Pig	HDFS 대용량 로그 파일을 처리하는 스크립트 언어
	Hive	SQL 기반 대용량 로그 파일의 집계 기능을 제공하는 SQL 실행 엔진
	Mahout	알고리즘 패키지
	R	오픈 소스 통계 패키지

(출처 : 빅데이터 활용 단계별 업무 절차 및 기술 활용 매뉴얼(Version 1.0))

3) 분석 실행

빅데이터를 분석하기 위한 기법들은 통계학과 전산학, 특히 기계학습이나 데이터마이닝 분야에서 이미 사용되던 분석 기법들의 알고리즘을 개선하여 빅데이터 분석에 적용시키고 있다. 최근에는 소셜미디어 등 비정형 데이터에 적용이 가능한 텍스트마이닝, 오피니언마이닝, 소셜네트워크 분석, 군집분석 등이 주목을 받고 있다. 빅데이터 분석 기술의 대표적인 예들로는 빅데이터 통계 분석, 데이터마이닝, 텍스트마이닝, 예측 분석, 최적화, 평판 분석, 소셜네트워크 분석, 소셜 빅데이터 분석 등이 있다.

그 밖에 정확성보다는 분석 속도에 초점을 두는 분석, 실시간(real time) 분석, 준실시간(quasi-real time) 분석 등과 같은 기술도 있다. 이런 분석에서는 모든 가용한 데이터를 활용하여 사용자의 요청에 대한 분석을 수행하여 빠르고 적시에 지식(분석 결과)을 제공하고 있으며 실시간 분석 등을 위하여 인-데이터베이스 분석, 인-메모리 분석, 다중 프로세스를 활용하는 MPP(Massively Parallel Programming) 등의 보다 빠른 지원 기술을 이용하기도 한다.

빅데이터 분석을 위해서는 기본적으로 하둡, NoSQL 등의 빅데이터 분석 인프라 기술이 필요하고, 그 위에 기존 통계학과 전산학에서 사용하던 다양한 통계 처리, 데이터마이닝, 텍스트마이닝, 오피니언마이닝, 그래프마이닝 등 다양한 분석 방법 및 기계 학습, 인공지능 기법을 적용해야 한다. 특히 최근 소셜미디어 등 비정형 텍스트 빅데이터의 증가로 인해 분석 기법들 중에서 비정형 데이터에 내재한 가치를 효과적으로 알아내는 텍스트마이닝, 오피니언마이닝, 소셜네트워크 분석, 군집 분석 기술들이 최근 큰 주목을 받고 있다

1.3.5 빅데이터 분석 시각화(Visualization)

크고 복잡한 빅데이터 속에서 의미 있는 정보와 가치들을 찾아내어 사람들이 쉽게 직관적으로 알 수 있도록 표현하는 기술이 분석 시각화(visualization)이다. 분석 시각화가 중요한 이유는 분석한 결과를 활용하여 다양한 시각화 도구로 어떻게 표현하느냐에 따라서 얻을 수 있는 직관이 달라지기 때문이다.

1.3.6 빅데이터 폐기(BigData Disposition)

빅데이터 폐기 단계에서는 데이터 분석을 위해 이용된 데이터를 삭제하는 단계이며, 특히 개인정보와 같은 데이터이거나 또는 정보의 가치가 없는 데이터들은 이용 목적을 달성 후 바로 폐기해야 한다(이재식, 2013). 데이터 폐기를 위해 물리적으로 하드디스크 등을 파기하는 경우에는 데이터를 저장하고 있는 물리적/논리적 공간 전체를 폐기하는 방법이어서 일부의 데이터만 골라서 삭제하기 어려운 문제가 있으며 소프트웨어적으로는 데이터를 저장하는 장소에 다른 데이터를 여러 번 덮어쓰기(Overwriting)를 하는 방법이 있다. 그리고 HDFS(Hadoop Distributed File System)같이 데이터를 여러 곳에 복제하여 분산 저장하는 경우에는 모든 데이터의 폐기가 제대로 이루어졌는지를 검증하기 어려운 문제가 있을 수 있다.

1.4 결론

빅데이터 분석은 다양한 종류로 이루어진 많은 양의 데이터 속에 숨겨진 패턴이나 알려지지 않은 유용한 정보들을 찾아내기 위하여 데이터를 살펴보는 프로세스로서 데이터 수집, 저장 관리, 처리, 분석 및 지식 시각화, 이용, 폐기의 순환 과정으로 이루어져 있다. 빅데이터 분석에서 효과적인 결과를 얻기 위해서는 빅데이터 순환 과정 내의 각 단계가 유기적으로 연결되고 통합되어야 하며, 각 단계에서는 분석 목적에 맞는 적정한 기술을 사용하여야 한다. 빅데이터 처리를 수행할 수 있는 통합 IT 환경인 빅데이터 플랫폼은 각 단계를 연결하고 통합하는 기능을 제공하여야 하며 빅데이터의 속성인 데이터 규모, 데이터 생성/처리 속도, 데이터 다양성을 고려하여 대규모 데이터 처리를 위한 확장성, 데이터 생성 및 처리 속도를 해결하기 위한 처리 시간 단축 및 실시간 처리 지원, 그리고 비정형 데이터 처리 지원을 제공하여야 한다.

【참고문헌】

스마트교육 환경에서의 빅데이터 동향, 2012 KERIS 이슈리포트, 연구자료 RM 2012-19.

http://www.citsoft.net/?page_id=523

황승구 외, 빅데이터 플랫폼 전략, 전자신문사, 2013.

빅데이터 활용 단계별 업무절차 및 기술 활용 매뉴얼 (Version 1.0) 미래창조과학부, NIA, 한국정보화진흥원, 빅데이터 전략센터.

김재수, 유비쿼터스 환경의 고객맞춤형 서비스를 위한 빅데이터 분석 기법, 한국정보디자인학회, 정보디자인학연구, 131~144, 19권 0호, 2012.

하둡 기술 연계한 데이터 분석, 김희배, 2011년 9월.

이미영 외, 빅데이터 분석을 위한 빅데이터 처리 기술 동향, 정보처리학회지, 20-28, 19(2), 2012.

BigData Analytics, Gartner, 2011년 1월.

김방룡 외, 특허분석을 통한 빅데이터 기술개발 동향, 전자통신동향분석, 제29권 제2호 2014년 4월, ETRI 2014 Electronics and Telecommunications Trends.

IDG Tech Report, 빅데이터의 이해, 2012.4.26.

SERI 경영노트 제91호 2011.2.10 "정보홍수 속에서 금액 찾기:빅데이터(BigData) 분석과 활용".

한국방송통신전파진흥원, 빅데이터(BigData) 활용단계에 따른 요소기술별 추진동향과 시사점, 방송·통신기술 이슈&전망 2013년 제10호.

이재식, 빅데이터 환경에서 개인정보보호를 위한 기술, Internet & Security Focus, 2013.03.

이가원 외, 클라우드 기반 빅데이터 플랫폼 요구사항 및 기능 분석, 2013 한국정보과학회 제40회 정기총회 및 추계학술발표회, 2013.11, 289~291.

http://news.mk.co.kr/newsRead.php?year=2013&no=724286

Ben Fry, Visualizing Data, O'Reilly Media, December 2007.

이명진 외, 빅데이터를 위한 고급분석 기법과 지원기술, Entrue Journal of Information Technology, Special Issue 2012, Vol.11, No.1, pp.45~56.

01. 다음 보기 중에서 빅데이터 분석의 순환 과정에 속하지 않는 과정은 어느 것인가?

① 빅데이터 수집   ② 빅데이터 저장

③ 빅데이터 분석   ④ 빅데이터 이용

⑤ 빅데이터 분할

02. 다음의 설명에서 빈 칸에 들어갈 말로 알맞은 것은?

> 다양한 데이터 소스에서 수집한 데이터를 분석 처리하여 지식을 추출하고,
> 이를 기반으로 지능화된 서비스를 제공하는 데 필요한 IT 환경을 (　　)이라
> 한다.

① 빅데이터 테이블   ② 빅데이터 데이터베이스

③ 빅데이터 플랫폼   ④ 빅데이터 필터링

⑤ 빅데이터 수집

03. 다음의 보기에서 수동적 데이터 수집과 관계 있는 용어는 어느 것인가?

① 웹 로봇(web robot)

② 웹 로딩(web loading)

③ 웹 로그데이터(web log data)

④ 웹 비디오(web video)

⑤ 웹 블로그(web blog)

04. 다음의 보기에서 내부 데이터 수집 방법에 해당하는 것은 어느 것인가?

① RDBMS

② ETL(Extraction, Transformation, Loading)

③ 크롤링 엔진 (Crawling Engine)

④ SQL

⑤ MS SQL

05. 다음의 보기에서 빅데이터 전처리와 관련이 없는 것은 어느 것인가?

① 필터링(filtering)하는 과정

② 유형 변환(transformation)의 과정

③ 비교(comparison)의 과정

④ 정제(cleaning)의 과정

⑤ 저품질 데이터를 개선하고 처리하는 과정

06. 다음에서 빅데이터 저장의 빅데이터 후처리(BigData Post-processing)의 세 단계 중의 하나인 데이터 통합(integration)을 맞게 설명한 것을 어느 것인가?

① 데이터 통합은 출처는 다르지만 상호 연관성이 있는 데이터들을 하나로 결합하는 기술이다.

② 변환은 다양한 형식으로 수집된 데이터를 분석에 용이하도록 보다 간단한 형식으로 변환하는 것을 말한다.

③ 수집된 데이터의 불일치성을 교정하기 위한 과정으로 빠진 값(missing value)을 처리하고 데이터 속에 있는 노이즈(noise)를 제거하는 과정을 말한다.

④ 분석에 불필요한 데이터를 축소하여 고유한 특성은 손상되지 않도록 하고 분석에 대한 효율성을 높이는 과정을 말한다.

⑤ 다양한 종류의 이질적 데이터를 한 곳의 저장소로 모으는 작업을 말한다.

【해설】②는 후처리의 변환(transformation)을 설명한 것이다. ③은 전처리의 정제(cleansing)를 설명한 것이다. ④는 후처리의 축소(reduction)를 설명한 것이다.

07. 빅데이터 저장 단계에서는 저장할 데이터의 포맷 등의 유형을 검토하고 데이터 저장 관리에 유리한 저장 방식을 선택한다. 다음의 보기에서 데이터 저장 단계에서 사용할 수 있는 데이터 저장 방식이 아닌 것은?

① RDB   ② 관계형 데이터베이스

③ NoSQL   ④ 분산 파일 시스템

⑤ KM

【해설】 빅데이터 저장 단계는 저장할 데이터의 포맷 등의 유형을 검토하고 데이터 저장 관리에 유리한 저장 방식을 데이터베이스, RDB, NoSQL, 분산 파일 시스템 등으로 선정하여 저장하는 과정을 말한다. KM은 Knowledge Management를 말한다.

08. 다음 중 빅데이터 처리를 설명한 내용 중에서 틀린 내용은 어느 것인가?

① 빅데이터 처리는 기존의 데이터(CEP, OLTP, ODS, EDW)와는 다르게 의사 결정의 즉시성이 덜 요구된다.

② 빅데이터 처리는 빅데이터에서 유용한 정보와 의미 있는 지식을 찾아내기 위한 데이터 가공이나 데이터 분석 과정을 지원하는 과정이다.

③ 다양한 데이터 소스, 대용량 데이터 처리를 위해 처리의 복잡도가 높아서 통상 적으로 분산 처리 기술을 사용할 수 없다.

④ 빅데이터 처리 과정은 빅데이터 저장 과정에서 저장된 데이터를 분석할 수 있도록 빅데이터의 속성인 데이터 규모, 데이터 생성/처리 속도, 데이터 다양성을 고려하여야 한다.

⑤ 처리해야 할 데이터의 양이 방대하고 대용량 처리와 복잡한 처리를 특징으로 하고 있어 실시간 또는 준 실시간 처리가 보장되어야 하는 데이터 분석에는 약간 적합하지 않다.

【해설】 빅데이터 처리는 다양한 데이터 소스, 복잡한 로직 처리, 대용량 데이터 처리 등을 위해 처리의 복잡 도가 가장 높고 통상적으로 분산 처리 기술을 필요로 한다.

09. 다음의 보기에서 빅데이터 이용 단계에서 활용하는 기술로서 데이터 교환을 위한 기술과 사용자 인증을 위한 사용자 인증 기술을 맞게 연결한 것을 어느 것인가?

① 데이터 교환 기술:Close API – 사용자 인증 기술:OAuth
② 데이터 교환 기술:Close API – 사용자 인증 기술:RDB
③ 데이터 교환 기술:Open API – 사용자 인증 기술:OAuth
④ 데이터 교환 기술:Open API – 사용자 인증 기술:RDB
⑤ 데이터 교환 기술:Open API – 사용자 인증 기술:Close API

【해설】 빅데이터 이용 단계에서 활용하는 기술로는 데이터 교환을 위한 Open API 기술과 사용자 인증을 위한 사용자 인증 기술(OAuth 2.0)이 있다.

10. 빅데이터 폐기 단계는 데이터 분석을 위해 이용된 데이터를 삭제하는 단계이다. 아래의 보기에 빅데이터 폐기에 대해서 설명한 내용 중에서 틀린 내용은 어느 것인가?

① 빅데이터 폐기 단계란 데이터 분석을 위해 사용되었던 데이터를 사용 후 삭제하는 단계이다.
② 정보의 가치가 없는 데이터들은 이용 목적을 달성 후 바로 폐기해야 한다.
③ 소프트웨어적으로는 데이터를 저장하는 장소에 다른 데이터를 여러 번 덮어쓰기(Overwriting)를 해서 데이터를 삭제하는 방법도 있다.
④ 데이터를 여러 곳에 복제하여 분산 저장하는 경우에는 모든 데이터의 폐기가 제대로 이루어졌는지를 검증하기 어려운 문제가 있을 수 있다.
⑤ 개인정보와 같은 데이터는 이용 목적을 달성 후에 본인의 동의를 얻어 폐기해야 한다.

【해설】 빅데이터 폐기 단계에서는 데이터 분석을 위해 이용된 데이터를 삭제하는 단계이며 특히 개인정보와 같은 데이터이거나 또는 정보의 가치가 없는 데이터들은 이용 목적을 달성 후 지체 없이 폐기해야 한다.

CHAPTER 02 >> 빅데이터 분석 도구

2.1 빅데이터 분석 도구 : 엑셀

현대는 수많은 데이터의 사회이다. 매년 홍수처럼 불어나는 정보들 때문에 그 상당한 양을 다루는 기술의 필요성이 대두되고 있다. 이러한 상당한 양의 데이터를 총칭하는 '빅데이터'는 초대용량의 데이터양(volume), 다양한 형태(variety), 빠른 생성 속도(velocity)라는 뜻에서 3V라고도 불리며, 여기에 네 번째 특징으로 가치(value)를 더해 4V라고 정의하기도 한다. 빅데이터의 특징 중 하나인 가치를 창출해 내기 위해서는 대용량 데이터와 다양한 데이터를 핸들링하고 이를 분석할 수 있는 통계적 방법이 필요하고, 이러한 통계적 방법을 뒷받침할 수 있는 분석 툴이 필수적으로 요구된다. 기초적인 분석 도구로는 엑셀이 있고, 중급 통계 분석용으로는 SPSS, 전문가들이 주로 사용하는 SAS 등이 널리 사용되고 있다. 최근에는 오프소스로서 무료로 이용할 수 있는 R이 각광을 받고 있다.

2.2 빅데이터 분석 도구 : 엑셀

2.2.1 엑셀의 개요

엑셀은 마이크로소프트사에서 개발한 윈도 환경의 스프레드시트 프로그램으로, 사용자의 그래픽 환경을 제공하는데 스프레드 시트 기능을 비롯해 매크로, 그래픽, 데이터 베이스 기능과 차트 작성 등 문서 작성에 필요한 기능을 제공한다. 마이크로소프트사는 1985년에 엑셀 초기 버전을 개발한 뒤 꾸준한 개발을 통해 현재 엑셀 2013 최신 버전을 제공하고 있다. 수식 작성과 함수 생성 및 계산이 편리하여 전 세계적으로 많은 사용자들이 사용 중인 프로그램이다.

2.2.2 엑셀의 데이터 입력과 분석

엑셀의 장점은 다른 분석 툴에 비해 사용이 비교적 쉽다는 것이다. 다른 분석 툴이 데이터를 입력하기 위해 다양한 명령어를 사용해야 하는 것과 달리 엑셀은 복잡한 명령어 없이 사용자가 직접 해당 셀에 원하는 데이터를 입력할 수 있고, 기존에 존재하는 데이터를 불러와 수정, 사용하는 방법이 있어 사용자의 상황에 따라 선택적 사용이 가능하다. 그뿐만 아니라 데이터 핸들링이 어렵고 명령어를 직접 암기하여 입력해야 하는 다른 분석툴과 달리 엑셀은 '데이터' 리본 메뉴에서 제공되는 다양한 방법을 마우스 클릭을 통해 사용할 수 있다. 단순 평균비교부터 회귀분석과 시계열 분석과 같은 고급 통계 분석 또한 데이터 〉 분석 〉 데이터 분석 클릭을 통해 손쉽게 이루어진다.

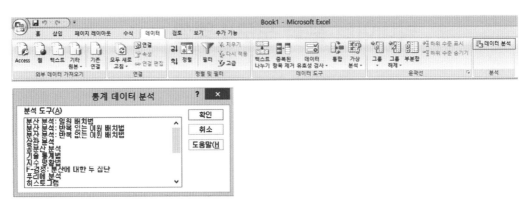

【그림 2-1】 엑셀에서의 통계 데이터 분석

2.2.3 엑셀의 데이터 분석 예제

다음 예제에서는 Iris flower data set를 사용한다. 위키피디아에서 무료로 제공되는 데이터 세트를 불러온 뒤, *Iris setosa* 종의 꽃받침의 가로길이와 세로길이의 상관관계에 대한 분석을 실시해 보도록 하자.

1	Sepal length	Sepal width	Petal length	Petal width	Species
2	5.1	3.5	1.4	0.2	*I. setosa*
3	4.9	3	1.4	0.2	*I. setosa*
4	4.7	3.2	1.3	0.2	*I. setosa*
5	4.6	3.1	1.5	0.2	*I. setosa*
6	5	3.6	1.4	0.2	*I. setosa*
7	5.4	3.9	1.7	0.4	*I. setosa*
8	4.6	3.4	1.4	0.3	*I. setosa*
9	5	3.4	1.5	0.2	*I. setosa*
10	4.4	2.9	1.4	0.2	*I. setosa*

【그림 2-2】 Iris flower data set

데이터 〉 분석 〉 데이터 분석 〉 상관분석

상관분석을 클릭한 뒤, 입력 범위에는 연속된 데이터의 범위를 드래그하여 적용해 주고, 출력 옵션에서 결과가 출력될 공간에 대한 정보를 지정해준다.

【그림 2-3】 엑셀 상관분석 결과

상관분석 결과 붓꽃 중 *Iris setosa* 종의 꽃받침의 가로길이와 세로길이 사이의 상관계수는 0.742547로 나타나며, 양의 상관관계를 보임을 알 수 있다.

2.3 빅데이터 분석 도구 : SPSS

2.3.1 SPSS의 개요

SPSS는 Statistical Package for Social Science의 약자로 사회과학의 자료 분석을 위해서 고안된 프로그램으로 광범위한 데이터의 핸들링이 가능하고 다양한 통계 분석이 가능하여 널리 사용되고 있는 통계 분석 전용 프로그램이다. SPSS는 1969년 사회과학 분야의 데이터 분석을 위해 시카고대학의 전미여론조사센터(National Opinion Research Center)에서 컴퓨터

PART 06

프로그램의 모음집으로 출발하게 되었으며 2009년에 IBM사에 인수되면서 정식 명칭이 IBM SPSS Statistics으로 변경되었고, 2013년 기준으로 IBM SPSS Statistics 22 버전이 가장 최신 버전으로 판매되고 있다.

SPSS는 비즈니스 사용자나 분석가 또는 통계 프로그래머에게 적합한 프로그램으로 만들어졌지만, 마이크로소프트사의 엑셀과 유사하게 생겼고, 사용이 간편하여 비전문가도 단기간에 사용법을 습득할 수 있다는 장점이 있다. 특히 사용자의 니즈에 맞춰 사용자가 속한 기관에 따라 교육기관용(General Science), 의학연구기관용(Medical Sci-ence), 공공기관용(Public Service), 병원용(Medical Service) 그리고 일반기관용(Data Analysis) 등으로 분류된 프로그램을 제공한다. 그뿐만 아니라 기본 패키지인 Standard, Standard 기능과 더불어 예측 분석과 관련된 고급 통계분석을 제공하는 Professional 그리고 SPSS에서 가능한 모든 분석을 지원하고 Amos가 포함된 패키지인 Premium과 같이 3가지 제품으로 나뉘어 제공되어 사용자의 편의를 도모한다.

2.3.2 SPSS의 데이터 입력과 분석

SPSS의 사용법은 엑셀과 유사하다. SPSS도 원하는 데이터를 원하는 셀에 직접 입력하는 스프레드시트 형식 입력법과 컴퓨터에 저장되어 있는 기존 데이터를 불러와 사용하는 방법 모두 사용 가능하다. 스프레드시트 형식 입력법은 엑셀과 마찬가지로 각 열에는 서로 다른 변수를, 각 행에는 서로 다른 케이스를 입력하여 사용하는 방법이다. 데이터 불러오기 방식은 데이터 사이즈가 매우 커 직접 입력하는 것이 불가능하거나, 이미 분석하고자 하는 데이터가 SPSS에서 분석 가능한 형태로 존재할 때 '불러오기' 기능을 통해 데이터를 입력하게 된다. SPSS의 경우 SPSS 데이터 파일인 sav 형식뿐만 아니라 엑셀, SAS 등 다른 통계 분석툴에서 입력된 데이터 또는 텍스트 파일 등을 불러와 사용할 수 있고, 반대로 SAS나 엑셀 프로그램으로 SPSS에서 입력 및 편집된 데이터를 내보낼 수 있다.

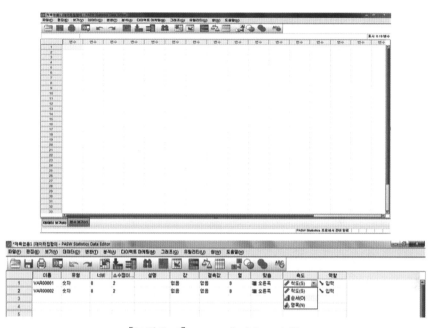

【그림 2-4】 SPSS의 변수보기 창

 SPSS를 사용해 빅데이터를 분석하기 위해서는 사용자가 갖고 있는 데이터 변수의 측도를 지정해줘야 한다. SPSS에서 설정할 수 있는 변수의 측도는 척도형, 순서형, 명목형 3가지이며, 데이터 입력 창 하단의 변수보기 창에 들어가 해당 데이터의 성격에 알맞게 측도를 설정해주면 된다.

 SPSS는 데이터 획득에서부터 리포팅(reporting)까지 전 과정을 메뉴와 대화 상자를 통해 수행 가능하기 때문에 복잡한 명령어가 필요 없다는 장점이 있다. SPSS에서 수행되는 대부분의 분석들은 분석(A) 메뉴에서 이루어진다. SPSS는 분석 메뉴에서 간단한 기술 통계 및 표 분석부터 평균 비교, 일반 선형 모델(GLM), 회귀분석, 상관분석, 분류분석, 비모수 검정 등 대부분의 통계 분석 기법들을 수행할 수 있다.

2.3.3 SPSS의 데이터 분석 예제

엑셀에서의 분석 예제와 마찬가지로 Iris Flower Data Set를 사용하여 상관분석을 실시해 보자. 데이터를 불러 온 뒤, 변수보기 창에서 데이터의 측도를 설정해 준다.

	이름	유형	너비	소수점이...	설명	값	결측값	열	맞춤	측도	역할
1	SepalLength	숫자	8	2		없음	없음	8	▦ 오른쪽	✎ 척도(S)	↘ 입력
2	SepalWidth	숫자	8	2		없음	없음	8	▦ 오른쪽	✎ 척도(S)	↘ 입력
3	PetalLength	숫자	8	2		없음	없음	8	▦ 오른쪽	✎ 척도(S)	↘ 입력
4	PetalWidth	숫자	8	2		없음	없음	8	▦ 오른쪽	✎ 척도(S)	↘ 입력
5	Species	숫자	8	2		없음	없음	8	▦ 오른쪽	♣ 명목(N)	↘ 입력

【그림 2-5】 SPSS 변수보기 창에서 데이터 측도 설정

측도를 설정해 준 뒤, 다음과 같은 순서로 상관 분석을 실시한다.

분석 〉 상관분석 〉 이변량 상관계수

상관분석 결과, 엑셀에서와 마찬가지로 0.743의 상관계수가 나타났으며, 붓꽃 중 *Iris Setosa* 종의 꽃받침의 가로길이와 세로길이 사이의 상관계수는 0.743으로 양의 상관관계를 보인다고 해석할 수 있다.

상관계수

		SepalLength	SepalWidth
SepalLength	Pearson 상관계수	1	.743**
	유의확률 (양쪽)		.000
	N	50	50
SepalWidth	Pearson 상관계수	.743**	1
	유의확률 (양쪽)	.000	
	N	50	50

**. 상관계수는 0.01 수준(양쪽)에서 유의합니다.

【그림 2-6】 SPSS 상관계수 분석 결과

2.4 빅데이터 분석 도구 : SAS

2.4.1 SAS의 개요

SAS는 Statistical Analysis System의 약자로 1966년에 노스캐롤라이나 주립대학에서 고안해 낸 프로그램으로 현재는 SAS라는 회사가 설립되어 프로그램을 판매 중이며, 현재 SAS 9.3 버전까지 출시되었다. SAS는 상당히 고가인 제품으로 라이센스 없이는 사용이 불가능하고, 일정 기간이 지난 후에는 라이센스 갱신이 필요하다. 하지만 고가로 제공된 프로그램인 만큼 현재 공인되어 있는 거의 모든 통계분석을 포괄하여 수행할 수 있고 매우 정밀한 결과를 제공한다는 장점이 있다. 그뿐만 아니라 보고서 작성과 그래픽도 가능하여 통계를 전문적으로 사용하는 전문가의 경우 SAS 사용을 선호한다.

SAS의 사용은 크게 두 가지 단계를 거쳐 이루어진다. 데이터 입력 및 편집을 위한 DATA STEP 과 본격적인 데이터 분석이 이루어지는 PROC STEP이다. DATA STEP에서는 데이터의 입력, 데이터의 오류 판단 및 수정, 데이터의 샘플링 및 병합 등이 가능하다. PROC STEP에서는 DATA STEP에서 가져온 데이터를 출력·정렬·요약할 수 있고, 더 나아가 여러 분석 기법을 이용해 통계분석을 수행할 수 있다.

SAS의 화면 구성은 다음과 같이 확장편집기, 출력윈도우, 로그윈도우, 탐색기와 결과창으로 나뉜다. 확장편집기는 사용자가 DATA STEP과 PROC STEP과 같은 프로그램 명령문을 직접 입력하는 공간이다. 출력윈도우는 사용자가 확장편집기에서 입력한 명령어들에 대한 결과 값이 출력되는 공간이다. 로그윈도우는 SAS 실행 과정에 있어 여러 가지 정보를 제공하는 창이다. 만약 확장편집기에서 입력된 프로그램 명령문이 올바르게 입력되었다면 로그윈도우에 제대로 수행되었다는 구문이 나타나고, 만약 프로그램 명령문에 오류가 있다면 어느 부분에서 오류가 있는지 알려준다. 마지막으로 탐색기와 결과창에는 라이브러리와 결과물들이 아이콘 또는 목록형으로 나타난다.

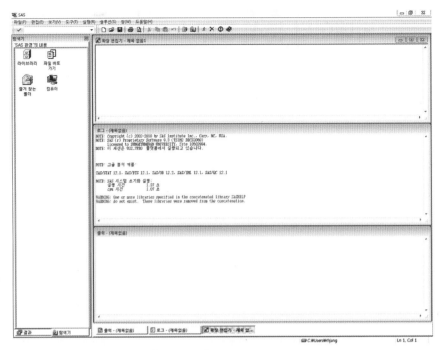

【그림 2-7】 SAS 화면 구성

2.4.2 SAS의 데이터 입력과 분석

SAS에서의 데이터 입력은 DATA STEP과 PROC STEP 모두 가능하다. DATA STEP에서는 input, cards문을 통해 직접 입력할 수 있고, PROC STEP에서는 proc import, infile 등의 명령문을 통해 가능하다. infile의 경우 csv, xlsx 등 다양한 형식의 파일을 불러올 수 있어 자주 이용된다.

SAS에서의 데이터 분석은 PROC STEP에서 이루어진다. PROC STEP에서는 공인된 대부분의 통계 기법들이 사용 가능하다. 각각의 통계 기법들은 대응하는 프로그램 명령문들이 존재하고, 각각의 프로그램 명령문들은 다양한 옵션문들을 갖기 때문에 옵션에 따라 더욱더 다양한 분석 정보들을 얻을 수 있다. 프로그램 명령문의 예시로 단일 표본 비교에 사용하는 T

검정은 proc ttest, 빈도 및 교차분석에는 proc freq, 회귀분석에는 proc reg 등을 사용할 수 있다. 이 외에도 다양한 분석법들이 존재하고, 프로그램 명령문과 옵션문에 대한 정보는 SAS Help창을 통해 얻을 수 있다. 프로그램 명령문을 모두 입력한 뒤 이를 실행하는 방법은 로그 창 위쪽에 있는 실행 버튼(🏃)을 클릭하거나 키보드의 F8을 누르거나 또는 실행 탭에서 실행 (S)을 클릭하여 실행할 수 있다. 프로그램 명령문 중 특정 부분만 실행을 원할 경우에는 해당 명령문만 블록 지정을 한 뒤 실행 버튼 또는 F8을 사용하여 실행한다.

2.4.3 SAS의 데이터 분석 예제

앞서 예제로 사용하였던 Iris Flower Data Set 중 *Iris Setosa* 종의 꽃받침의 가로 길이와 세로 길이의 상관관계에 대한 분석을 실시해 보도록 하자. SAS의 확장편집기 창에 다음과 같이 데이터와 프로그램 명령문를 입력하여 준다.

```
data iris;
input sepal_length sepal_width petal_length petal_width;
cards;
5.1   3.5   1.4   0.2
4.9   3     1.4   0.2
4.7   3.2   1.3   0.2
4.6   3.1   1.5   0.2
5     3.6   1.4   0.2
5.4   3.9   1.7   0.4
(중략)
4.5   2.3   1.3   0.3
4.4   3.2   1.3   0.2
5     3.5   1.6   0.6
```

5.1	3.8	1.9	0.4
4.8	3	1.4	0.3
5.1	3.8	1.6	0.2
4.6	3.2	1.4	0.2
5.3	3.7	1.5	0.2
5	3.3	1.4	0.2
;			
run;			
proc corr data=iris;			
var sepal_length sepal_width;			
run;			

【그림 2-8】 SAS 확장편집기 창에 데이터와 프로그램 명령문 입력 예시

입력한 뒤 실행한 결과, 결과 뷰어(result viewer)에 나타나는 결과는 다음과 같다.

SAS 시스템

CORR 프로시저

2 개의 변수: sepal_length sepal_width

단순 통계량

변수	N	평균	표준편차	합	최솟값	최댓값
sepal_length	50	5.00600	0.35249	250.30000	4.30000	5.80000
sepal_width	50	3.42800	0.37906	171.40000	2.30000	4.40000

피어슨 상관 계수, N = 50
H0: Rho=0 가정하에서 Prob > |r|

	sepal_length	sepal_width
sepal_length	1.00000	0.74255 <.0001
sepal_width	0.74255 <.0001	1.00000

【그림 2-9】 SAS 상관분석 결과 뷰어

상관분석 결과, 앞선 예제들과 마찬가지로 0.7425의 상관계수가 나타났으며, 붓꽃 중 *Iris Setosa* 종의 꽃받침의 가로 길이와 세로 길이 사이의 상관계수는 0.7425으로 양의 상관관계를 보인다고 해석할 수 있다.

2.5 빅데이터 분석 도구 : R

2.5.1 데이터 시각화

데이터 시각화(data visualization)는 데이터 분석 결과를 쉽게 이해할 수 있도록 시각적으로 표현하고 전달하는 과정을 말한다. 데이터 시각화의 목적은 도표(graph)라는 수단을 통해 정보를 명확하고 효과적으로 전달하는 것이다. 데이터 시각화는 새로운 방법들이 아니다. 기존에 우리가 데이터를 요약해 왔던 방식인 파이차트, 막대그래프들이 그 예이며, 최근에는 더욱더 그래픽이 강조된 시각화 방법들이 제안되고 있다.

2.5.2 시각화 도구

대부분의 데이터 분석 툴들은 데이터 요약 및 의미 전달을 위한 시각화 방법들을 제공하고 있다.

앞서 언급되었던 빅데이터 분석 툴인 엑셀에서는 가로, 세로 막대형 그래프, 원형 그래프, 꺾은선형 그래프, 영역형 그래프, 분산형 그래프 등 다양한 그래프 툴을 제공하기 때문에 사용자가 현재 다루고 있는 데이터의 형식과 나타내고자 하는 결과에 따라 선택적으로 사용이 가능하다.

SPSS는 통계 데이터 분석을 목적으로 만들어진 프로그램이지만 그래픽 영역 또한 매우 강력하다. SPSS의 메뉴 중 그래프(G)를 클릭하면 도표 작성기, 그래프 보드 양식 선택기, 레거시 대화상자 선택창이 열리고 그중 데이터 특성에 맞는 그래프를 골라 사용할 수 있다. 그뿐만 아니라 다양한 분석 방법을 실시할 때에 옵션 메뉴에서 그래프가 나타나도록 설정할 수 있어 편리하게 데이터를 요약할 수 있다.

마지막으로 데이터 웨어하우스 기반 소프트웨어인 SAS의 경우 앞서 언급되었던 다른 분석 툴보다 빅데이터의 시각화에 적합한 프로그램이다. 빅데이터 시각화를 위하여 개발된 'SAS 비주얼 애널리틱스'는 실시간 비정형 분석, 시각화 그래프, 예측, 리포팅, 모바일 BI 등의 기능을 제공한다. 특히, 인메모리 기술을 통해 빅데이터를 짧은 시간 내에 분석해 낼 수 있다는 장점이 있다.

이러한 프로그램들뿐만 아니라 대부분의 통계 패키지 프로그램들과 구글의 스프레드시트, IBM의 코그노스 인사이트, Microsoft사의 파워뷰 등 다양한 프로그램에서 빅데이터를 시각화할 수 있는 방법들을 제공한다.

2.6 빅데이터 분석 도구 : R

R은 데이터 분석을 위한 통계분석 기법과 알고리즘, 시각화 기능을 지원하는 오픈 소프트웨어 환경으로서 1970년대 AT&T에서 개발한 통계언어인 S-language에 뿌리를 두고 있다. 이후 1980년대 그래픽 사용자 인터페이스가 추가된 S-Plus로 발전해 왔으며, 1990년대 들

어 S-Plus의 무료 버전 형태로 소개되었다. 현재는 GNU 프로젝트를 통해서 개발·배포되고 있다.

R은 맥, 유닉스, 윈도우, 리눅스 등 다양한 컴퓨팅 환경에서 사용 가능한 통계 계산과 그래픽을 위한 프로그래밍 언어이고, 이러한 언어를 사용하는 소프트웨어도 R이라고 부른다. R은 62메가바이트로 프로그램의 용량이 매우 작고, R project 홈페이지에서 무료로 제공하기 때문에 누구든지 사용 가능하다. 또한, R은 오픈 소스 프로그램 형태로 제공되기 때문에 새로운 통계 데이터 분석 기법이 개발되었을 때 사용자들이 직접 분석 패키지를 만들어 업로드할 수 있고, 반대로 타인이 업로드한 분석 프로그램들을 다운로드하여 사용할 수 있다.

```
# 패키지 다운로드 및 열기
>install.packages("package name")
>library(package name)
```

R은 무료이고 오픈소스이며 강력한 분석 기능 및 뛰어난 확장성을 가지고 있다. 대표적인 특징은 다음과 같이 6가지로 요약할 수 있다.

첫째, 대부분의 상업용 통계 소프트웨어 플랫폼은 수천에서 수만 달러 비용이 발생하지만, R은 오픈소스 기반 무료 소프트웨어이다.

둘째, R은 텍스트, 엑셀, DBMS 등 다양한 종류의 정형·비정형 데이터를 이용할 수 있는 포괄적인 통계 플랫폼이다.

셋째, R은 윈도우, 유닉스, 리눅스, 맥OS 등 다양한 플랫폼에서 작동이 가능한 멀티 운영 환경을 지원한다.

넷째, R은 대규모 데이터에서 분석 결과를 직관적으로 이해할 수 있도록 시각화 기능을 지원한다.

다섯째, R은 유사 데이터에 대한 분석 작업을 기존 스크립트를 재사용하면서 처리할 수 있는 작업의 재현성을 제공한다.

마지막으로 R은 최신 통계분석 및 마이닝 기능을 가진 패키지 및 샘플이 지속적으로 업데이트되고 있어 전 세계적 커뮤니티 생태계를 형성하고 있다는 점이다.

그렇기 때문에 다른 통계분석 툴에 비해 최신 통계 기법이 적용되는 속도가 빠르고 통계 패키지 프로그램 중 유일하게 저널이 발행되어 그 사용법을 익히기가 편리하다. 하지만 R을 익숙하게 사용하기 위해서는 R 프로그래밍 언어와 문법에 대해 익숙해질 시간이 필요하고, 오픈소스 프로그램이기 때문에 보안이 불안전하다는 단점이 있다.

【참고문헌】

정용찬, 빅데이터, 커뮤니케이션북스, 2012.

홍종선, SAS와 통계자료분석, 탐진, 2012.

이학식, 임지훈, SPSS20.0 매뉴얼, 집현재, 2013.

폴 티터, R Cookbook, 인사이트, 2012.

이부일, 신지은 외 2명, 엑셀을 활용한 통계자료 분석, 경문사, 2013.

김기영, SAS 프로그래밍 입문, 자유아카데미, 2012.

01. 다음 중 빅데이터의 분석 기법에 해당하지 않는 것은?

① 평판분석

② 군집분석

③ 텍스트마이닝

④ 소셜분석

⑤ 오픈소스 프로그램으로 소스 코드를 수정해서 사용할 수 있다.

【해설】빅데이터 분석 기법은 크게 평판분석, Text Mining, Social Network Analytics으로 나뉜다.

02. 다음 중 SAS에 대한 설명으로 옳지 않은 것은?

① 데이터 입력법으로는 스프레드식 입력법과 불러오기 방법이 있다.

② 데이터 입력과 분석은 크게 Data step과 Proc step으로 나뉜다.

③ F8 키를 이용하여 입력된 명령어들을 실행할 수 있다.

④ 로그 윈도우는 SAS 실행 과정에 있어 여러 가지 정보를 제공하는 창이다.

⑤ 데이터 분석은 PROC STEP에서 이루어진다.

【해설】SAS의 데이터 입력은 크게 Data step에서 input, cards 구문을 사용하는 것과 Proc step에서 Import,Infile 구문 등을 사용하는 것으로 나뉜다.

03. 다음 중 SPSS에 대한 설명으로 옳지 않은 것은?

① 데이터 획득에서부터 리포팅(reporting)까지 전 과정을 메뉴와 대화상자를 통해 수행 가능하다.

② 오픈소스 프로그램으로 여러 가지 분석 패키지들을 무료로 다운로드할 수 있다.

③ 변수보기 창에서 변수의 측도를 지정해 주어야 한다.

④ 데이터 입력법으로는 스프레드식 입력법과 불러오기 방법이 있다.

⑤ 데이터 획득에서 리포팅까지 전 과정을 메뉴와 대화상자를 통해 수행 가능하다.

【해설】②번은 R에 관련된 설명이다.

04. 다음 중 아래의 설명에 해당하는 빅데이터 기술은?

> 대규모의 비구조적인 문서 데이터에서 의미 있는 정보를 추출하는 것을 뜻한다.

① 평판분석   ② 군집분석

③ 텍스트마이닝   ④ 소셜분석

⑤ proc import

【해설】 텍스트마이닝에 관련한 설명이다.

05. 다음 중 빅데이터 시각화 도구에 해당하지 않는 것은?

① SAS   ② SPSS

③ R   ④ NLP

⑤ Power View

【해설】 NLP는 자연어 처리 방식으로 시각화 도구가 아닌 텍스트마이닝과 연관이 깊다.

06. 다음 중 엑셀에서의 데이터 분석 방법으로 올바른 것은?

① 검토 〉 데이터 〉 데이터 분석

② 분석 〉 데이터 도구 〉 데이터 분석

③ 데이터 〉 분석 〉 데이터 분석

④ 데이터 도구 〉 분석 〉 데이터 분석

⑤ 데이터 분석 〉 데이터 〉 분석

【해설】 데이터 메뉴에서 분석 탭의 데이터 분석을 클릭하는 것이 올바른 방법이다.

07. 다음 중 SAS의 화면 구성 중 확장편집기에 대한 설명으로 올바른 것은?

① 사용자가 data step과 proc step과 같은 프로그램 명령문을 직접 입력하는 공간이다.

연습문제

② SAS 실행 과정에 있어 여러 가지 정보를 제공하는 창이다.

③ 라이브러리와 결과물들이 아이콘 또는 목록형으로 나타난다.

④ 명령어들에 대한 결과값이 출력되는 공간이다.

⑤ 프로그램 명령문에 오류가 있다면 어느 부분에서 오류가 있는지 알려준다.

【해설】② 로그 윈도우, ③ 탐색기&결과창, ④ 출력 윈도우에 관한 설명이다.

08. R에 관한 설명으로 옳지 않은 것은?

① 통계분석이 가능하다.

② 데이터 시각화 툴은 제공하지 않는다.

③ 오픈소스 프로그램이다.

④ 다양한 통계 기법이 빠르게 적용된다.

⑤ 다양한 종류의 정형·비정형 데이터를 이용할 수 있는 포괄적인 통계 플랫폼이다.

【해설】 데이터 시각화도 가능하다.

09. SAS에서의 프로그램 명령문 실행 방법으로 올바르지 않은 것은?

① 키보드의 F8 키를 누른다.

② 실행 탭에서 실행 버튼(ㅁ)을 클릭한다.

③ 키보드의 F7 키를 누른다.

④ 로그 창 위쪽에 있는 실행(S)을 클릭한다.

⑤ 프로그램 명령문 중 특정 부분만 실행을 원할 경우에는 해당 명령문만 블록 지정을 한 뒤, 실행 버튼 또는 F8을 사용하여 실행한다.

【해설】 F7이 아닌 F8키를 눌러야 한다.

10. 다음 중 아래의 설명에 해당하는 것은?

> 데이터 분석 결과를 쉽게 이해할 수 있도록 시각적으로 표현하고 전달하는 과정을 말한다.

① 데이터 클러스터링

② 데이터 커스터마이징

③ 데이터 시각화

④ 데이터 분류

⑤ Power View

【해설】 데이터 시각화에 관련된 설명이다.

빅데이터의 수집은 조직 내부와 외부에 분산되어 있는 여러 데이터 소스로부터 필요한 데이터를 검색하여 수동 또는 자동으로 수집하는 것을 의미한다. 또한, 단순한 데이터의 확보가 아닌 검색·수집·변환을 통해 정제된 데이터를 확보하는 기술까지도 포함하고 있다. 조직 외부에 존재하는 무한한 데이터 중에서 필요로 하는 바로 그 데이터를 찾아내는 것이 중요하며, 이렇게 수집된 데이터를 저장하고 분석하기 위해 데이터를 변환하거나 통합하는 작업 또한 중요하다. 수집 대상이 되는 데이터는 일반적으로 정형 데이터와 비정형 데이터로 구분되며, 그 내용을 정리하면 【표 3-1】과 같다.

【표 3-1】 데이터 소스의 유형과 내용

데이터 소스의 유형		데이터 소스의 내용
정형 데이터		업무 처리, 매매 거래, 로그 데이터, 시계열 데이터
비정형 데이터	일반	소셜미디어, 고객 서비스, 품질보증, 이벤트, 이메일, 자유 형식 텍스트
	센서 데이터	온도, QR 코드, RFID, GPS
	새로운 데이터 유형	매핑과 GPS, 오디오, 정지 화상/비디오

데이터는 상용 데이터베이스나 공개 데이터를 통해 수집할 수 있고, 또는 조직 내부의 데이터베이스에 저장된 데이터를 활용하기도 한다. 새로운 전략 또는 새로운 제품에 대한 고객

데이터는 설문을 통해 수집할 수도 있다. 최근에는 분석 대상이 웹 문서, 소셜미디어 데이터, 로그 데이터 등으로 확장되고 있다. 웹 문서의 수집은 다양한 수집기를 통해 필요한 데이터를 추출하는 방식으로 이뤄질 수 있다. 로그 데이터는 조직이나 기관의 시스템에 있는 웹 로그, 시스템 로그, 시스템 이용 내역 등을 대상으로 원하는 내용을 수집할 수 있다. 로그 데이터는 주로 텍스트 파일 형식으로 존재하므로, 대상 파일을 읽어 정규식을 통한 패턴 매칭을 수행하거나 원하는 단어를 추출하는 방식으로 수집할 수 있다.

일반적으로 데이터 소스는 【표 3-2】와 같이 위치, 미디어 유형, 상태 등으로 구별하여 관리할 수 있다.

【표 3-2】 빅데이터 자원 확보 관점에서 데이터 소스의 구분

구분		내용
위치	내부 데이터	데이터베이스, 파일관리 시스템
	외부 데이터	파일, 멀티미디어, 스트리밍
미디어	텍스트, 오디오, 비디오, 이미지, 복합형(mixed type)	
상태	아날로그	
	디지털	

빅데이터를 수집할 때 고려해야 하는 내용은 【표 3-3】에 제시된 바와 같이 빅데이터의 수집상의 문제점과 기술 요구사항이다.

【표 3-3】 빅데이터를 수집할 때 고려해야 할 내용

현실적 문제점	기술 요구사항
• 대용량의 수집 대상 데이터	• 대용량 데이터 수집
• 적재 시간이 전체 시간의 상당 부분을 차지	• 실시간 수집, 적재 시간 단축
• 데이터는 지속적으로 증가함	• 수평적 확장 용이성

3.1 빅데이터 수집 방법

3.1.1 빅데이터 수집

빅데이터 수집은 분산된 다양한 데이터 소스로부터 필요로 하는 데이터를 수동 혹은 자동으로 수집하는 과정이다. 따라서 조직 내부에 분산된 정형 데이터의 수집과 조직 외부에 흩어진 비정형 데이터의 수집을 모두 고려하여야 하며, 이를 위해 다양한 도구와 프로그래밍 등에 의해 자동으로 이루어진다. 여기에는 로그 수집기, 크롤링, 센싱 등의 방법이 가능하다. 【표 3-4】에서 보는 바와 같이 빅데이터의 자동 수집 방법은 로그 수집기, 크롤링, 센싱, RSS 리더 등 4가지가 있다.

【표 3-4】 빅데이터 자동 수집 방법

구분	자동 수집 방법
로그 수집기	조직 내부에 존재하는 웹서버의 로그 수집, 웹 로그, 트랜잭션 로그, 클릭 로그, 데이터베이스의 로그 데이터 등을 수집
크롤링(crawling)	주로 웹로봇을 이용하여 조직 외부에 존재하는 소셜 데이터 등과 같은 인터넷에 공개되어 있는 자료를 수집
센싱(sensing)	각종 센서를 통해 데이터를 수집
RSS 리더(Reader),오픈(Open) API	데이터의 생산, 공유, 참여 환경인 웹 2.0을 구현하는 기술로 필요한 데이터를 프로그래밍을 통해 수집

로그 수집기에는 다양한 오픈소스 솔루션이 있는데, 대표적인 것으로 Scribe, Flume, Chukwa 등이 있다. 이들은 끊임없이 들어오는 빅데이터를 연속적으로 처리하는 것에 적합한 도구들이다. 【표 3-5】에서 대표적인 오픈소스 솔루션들에 대한 특징을 간략히 정리하였다.

【표 3-5】로그 수집을 위한 오픈소스 솔루션

구분	설명
Scribe	• 분산된 서버에서 발생하는 데이터를 중앙 집중 서버로 전송하는 방식으로 로그 저장을 위해 다양한 저장소를 활용 가능 • 설치 및 구성이 용이, 페이스북에서 채택
Flume	• 커다란 규모의 분산 데이터를 수집하고 효율적으로 전송하는 시스템 • 클러스터 환경에서 신뢰성 있는 로깅뿐만 아니라 안정적인 확장성을 제공 • 다양한 정비로부터 수집되고 모아지는 데이터를 하둡 같은 중앙 처리 저장 시스템에 저장해주는 역할 • 주된 설계 목적은 신뢰성, 가용성, 관리성, 그리고 확장성 • Cloudera에서 채택
Chukwa	• 분산되어 있는 노드들의 다양한 로그를 수집하여 HDFS(Hadoop Distributed File System)에 저장하고 프로세싱하는 시스템 • 사용자는 HICC(Hadoop Infrastructure Care Center)라는 웹 포털 인터페이스를 통해서 초 단위로 생성되는 파일이나 블록 수와 같은 HDFS의 상태를 실시간으로 모니터링 가능 • 중복 제거는 맵리듀스 작업으로 처리, 야후에서 채택

크롤링은 웹 로봇과 웹 크롤러 등을 사용하여, 웹페이지에 게시되어 있는 정보를 수집하는 기법으로, 특징은 【표 3-6】에 제시된 바와 같다.

【표 3-6】크롤링 기법의 특징

구분	크롤링 기법의 특징
웹 로봇 (Web Robot)	• 지정된 URL리스트에서 시작하여 웹 문서를 수집하고, 수집된 웹 문서에 포함된 URL들을 추출하여 새롭게 발견된 URL에 대한 웹 문서 수집 과정을 반복하는 소프트웨어 • 웹 문서를 돌아다니면서 필요한 정보를 수집하고 이를 색인해 정리하는 기능을 수행하며 주로 검색엔진에서 사용되고 있음 • 일반적으로 수집기와 분류기, 데이터 처리기로 구성됨
웹 크롤러 (Web Crawler)	• 조직적, 자동화된 방법으로 월드와이드웹(World Wide Web)을 탐색하는 컴퓨터 프로그램 • 방문한 사이트의 모든 페이지 복사본을 생성하는데 사용되며, 검색 엔진은 이렇게 생성된 페이지의 보다 빠른 검색을 위하여 인덱싱을 수행 • 링크 체크나 HTML 코드 검증과 같은 웹사이트의 자동 유지 관리 작업을 위해 사용되기도 하며, 자동 이메일 수집과 같은 웹페이지의 특정 형태의 정보를 수집하는 데도 사용

PART 06

3.1.2 수집된 빅데이터의 변환

빅데이터의 수집은 수집 기능 외에도 데이터를 저장하거나 분석하기 위해 데이터를 변환하거나 통합하는 작업도 포함하고 있다. 데이터의 변환 및 통합은 레거시 데이터 간 통합, 비정형 데이터의 정형화, 레거시 데이터와 비정형 데이터 간의 통합 측면 등에 대해 고려해야 한다. 특히 비정형 데이터는 데이터를 수집하는 과정에서 구조적 형태로 전환되어 저장되기 때문에 빅데이터를 효과적으로 분석하기 위해서는 레거시 데이터와 수집한 비정형 데이터 간의 통합 방안이 반드시 필요하다.

기업 내 운영 환경에서 특정 데이터베이스 시스템에서 발생하거나 변경된 데이터를 다른 시스템에 적용하려는 분산 및 복제 환경은 보편화되어 있다. 마찬가지로 서로 다른 시스템 간의 데이터 공유는 빅데이터 시스템에 있어서도 중요하고 필수적인 이슈가 된다. 데이터 공유를 위한 가장 일반적인 형태는 운영계 시스템의 데이터 복제(replication) 기술과 정보계 시스템을 위한 데이터 웨어하우스의 ETL(Extract, Transformation, Load) 프로세스이다. ETL 프로세스는 기존 레거시 시스템 환경으로부터 빅데이터를 추출하여 비즈니스 데이터로 변환하는 것을 가능하게 한다. 이러한 ETL의 역할을 정리한 것이 다음의 【그림 3-1】이다.

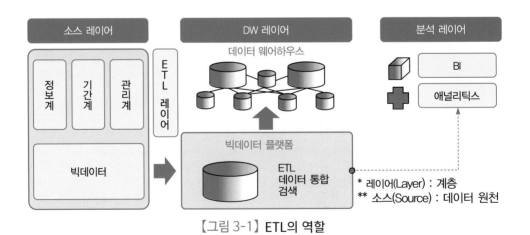

【그림 3-1】 ETL의 역할

ETL은 또한 【표 3-7】과 같은 다양한 기능을 수행한다.

【표 3-7】 ETL의 기능

	내용
ETL의 기능	• 논리적 데이터 변환 • 도메인 검증 • 데이터베이스 관리 시스템(DBMS) 간 변환 • 필요 시 기본값 생성 • 데이터의 요약 • 데이터 키 값으로 시간 값의 추가 • 데이터 키 값의 재구성 • 레코드의 통합 • 불필요한 데이터 또는 중복 데이터의 삭제

3.2 빅데이터 수집 시스템

3.2.1 빅데이터 수집 시스템

빅데이터 수집 시스템은 다양한 데이터 소스로부터 다양한 형태의 데이터를 수집하기 위해 확장성, 안정성, 실시간성, 유연성 등을 확보하고 있어야 한다.

【표 3-8】 빅데이터를 수집하기 위한 수집 시스템의 요건

구분	내용
확장성	데이터 수집 대상이 되는 서버 대수를 무한히 확장 가능
안정성	수집된 데이터가 유실되지 않고 안정적으로 저장

실시간성	수집된 데이터를 실시간으로 반영
유연성	다양한 포맷의 데이터를 지원

3.2.2 분산 파일 시스템

　빅데이터 환경에서 생산되는 데이터는 그 규모와 크기가 방대하기 때문에 기존의 파일 시스템 체계를 그대로 사용할 경우 많은 시간과 높은 처리 비용을 필요로 한다. 따라서 대용량의 데이터를 분석하기 위해 두 대 이상의 컴퓨터를 이용하여 적절히 작업을 분배하고 다시 조합하며, 일부 작업에 문제가 생겼을 경우 문제가 발생된 부분만 재처리가 가능한 분산 컴퓨팅 환경을 요구한다. 이를 지원하는 가장 대표적이며 널리 알려진 도구가 하둡이다. 하둡은 대용량의 데이터를 처리하기 위해 대규모의 컴퓨터 클러스터에서 동작하는 분산 애플리케이션 개발을 위한 자바 오픈소스 프레임워크이다. 하둡은 2005년 더그 커팅과 마이크 카파렐라가 공동 개발한 파일 시스템으로, 구글의 분산파일 시스템(Google File System:GFS)에 대응하기 위해 만들어졌다. 하둡은 검색 엔진의 웹문서 검색 기술에 착안하여, 수천 대의 파일 시스템에 데이터를 분산하여 저장하고 필요 시 각 시스템의 CPU와 메모리 자원을 병렬적으로 활용하여 빠른 데이터 처리를 가능케 한 데이터 처리 기술이다. 특히 하둡은 초기 구글의 병렬 분산 컴퓨팅 시스템으로 개발된 맵리듀스와 결합할 때 최대 효율성을 내는 것으로 알려져 있다.

　분산 파일 시스템의 발달은 비정형 데이터의 처리 방식에도 영향을 주게 되었다. 하둡은 웹 검색을 기반으로 하여 발달된 기술이므로, 정제된 데이터베이스를 필연적인 전제 조건으로 삼지 않는다. 즉 사용자가 원하는 데이터를 찾고자 할 때에는 분산된 데이터 소스로부터 곧바로 정보를 추출하는 것이 가능하게 해준다. 이에 따라 정제된 데이터베이스를 기반으로 하는 것이 정보 시스템 구성에 반드시 필요하지 않게 되었다. 따라서 과거 관계형 데이터베이스 관리 시스템(RDBMS)과 밀접하게 연계되었던 SQL을 활용한 정보 추출 방식의 중요성이 감소하게 되었고, 반면에 분산 데이터베이스에서 정보를 얻을 수 있는 새로운 정보 처리 기술이 필요하게 되었다. 비정형 데이터 분석에는 주로 웹 문서 검색에 적용된 기법들이 사용되고 있다. 최근에는 이미지 정보로부터 직접 패턴을 추출하여 의미를 분석해내는 기법이 시도되고 있으나, 아직까지는 텍스트를 중심으로 의미를 찾아내는 분석에 집중되고 있다.

3.3 빅데이터 저장 방법

3.3.1 빅데이터 저장 기술

빅데이터 저장 기술은 구글이나 애플, 야후 등에 의해 상당한 완성도를 보이고 있으며, 대표적인 솔루션으로 하둡의 HDFS/Hbase, Cassandra, MongoDB 등이 대표적이다. 우리나라에서 개발한 한국전자통신연구원(ETRI)의 GLORY-FS 등과 같은 솔루션도 있다.

대용량 데이터를 저장하기 위한 관련 기술은 분산 파일 시스템, NoSQL, 병렬 DBMS, 네트워크 구성 및 클라우드 파일 저장 시스템 등이 있다([표 3-9] 참조). 병렬 DBMS와 NoSQL은 수평 확장 접근 방식을 사용하는 기술이다. 하둡은 분산 처리 기술을 적용한 것으로, 저렴한 비용으로 빅데이터 시스템을 구축할 수 있어 가장 대표적인 것이 되고 있다. 이외에도 서로 다른 종류의 데이터 저장 장치를 한 데이터 서버에 연결하여, 총괄적으로 관리해주는 네트워크인 SAN이나 컴퓨터 네트워크가 연결된 곳에서는 언제 어디에서라도 스토리지에 접근해서 사용할 수 있도록 하는 저장 장치인 NAS와 같은 네트워크 구성 저장 기술, Amazon S3나 OpenStack Swift와 같은 클라우드 파일 저장 시스템 등이 있다.

PART 06

【표 3-9】 대용량 데이터를 저장하기 위한 관련 기술

관련 기술	내용	제품
분산 파일 시스템	컴퓨터 네트워크를 통해 공유하는 여러 호스트 컴퓨터의 파일에 접근할 수 있게 하는 파일 시스템	GFS(Google File System), HDFS(Hadoop Distributed File System)
NoSQL	데이터 모델을 단순화해서 분산의 기본 개념을 쉽게 정의하고, ACID(Automicity, Consistency, Isol-ation, Durability : 원자성, 일관성, 독립성, 내구성) 요건을 완화하거나 제약하는 형태의 새로운 저장 시스템을 통칭	Cloudata, HBase, Cassandra
병렬 DBMS	다수의 마이크로 프로세서를 사용하여 여러 디스크에 대한 질의, 갱신, 입출력 등의 데이터베이스 처리를 동시에 수행하는 데이터베이스 시스템	VoltDB, SAP HANA, Vertica, Greenplum, Netezza
네트워크 구성 저장 시스템	서로 다른 종류의 데이터 저장 장치를 하나의 데이터 서버에 연결하여 총괄적으로 데이터를 저장, 관리	SAN(Storage Area Network), NAS(Network Attached Storage)
클라우드 파일 저장 시스템	클라우드 컴퓨팅 환경에서 가상화 기술을 활용한 분산 파일 시스템	Amazon S3, OpenStack Swift

NoSQL은 기존의 오라클 등으로 대변되는 RDBMS 중심의 데이터 저장 기술로 저장 및 관리가 어려운 비정형 데이터를 다루기 위한 새로운 데이터 저장 기술이다. 이러한 NoSQL은 Non-SQL 또는 Not-only-SQL를 줄임말로 데이터를 저장할 때 키 값(key-values)과 같은 간단한 구조로 저장하고 데이터를 저장이나 읽을 때 SQL을 사용하지 않는다. 따라서 전통적인 관계형 데이터베이스 RDBMS와 다르게 SQL 없이 데이터를 관리하는 비관계형 데이터베이스를 의미한다. 관계형 데이터베이스 RDBMS에서 SQL은 여러 테이블을 조인할 때 최적의 경로를 선택하는 역할을 하는데 NoSQL은 한 테이블에 대해 데이터를 넣거나 질의하기 때문에 굳이 SQL을 사용할 필요가 없는 것이다. 대표적인 NoSQL 솔루션으로는 Cassandra, Hbase, MongDB 등이 있다.

3.3.2 빅데이터 저장을 위한 고려 요소

빅데이터의 저장과 관련하여 저장 단가를 절감할 수 있는 비용 문제, 자료 저장과 인출 속

도를 향상시킬 수 있는 성능의 문제, 저장의 신뢰도와 안정성을 보장하는 문제, 저장 공간의 확장성 등은 핵심적인 고려 요소이다. 또한, 기존의 시스템과 빅데이터 저장 시스템 전반에 걸쳐 콘텐츠 인덱스 유지·관리, 데이터 스키마 및 구조에 상관없이 검색, 수집, 저장, 편집할 수 있는 환경 구축 등의 필요하다. 빅데이터의 저장 시 고려해야 할 문제점 및 기술 요건에 대한 내용을 정리한 것이 【표 3-10】이다.

【표 3-10】 빅데이터 저장상의 문제점 및 기술 요건

현실적 문제점	기술 요구사항
• 데이터 저장과 관리에 고비용 소요	• 대용량 데이터 저장
• 저장된 데이터의 효율적 관리가 곤란	• 수평적 확장 용이성
• 용량 한계 봉착 시 확장 곤란(기술, 비용)	• 데이터 저장에 낮은 총소유비용(Total cost of ownership, TCO) 실현

3.4 결론

　빅데이터의 수집은 여러 데이터 소스로부터 필요한 데이터를 자동으로 수집하는 단순 데이터 확보뿐만 아니라 검색, 수집, 변환을 통해 정제된 데이터를 확보하는 기술까지도 포함한다. 따라서 대용량 데이터의 수집, 실시간 수집, 적재 시간의 단축, 수평적 확장의 용이성 등을 고려한 수집이 이루어져야 할 것이다. 빅데이터의 저장 또한 아무리 작은 데이터라도 모두 저장하고 실시간으로 저렴하게 데이터를 처리하며, 처리된 데이터를 더욱 빠르고 쉽게 분석할 수 있도록 하여 비즈니스 의사결정에 적합하게 이용할 수 있어야 한다. 이 외에 기존의 레거시 시스템 환경으로부터 데이터를 추출하고 변환하여 주는 ETL, 분산 파일 시스템 등을 통해 기존 시스템 환경과 빅데이터 시스템이 유기적으로 통합될 수 있도록 하는 것이 요구된다.

【참고문헌】

그루터, Cloud Computing 기술을 활용한 BigData를 위한 아키텍처 및 기술, 2011.

김구, 서재홍, 신전수, 이지면, 한상훈, DW2.0:클라우드 컴퓨팅의 시작, 다음 세대를 위한 데이터웨어하우스 설계, 지앤선, 2009, Inmon, W.H., D. Strauss, G. Neushloss, DW2.0:The architecture for the next generation of data warehousing, Morgan Kaufmann 2008.

디지털타임스, [용어 아하!] 하둡. 2014.1.26. http://www.dt.co.kr/contents.html? article_no=2014012702012269803002

디지털타임스, "독자적 알고리즘 기반 영상검색 로드맵 제시", 2014.2.10., http://www.dt.co.kr/contents.html?article_no=2014021102011375660004

심탁길, 빅데이터 라이프사이클 관리, 2011 빅데이터 검색·분석 기술 INSIGHT, SK C&C, 2011.

이원상, 학술정보 영역의 오픈소스 기반 빅데이터 플랫폼 구축 및 빅데이터 분석과 활용전략 연구, 연세대학교 학술정보원, 2014.

컴퓨터월드, 공유경제를 이끄는 키워드(3) - 공개소프트웨어(OSS), 2013. 11.3, http://www.comworld.co.kr/news/articleView.html?idxno=44945

한국데이터베이스진흥원, 2013 데이터베이스 백서, 4부 빅데이터 분석 동향, 2013.

한국방송통신전파진흥원, 빅데이터 활용단계에 따른 요소기술별 추진동향과 시사점, 방송통신기술 이슈&전망 2013년 10호, 2013.

한국인터넷진흥원, 빅데이터 기반 개인정보보호 기술수요 분석, 2012.

한국정보화진흥원, 빅데이터 국가전략포럼, 빅데이터 시대의 데이터 자원 확보와 품질 관리 방안, IT & Future Strategy, 제 5호, 2012.

한국정보화진흥원, 새로운 미래를 여는 빅데이터 시대, 증보판, 2013.

한국정보화진흥원, 알기쉬운 공공부문 빅데이터 분석·활용 가이드 v1.0, 2012.

Altimaeter Group, Technology Review, 2010.

Baltzan, P. and Phillips, A., Business driven information systems, 4th ed., Business and Economics, 2013.

Ponniah, P., Data warehousing fundamentals for IT Professionals, 2nd ed., Wiley, 2010.

ETRI, GLORY-FS, http://www.etri.re.kr/etri/res/res_06020202.etri

IBM 기업가치 연구소, 분석:빅데이터의 현실적인 활용, 혁신 기업이 불확실한 데이터에서 가치를 창출해 내는 방법, IBM 글로벌 비즈니스 서비스 비즈니스 분석 및 최적화 요약 보고서, 2012.

IBM 소프트웨어, 데이터 웨어하우징의 진화:똑똑한 통합(Smart Consolidation):새로운 수준의 비즈니스 민첩성과 성능 향상, 2012.

NEXR, KT cloudware, 국내 기업 IT 환경에서 빅데이터 기술 적용 사례 소개, 2012.11.07.

SAS, 비즈니스 분석 데이터 준비 101:고급 분석용 데이터 관리를 위한 베스트 프랙티스.

Warden, P., BigData Glossary, O'Reilly Media, 2011.

01. 빅데이터 수집에 대한 특성을 가장 잘 설명하고 있는 것은 무엇인가?

① 여러 데이터 소스로부터 필요한 데이터를 자동으로 수집하는 것을 의미한다.

② 단순 데이터 확보뿐만 아니라 검색·수집·변환을 통해 정제된 데이터를 확보하는 기술까지도 포함하고 있다.

③ 웹 문서로부터 필요한 데이터를 수집하는 것은 빅데이터의 수집 영역이라고 할 수 없다.

④ 빅데이터 수집은 웹상의 이미지를 대상으로 하지 않는다.

⑤ 조직 내부에 있는 데이터를 대상으로 수집한다.

【해설】 빅데이터의 수집의 영역은 분석 대상의 확장과 함께 폭넓게 확대되고 있으며, 데이터를 자동 및 수동으로 수집하고 있다.

02. 빅데이터 수집에 있어 고려해야 할 문제점 및 기술 요건이라고 하기 어려운 것은 무엇인가?

① 수집 대상 데이터의 경량화에 따른 소량 데이터의 수집 기술

② 데이터 적재 시간이 전체의 상당 부분을 차지하는 것에 대한 실시간 수집 및 적재 시간의 단축

③ 지속적으로 증가하는 데이터에 따른 수평적 확장의 용이성

④ 다양한 웹 문서의 수집과 수집된 문서로부터 필요한 데이터를 추출하는 기법

⑤ 분산된 데이터를 취합하고, 정보를 요약하는 분산 병렬처리 기법

【해설】 수집 대상 데이터의 대용량화에 따른 대용량 데이터의 수집 기술이 고려해야 문제이다.

03. 빅데이터의 자동 수집 방법 중 조직 내부에 존재하는 웹서버의 로그 수집, 웹 로그, 트랜잭션 로그, 클릭 로그, 데이터베이스의 로그 데이터 등을 수집하는 방법은 무엇인가?

① 로그 수집기

② 크롤링(crawling)

③ 센싱(sensing)

④ RSS 리더

⑤ 스트리밍(streaming)

【해설】소조직 내부에 존재하는 웹서버의 로그 수집, 웹 로그, 트랜잭션 로그, 클릭 로그, 데이터베이스의 로그 데이터 등을 수집하는 방법은 로그 수집기이다.

04. 빅데이터의 자동 수집 방법 중 주로 웹로봇을 이용하여 조직 외부에 존재하는 소셜 데이터 등과 같은 인터넷에 공개되어 있는 자료를 수집하는 방법은 무엇인가?

① 로그 수집기

② 크롤링(crawling)

③ 센싱(sensing)

④ RSS 리더

⑤ 스트리밍(streaming)

【해설】주로 웹로봇을 이용하여 조직 외부에 존재하는 소셜 데이터 등과 같은 인터넷에 공개되어 있는 자료를 수집하는 방법은 크롤링이다.

05. 방문한 사이트의 모든 페이지 복사본을 생성하는데 사용되며, 이렇게 생성된 페이지의 보다 빠른 검색을 위하여 인덱싱을 수행하는 기법은 무엇인가?

① 오픈 API

② 센싱(sensing)

③ 로그 수집기

④ 웹 크롤러(web crawler)

⑤ 스트리밍(streaming)

【해설】웹페이지에 게시된 정보를 수집하는 기법으로 웹 로봇과 웹 크롤러가 있으며, 위에 대한 내용은 웹 크롤러가 수행한다.

06. 기존 레거시 시스템 환경에서 데이터를 추출, 변환하여 기업 데이터로 탑재하는 것을 가능하게 하는 과정을 무엇이라고 하는가?

① ETL(Extract, Transformation, Load) 프로세스

② 인터넷 데이터의 로그 수집

③ 스트리밍(streaming)

④ 크롤링(crawling)

⑤ 센싱(sensing)

【해설】 ETL은 논리적 데이터 변환, 데이터의 요약, 불필요한 데이터 또는 중복 데이터의 삭제 등을 통하여 기존 레거시 시스템 환경에서 데이터를 추출, 변환하여 기업 데이터로 탑재하는 것을 가능하게 한다.

07. 빅데이터 수집 시스템의 요건 중 '확장성'은 무엇을 의미하는가?

① 다양한 포맷의 데이터를 지원

② 수집된 데이터를 실시간으로 반영

③ 수집된 데이터가 유실되지 않고 안정적으로 저장

④ 데이터 수집 대상이 되는 서버 대수를 무한히 확장 가능

⑤ 데이터의 논리적 변환 기능

【해설】 위 보기의 순서대로 유연성, 실시간성, 안정성, 확장성 등을 의미한다.

08. 다음의 보기 중 대용량의 데이터를 분석하기 위해 두 대 이상의 컴퓨터를 이용하여 적절히 작업을 분배하고 다시 조합하며, 일부 작업에 문제가 생겼을 경우 문제가 발생된 부분만 재처리가 가능하도록 하고 있는 것은 무엇인가?

① 분산 컴퓨팅 환경

② 멀티미디어 환경

③ 대용량 컴퓨팅 환경

④ 실시간 처리 환경

⑤ 오픈소스 데이터 수집 환경

연습문제

【해설】 이러한 분산 컴퓨팅 환경에 의해 사용자가 원하는 데이터를 찾고자 할 때에는 분산된 데이터 소스로부터 곧바로 정보를 추출하는 것이 가능하게 되었다.

09. 다음의 보기 중 빅데이터 저장 기술에 대한 내용을 잘 설명하고 있지 않은 것은?

① 작은 데이터라도 모두 저장하여 실시간으로 저렴하게 데이터를 처리하고, 처리된 데이터를 더 빠르고 쉽게 분석하도록 하여 비즈니스 의사결정에 바로 이용하도록 해야 한다.

② 행과 열의 정형 데이터로 구성된 테이블들이 키로 결합되어 저장되는 방식으로 다양한 데이터 유형의 빅데이터를 저장하는 것은 적합하다.

③ 빅데이터 자원은 '대용량, 비정형, 실시간성'이라는 특징을 수용할 수 있는 저장 방식이 필요하다.

④ 빅데이터 저장은 대량의 데이터를 파일 형태로 저장할 수 있는 기술과 비정형 데이터를 정형화된 데이터 형태로 저장하는 기술이 중요하다.

⑤ 기존의 시스템과 빅데이터 저장 전반에 걸쳐 콘텐츠 인덱스 유지·관리, 데이터 스키마 및 구조에 상관없이 검색·수집·저장·편집할 수 있는 환경을 구축한다.

【해설】 기존 데이터는 행과 열의 정형 데이터로 구성된 테이블들이 키로 결합되어 저장되는 방식으로 다양한 데이터 유형의 빅데이터 저장에는 부적합하다.

10. 다음의 보기 중 대용량 데이터를 저장하기 위한 기술을 잘 설명하고 있는 것은?

① 분산 파일 시스템은 데이터베이스의 ACID 요건을 완화하거나 제약하는 새로운 저장 시스템이다.

② 병렬 DBMS는 다수의 마이크로 프로세서를 사용하여 여러 디스크에 대한 질의, 갱신, 입출력 등의 데이터베이스 처리를 동시에 수행하는 데이터베이스 시스템이다.

③ 서로 다른 종류의 데이터 저장 장치를 하나의 데이터 서버에 연결하여 총괄적으로 데이터를 저장, 관리하는 시스템을 병렬 DBMS라고 한다.

해답 09. ② 10. ②

④ 컴퓨터 네트워크를 통해 공유하는 여러 호스트 컴퓨터의 파일에 접근할 수 있게 하는 파일 시스템을 NoSQL이라고 한다.

⑤ 데이터 저장 장치는 저장 및 관리가 어려운 비정형 데이터에 대해 고려하기보다는 정형 데이터에 집중하는 것이 필요하다.

【해설】데이터베이스의 ACID 요건을 완화하거나 제약하는 새로운 저장 시스템은 NoSQL이며, 컴퓨터 네트워크를 통해 공유하는 여러 호스트 컴퓨터의 파일에 접근할 수 있게 하는 파일 시스템을 분산 파일 시스템이라고 한다.

CHAPTER 04 >> 빅데이터 처리 및 인프라

다양한 스마트 기기가 개발·확산되면서 사용자들의 인터넷 접속은 용이해지고 다양해졌다. 또한, SNS, 소셜미디어 등 다양한 정보 채널의 등장으로 사용자의 수가 늘어나면서 데이터의 양 또한 급속도로 늘어나고 있다. 검색 포털 사이트인 구글은 하루 26억 건의 검색이 이루어지며, 대표적인 SNS 중 하나인 페이스북에서는 1초당 4만 건 이상의 데이터가 포스팅되고, 180만 건 이상의 '좋아요' 클릭이 일어나 매일 350GB의 데이터가 쌓이고 있다.

빅데이터는 전 세계 데이터 중 90%가 과거 3년 이내에 생성된다는 것을 파악한 IBM이 최초로 정의하였다. 본 장에서는 빅데이터의 처리와 다양한 인프라 기술에 대해 살펴보고, 빅데이터를 실시간으로 처리할 수 있는 기법에 대해 기술하겠다.

4.1 빅데이터 처리 및 인프라

빅데이터를 저장하고 이를 분석하기 위한 기술 개발이 이슈가 되고 있다. 이 중에서도 빅데이터의 효율적인 저장과 신속한 분석에 필요한 고성능 컴퓨팅(High Performance

Computing: HPC) 관련 연구가 활발히 진행되고 있다. 빅데이터의 저장 및 처리에 대한 대표적인 기술로는 구글에서 개발한 GFS와 맵리듀스가 있으며, 이를 기반으로 아파치 재단에 의하여 개발된 하둡이 있다.

빅데이터 플랫폼은 빅데이터의 다양성 때문에 추론이 매우 복잡하기 때문에 NP-hard(Non Deterministic Polynomial-hard) 문제로 볼 수 있다. NP-hard는 특별한 다항식으로 식을 해결할 수 없는 어려운 문제들의 집합이다. 그러므로 NP-hard 문제에 대한 해결 방법으로 다양한 휴리스틱 접근 방법들을 사용하고 있다. 빅데이터 플랫폼에 인공지능 기술을 적용하면, 센싱 정보로부터 학습·추론·인지 등의 기본적 인공지능 과정을 통해 분석 결과를 해석하고, 의사결정할 수 있는 지능을 가진 인간과 유사한 시스템을 구축할 수 있다.

빅데이터 플랫폼은 【그림 4-1】과 같이 제시할 수 있다. 즉 빅데이터 처리는 빅데이터 처리 인프라에 기반으로 데이터 수집 및 통합에서 데이터 전처리 단계를 거쳐 데이터 저장 및 관리 기술로 이어지고, 데이터 분석 및 데이터 분석 가시화 단계로 구성된다.

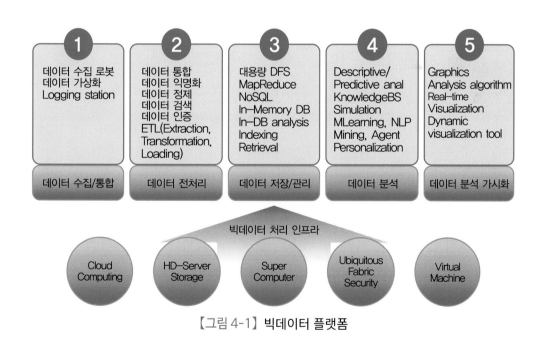

【그림 4-1】 빅데이터 플랫폼

4.2 　**빅데이터 처리 기술과 방법**

　　빅데이터 기술이란 기존의 데이터베이스에서 처리할 수 없을 정도의 많은 양의 데이터를 저장하고, 의미 있는 데이터를 검색하여 시각화하고, 이를 바탕으로 예측·분석하는 기술, 그리고 비즈니스 프로세스에 내재화하여 저용하는 기술을 말한다.

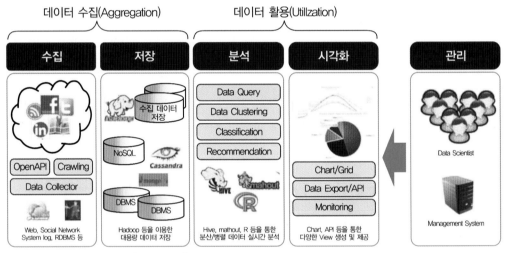

【그림 4-2】 빅데이터와 연계된 기술들(IDC 2011)

　　빅데이터의 처리 단계는 고객관계관리(CRM)에서 행해지는 수집 분석의 흐름과 비슷하다. 웹, 소셜네트워크 시스템 로그, RDBMS 등을 통해서 수집된 대용량 데이터를 저장하고, 분산·병렬 데이터 분석 기법을 이용하여 빅데이터를 분석하고, 다양한 분야에서 데이터를 활용하는 단계로 이루어지며 이때 빅데이터 요소 기술이 투입된다.

　　빅데이터의 관련 기술로 지속적인 연구 개발을 통해 새로운 요소 기술이 등장하고 있다. 대용량 데이터 처리 능력을 위한 분산 처리 기술로는 하둡 분산 파일 시스템, H베이스(HBase), 맵리듀스 등이 있다. 그리고 메모리상에 필요한 데이터와 인덱스를 보관함으로써 데이터 검색 시간을 크게 줄일 수 있는 인 메모리(In-Memory) 기술도 개발되었다. 가장 대표적인 하둡은 현재 정형 및 비정형 빅데이터 분석에서 가장 선호되는 솔루션으로서 HDFS에 파일을 저장하고, 맵리듀스 방식으로 많은 양의 데이터를 빠른 속도로 분산 병렬 처리한다.

【표 4-1】 빅데이터와 연계된 기술들(IDC 2011)

용어	설명
빅 테이블 (Big Table)	• 구글 파일 시스템상에 구축된 상용 분산 데이터베이스 시스템 • HBase에 영향을 미침
카산드라 (Cassandra)	• 분산 시스템에서 방대한 데이터를 처리할 수 있도록 고안된 오픈소스 데이터베이스 관리 시스템 • 이 시스템은 페이스 북에서 개발했으나 지금은 아파치 소프트웨어 재단의 한 프로젝트로 관리되고 있음
데이터 웨어하우스 및 분석 어플라이언스	• 데이터 웨어하우징을 위해 서버, 스토리지, 운영체제, 데이터베이스, 데이터마이닝 등 다양한 소프트웨어가 최적화되어 설치된 통합 제품
분산 시스템	• 동시에 일을 처리하기 위해 네트워크로 연결된 컴퓨터들의 집합 • 다수의 컴퓨터 자원을 부분적으로 활용함으로써 시스템의 가격 대비 성능비, 안정성, 확장성을 향상시킬 수 있음
구글 파일 시스템	• 구글에서 개발한 분산 파일 시스템으로 하둡과 관련 있음
하둡(HADOOP)	• 분산 시스템에서 대용량 데이터 처리·분석을 지원하는 프레임워크 • 구글이 개발한 맵리듀스를 오픈소스로 구현한 결과물
H베이스 (Hbase)	• 구글의 '빅테이블'을 참고로 개발된 오픈소스 분산 비관계형 데이터베이스 • 파워 셋에서 개발했으며 현재는 아파치 소프트웨어 재단에서 하둡 일환인 프로젝트로 관리되고 있음
맵리듀스 (MapReduce)	• 분산 시스템에서 대용량 데이터를 처리하기 위해서 구글이 제안한 소프트웨어 프레임워크, 하둡에도 구현되었음

4.3 분산 컴퓨팅과 하둡

분산 컴퓨팅(distributed computing)이란 여러 대의 컴퓨터를 연결하여 상호작용하게 함으로써 컴퓨팅의 성능과 효율을 높이는 것을 말한다. 넓은 의미의 분산 컴퓨팅으로 여러 개의 컴퓨팅 자원을 하나의 시스템 안에 결합하여 연결한 병렬 컴퓨팅까지 포함시키기도 한다.

분산 컴퓨팅의 목적은 성능 확대(scalability)와 가용성(high availability) 확대에 있다. 성능 확대를 위한 분산 컴퓨팅의 대표적인 예로써 컴퓨터 클러스터(computer cluster)의 활용인데 수직적 성능 확대(vertical scalability)와 수평적 성능 확대(hori-zontal scalability)가 있다.

수직적 성능 확대는 컴퓨터 자체의 성능을 업그레이드 하는 것을 말한다. 즉 연산(operation) 능력이 강한 CPU의 사용, 주기억장치와 하드디스크 등의 증설로 인한 성능 향상이 가능하다. 하지만 통신 속도로 인한 지연을 해결하기 위해 기가급(G-bps) 이상의 통신 연결을 통해 문제점을 해결해야 한다. 입·출력(Input/Output) 측면에서는 Non-blocking I/O와 비동기적 입·출력을 통해 효율 증대와 멀티 스레딩(multi- threading) 등을 통해 해결해야 한다. 결과적으로 수직적 성능 확대는 기존의 프로그램 등 각종 운영 환경의 변화 없이 업무를 지속할 수 있다는 장점이 있는 반면 컴퓨터가 고가 사양이 될수록 비용이 커진다는 단점이 있다.

한편, 수평적 성능 확대는 컴퓨터들을 네트워크로 연결하여 성능을 업그레이드 하는 것을 말한다. 단순히 컴퓨팅 노드(node)의 수를 늘리고 상호 연동하여 사용해서 성능을 향상하는 방법이다. 또한, 기능상 Peer-to-Peer 모델과 Master-Slave 모델 등이 있다. 이는 기존에 고가의 성능이 뛰어난 큰 컴퓨터를 사용하거나 업그레이드하는 방법과 반대되는 말이다. 이 경우 무엇보다 기존 투자 지원을 이용할 수 있고, 점진적인 성능 개선을 추구할 수 있다는 장점이 있다.

클라우드 컴퓨팅 환경을 구축하기 위한 다양한 분산 파일 시스템이 존재한다. 대표적으로 알려진 것은 구글의 파일 시스템인 GFS와 아파치 프로젝트의 일부분인 하둡의 HDFS이다. GFS는 구글의 기술로 비공개되어 있어 다른 사용자는 사용할 수 없다. 따라서 상용 서비스를 하고 있는 공공 클라우드 컴퓨팅 서비스 제공자는 하둡의 HDFS를 사용하고 있다. 왜냐하면, 하둡은 오픈 소프트웨어로서 사용상 제약이 없고 서비스 제공자의 서비스 환경에 따라 다양하게 수정하여 사용할 수 있기 때문이다.

하둡은 대용량 데이터의 분산 저장 및 신속한 처리를 위해 다수의 컴퓨터를 네트워크로 연결하여 하나의 시스템과 같이 사용할 수 있도록 구성한 시스템이다. 하둡은 신뢰할 수 있고(reliable), 확장이 용이하며(scalable), 분산 컴퓨팅 환경을 지원하는 오픈소스 소프트웨어이다. 최근 야후, 아마존닷컴 등 많은 기업에서 빅데이터의 처리를 위해 하둡을 활용하고 있으며, 사실상 하둡은 빅데이터의 처리를 위한 표준 플랫폼으로 인식되고 있다.

하둡의 HDFS은 클라우드 컴퓨팅 환경을 구축하기 위해 이용하게 된다. 분산 파일 시스템은 일반적으로 데이터의 손실을 예방하기 위해 많은 저장 장치를 사용하며 사용자에 의해 저장되는 데이터를 안전하게 보관해야 하고, 수시로 발생하는 하드웨어 장애에 서비스가 중단되지 않도록 대비해야 한다. 또한, 데이터의 입·출력 처리를 원활히 수행할 수 있는 성능을 가지고 있어야 한다.

하둡 시스템은 매스터 노드(master node)와 슬레이브 노드(slave node)들을 하나의 클러스터로 묶어 이루어져 있으며, 기능적 측면으로는 크게 HDFS와 맵리듀스 시스템으로 구성되어 있다. 특히 HDFS는 대용량 데이터의 분산 저장 기능을 제공하는 시스템으로 하둡 클러스터에 있는 매스터 노드 중 하나를 네임노드(name node), 그리고 슬레이브 노드들을 데이터노드(data node)라고 부르고 있다.

다음의 【그림 4-3】과 같이 HDFS에서 데이터를 저장하면, 자동적으로 블록 단위로 나누어 HDFS를 구성하고 있는 데이터노드에 자동으로 분산 저장된다. 블록이 분산되어 저장이 완료되면 해당 블록이 저장된 데이터노드는 저장된 블록을 2개의 다른 데이터노드에게 전송하여 같은 블록 3개를 항시 유지할 수 있게 한다. 블록의 수를 3배수로 저장하고 있어 데이터의 가용성을 높인다. 데이터노드들은 서로 3초 주기로 메시지를 주고받으며 데이터노드의 상황을 체크한다.

4.3 분산 컴퓨팅과 하둡 **411**

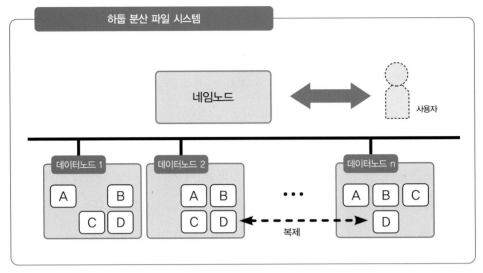

【그림 4-3】 하둡 분산 파일 시스템의 구조

HDFS는 고장 감내(fault-tolerant)를 위해 고비용의 하드웨어를 사용하는 기존의 서버 구성 방식과 다르게 리눅스를 운영체제로 하는 저비용 하드웨어를 통해 구축이 가능하도록 설계되었다. 또한, 자바 언어를 이용하여 다양한 서버에서 구동할 수 있다. 그러나 HDFS는 파일 생성·삭제·이동·수정 등이 가능하지만 사용자의 직접적인 접근 권한과 링크는 지원하고 있지 않다.

데이터노드가 사용할 수 없는 상태라고 판단되면 해당 블록과 같은 것을 가지고 있는 데이터노드는 다른 데이터노드에게 전송하여 3개의 블록을 유지하도록 한다. 데이터노드의 결함으로 인해서 손상된 블록은 데이터노드가 정상화되면 같은 블록을 가지고 있는 데이터노드에 의해서 다시 재전송되어 정상화 작업을 실행한다. 블록의 복구를 위해 재전송되는 복사 과정은 블록의 가용성을 향상시키는 장점이 있지만 데이터의 수정으로 인해 업데이트가 발생할 경우 원본 데이터의 블록인지는 확인할 방법이 없다.

한편, 빅데이터의 분석을 위해서 구글과 페이스 북은 분석 엔진으로 'R'을 활용하고 있으며, 오라클, IBM 등에서도 기억장치(in-memory) 혹은 데이터베이스(in-database) 분석 엔진으로

R을 채택하고 있다. 또한, 통계 소프트웨어로 잘 알려진 SAS나 SPSS는 R과의 연동을 위한 인터페이스를 제공하고 있다. 이와 같이 R은 빅데이터 분석에서 공통 분석 플랫폼으로 사용되고 있다. 이것은 R이 빅데이터 분석과 관련된 다양하고 최신의 라이브러리를 제공할 뿐만 아니라 오픈 소프트웨어이며 프로그램 언어인 자바(Java), C 등과의 연동이 용이하기 때문이다.

4.4 맵리듀스

맵리듀스는 컴퓨터 클러스터 환경에서 페타바이트(PB) 이상의 대용량 데이터를 병렬처리하기 위해서 만들어진 프로그램 모델이다. 맵리듀스는 리스트 형식의 데이터를 처리할 때 사용하는 함수인 맵(map) 함수와 맵 작업에서의 결과를 취합하는 리듀스(reduce) 함수를 기반으로 구성되어 있다. 맵리듀스는 사용자가 정의한 프로그램을 작업(job)이라는 단위로 관리하며, 작업은 여러 대의 노드에서 분산처리 되는데, 이때 각 노드에서 수행되는 세부 작업을 태스크(task)라 부른다. 태스크의 처리 과정은 데이터를 여러 개의 데이터 조각으로 나눠서 분산 처리한 후 필요에 따라 그 결과를 하나로 모아 처리하고, 최종 결과를 다시 분산 파일 시스템에 저장하는 방식이다. 이때 분산 처리하는 과정을 맵 태스크라고 하고, 각각의 결과를 하나로 모아 처리하는 과정을 리듀스 태스크라 한다.

맵리듀스 방식의 데이터 처리는 다음과 같은 특징이 있다.
① 특별한 저장소가 아닌 일반적인 내장 하드 디스크 드라이브를 사용하는 일반 컴퓨터로 연산을 수행한다. 각 컴퓨터는 서로 매우 약한 상관관계를 가지고 있기 때문에 수백~수천 대까지 확장할 수 있다.

② 많은 수의 컴퓨터가 처리에 참가하므로, 하드웨어 장애 등의 시스템 장애가 자주 발생한다고 가정한다.

③ 맵과 리듀스라는 간단하고 추상화된 연산으로 복잡한 여러 문제를 해결할 수 있도록 한다. 병렬 프로그램에 익숙하지 않은 프로그래머라도 쉽게 데이터에 대한 병렬 처리를 할 수 있도록 하고 있다.

④ 많은 수의 컴퓨터에 의한 처리량(throughput) 향상을 기할 수 있다.

4.5   실시간 처리 기술

빅데이터를 처리하는 프레임워크로 대부분 맵리듀스를 사용한다. 맵리듀스는 페타바이트 이상의 데이터를 여러 노드로 구성된 클라우드 환경에서 병렬 처리하는 기법으로, 함수형 프로그래밍에서 일반적으로 사용되는 맵과 리듀스 방식을 사용해 데이터를 처리한다. 맵리듀스는 대량 데이터를 분산 처리할 수 있는 기법이지만, 일괄처리(batch processing) 방식으로 데이터를 처리하기 때문에 실시간으로 데이터를 조회하기 어렵다. 이런 단점을 극복하기 위해 최근 몇 년간 실시간 분산 쿼리나 스트리밍 처리 기법이 많이 연구되었다.

실시간 분산 쿼리는 클러스터를 구성하는 노드가 각자 쿼리를 처리하고 한 번에 처리할 데이터의 크기는 작게 하면서 이를 병렬 처리해 응답 시간을 실시간 수준으로 높이는 방식이다. 스트리밍 처리는 끊임없이 들어오는 데이터를 유입 시점에 분석해 원하는 데이터 뷰로 미리 만드는 방식이다. 이 방식은 CEP(Complex Event Processing)라고도 부르며, 트위터의 스톰(storm)과 아파치 스파크(spark)가 이 방식에 속한다.

4.6 클라우드 처리 기술

클라우드 컴퓨팅(cloud computing)이란 인터넷 환경에서 IT 자원(하드웨어, 저장 장치, 네트워크, 애플리케이션 등)을 사용자의 요구에 따라 가상화하여 제공하는 컴퓨팅 환경으로 사용자는 IT 자원을 자신의 운용 환경에 맞춰 임대하여 사용할 수 있고, 상황에 따라 IT 자원을 축소·확장할 수 있다. 즉 사용한 만큼 비용을 지불하고 필요 없다면 즉시 사용을 중단할 수 있다. 사용자는 IT 자원을 인터넷에 접속하여 언제, 어디서, 어떤 단말기인지 상관없이 필요할 때 즉시 사용할 수 있다.

【그림 4-4】와 같이 클라우드 컴퓨팅의 3가지 전달 유형으로 SaaS(Software as a Service), PaaS(Platform as a Service), IaaS(Infrastructure as a Service) 등이 있다.

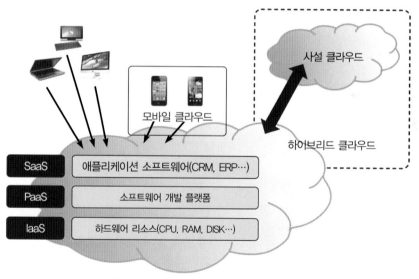

【그림 4-4】 클라우드 컴퓨팅 개념도

SaaS는 사용자가 인터넷을 통해 서비스 제공자에게 접속하여 애플리케이션을 사용하고 사용한 만큼 비용을 지불한다. 서비스가 운용되고 있는 서버에 대해 운영 체제, 하드웨어, 네

PART 06

트워크는 제어할 수 없고 오직 소프트웨어만 사용할 수 있다.

PaaS는 사용자가 서비스 제공자로부터 개발할 수 있는 환경을 제공받고, 개발이 완료된 애플리케이션을 제3의 사용자에게 제공할 수 있는 서비스이다. SaaS와 마찬가지로 다른 부분에 대해서는 제어할 수 없다.

IaaS는 사용자가 서비스 제공자로부터 가상화된 형태의 CPU, 주기억장치, 보조기억장치, 네트워크 등을 제공받아 컴퓨팅 자원을 직접적으로 제어할 수 있는 형태로 제공받는다. 사용자는 제공받은 컴퓨팅 자원을 통해 운영 체제, 스토리지, 애플리케이션 등 자유롭게 활용하여 제3의 사용자에게 제공할 수 있는 서비스이다.

클라우드 컴퓨팅 환경은 서비스를 제공하는 방식에 따라 공공(public) 클라우드 컴퓨팅, 사설(private) 클라우드 컴퓨팅, 하이브리드(hybrid) 클라우드 컴퓨팅 등으로 분류하게 된다.

공공 클라우드 컴퓨팅은 불특정 다수의 사용자를 대상으로 하는 서비스로 인터넷을 통하여 서비스 제공자로부터 서비스를 받는 것을 말한다. 서비스 사용료가 저렴하다는 특징이 있지만, 공공의 의미처럼 사용자의 자료가 어떤 형태로 저장되어 보관되어 있는지 알 수 없다는 단점이 있다.

사설 클라우드 컴퓨팅은 공공 클라우드 컴퓨팅 환경이 제공하는 탄력성과 사용자 제공 중심 환경 제공 같은 이점을 제공한다. 따라서 사설 클라우드 컴퓨팅은 데이터의 처리와 정책적 관리를 직접 할 수 있기 때문에 공공 클라우드 컴퓨팅 환경에서 발생할 수 있는 신뢰성 문제를 해결할 수 있다.

하이브리드 클라우드 컴퓨팅은 공공 클라우드 컴퓨팅과 사설 클라우드 컴퓨팅의 조합이다. 사용자의 중요한 정보는 사설 클라우드 컴퓨팅을 구축하여 사용하고 일반적으로 공개하여 제공하는 정보는 공공 클라우드 컴퓨팅 환경을 통해 구입하여 운용하는 것을 말한다.

【참고문헌】

김의창, "u-비즈니스를 위한 정보관리론", 학현사, 2012.

조영임, "빅데이터의 이해와 주요 이슈들", 한국지역정보학회지, 제16권, 3호, pp.43-65, 2013.

구석모, 홍영식, "클라우드 컴퓨팅 환경에서 블룸필터를 이용한 무결성 검증 기법", 동국대학교, 석사학위 논문. 2012.

S. M. Gu, A. Seo, Y. C. Kim, "A Study on Distributed Transcoding Using Dynamic Allocation of Virtual Machines in Cloud Computing Environment", The 1'st Int. Conf. on Digital Policy & Management, The Society of Digital Policy & Management, pp.125-126, 2013.

Jeffrey, D., Sanjay, G., "MapReduce:Simplied Data Processing on Large Clu-sters" Communications of the ACM - 50th anniversary issue, 2008

Singh, S., Singh, N., "BigData analytics" International Conference on Communication, Information & Computing Technology (ICCICT), pp.1-4, 2012, IEEE.

'MapReduce:Simplified Data Processing on Large Clusters', CACM January 2008/Vol. 51, No. 1, Jan. 2008.

NHN 개발자 블로그 http://helloworld.naver.com/

http://gizmodo.com/how-much-happens-on-the-internet-every-60-seconds-950463150.

http://blog.qmee.com/qmee-online-in-60-seconds/

http://www.searchbi.com.cn/showcontent_69413.htm

연습문제

01. 빅데이터와 관련이 없는 내용은 무엇인가?

① 전통적인 데이터베이스인 릴레이션 데이터베이스에 하이퍼텍스트를 추가한 개
념이다.

② 막대한 데이터의 양으로 인하여 데이터 처리, 전송, 저장 등에 다양한 이슈가
발생한다.

③ 빅데이터를 분석하면 사용자 상황 및 행동 패턴을 파악할 수 있어 각종 서비스
를 제공하거나 의사결정을 하는 등 여러 분야에서 유용하게 사용될 수 있다.

④ 기존의 방식으로 저장 · 관리 · 분석이 어려울 정도로 큰 규모의 자료를 의미한다.

⑤ 빅데이터에 대해 합의된 정의가 없는 것처럼 빅데이터의 정의는 계속 변화될 것
이고, 데이터의 크기 기준은 산업 분야에 대해 상대적이다.

【해설】 단순히 기존의 RDBMS에 하이퍼텍스트를 추가한다고 해서 빅데이터와 관련 있는 것은 아니다.

02. 기억 용량의 단위로 적합하지 않은 것은?

① TB　　　　　　　　　　② PB

③ EB　　　　　　　　　　④ CB

⑤ ZB

【해설】 • TB(Tera Byte) = 1,024GB(Giga Byte)
　　　　• PB(Peta Byte) = 1,024TB(Tera Byte)
　　　　• EB(Exa Byte) = 1,024PB(Peta Byte)

03. 하둡(Hadoop)이란 무엇인가?

① 신뢰할 수 있고, 확장이 용이하며, 분산 컴퓨팅 환경을 지원하는 오픈소스(open
source) 소프트웨어

② 인공지능 과정을 통해 분석 결과를 해석하고 의사결정할 수 있는 지능을 가진
인간과 유사한 시스템

③ 구글 파일 시스템상에 구축된 상용 분산 데이터베이스 시스템

④ 비관계형 데이터베이스는 데이터를 테이블에 저장하지 않는 데이터베이스이며 관계형 데이터베이스와는 대조적인 개념

⑤ 데이터 웨어하우징을 통해 서버, 스토리지, 운영 체제, 데이터베이스, 데이터 마이닝 등이 통합된 제품

【해설】하둡은 신뢰할 수 있고, 확장이 용이하며, 분산 컴퓨팅 환경을 지원하는 오픈소스(open source) 소프트웨어이다.

04. 맵리듀스 방식의 데이터 처리의 특징이 아닌 것은?

① 특별한 저장소가 아닌 일반적인 내장 하드 디스크 드라이브를 사용하는 일반 컴퓨터로 연산을 수행한다. 각 컴퓨터는 서로 매우 약한 상관관계를 가지고 있기 때문에 수백~수천 대까지 확장할 수 있다.

② 많은 수의 컴퓨터가 처리에 참가하므로, 하드웨어 장애 등의 시스템 장애가 자주 발생한다고 가정한다.

③ 맵과 리듀스라는 간단하고 추상화된 기본 연산으로 복잡한 여러 문제를 해결할 수 있도록 한다. 병렬 프로그램에 익숙하지 않은 프로그래머라도 쉽게 데이터에 대한 병렬 처리를 할 수 있도록 하고 있다.

④ 고성능의 컴퓨터를 사용하기 때문에 비용이 많이 드는 단점이 있다.

⑤ 많은 수의 컴퓨터를 사용하여 처리량을 높일 수 있다.

【해설】고성능이 아닌 일반 컴퓨터의 수평적 확장. 그것이 중요하다. 따라서 고성능이어야 할 필요는 없다.

05. 다음 설명 내용 중 해당하는 용어는 무엇에 관한 설명인가?

> 사용자가 인터넷을 통해 서비스 제공자에게 접속하여 애플리케이션을 사용하고 사용한 만큼 비용을 지불한다. 서비스가 운용되고 있는 서버에 대해 운영 체제, 하드웨어, 네트워크는 제어할 수 없고 오직 소프트웨어만 사용할 수 있다.

① SaaS   ② PaaS

③ IaaS   ④ NaaS

⑤ KaaS

【해설】 software as a service를 의미한다.

06. 다음 설명 내용 중 해당 되는 용어는 무엇에 관한 설명인가?

> 사용자가 서비스 제공자로부터 개발할 수 있는 환경을 제공받고, 개발이 완료된 애플리케이션을 제3의 사용자에게 제공할 수 있는 서비스이다.

① SaaS ② PaaS

③ IaaS ④ NaaS

⑤ KaaS

【해설】 platform as a service를 의미한다.

07. 다음 설명 내용 중 해당 되는 용어는 무엇에 관한 설명인가?

> 사용자가 서비스 제공자로부터 가상화된 형태의 CPU, 주기억장치, 보조기억장치, 네트워크 등을 제공받아 컴퓨팅 자원을 직접적으로 제어할 수 있는 형태로 제공받는다. 사용자는 제공받은 컴퓨팅 자원을 통해 운영 체제, 스토리지, 애플리케이션 등 자유롭게 활용하여 제3의 사용자에게 제공할 수 있는 서비스이다.

① SaaS ② PaaS

③ IaaS ④ NaaS

⑤ KaaS

【해설】 Infrastructure as a service를 의미한다.

08. 분산 컴퓨팅(distributed computing)에 관한 설명 중 올바르지 않는 것은?

① 분산 컴퓨팅이란 여러 대의 컴퓨터를 연결하여 상호작용하게 함으로써 컴퓨팅의 성능과 효율을 높이는 것을 말하는데 넓은 의미의 분산 컴퓨팅에는 여러 개의 컴퓨팅 자원을 하나의 시스템 안에 결합하여 연결한 병렬 컴퓨팅까지 포함시키기도 한다.

② 분산 컴퓨팅의 목적은 성능 확대(scalability)와 가용성(high avail-abi-lity) 확대에 있다.

③ 성능 확대를 위한 분산 컴퓨팅의 대표적인 예로써 컴퓨터 클러스터(computer cluster)의 활용인데 여기에는 수직적 성능 확대(vertical scalability)와 수평적 성능 확대(horizontal scalability)가 있다.

④ 수직적 성능 확대는 컴퓨터 자체의 성능을 업그레이드하는 것으로 비용 측면에서 많은 장점을 가지고 있다.

⑤ 수평적 성능 확대는 기존의 자원을 이용할 수 있고, 점진적 성능 개선을 추구할 수 있다는 장점이 있다.

【해설】 무엇보다 수직적, 수평적이라는 내용을 이해하는 것이 필요하다. 또 여러 번 문제를 통해 강조되고 있는 사항이다.

09. 하둡(HADOOP) 시스템의 특징과 관련이 없는 내용은 다음 중 어느 것인가?

① 대용량 데이터의 분산 저장 및 신속한 처리를 위해 다수의 컴퓨터를 네트워크로 연결하여 하나의 시스템과 같이 사용할 수 있도록 구성한 시스템이다.

② 하둡 시스템은 기능적 측면으로 HDFS와 MapReduce 시스템으로 구성되어 있다.

③ 하둡의 HDFS은 클라우드 컴퓨팅 환경을 구축하기 위해 이용하게 된다.

④ 하둡 시스템을 효율적으로 활용하기 위해서는 처리해야 할 데이터의 크기가 작아야 한다.

⑤ 하둡은 신뢰할 수 있고, 확장이 용이하며, 분산 컴퓨팅 환경을 지원하는 오픈 소스 소프트웨어이다.

해답 08. ④　　09. ④

연(습)문(제)

【해설】 하둡 시스템을 효율적으로 활용하기 위해서는 처리해야 할 데이터의 크기가 작으면 안 된다.

10. 빅데이터의 특징이 아닌 것은?

① 방대한 규모(Volume)

② 종류의 다양성(Variety)

③ 데이터 처리 및 분석의 시의성(Velocity)

④ 데이터의 미덕(Virtue)

⑤ 데이터의 가치(Value)

【해설】 IBM의 3V의 정의에 Value를 하나 더 추가해서 4V를 사용한다. 미덕은 중요한 덕목이기는 하나 빅데이터에서 고려되고 있지는 않다.

■ 저자 소개

김진화(서강대학교)

이승희(금오공과대학교)

이성원(한국소프트웨어기술인협회)

김미연(서울디지털대학교)

김용영(건국대학교)

김의창(동국대학교)

남수현(한남대학교)

안성진(성균관대학교)

이상훈(광운대학교)

임기홍(광주여자대학교)

하태현(우석대학교)

마케팅 빅데이터 분석

| 2019년 | 9월 | 5일 | 1판 | 1쇄 | 인 쇄 |
| 2019년 | 9월 | 10일 | 1판 | 1쇄 | 발 행 |

지 은 이 : (사)한국소프트웨어기술인협회,
　　　　　 한국디지털정책학회

펴 낸 이 : 박　　　　정　　　　태

펴 낸 곳 : **광　　　문　　　각**

10881

파주시 파주출판문화도시 광인사길 161

광문각 B/D 4층

등　　록 : 1991. 5. 31 제12 - 484호

전 화(代): 031-955-8787

팩　　스 : 031-955-3730

E - mail: kwangmk7@hanmail.net

홈페이지: www.kwangmoonkag.co.kr

ISBN : 978-89-7093-952-0 93000

값 : 28,000원

한국과학기술출판협회
Korean Science & Technology Publisher Association